Die Textsorte Rechtsbücher

Germanistische Arbeiten zu Sprache und Kulturgeschichte

Herausgegeben von
Apl. Prof. Dr. Albert Busch,
PD Dr. Gabriele von Olberg-Haverkate,
Prof. Dr. Dr. h.c. Ruth Schmidt-Wiegand †
Prof. Dr. Sigurd Wichter

Band 55

PETER LANG

Gabriele von Olberg-Haverkate

Die Textsorte Rechtsbücher

Die Entwicklung der Handschriften und Drucke des Sachsenspiegels und weiterer ausgewählter Rechtsbücherhandschriften vom 13.-16. Jahrhundert

PETER LANG

Bibliografische Information der Deutschen Nationalbibliothek
Die Deutsche Nationalbibliothek verzeichnet diese Publikation in der DeutschenNationalbibliografie; detaillierte bibliografische Daten sind im Internet über http://dnb.d-nb.de abrufbar.

Umschlagabbildung:
Oldenburger Bilderhandschrift des Sachsenspiegels, Landesbibliothek Oldenburg, Cim 410 I, fol. 6r 2, Leihgabe der Niedersächsischen Sparkassenstiftung

ISSN 0723-3191
ISBN 978-3-631-65980-9 (Print)
E-ISBN 978-3-653-05457-6 (E-Book)
E-ISBN 978-3-631-71216-0 (EPUB)
E-ISBN 978-3-631-71217-7 (MOBI)
DOI 10.3726/978-3-653-05457-6

Peter Lang Edition ist ein Imprint der Peter Lang GmbH.
Peter Lang – Frankfurt am Main · Bern · Bruxelles · New York · Oxford · Warszawa · Wien

www.peterlang.de

Für Uwe

Inhaltsverzeichnis

Vorwort

Gegenstand der Untersuchung sind Rechtsaufzeichnungen, „Privatarbeiten“ von Einzelpersonen, die zunächst keine rechtliche Geltung beanspruchen konnten. Sie zeichnen das göttlich gegebene Recht auf, das in der Gerichtsverhandlung angewendet wurde. Viele Rechtsbücher, allen voran der „Prototyp“ der Rechtsbücher, der Sachsenspiegel des Eike von Repgow mit noch heute mehr als 460 bekannten handschriftlichen Textzeugen, hatten eine große Wirkung und rechtliche Durchsetzungskraft. In der langen Zeit ihrer Überlieferung, mehr als 400 Jahre, wandeln sich die „privaten“ Rechtsaufzeichnungen zu autoritativen Rechtstexten. Der Weg ihrer Entwicklung von der Mitte des 13. bis zum 16. Jahrhundert soll mit den Mitteln der textlinguistischen Analyse beschrieben und dargestellt werden.

Meinen Töchtern Anna und Gwen Haverkate danke ich für ihre Hilfe bei der Manuskriptherstellung, Elisabeth Hutter gilt mein Dank für die Verlags-Korrekturen.

1. Die Textklasse ‚Rechtsbücher'

Die rechtshistorische Gattungsbezeichnung, linguistisch: Textklasse Rechtsbuch (*rehtbuoch*, *rechtbuk*, *rechtbok*, *rechtbuch* etc.)[1] ist eine Bezeichnung, die in den Textexemplaren verwendet wird. Das Wort begegnet zum ersten Mal Ende des 13. Jahrhunderts und bezeichnet dann vor allem die „Aufzeichnung rechtlicher Materien in Buchform: private Kompilierung lokalen Rechts, die auch überregionale Wirkung entfalten kann; Gesetzessammlung; Urteilssammlung; in bayerischen Belegen meist das Landrecht von 1346."[2] Die Belege zeigen, dass es sich hier generell um Rechtsordnungen handelt, die den ländlichen Bereich (Landrechtsbücher), den Adel (Lehnrechtsbücher) oder die Städte (Stadtrechtsbücher) betreffen. Sie können sowohl private Rechtsaufzeichnungen gewohnheitsrechtlich überlieferter Ordnungen sein als auch – vor allem seit dem 15. Jahrhundert verstärkt – Rechtssetzungen. Als zweite Bedeutung unterscheiden die Bearbeiter des Deutschen Rechtswörterbuches: „Aufzeichnung von rechtlich relevanten Handlungen und Eigenschaften, insb. im städtischen Bereich".[3] Sie nennen hier vor allem Belege aus dem Ende des 14. bis zum Ende des 18. Jahrhunderts. Die Belege betreffen im Wesentlichen Stadtrechtsbücher, Schöffensprüche.

Es geht insgesamt seit dem 14. und verstärkt im 15. Jahrhundert nicht mehr vorrangig um die Aufzeichnung deutschen Gewohnheitsrechts[4], sondern auch um Aufzeichnungen des bis dahin in Deutschland noch fremden römischen Rechts. Die Aufzeichnung des Rechts in Rechtsbüchern wurde immer mehr von ausgebildeten Juristen in der Reichs-, Territorial- wie in der Stadtverwaltung übernommen; damit vermischte sich geltendes Gewohnheitsrecht mit römischem Recht.[5] Als *rechtsbuch* werden Rechtstexte vor allem aus dem 13.–16. Jahrhundert bezeichnet, die eine sehr unterschiedliche Mischung aus Gewohnheitsrecht, gesetztem Recht und römischem Recht aufweisen und einen sehr unterschiedlichen

---

1 Deutsches Rechtwörterbuch, Bd. XI, Artikel Rechtsbuch, Sp. 325–326.

2 Ebenda, Sp.325.

3 Ebenda, Sp. 326.

4 Vgl. auch die Beiträge in: G. Dilcher, H. Lück, R. Schulze, E. Wadle, J. Weitzel, U. Wolter, (Hgg.), Gewohnheitsrecht und Rechtsgewohnheiten im Mittelalter.

5 Vgl. zur Rezeption des römischen Rechts: H. Kiefner, Artikel ‚Rezeption' (privatrechtlich), Sp. 970–984; M. Stolleis, Artikel ‚Rezeption' (öffentlich-rechtlich), Sp. 984–995; H. Lange, Römisches Recht im Mittelalter, Bd. I und H. Lange, M. Kriechbaum, Römisches Recht im Mittelalter, Bd. II, S. 253f. (Rezeption in Deutschland: z. B. Johann von Buch und Nikolaus Wurm).

soziokulturellen Geltungsbereich (Adel, Land, Stadt) haben.[6] Das Hauptdefinitionskriterium der rechtshistorischen Rechtsbücherforschung begründet sich durch den Entstehungszusammenhang: Rechtsbücher gelten als Privatarbeiten.[7] Die Rechtsaufzeichnungen, die von Rechtshistorikern als *Rechtsbücher* bezeichnet werden, enthalten im Idealfall Gewohnheitsrecht[8] des Mittelalters und der Neuzeit, nicht gesetztes Recht. Sie sind laut rechtshistorischer Gattungsdefinition keine Lehrbücher und keine Rechtskommentare.[9] Dennoch zeigt die Behandlung der Rechtsgangbücher und Glossen, der Abecedarien und Vokabularien bei U.-D. Oppitz, dass durch den kausalen Bezug und die Überlieferungssituation ein enger Zusammenhang zwischen Rechtsbuch und wissenschaftlicher Kommentierung und Systematisierung besteht. Die Rechtsbücher enthalten vor allem im 15. Jahrhundert Kommentierungen und Systematisierungen, sodass zu untersuchen ist, ob es sich bei diesem Textverbund nicht um ein Textsortenmerkmal von Rechtsbüchern handelt. So werden z. B. die Landrechtsglosse und die Lehnrechtsglosse immer mit dem Sachsenspiegel Land- oder Lehnrecht gemeinsam überliefert. Das gilt auch für bestimmte Begleitüberlieferungen wie z. B. für den Richtsteig Landrechts[10] des Johann von Buch (gest. 1345)[11] oder die Kritik des Johannes Klenkok[12] (ungefähr 1310–1374) an zunächst zehn, später 21 Artikeln des Sachsenspiegels, die seiner Meinung nach im Widerspruch zum päpstlichen Recht stünden bzw. eine Urteilsfindung mit Mitteln begünstigten, die der christlichen Lehre entgegenstünden. Auch Stadtrechtsbücher treten zunehmend im Verbund mit Kommentierungen und besonderer Begleitüberlieferung wie z. B. Stadtchroniken auf. Hier fällt besonders die Magdeburger Weichbildchronik auf. Die Germanistin Ruth Schmidt-Wiegand kam aufgrund von Handschriftenanalysen zu einer über den Entstehungszusammenhang (private Rechtsaufzeichnung) hinausgehende Definition:

---

6 Vgl. auch: H. S. Hayduk, Rechtsidee und Bild, S. 6.

7 Vgl. die Beschreibung im Deutschen Rechtwörterbuch, Bd. XI, Artikel ‚Rechtsbuch', Sp. 325–326: „Aufzeichnung rechtlicher Materien in Buchform: private Kompilierung lokalen Rechts, die auch überregionale Wirkung entfalten kann…".

8 Vgl. zur terminologischen Differenzierung von Gewohnheitsrecht und Rechtsgewohnheit: G. Dilcher, Mittelalterliche Rechtsgewohnheiten als methodisch-theoretisches Problem, S. 29.

9 Vgl. U.-D. Oppitz, Rechtsbücher, Bd.I, S. 19f.

10 Des Sachsenspiegels Zweiter Teil.

11 I. Bucholz-Johanek, Artikel ‚Johannes von Buch', Sp. 551–559.

12 A. Erler, Artikel ‚Johannes Klenkok', Sp. 875f. Vgl. auch U. Lade-Messerschmidt, Die articuli reprobati des Sachsenspiegels, S. 169–217.

„Rechtsbücher des Mittelalters sind Sammlungen des angewandten Rechts, die zwischen 1200 und 1500 aufgezeichnet worden sind, und zwar in Bindung an einen bestimmten Anwendungsraum wie ein Land, eine Region oder eine Stadt, gelegentlich wie beim ‚Deutschenspiegel' und dem ‚Kleinen Kaiserrecht' auch mit überregionalem oder universalem Anspruch...Die Regeln, die diese Rechtsbücher enthielten waren durch Gewohnheit, Sitte und Brauch des Rechtslebens begründet. Sie wurden vor und neben ihrer Aufzeichnung durch die Praxis der Gerichte auf mündlichem Wege weitergegeben. Meist von Privatpersonen bestellt, oft von Persönlichkeiten des öffentlichen Lebens wie Fürsten, Grafen, Richter angeregt oder in Auftrag gegeben, waren diese Niederschriften des Rechts von öffentlichem Interesse, weil sie durch ihren ‚Modellcharakter' zur Festigung des bisher nur mündlich überlieferten Regelwerks z.B. im Blick auf den Rechtsgang oder Prozeßverlauf beitrugen. Rechtsbücher spiegeln mit ihrer handschriftlichen Überlieferung den Verschriftlichungsprozess wider, der sich im späten Mittelalter auf allen Gebieten durchgesetzt hat und zur Verbreitung einer pragmatischen (d. h. zweckgerichteten) Schriftlichkeit geführt hat."[13]

Christa Bertelsmeier-Kierst sieht in Anlehnung an den Rechtshistoriker Gerhart Dilcher[14] in „dem Schlagwort ‚Verschriftlichung des Rechts'"[15] eine unzureichende Beschreibung des Wechsels von der Oralität zu Literalität. Sie spricht von einer qualitativen Veränderung des Rechts:

„Der ‚Sachsenspiegel' ist keine ‚volkstümliche Aufzeichnung ritterlich-bäuerlichen Gewohnheitsrechts, kein Produkt von ‚Verschriftung', das sich noch unmittelbar der Sprechkultur verdankt, sondern setzt primär schriftliche Traditionszusammenhänge, vor allem aus der lateinischen Schriftkultur voraus."[16]

In der Textsortenanalyse geht es somit auch um die Fragen, ob Rechtsbücher „semioffizielle Rechtsaufzeichnungen" sind, „die eine Vorform zu dem vom Herrscher gesetzten Recht darstellen"[17]; es geht um die Fragen nach der Legitimation des Rechts, dem Verhältnis von Mündlichkeit und Schriftlichkeit, Volkssprache und Latein. Den in der Rechtsgeschichte geläufigen Terminus *Rechtsbücher* möchte ich zunächst als „vorwissenschaftliche" Ordnungskategorie benutzen. Sie war die historische und lange Zeit auch inhaltliche Klammer für eine Gruppe

---

13 R. Schmidt-Wiegand, Rechtsbücher als Ausdruck pragmatischer Schriftlichkeit, S. 435f.

14 G. Dilcher, Bürgerrecht und Stadtverfassung im europäischen Mittelalter, Köln 1996, S. 270–273 und 281ff.

15 C. Bertelsmeier-Kierst, Kommunikation und Herrschaft, S. 175.

16 C. Bertelsmeier-Kierst, Kommunikation und Herrschaft, S. 175.

17 Ebenda. Nach C. Bertelsmeier-Kierst „folgen kurz darauf – häufig unter direkter Benutzung der Rechtsspiegel – Stadtrechte und territoriale Landrechte (wie z. B. das österreichische Landrecht im Auftrag Albrechts I.)" S. 175.

verwandter Textarten wie Land-, Lehnordnungen, überregionale „kaiserliche“ Rechtsordnungen und Stadtordnungen, die mit Textexemplar-Sammlungen wie Schöffenordnungen oder anderen Textsorten aus dem Bereich des Rechts, wie den kommentierenden Textsorten Rechtsgangordnungen, Rechtsglossierungen enge Textallianzen eingehen. Die kommentierenden und systematisierenden Textsorten aus dem inhaltlichen Zusammenhang der Rechtsbücher sind nicht Gegenstand dieser Untersuchung, sie werden ebenso wie das im 14. Jahrhundert entstehende Prozessrecht (Rechtsgangordnungen) nur insofern betrachtet, als sie zur Textsortenanalyse der Textexemplare aus dem Bereich der Textklasse ‚Rechtsbuch‘ beitragen.

Ich gehe von einem Objektbereich ‚Rechtsbuch‘ und seiner heterogenen Kategorisierung aus, um ihn dann von der wissenschaftlich begründeten Klassifikation abzugrenzen. Es ist dabei durchaus nicht ausgeschlossen, dass Merkmale oder die Bezeichnung der alltagssprachlichen Ordnungskategorie Eingang in die homogene theoriebezogene Klassifikation finden. Gegenstand der Untersuchung sind die Textexemplare, die Landrecht, Lehnrecht, Kaiserrecht und Stadtrecht überliefern.

Gemäß dem Inhalt der Rechtsordnungen lassen sich bereits soziale Zuordnungen in ländliche Rechtsordnungen, Rechtsordnungen mit besonderer Relevanz für den Adel, städtische Rechtsordnungen vornehmen, die sich im Laufe der Untersuchung anhand der textsortenrelevanten Merkmale bestätigen sollten. Zeitlich liegt der Schwerpunkt der Untersuchung auf dem Textvorkommen zwischen dem 13. und dem 16. Jahrhundert. Die Zeit der Rechtsbücher endet insgesamt mit den großen Rechtskodifikationen wie dem Preußischen Allgemeinen Landrecht von 1794, letzte Reste „verschwinden erst mit den nationalen Kodifikationen des späten 19. Jahrhundert, vor allem dem Bürgerlichen Gesetzbuch von 1896.“[18]

1.1. Einführung in die Problematik

Die mittelalterliche Rechtskultur war stark mündlich geprägt, gleichzeitig schöpfte sie aus dem lateinisch überlieferten Recht. Für die Zeitgenossen wurde das Recht in der Regel erst im Streitfall sichtbar.[19] Eine bewusste Normsetzung erschien im Mittelalter nicht nötig: das Recht war göttlich gegeben, es kam nur darauf an, es zu finden. Mit der ‚Rechtsfindung‘ waren zunächst nicht ausgebildete Juristen, sondern Laien betraut. Die Rechtsregeln hatten sich seit Generationen tradiert.

---

18 Gerhard Dilcher, Artikel ‚Stadtrecht‘, Sp.1872f., Zitat Sp. 1872.

19 Vgl. H. Lück, Über den Sachsenspiegel, S. 13 f.

„Schon auf Grund der mündlichen Existenz- und Überlieferungsform von Recht waren die Normen territorial und lokal sehr unterschiedlich. Hinzu kam der Umstand, dass eine Person in eine Rechtsordnung hineingeboren wurde und diese unabhängig vom Aufenthaltsort an ihr haftete (Personalitätsprinzip).“[20] Schriftliches Recht gab es seit der Antike in Form von Urkunden[21], vom 5. bis zum10. Jahrhundert sind die Leges[22] überliefert, mehr oder weniger vom römischen Recht beeinflusste Rechtsaufzeichnungen der germanischen Stämme in lateinischer Sprache mit volkssprachigen Einschüben. Sie werden in der Karolingerzeit ergänzt durch die Kapitularien, die ihren Namen durch die makrostrukturelle Ordnung in Kapitel erhielten. Die Kapitularien waren schriftliches Königsrecht, das allerdings nur im Rahmen „der bestehenden Gewohnheitsrechtsordnung“[23] agieren konnte. In der ersten Hälfte des 13. Jahrhunderts begann in Deutschland mit den privaten Niederschriften des Mühläuser Rechtsbuches (1224–1230)[24] und des Sachsenspiegels (um 1225)[25] eine umfassende Verschriftlichung des Rechts. Dieser Prozess steht im Zusammenhang mit der Rechtsverschriftlichung in ganz Europa, der in Italien durch die Wiederentdeckung des römischen Rechts, der Digesten des Kaisers Justinian, im 12. Jahrhundert angestoßen wurde. „Überall ging es darum, das bis dahin nur mündlich überlieferte Gewohnheitsrecht durch die Aufzeichnung zu fixieren, zu objektivieren und, einem Modell gleich, verfügbar zu machen.“[26]

Die Kategorie Rechtsbuch schließt in der rechtshistorischen Kategorisierung sowohl Land- und Lehnrechtsbücher, Stadtrecht/Weichbildrecht, Schöffensprüche und „Kaiserrecht“ ein – soweit es sich hier nicht um Gesetzgebung, sondern um privatrechtliche Aufzeichnungen handelt, wie z. B. beim Großen Kaiserrecht (Schwabenspiegel) und beim Kleinen Kaiserrecht (Frankenspiegel). Eine Scheidung zwischen gesetztem Recht, römischem Recht, Gewohnheitsrecht bzw.

20 H. Lück, Über den Sachsenspiegel, S. 13.

21 K. Kroeschell, Deutsche Rechtsgeschichte I, S. 56ff.

22 Vgl. G. v. Olberg-Haverkate, Artikel ‚Leges barbarorum‘, Sp. 690–692; Dies., Die Bezeichnungen für soziale Stände und Gruppen in den Leges barbarorum, S. 14–30.

23 H. Lück, Über den Sachsenspiegel, S. 13. Vgl. zu Kapitularien auch: P. Campbell, Die Kapitularien, S. 23–38.

24 Vgl. auch zur Literatur: U.-D. Oppitz, Rechtsbücher, Bd. 1, S. 46.

25 F. Ebel, Artikel ‚Sachsenspiegel‘, Sp. 1228–1237; R. Schmidt-Wiegand, D. Hüpper-Dröge (Hgg.), Der Sachsenspiegel als Buch.

26 R. Schmidt-Wiegand, Einführung in die Ausgabe, S. 3–15; C. Bertelsmeier-Kierst, Kommunikation und Herrschaft, S. 175ff.; G. Dilcher, Bürgerrecht und Staatsverfassung, S. 281ff.

Rechtsgewohnheiten[27] ist in Bezug auf die Rechtsbücher ganz offensichtlich nicht immer möglich. Schaut man in die Arbeit von U.-D. Oppitz, Deutsche Rechtsbücher des Mittelalters[28], so sind dort folgende Rechtsbüchergruppen aufgelistet: A. Land- und Lehnrechtsbücher: I. Sachsenspiegel mit den Sonderformen: Görlitzer Rechtsbuch, Breslauer Landrecht, Livländischer Spiegel (Land- und Lehnrecht), Holländischer Sachsenspiegel; II. Deutschenspiegel; III. Schwabenspiegel; IV Kleines Kaiserrecht (Frankenspiegel); V. Burger Landrecht; VI. Landlauf von Steyr; VII. Zipser Willkür; B. Stadtrechtsbücher: I. Mühlhäuser Rechtsbuch; II. Magdeburger Rechtsbücher; III. Schöffenspruchsammlungen; IV. Zwickauer Rechtsbuch; V. Meißner Rechtsbuch; VI. Elbinger Rechtsbuch; VII. Liegnitzer Stadtrechtsbuch; IX. Freisinger Rechtsbuch; X. Wiener Stadtrechtsbuch; XI. Ofener Stadtrechtsbuch; XII. Neumarkter Rechtsbuch; XIII. Löwenberger Rechtsbuch, XIV. Berliner Schöffenrecht; XV. Silleiner Stadtrechtsbuch; XVI. Glogauer Rechtsbuch; XVII. Salzwedeler Rechtsbuch. Weitere Stadtrechtsbücher führt U.-D. Oppitz unter F. Verschiedene Stadtrechte auf: I. Stadtrecht Wiener Neustadt; II. Preßburger Stadtrechtsbuch; III. Freiberger Stadtrechtsbuch; IV. Frankenberger Stadtrechtsbuch; V. Brünner Rechtsbuch (auch: Brünner Schöffenbuch); VI. Stadtrecht von Goslar; VII. Stadtrecht von Augsburg; VIII. Stadtrecht von München; IX. Rechtsbuch von Briel; X. Stadtrecht von Pettau; XI. Rechtsbuch der Stadt Herford; XII. Rudolfsbuch. Dazwischen aber führt er unter C. und D. kommentierende Rechtstexte auf: C. Rechtsgangbücher; D. Glossen, die in der Regel seit dem Ende des 14. Jahrhunderts in enger Verbindung mit Land-, Lehn- oder Stadtrechtsbüchern überliefert werden. In Kapitel E. Sammelwerke wird der Textverbund bzw. der Textbezug zum Ordnungskonzept: I. umfasst die Verbindung mehrerer Rechtsbücher; II. – IV. vorwiegend systematisierende Textsorten wie die Rechts-Abecedarien (II.), die Remissorien (III.) oder Vokabularien (IV).[29] Bei einer derart weitgefassten, entstehungsgeschichtlich motivierten (privaten, semi-offiziellen) Ordnungskategorie verwundert es nicht, dass die Materialgrundlage sehr heterogen ist.

---

27 Siehe: G. Dilcher, H. Lück, R. Schulze, E. Wadle, J. Weitzel, U. Wolter (Hgg.), Gewohnheitsrecht und Rechtsgewohnheit im Mittelalter, darin zur Differenzierung zwischen Gewohnheitsrecht und Rechtsgewohnheit bes. G. Dilcher, Mittelalterliche Rechtsgewohnheiten als methodisch-theoretisches Problem, S. 21–65.

28 U.-D. Oppitz, Rechtsbücher, Bd. I; Bd. II; Bd. III/1; ders., Ergänzungen (1996), S. 345–361; ders., Ergänzungen (2011), S. 440–454. Vgl. zu U.-D. Oppitz: R. Schmidt-Wiegand, Rechtsbücher als Ausdruck pragmatischer Schriftlichkeit, S. 438f.

29 U.-D. Oppitz, Rechtsbücher, Bd. I.

Aufgrund der rechtshistorischen Forschung lässt sich an dieser Stelle zusammenfassen: Die Textklasse Rechtsbücher ist sehr vielfältig, sie erscheint zum Teil völlig heterogen und unvereinbar, weil sie sich von ihren Ursprüngen im 13. Jahrhundert signifikant entfernt zu haben scheint.[30] Deshalb stellt sich bei dieser Untersuchung sehr zugespitzt die Frage: Kann man überhaupt von einer Textsorte ‚Rechtsbuch' ausgehen? Wie kann man sie beschreiben, welche Kriterien sind signifikant? Um diese Fragen zu beantworten, werden ausgewählte Textexemplare der Textklasse Rechtsbücher vom 13. bis zum 16. Jahrhundert durch vier synchrone Schnitte analysiert.[31] Ich beschränke mich in dieser Untersuchung nur auf Rechtsbücher in einem engeren Sinne: Land-, Lehn-, Stadtrechtsbücher und überregionale Rechtsbücher wie z. B. den Deutschenspiegel und das Große und Kleine Kaiserrecht. Abgrenzungen gegenüber Rechtsgangbüchern, Glossen, Abecedarien und Remissiorien z. B. müssen einer weiteren Untersuchung vorbehalten bleiben.

1.2. Materialgrundlage, Vorgehensweise, Arbeitshypothese

Als Materialgrundlage gehe ich von einem Handschriftenkorpus aus, wie es U.-D. Oppitz[32] in der Nachfolge von C. G. Homeyer, C. Borchling, K. A. Eckhardt und J. v. Gierke[33] zusammengestellt und beschrieben hat. U.-D. Oppitz listet 1673 Handschriften deutscher Rechtsbücher auf, darunter auch die bei C. G. Homeyer erwähnten und im Weltkrieg zerstörten oder verschollenen.[34] Einige Handschriftenstandorte sind inzwischen bekannt geworden.[35] Die vorliegende Analyse vereint Textexemplare aus sehr unterschiedlichen sozialen Zusammenhängen und auch mit einer unterschiedlichen Entwicklungsgeschichte, die aber im 13. Jahrhundert gemeinsame Wurzeln haben.Es können nicht alle Handschriften und

---

30 Vgl. z. B. J. Weinert, Die Dresdener Bilderhandschrift des Sachsenspiegels, S. 23, Anm. 38: „Man wird nicht in Abrede stellen können, dass im Sachsenspiegel auch jüngere rechtliche Entwicklungen Berücksichtigung gefunden haben, die man nicht als Gewohnheit, sondern als gegenwärtig und aufgrund sog. ‚Herrschaftsausübung' neu entstanden hätte ansehen können."

31 Vgl. das folgende Kapitel 1.2.

32 U.-D. Oppitz, Rechtsbücher, Bd. I und Bd. III/1 und 2.

33 C. G. Homeyer, Rechtsbücher.

34 U.-D. Oppitz, Vorwort, in: Rechtsbücher, Bd. I, S. IX.

35 Z. B. ist der Bestand des Halberstädter Domgymnasiums heute in St. Petersburg, vor allem in der Bibliothek der Russischen Akademie der Wissenschaften (BAW) und der Russischen Nationalbibliothek (RNB). A. Rogaschewski, Die sächsisch-magdeburgischen Rechtsdenkmäler, S. 239–282.

frühen Drucke im Original berücksichtigt werden. An dieser Stelle wird zunächst eine Auswahl der Handschriften und Drucke getroffen, im Mittelpunkt stehen die Sachsenspiegelhandschriften. Vertreten ist Nord- und Mitteldeutschland mit ausgewählten Sachsenspiegelhandschriften und -drucken. Als Stadtrechte ziehe ich das Mühlhäuser Rechtsbuch hinzu, weil es das erste deutschsprachige Rechtsbuch ist; weitere spätere Stadtrechtsbücher behandele ich nur überblicksartig. Durch den exemplarischen Blick auf die Kaiserrechte ist der süddeutsche Raum repräsentiert.

Die vier synchronen Untersuchungsschnitte umfassen jeweils ca. 100 Jahre. Ich setzte sie von der Mitte des 13. bis zur Mitte des 14. Jahrhunderts an (= um 1300), von der Mitte des 14. bis zur Mitte des 15. Jahrhunderts (= um 1400), von der Mitte des 15. bis zur Mitte des 16. Jahrhunderts (= um 1500) und von der Mitte des 16. bis zur Mitte des 17. Jahrhunderts (= um 1600) an. Damit habe ich eine repräsentative Auswahl vor allem von Handschriften, aber auch von Drucken zum Land- und Lehnrecht des Sachsenspiegels. Er steht im Vordergrund dieser Analyse. Exemplarisch ziehe ich Handschriften des Deutschenspiegels, des Großen Kaiserrechts (Schwabenspiegel), des Kleinen Kaiserrechts (Frankenspiegel), des Mühlhäuser Stadtrechtsbuches hinzu. Weitere Stadtrechtsbücher werden zum Vergleich und zur Vervollständigung in einigen Punkten (z. B. vergleichend in Bezug auf die Syntax Kap. 3.3.2.2. und Kap. 5.) herangezogen, aber nicht ausführlich untersucht.

Die Materialgrundlage bilden ausgewählte repräsentative Rechtsbücherhandschriften und keine Editionen. Das Untersuchungsziel ist nicht die rein induktive Gattungs- bzw. Textklassenbeschreibung, sondern die Untersuchung strebt vielmehr eine Textsortenbestimmung der überlieferten, auf den ersten Blick äußerst heterogenen Rechtsbuchhandschriften des 13. bis 16. Jahrhunderts an. Der lange Zeitraum, der durch vier synchrone Schnitte erschlossen wird, ermöglicht die Feststellung von Kontinuität und Wandel. Ausgangspunkt ist die vortheoretische Textklasse ‚Rechtsbücher'. Aufgrund der Fülle der überlieferten Textexemplare (mehr als 1000) ist eine Auswahl nötig, deshalb kann eine Textsortenbestimmung nur annähernd durchgeführt werden.

Rechtsbücher markieren in besonderer Weise den Übergang von der mündlichen Rechtstradition zu einer immer weitere Bereiche umfassenden schriftlichen Rechtskultur[36]. Es wundert in keiner Weise, dass mit dem Wandel des Mediums auch grundsätzlich ein Wandel der Rechtskultur verbunden ist.[37] Das Verhältnis

36 Vgl. G. Mohr, Zum Begriff der Rechtskultur, S. 9–29.

37 Vgl. dazu: C. Bertelsmeier-Kierst, Kommunikation und Herrschaft, S. 175–178.

zum Recht wandelt sich. In der Vorstellung der ursprünglich privat motivierten Rechtsbücher wie in der mündlichen Tradition ist das von Gott gegebene Recht vorhanden, es muss nur gefunden werden. So schreibt es Eike von Repgow im Vorwort „seines" Sachsenspiegels. Ruth Schmidt-Wiegand sieht in der Fixierung, Objektivierung und Modellfunktion des Rechts die wesentliche Motivation für die im 13. Jahrhundert beginnenden Verschriftlichungsprozesse.[38] Christa Bertelsmeier-Kierst geht vor allem von einem Bedürfnis nach kontrollierbarem Recht und nach der Veränderbarkeit von Recht als Motivation für die Rechtsaufzeichnungen aus.[39]

Es stellen sich textsortenrelevante Fragen: Warum wurde das bisher mündlich und gewohnheitsrechtlich existierende Recht aufgezeichnet? Setzen die volkssprachigen Rechtsbücher primär schriftliche, vor allem lateinische Traditionszusammenhänge voraus? Welche Motivation steht hinter den Rechtsaufzeichnungen? In welcher Weise sind diese zunächst nicht durch einen Gesetzgeber autorisierten Rechtstexte legitimiert? Ändert sich die Art und Weise der Rechtslegitimation? Die Untersuchung des hier gewählten exemplarischen Textkorpus richtet ihr Interesse nicht nur auf die Beschreibung und Entwicklung formaler und inhaltlicher Kriterien, sondern möchte das Augenmerk auch auf einen größeren, vieldiskutierten Zusammenhang richten: das Verhältnis von Mündlichkeit und Schriftlichkeit und die damit verbundene Legitimation des Rechts.

38 R. Schmidt-Wiegand, Einführung in die Ausgabe, S. 3–15, bes. S. 4.

39 C. Bertelsmeier-Kierst, Kommunikation und Herrschaft, S. 175.

2. Textsortenanalyse der Land-, Lehn-, Stadtrechtsbücher, des Kaiserrechts

Die ersten deutschsprachigen Rechtsbücher entstehen im Osten Deutschlands: Das sogenannte Mühlhäuser Rechtsbuch[40], es wurde vermutlich zwischen 1224 und 1230 verfasst[41], zeichnet vor allem städtisches Recht auf. Es sind zwei Handschriften aus dem späten 13. Jahrhundert überliefert, eine Handschrift ist verschollen.[42] Der Sachsenspiegel, als dessen Verfasser sich Eike von Repgow nennt, erscheint nahezu zeitgleich um 1230. Die handschriftliche Überlieferung setzt Ende des 13. Jahrhunderts mit dem Quedlinburger (um 1300) und dem Harffer Sachsenspiegel (1295) ein, sie umfasst mehr als 400 Handschriften (vgl. zur Auswahl die Tabellen Sachsenspiegel, Externe Merkmale). Darüber hinaus werden ausgewählte Drucke des Sachsenspiegels berücksichtigt. Von den Stadtrechtsbüchern berücksichtige ich vor allem das älteste, das Mühlhäuser Rechtsbuch. Andere Stadtrechtsbücher ziehe ich zum Vergleich sporadisch hinzu. Aus dem Süddeutschen Raum stammt das Kleine Kaiserrecht, der Schwaben- und der Deutschenspiegel.

2.1. Textklasse und Textsorte

Für den Objektbereich Rechtsbücher wird zunächst der Begriff Gattung bzw. linguistisch Textklasse oder Textgruppe als Textordnungskategorie verwendet.[43] Der ‚historisch variable' Gattungsbegriff entspricht den alltagssprachlichen Textsortengruppen bzw. Textklassen der linguistischen Forschung. Die Begriffe Gattung und Textklasse/Textgruppe können als weitgehend synonym angesehen werden. Mit beiden Begriffen sind vorwissenschaftliche, alltagssprachliche Klassifizierungen

---

40 Hs. 1039: Mühlhausen Stadtarchiv 10/T 8c, Nr. 1a, 13. Jh. altmd., enthält Mühlhäuser Rb 1–37r, Ratsbeschluss 1302, fol. 38–42, Stadtverweisungseinträge (14. Jh.) fol. 43–46, 47 Notizen, 48 leer; Hs. 654 Halle Leopoldina Bibliothek, md. 15. Jh.; Vermisst seit dem 2. Weltkrieg, in UDSSR Frankenspiegel 1766 durch H.D. Rumpel abgeschrieben liegt in UB Gießen Hs. 994.

41 H. Patze, Zum ältesten Rechtsbuch der Stadt Mühlhausen, S. 108f. nimmt als Verfasser Heinricus scolaris an; siehe auch: P. Johanek, Eike von Repgow, S. 753f. Für einen anderen Verfasser, Swigger I. von Mühlhausen, plädierte R. Scheithauer, Swigger I. von Mühlhausen, S. 1–26.

42 Mühlhausen Stadtarchiv, 10 T 8c, Nr. 1a und Nordhausen Stadtarchiv, Na 6.

43 Der historische Gattungsbegriff ist vor allem durch inhaltliche und stilistische Merkmale bestimmt. Vgl. dazu: G. v. Olberg-Haverkate, Zeitbilder – Weltbilder, S. 62ff.

gemeint, die sich auf historisches Textvorkommen beziehen.[44] Es sind Kategorien der *parole*, der Sprachverwendung. Sie sind historisch gebundene Einheiten des Sprachsystems und das Ergebnis einer synchronen Beschreibung und Klassifikation einzelner Textexemplare[45]. Ziel der Klassifikation der Textklasse Rechtsbücher ist die Textsortenermittlung, die Kategorisierung auf der Ebene der langue, des Sprachsystems. Gegenüber der Textklasse/Textgattung/Textgruppe sind Textsorten theoretische Konstrukte. Der Umfang der Textsorte ist in dieser Untersuchung nicht wie in älteren Ansätzen an das Satzmodel gebunden. „Die Annahme von der kommunikationstheoretischen Orientierung der systemhaften, synchronen linguistischen Textsorte sprengt schließlich den Rahmen des strukturalistischen Systembegriffs... Sie führt zu einer Zweidimensionalität des Textsortenbegriffs. ... Die Textsorte unterschiedet sich durch die Einbeziehung situativer, pragmatischer Merkmale von den anderen Einheiten der langue (Phonem, Morphem, Satztypen).“[46] Bei der Definition der Textsorte müssen Prinzipien angewandt werden, die mit denen anderer langue-Einheiten wie z. B. Phonem, Morphem, Wort und Satz vergleichbar sind. „Erst nach der Textklassenstrukturierung (1), nach der Feststellung der externen (2) und internen (3) Merkmale“[47] und der Abgrenzung gegenüber Textexemplaren anderer Textklassen (4, z. B. Handfeste, Stadtrechtskodifikationen etc.) ist die Klassenbildung durch die Feststellung distinktiver, klassenunterscheidender Merkmale innerhalb der Textgattung Rechtsbücher abgeschlossen. Der Klassifizierung von Textsorten sind also verschiedene Stufen der Differenzierung vorangestellt. Es lassen sich drei Gruppen innerhalb der textsortenrelevanten, distinktiven Merkmale unterscheiden:

a) Textsortenidentifizierende Merkmale treten im Rahmen eines Korpus nur in einer einzigen Textsorte auf, sie sind ein Indiz für die Textsortenzugehörigkeit.

---

44 Vgl. hierzu: F. Simmler, Theoretische Grundlagen, S. 11–21; Ders., Vom Prosaroman zur Erzählung, S. 458f.; Ders., Zur Fundierung des Text- und Textsortenbegriffs, S. 27–50; G. v. Olberg-Haverkate, Zeitbilder – Weltbilder, S. 64ff., S. 134–136, S. Schlüter, Textsorte vs. Gattung, S. 36.

45 Unter Textexemplar, auch Textfassung verstehe ich die jeweils konkrete aktuelle Sprachhandlung auf der Ebene der *parole*. Sie ist konstituiert durch eine ganz bestimmte Ausprägung der konstanten, die Kommunikationssituation bestimmenden Faktoren (Sprecher, Hörer, Ort und Zeit). Vgl. auch F. Simmler, Zur Fundierung des Text- und Textsortenbegriffs.

46 G. v. Olberg-Haverkate, Zeitbilder – Weltbilder, S. 69. Vgl. auch die Textsortendefinition von F. Simmler, Makrostrukturelle Veränderungen, S. 187–200, bes. S. 187.

47 G. v. Olberg-Haverkate, Zeitbilder – Weltbilder, S. 66.

b) Textsortenspezifische Merkmale sind alle positiv realisierten Merkmale, die innerhalb des Korpus zumindest an einer Stelle ohne Mitwirken anderer Merkmale auftreten – Funktion der Textsortenunterscheidung.
c) Textsortentypisch sind alle positiv realisierten Merkmale, die innerhalb des Korpus im Zusammenspiel mit anderen Merkmalen zu Oppositionen zwischen Textsorten führen.[48]

Die Textsortenbestimmung geht über eine Texttypologie und über eine induktiv verfahrende Beschreibung der Gattung ‚Rechtsbücher' hinaus, indem ein festumrissenes Textkorpus synchron untersucht und mittels linguistischer interner und externer Kriterien analysiert wird. Textvorkommen ist, historisch betrachtet, Veränderungen unterworfen. Um diese Veränderungen festzustellen, sind verschiedene synchrone Schnitte notwendig, die untereinander verglichen werden. Bei der Merkmalsbildung werden sowohl invariante als auch variante Merkmale berücksichtigt, da die Textanalyse kommunikationstheoretisch ausgerichtet ist. Ein Textsortenmodell, das wie das vorliegende in besonderem Maße auf alltagssprachliche Gegebenheiten des Gegenstandes ausgerichtet ist, kann nicht nur die invarianten Merkmale berücksichtigen. Eine Textsorte kann sich im Laufe der Zeit wandeln und Varianten hervorbringen, die mit der Ausgangstextsorte so eng verbunden sind, dass man noch nicht von unterschiedlichen Textsorten ausgehen kann. Varianten können einen Textsortenwandel ankündigen, der jedoch bei ihrem Auftreten noch nicht zwingend vollzogen sein muss. „Erst eine bestimmte Anzahl von Varianten, die in dieselbe Richtung weisen, kann in Kombination mit invarianten Merkmalen ein Bündel bilden, das eine neue Textsorte konstituiert."[49] In dieser Untersuchung wird ein Objektbereich analysiert, der sich im Laufe der Entwicklung stark verändert hat. Es stellt sich die Frage, ob diese Entwicklung über die Textsortenvarianten hinaus zu unterschiedlichen Textsorten geführt hat.

2.2. Textexterne, textinterne Merkmale, Arten der Textverbindungen

Der Analyse liegt ein kommunikatives Konzept von Textzuordnungen zu Grunde. Ich gehe von der Hypothese aus, dass die situativen, die Kommunikation konstituierenden externen Merkmale bestimmend für die Textfunktion sind. In Kombination mit den textinternen Merkmalen, der Bestandsaufnahme des jeweiligen

48 Vgl. G. v. Olberg-Haverkate, Zeitbilder – Weltbilder, S. 66.
49 Ebenda, S. 70.

Textbestandes und den Arten der Textverbindungen, die die einzelnen Textexemplare eingehen, lassen sich Textzuordnungen vornehmen, die zu einer Textsortenbestimmung führen.[50]

Bei der synchronen Analyse des Textkorpus berücksichtige ich immer den Gesamtcodex, damit formale, inhaltliche und Verwendungszusammenhänge zwischen den in einer Handschrift/Druck überlieferten Textexemplaren ermittelt werden können. Die Arten der Textverbindungen, die ein Textexemplar innerhalb eines handschriftlichen Codex oder eines gedruckten Buches eingeht, nenne ich Textallianzen. Sie können die Textsortenzugehörigkeit beeinflussen.[51] Es ist bei dem Textvorkommen innerhalb eines Codex bzw. eines Druckes weiterhin zwischen Texteilen und Teiltexten zu unterscheiden,[52] bei den Teiltexten ist darüber hinaus die Texthaftigkeit zu prüfen. Aufgrund der Textfülle und -vielfalt kann zunächst nur ein erster Schritt hin auf eine Textsortenklassifikation von Rechtsbüchern unternommen werden. Weitere Untersuchungen, vor allem die Abgrenzung zu verwandten Textgruppen wie gesetztem Stadtrecht, Rechtsgangbüchern, Schöffenrecht etc., müssen folgen.

Als bedeutendstes Rechtsbuch und als Prototyp der Textklasse[53] gilt der Sachsenspiegel[54] des Eike von Repgow. Die Entwicklung dieses Rechtsbuches steht im Zentrum der Textsortenanalyse. Eine genaue Untersuchung aller Makrostrukturen und inhaltlichen Merkmale von Rechtsbüchern, sei es auch nur beschränkt auf den Sachsenspiegel, kann auch in dieser Monographie nicht geleistet werden.[55] Ich gehe auf die für Rechtsbücher besonders relevanten Bereiche ein: 1. Die externen Merkmale: Ort, Zeit, Verfasser/Schreiber/Drucker, Auftraggeber, Material und Ausstattung; 2. Die internen Merkmale: Prologe, Epiloge, Schlussworte, Bucheinteilungen, Kapitel, Artikel, Paragraphen, Ausstattungen, Text-Bild-Relationen, Glossen, Register, Textallianzen, Initiatoren, Terminatoren,

50 Vgl. G. v. Olberg-Haverkate, Zeitbilder – Weltbilder, S. 101–130.

51 G. v. Olberg-Haverkate, Zeitbilder – Weltbilder, S. 123.

52 Vgl. F. Simmler, Teil und Ganzes in Texten, S. 597–625.

53 Vgl. z. B. K. Kroeschel, Deutsche Rechtsgeschichte, S. 242ff.; D. Munzel, Artikel ‚Rechtsbücher', Sp. 277–282.

54 Die Literatur zum Sachsenspiegel ist nahezu unüberschaubar, an dieser Stelle sollen nur einige weiterführende Hinweise gegeben werden: H. Kümper, Sachsenspiegel. Eine Bibliographie; C. Schott, Der Sachsenspiegel als mittelalterliches Rechtsbuch, S. 135–152.

55 Vgl. an dieser Stelle zunächst die Arbeit von N. Wallmeier, Sprachliche Muster. Die Arbeit stützt sich allerdings auf Editionen und nicht auf Handschriften und untersucht ausschließlich den niederdeutschen Sprachbereich. Siehe auch: H. U. Schmid, *Verspelt aber en man sin gut…*, S. 351–365.

Reim/Prosa, Mündlichkeit/Schriftlichkeit, Syntax und Lexik. Zwischen dem Sachsenspiegel, dem Deutschenspiegel, dem Großen Kaiserrecht (Schwabenspiegel) und dem Kleinen Kaiserrecht (Frankenspiegel) besteht ein entstehungsgeschichtlicher Zusammenhang. Aber auch die meisten niederdeutschen und mitteldeutschen Stadtrechtsbücher schöpfen aus dem sogenannten Magdeburgisch-Sächsischen Recht, d. h. sie beziehen sich auf den Sachsenspiegel und die in Anlehnung an den Sachsenspiegel entstandenen Rechtsbestimmungen des Magdeburger Stadtrechts. Das weitgehend eigenständige Mühlhäuser Rechtsbuch und der Sachsenspiegel gelten als die ältesten Rechtsbücher. Sie sind die frühesten Zeugen volkssprachiger deutscher Prosa und bilden den Ausgangsbezug der deutschsprachigen Rechtsbücher. Die meisten der nachfolgenden Rechtsbücher aus den unterschiedlichen soziokulturellen Umfeldern Adel (Lehnrecht), Land (Landrecht) und Stadt (Stadtrecht) folgen ihren Vorbildern zunächst sowohl in Bezug auf die inhaltlichen Bestimmungen als auch in makrostruktureller Hinsicht. Ich möchte den Terminus *Rechtsbücher* deshalb zunächst als Textklassenbezeichnung und damit als Ausgangspunkt einer Textsortenuntersuchung wählen.

In vier Schritten untersuche ich den in der rechtshistorischen Forschung mit Rechtsbuch bezeichneten Objektbereich:

1. der situative Rahmen der Textentstehung (textexterne Merkmale);
2. die textinternen Merkmale der Kommunikationssituation;
3. der Textbestand, seine Textteile oder Teiltexte;
4. die Art der Textverbindungen, die die einzelnen Textexemplare im Rahmen des Objektbereichs eingehen.

2.2.1. Textexterne Merkmale

Rahmenbedingungen jeder Kommunikation sind die externen Merkmale Produzent, Rezipient, Ort und Zeit. Als Textproduzenten kommen bei den Rechtsbüchern sowohl die ursprünglichen Verfasser – wie im Falle des Sachsenspiegels z. B. Eike von Repgow – infrage als auch spätere Scheiber. Die Frage der Autorisierung von Texten kann ein zentrales Textsortenmerkmal sein. Sie stellt sich bei dem Objektbereich der Rechtsbücher in besonderer Weise. Neben den unmittelbaren Textproduzenten haben die Auftraggeber von Rechtsbüchern eine wichtige Funktion für die Kommunikation. Sie tragen zur Textproduktion bei, können aber auch die Rezipienten des Textes sein (z. B. der Grundherr, der die Abschrift des Sachsenpiegels veranlasst, oder die Räte einer Stadt). Weitere Personen, die für die hier untersuchte Kommunikationssituation relevant sein können, sind neben dem Autor/Schreiber und dem Auftraggeber unter Umständen der Kompilator, Fortsetzer, Drucker, Benutzer der Handschriften und/oder Besitzer.

Die Entstehungszeit markiert den Beginn der Kommunikation. Bei der synchronen Untersuchung frage ich nach den Entstehungszeiten der konkreten Textexemplare bzw. der Überlieferungsträger; das sind die Codices, in denen die Textexemplare tradiert werden. Die Entstehungszeiten sollen hier als Ordnungsprinzip gelten, d. h. in dieser Untersuchung stehen nicht eventuelle Rezensionszusammenhänge oder durch philologische Forschung erschlossene „Originale" und mögliche Abhängigkeiten innerhalb eines Handschriftenstemmas im Vordergrund, sondern das konkrete Textvorkommen. Die zumeist der Textkritik[56] verpflichteten Editionen können aufgrund ihres Textbegriffes[57] keine Grundlage für eine linguistische Textanalyse sein.[58] Deshalb stehen in dieser Untersuchung die einzelne Handschrift und ihre Analyse im Vergleich mit anderen Handschriften

---

56 Siehe dazu G. v. Olberg-Haverkate, Zeitbilder – Weltbilder, Kapitel 2.3. Leitbilder der mediävistischen Textforschung, S. 30–36. Besonders in der Sachsenspiegel-Forschung vertrat die textkritische Analyse, vor allem Karl August Eckhardt (seit 1933 mit der kritischen Ausgabe des Sachsenspiegels), Positionen, die – wie z. B. auch die Annahme, Eike von Repgow sei auch der Verfasser der Sächsischen Weltchronik – von der neueren Forschung nicht mehr geteilt werden. Vgl. dazu mit Hinweisen auf die Literatur: C. Berteslmeier-Kierst, Kommunikation und Herrschaft, S. 66: „Von der Neubewertung dieser Fragestellung sind aber entscheidende Positionen der ‚Sachsenspiegel'-Forschung berührt. Mit einem Male sind nicht nur grundsätzliche Fragen zur Entstehung des ‚Sachsenspiegels' wieder strittig, auch Eckhardts textkritisches Modell, namentlich die Genese der Fassungen, erweist sich als brüchig." Vgl. dazu Kapitel 3. Sachsenspiegel Land- und Lehnrecht – Handschriften und Drucke.

57 G. v. Olberg-Haverkate, Zeitbilder - Weltbilder, S. 31: „Das zeitlich ältere Leitbild vom Text, der Werkbegriff des 19. Jahrhunderts und damit verbunden die Methode der Textkritik, führte zu vielen Editionen mittelalterlicher und frühneuzeitlicher Texte. Wir begegnen hier einer produktbezogenen Vorstellung von einem geschlossenen, kohärenten Text. Da ein solcher Text in der mittelalterlichen und frühneuzeitlichen Überlieferung selten greifbar ist, musste er gefunden werden, sprich: das Original, der Urtext, musste rekonstruiert werden." In der heutigen mediävistischen Forschung überwiegt die überlieferungsbezogene Textrekonstruktion. Der Textzusammenhang wird nun nicht mehr als Einheit gesehen, es treten vielmehr die einzelnen Handschriften in den Vordergrund. Der Text-Begriff zeigt hier eher Prozesscharakter.

58 Die linguistische Dissertation von N. Wallmeier, Sprachliche Muster bezieht sich ausschließlich auf Editionen. Dieses Vorgehen bringt auf der makro- wie auf der mesostrukturellen Seite Ergebnisse, die sich nahezu ausschließlich auf die zugrundegelegte Edition beziehen (z. B. S. 97: K.A. Eckhardt, Eike von Repgow, Sachsenspiegel Landrecht; Ders., Eike von Repgow, Sachsenspiegel Lehnrecht, Göttingen 1956). Die Edition bildet nicht die Realität der tatsächlichen handschriftlichen Überlieferung ab und muss, wie die Verf. selbst sagt, unter Vorbehalt gemacht werden: „Aus diesem Grund müssen die Aussagen zur Makrostruktur unter Vorbehalt gemacht werden…" (S. 97).

im Vordergrund. Bei ca. 1700 Rechtsbücher-Handschriften ist dies ein sehr großes Unternehmen, das nur ansatzweise zu leisten ist.

Nicht alle mittelalterlichen und frühneuzeitlichen Textvorkommen sind eindeutig einem bestimmten Ort zuzuordnen. Manchmal lassen sich nur vage regionale Zuordnungen aufgrund textinterner Vorgaben (z. B. Dialekt) machen. Die Art und Weise der regionalen Zuordnung kann ebenso ein wichtiges Textsortenkriterium sein wie das Medium (z. B. Handschrift oder Druck) und das Kommunikationsmaterial (z. B. Pergament oder Papier).

Für die textlinguistische Untersuchung der einzelnen Textzeugen bedeutet dies, dass in jedem einzelnen Fall, soweit erschließbar, die folgenden situativen externen Merkmale zu prüfen sind:

a) Kommunikationszeiten
b) Kommunikationsorte
c) an der Kommunikation beteiligte Personen: Autor, Kompilator, Schreiber, Fortsetzer, Drucker, Auftraggeber, Adressatenkreis, Benutzer der Handschriften, Besitzer
d) Kommunikationsmedium (z. B. Handschrift – Druck)
e) Kommunikationsmaterial (z. B. Pergament – Papier)

2.2.2. Textinterne Merkmale

Exemplarisch untersuche ich die textinternen Merkmale der ausgewählten Rechtsbücherhandschriften, ebenfalls in sechs synchronen Analyseschritten. Ich untersuche an jedem Textexemplar Initiatoren und Terminatoren. Sie markieren den Initial- und Terminalbereich eines jeden Textexemplares. Die Eingangs- und Endbegrenzungsmerkmale unterscheiden sich nicht grundsätzlich von Makrostrukturen. Wenn sie eine Komplexität besitzen, die diejenige eines einfachen oder komplexen Satzes übersteigt, können sie ebenfalls als Makrostrukturen angesehen werden. Zusätzlich zu ihrer Funktion als Makrostrukturen kennzeichnen sie den Textbeginn und das Textende.[59] Nicht selten treten mehrere Initiatoren oder Terminatoren auf, ein komplexes Gefüge, ein Merkmalsbündel. Unter Makrostrukturen verstehe ich textinterne „aus Ausdrucks-und Inhaltsseite bestehende satzübergreifende Einheiten der langue".[60] Gegenüber anderen satzübergreifenden und hierarchisch kleineren Einheiten wie Satztypen besitzen sie eine distinktive Funktion und können mit ihnen zusammen größere Einheiten der langue, die

59 Vgl. F. Simmler, Teil und Ganzes, S. 612f.
60 Ebd., S. 607.

Textsorten, konstituieren. Strukturierungsmerkmale wie z. B. Bücher-, Abschnitt-, Absatz-, Kapitel-, Artikel- und Paragraphenkennzeichnungen sowie die Verwendung von bestimmten Text-Bild-Relationen sind Makrostrukturen, die unterschiedlich komplexe und hierarchisch zu unterscheidende sprachliche Zeichen sein können. Im Sachsenspiegel hat sich die Einteilung in drei Bücher erst gegen Ende des 14. Jahrhunderts durchgesetzt.

Semantische und lexikalische Merkmale sowie die Beobachtungen zur Sprachwahl (Latein und/oder Volkssprache, regional eng begrenzte oder auf Überregionalität abzielende Volkssprache) sichern die Ergebnisse zusätzlich ab. Für die Rechtsbücher ist es vor allem wichtig, dass sie in einer die jeweiligen Zeitgenossen überzeugenden Weise legitimiert werden. „Wenn gesagt worden ist, daß es sich bei den Rechtsbüchern um Aufzeichnungen von ‚privater' Seite gehandelt habe, so ist damit gemeint gewesen, daß ihnen kein gesetzgeberischer Akt vorangegangen ist. Weder das Wort des Königs und seine mündliche Verbreitung noch ein schriftlich niedergelegtes Gesetz, eine Urkunde mit Unterschrift, Monogramm oder Siegel des Gesetzgebers verschaffte diesen privaten Arbeiten die Verbindlichkeit, die sie zur Durchsetzung ihrer Regeln brauchten."[61] Im Laufe der Überlieferung lassen sich unterschiedliche Arten der Rechtslegitimation erkennen: Eike von Repgow z. B. führte im 13. Jahrhundert das mündliche wie das schriftliche Recht auf Gott zurück und verwendete damit ein mythisches Legitimationsmuster; in der Poeßnecker Schöffenspruchsammlung[62] aus dem Jahre 1475 wird die Aufzeichnung des Rechts ganz selbstverständlich als Grundlage für ein gerechtes Urteil angesehen. Schriftlichkeit sichert und erweitert das kulturelle und soziale Gedächtnis.[63] Sie ist für ein komplexes soziales Beziehungsgefüge und damit für eine differenzierte Rechtskultur unentbehrlich. Es darf nicht vergessen werden, dass die deutschsprachige Verschriftlichung des Rechts erst mit dem Sachsenspiegel ihren Anfang genommen hat. „Zu den Grundgegebenheiten der mittelalterlichen Rechtskultur gehört bis weit in das 15., teilweise bis in das 16. Jahrhundert, seine Mündlichkeit, die Autorität des gesprochenen vor dem geschriebenen Wort."[64] In den meisten Rechtsbüchern finden sich gereimte Passagen, Rechtsregeln und Rechtssprichwörter, die man mit Vorsicht der Mündlichkeit des Rechts zurechnen kann. Es ist auch zu prüfen, ob die Verwendung von gereimten Rechtsregeln

---

61 Ruth Schmidt-Wiegand, Rechtsbücher als Ausdruck pragmatischer Schriftlichkeit, S. 445

62 DRWB, Digitalisat: http://www.rzuser.uni-heidelberg.de/~cd2/hdhs/objekte/5182.htm

63 Vgl. J. Assmann, Das kulturelle Gedächtnis; W. Pohl, P. Herold (Hgg.), Vom Nutzen des Schreibens. (soziales Gedächtnis).

64 B. Michael, Deutsche Rechtshandschriften, S. 292.

und mehrgliedrigen Formeln (z. B. Paarformeln) in den Rechtsbüchern Reflexe einer mündlichen Rechtstradition sind und ob die Neigung zu Definitionen eher der Schriftlichkeit entspricht.

Die mündliche Weitergabe von Rechtsregeln tradiert nur, „was nötig ist, um den ‚Jetztzustand' zu erklären oder zu legitimieren."[65] Neue Gesellschaftformen – so z. B. die Stadtgemeinden – erfordern nicht nur die Festlegung alten, sondern auch die Schaffung neuen Rechts. Die zunehmende Komplexität macht die schriftliche Fixierung notwendig. So erfährt z. B. das „städtische Gerichtsverfahren (Ratsgerichtsverfahren) … gegenüber dem Landrecht … eine grundlegende Rationalisierung … Gerichtskampf und Gottesurteil (als Formalverfahren) verschwinden aus dem Prozess und werden durch den Zeugenbeweis abgelöst."[66] Rechtliche Legitimation drückt sich zunächst vor allem in der Ausstattung (Pergament, Verwendung von Gold und Farben, Bildern) aus, sie findet zunehmend schriftlich statt – vor allem in Prologen und Epilogen, später in den wissenschaftlichen Bearbeitungen (z. B. Glossen und anderen Textallianzen). Schließlich ist sie – vor allem im städtischen Rechtszusammenhang – so gefestigt und selbstverständlich, dass sie keiner weiteren Begründung bedarf. Legitimationsmuster können als semantische textsortenrelevante Merkmale gelten, die die Aufzeichnung des Rechts begründen sollen.

Lexikalisch sind die Selbstbezeichnungen zur Textklasse relevant, denn sie können möglicherweise Auskunft über die zuordnenden Vorstellungen der Zeitgenossen geben. Die Selbstbezeichnungen in den Rechtsbüchern heißen *spiegel, rechtsbuch, land-, lehnrechtsbuch* oder *kayserrecht* (z. B. in den Handschriften des Großen Kaiserrechts = Schwabenspiegel und des Kleinen Kaiserrechts = Frankenspiegel). Weitere Schlüsselwörter sind die Bezeichnungen für ‚Recht', *ewa* und *reht*, sowie verschiedene Rechtstermini und signifikante Komposita und weitere Eigenheiten in der Wortbildung.

Als Textsortenkennzeichen bei Rechtsbüchern kann auch die Wahl der Form (Reim oder Prosa) gelten. Der Text der Textexemplare der Klasse Rechtsbücher ist in der Regel in Prosa abgefasst, das entspricht der Schriftlichkeit der Rechtstexte. Viele Rechtsbücher beginnen aber mit gereimten Prologen und enden mit gereimten Epilogen, Schlussworten oder Schlussgebeten. Darüber hinaus werden, wie

65 U. Schäfer, Zum Problem der Mündlichkeit, S. 362f.

66 N. Wallmeier, Sprachliche Muster, S. 63; Siehe auch: G. Dilcher, Zur Stellung und Rolle der mittelalterlichen Stadtrechte, S. 32–37.

oben schon erwähnt, feste, oft alliterierende Paarformeln und gereimte Rechtssprichwörter in Rechtsbüchern verwendet.

In diesem Buch können nur einzelne Beobachtungen zur Syntax der Rechtsbücher wiedergegeben werden, eine eingehende syntaktische Untersuchung des Sachsenspiegels wie auch anderer Rechtsbücher ist weiterhin ein Desiderat. In Rechtstexten finden sich überproportional viele Konditionalsätze, die das Rechtshandlung-Folge-Muster repräsentieren.[67] Darüber hinaus treten signifikant auch verallgemeinernde Relativsätze auf. Weiterhin typisch für juristische Textexemplare ist die Verwendung von Modalverben. Es soll hier exemplarisch untersucht werden, welche Arten von Konditionalsätzen in Rechtsbüchern verwendet werden und in welcher Funktion sie auftreten. Untersucht wird darüber hinaus die Art und Weise der Verwendung von Modalverben sowie ihre Funktion und der in Rechtsbüchern zu beobachtende Wechsel von direkter und indirekter Rede.

2.2.3. Teiltexte und Textteile

Neben der von Eike von Repgow im Sachsenspiegel intendierten Zweigliedrigkeit des Rechtsbuches in die Teiltexte Land- und Lehnrecht lassen sich in den einzelnen Handschriften Textteile wie Prologe, Epiloge, Schlussworte, die Verwendung von Glossen und Registern sowie signifikante Textallianzen und Kombinationen mit anderen Textexemplaren feststellen. Als allgemeine Tendenz ist festzuhalten, dass Land- und Lehnrecht vor allem im 15. Jahrhundert zunehmend getrennt überliefert werden. Das Landrecht zeigt insgesamt eine stärkere Verbreitung und Wirkung als das Lehnrecht. Daneben entstehen zunehmend Stadtrechte, die ganz häufig aus den Landrechtsbüchern und den Schöffensprüchen schöpfen.

Prologe und Epiloge sind wie auch das Schlusswort (Explicit, Kolophon) Textteile, keine selbständigen Textexemplare. Sie können je nach Intention des Schreibers oder Auftraggebers weggelassen oder verwendet werden. Die Schreiber, die z. B. zur Überlieferung des Sachsenspiegel Land- und Lehnrechts beigetragen haben, trafen eine solche Auswahl, die nicht nur Einfluss auf die Anzahl und Art der Textbegrenzungsmerkmale hatte, sondern auch die inhaltliche Ausrichtung des Textexemplars betroffen hat. Prologe wie auch Epiloge in Rechtsbüchern dienen zunächst wie bei Eike von Repgow der Legitimierung der privat verfassten Arbeiten als anwendbare Rechtsordnungen. Sie haben wie die Schlussworte zudem Begrenzungsfunktionen.

---

67 Vgl. N. Wallmeier, Sprachliche Muster, S. 113–115.

2.2.4. Textallianzen

Unter Textallianzen verstehe ich die Art der Textverbindungen, die die einzelnen Textexemplare im Rahmen des Objektbereichs eingehen. Die ganz überwiegende Zahl der Rechtsbücherhandschriften ist sowohl im 14. als auch im 15. Jahrhundert durch eine sehr bewusste und explizit gewollte Zusammenstellung der Textallianzen gekennzeichnet.

Der Schwerpunkt liegt hier - wie es scheint - auf Rechtstexten, wie z.B. städtischen Rechten (Magdeburger, Goslarer, Görlitzer etc. Stadtrecht. Judeneide, Schöffenrecht u.ä.), überregionalen Rechtstexten, wissenschaftlichen Bearbeitungen, Regelungen des Gerichtsverfahrens u.a. Es ist zu prüfen inwieweit die Gewichtung und Auswahl der Begleitüberlieferung ein Kennzeichen für die Textsorte Rechtsbücher oder ihrer Varianten ist.

3. Sachsenspiegel Land- und Lehnrecht – Handschriften und Drucke

3.1. Einführung

„Was Luthers Bibelübersetzung für die neuhochdeutsche Schriftsprache, bedeutet der Sachsenspiegel für die vorausgegangene mittelhochdeutsche Zeit: er hat als erstes Werk in deutscher Prosa Epoche gemacht.“[68] Der Sachsenspiegel war nicht nur das Vorbild für die weitere Rechtsbuchproduktion (z. B. in Osteuropa und im süddeutschen Raum: Augsburger Sachsenspiegel, Deutschenspiegel, Großes Kaiserrecht resp. Schwabenspiegel und für zahlreiche Stadtrechte) im Mittelalter und in der frühen Neuzeit, er war auch das Rechtsbuch mit der größten und zeitlich längsten Geltung. „Wie die handschriftliche Überlieferung zeigt, gelangte das Rechtsbuch schon früh an den Niederrhein und von hier später als Holländischer Sachsenspiegel auch in die Niederlande.“[69] Zusammen mit dem Magdeburger Stadtrechtsbuch wirkte der Sachsenspiegel bis weit nach Osteuropa (Krakau, Thorn, Lemberg, Minsk, Kiew, Vilnius, Riga, Reval).[70] Im Königreich Preußen wurde der Sachsenspiegel 1794 durch das Allgemeine Landrecht abgelöst, im Königreich Sachsen im Jahre 1863 durch das Sächsische Bürgerliche Gesetzbuch, und in Anhalt und Thüringen wurde das Rechtsbuch erst im Jahr 1900 durch das Bürgerliche Gesetzbuch ersetzt.[71] Es versteht sich von selbst, dass man bei einem so vielfältig rezipierten Text nicht von *dem* Sachsenspiegel ausgehen kann, sondern dass man eine sehr differenzierte Textentwicklung voraussetzen muss. Der Sachsenspiegel des Eike von Repgow gliedert sich in Land- und Lehnrecht und bezieht sich damit auf die bäuerlichen und ritterlichen Verhältnisse in Sachsen.[72] Das Landrecht besteht aus gewohnheitsrechtlichen Regelungen, die vor allem im östlichen Harzvorland (Elbostfalen) angewendet wurden. Sie galten im ländlichen Raum. Stadtrechtlich interessierende Themen werden

---

68 U.-D. Oppitz, Rechtsbücher, Bd. I, S. 22.

69 R. Schmidt-Wiegand, Die Bedeutung und Wirkung des Sachsenspiegels, S. 63–86.

70 D. Janicka, Zur Topographie der Städte des Magdeburger Rechts in Polen, S. 67–82; J. Karpavičilené, Das Magdeburgische Recht in den Kleinstädten Litauens, S. 83–116.

71 Vgl. auch: J. Gloydke, Spuren des Sachsenspiegels im geltenden Recht und in der Rechtssprechung, S. 123–139.

72 Vgl. dazu R. Schmidt-Wiegand, Die Bedeutung und Wirkung des Sachsenspiegels, S. 35.

nur gelegentlich gestreift, so z. B. bei der Einrichtung von Markt und Münze (Ldr. II 26 §4) oder die Bauvorschriften für Häuser und Nebengebäude (II 49 §§ 1,2)[73]. Dem mittelalterlichen Rechtsdenken war eine stringente Rechtssystematik fremd und so umfasst das Landrecht in lockerer Anordnung straf- und privatrechtliche sowie verfahrens- und öffentlich-rechtliche Ordnungen.[74] Die sehr unterschiedlichen und verwirrend vielfältigen Dienstrechte, die Eikes eigenen Stand als Ministerialen betrafen, schließt er in der Vorrede ausdrücklich als Themenbereich aus. Dem Normenkomplex des Lehnrechts widmet er dagegen den zweiten umfassenden Teil seines Rechtsbuches. Die Regeln betreffen das Verhältnis von Lehnsgebern und Lehnsnehmern. Das Verhältnis war vor allem durch die Überlassung des Lehngutes zur Nutzung durch den Lehnsnehmer gekennzeichnet, der dafür Kriegsdienste zu leisten hatte. Lehnrecht ist vor allem ritterliches Standesrecht, Eike zeigt das durch die Heerschildordnung an, an deren Spitze der König steht und mit der der Text des Lehnrechts beginnt.[75]

Eike von Repgow schrieb zwischen 1220 und 1235 das Land- und Lehnrecht des Sachsenspiegels auf. Der Verfasser Eike von Repgow gibt in seinem Prolog an, er habe den Sachsenspiegel zunächst in lateinischer Sprache und dann auf Veranlassung des Grafen Hoyer von Falkenstein in die deutsche Sprache übersetzt:

Nu dankit al gemeine
den van Valkensteyne
der greve Hoyer is genant,
daz an důtsche is gewant
diz bůch důrch sine bede:
Ecke van Repenhowe is dede;
vngerne he iz auer ane quam,
do her auer vernam
so grůz des herren gere,
do hadde her ingeyne were;
des herin lieve in gar verwan,
daz her des bůchis began,
des ime was vil vngedaht,
dů her iz in latine hadde braht.[76]

73 Dennoch fand der Sachsenspiegel seine größte Verbreitung durch die Städte, Siehe dazu R. Schmidt-Wiegand, Die Bedeutung und Wirkung des Sachsenspiegels, S. 38. Vgl. zum Unterschied zwischen Land- und Stadtrecht im Mittelalter: K. Kroeschell, Stadtrecht und Landrecht, S. 17–32.

74 Vgl. H. Lück, Über den Sachsenspiegel, S. 37–42,

75 Vgl. ebenda, S. 42f.

76 M. Åsdahl-Holmberg, Der Harffer Sachsenspiegel, S. 104f.

Eine lateinische Vorlage des deutschen Sachsenspiegels ließ sich allerdings bis heute nicht nachweisen.[77] Sowohl Eike als auch Hoyer von Falkenstein sind urkundlich belegt.[78] Eike von Repgow, vermutlich um 1180 geboren, erscheint zwischen 1209 und 1233 in sechs Urkunden, davon in zwei Urkunden (1215 und 1219) gemeinsam mit dem Grafen Hoyer von Falkenstein. Eike stammte aus einem Adelsgeschlecht, das sich „nach dem Dorf Reppichau bei Dessau benannte und das offenbar enge Beziehungen nach Magdeburg und den dortigen Schöffenkollegien und zum Hof des Erzbischofs unterhielt."[79] In mehreren Urkunden ist Eike als Ministeriale des Grafen Heinrich I. zu Anhalt erwähnt. Heinrich I. und Graf Hoyer von Falkenstein, der Stiftsvogt von Quedlinburg, standen sich nahe. Graf Hoyer ist derjenige, der nach Ausweis des Prologs Eike um die Übersetzung des Sachsenspiegels in die deutsche Sprache bittet.[80]

Die überlieferten Textexemplare des Sachsenspiegels stellen „bereits eine Weiterentwicklung der von Eike von Repgow verfaßten/übersetzten Fassung dar."[81] Der Text wurde im Laufe seiner Anwendung und Geltungsdauer (bis in das 19. Jahrhundert) vielfach verändert. Die Struktur dieser Veränderung soll in der vorliegenden Untersuchung mit Hilfe der linguistischen Textsortenanalyse deutlich gemacht werden. Viele Untersuchungen und Editionen des Sachsenspiegels waren in der Vergangenheit der textkritischen Methode verpflichtet.[82] Der Textbegriff, der der textkritischen Methode zugrunde liegt, ist produktbezogen, er entspricht der Vorstellung von einem geschlossenen, kohärenten Text. Ein solch kohärenter Text ist in der mittelalterlichen Überlieferung selten greifbar, die Textkritik rekonstruierte in der Folge deshalb einen Urtext, der so zwar nicht überliefert war, der aber das Original repräsentieren sollte. Die unterschiedlichen Erscheinungsformen eines Textes, die Handschriften, wurden verglichen und aus der Gesamtüberlieferung wurde eine sogenannte Leithandschrift ausgewählt, die der ursprünglichen Fassung am nächsten kommen sollte und die damit am zuverlässigsten

---

77 Vgl. dazu die Ausführungen in Kapitel 3.3.3. Das Verhältnis Deutsch – Latein.

78 Vgl. R. Lieberwirth, Eike von Repgow und der Sachsenspiegel; ders., Artikel: ‚Eike von Repgow', Sp. 1240–1242; A. Ignor, Über das allgemeine Rechtsdenken Eikes von Repgow; Zur Person Eikes siehe auch: B. Janz, Auf den Spuren Eikes von Repgow, S. 25–56.

79 R. Schmidt-Wiegand, Die Bedeutung und Wirkung des Sachsenspiegels, S. 34.

80 Ebenda, S. 34. Vgl. auch P. Johanek, Eike von Repgow, Hoyer von Falkenstein und die Entstehung des Sachsenspiegels, S. 716–755.

81 H. Lück, Über den Sachsenspiegel, S. 24ff.; vgl. auch R. Lieberwirth, Die Wirkungsgeschichte des Sachsenspiegels, S. 63–68.

82 Vgl. zu den unterschiedlichen Konzepten der Textanalyse, G. von Olberg-Haverkate, Zeitbilder - Weltbilder, S. 30–34.

erschien. Die Abhängigkeiten unter den Handschriften wurden geprüft und es wurden Stammbäume (Stemmata) erstellt, die den Sinn hatten, mehr oder weniger zweifelsfrei auf das Original zurückzuführen. Je nach Überlieferungslage konnte man unterschiedliche Rezensionen des Urtextes feststellen.[83] Die textkritische Methode führte zu vielen Editionen mittelalterlicher und frühneuzeitlicher Texte, auch die Editionen des Sachsenspiegels sind zu einem überwiegenden Teil dieser Methode verpflichtet. In den 1960er Jahren kündigte sich ausgehend von der französischen Literatur- und Textwissenschaft[84] ein Paradigmenwechsel an. Mittelalterliche Texte werden heute nicht mehr als einmalig und unveränderbar in ihrer Textgestalt angesehen, es steht nun vielmehr die Vorstellung eines offenen, sich verändernden Textes im Vordergrund[85], was wiederum zu einer anderen Editionspraxis hingeleitet hat. Ediert werden vor allem einzelne, meist besonders prunkvolle oder wirkungsgeschichtlich bedeutende Handschriften, mit einer Tendenz zur Faksimilierung und zusätzlichen Kommentierung. Diese Editionspraxis lässt sich auch in Bezug auf den Sachsenspiegel Eikes von Repgow feststellen.[86]

Die Ergebnisse der textkritischen Forschung zum Sachsenspiegel sollen als Hintergrund meiner Analyse hier kurz referiert werden. Die rechtshistorische Forschung unterscheidet vier Textklassen: Klasse I enthält die Kurzformen, Klasse II die Langformen, Klasse III die glossierten Formen und Klasse IV die lateinischen Übersetzungen.[87] Die Kurzformen der Klasse I sind vor allem dadurch gekennzeichnet, dass sie eine um die Verse 1–95 gekürzte Fassung der Reimvorrede

---

83 Ebenda, S. 31f.

84 Arbeiten wie die von J. Kristeva, Le texte clos, S. 113–142, oder L. Haye, Le texte n'existe pas, S. 147–156, betonten die dynamische Komponente des Textbegriffes. Vgl. dazu auch F. Wolfzettel, Zum Stand und Problem der Intertextualitätsforschung im Mittelalter, S. 1–17; J. Kühnel, Der „offene" Text, S. 311–321.

85 Vgl. Gabriele von Olberg-Haverkate, Zeitbilder – Weltbilder, S. 32–34.

86 Vgl. z. B. die Edition der vier Bilderhandschriften: W. Koschorreck (Hg.), Die Heidelberger Bilderhandschrift des Sachsenspiegels; Der Oldenburger Sachsenspiegel, hg. von R. Schmidt-Wiegand; Der Dresdener Sachsenspiegel, hg. v. Heiner Lück; Die Wolfenbütteler Bilderhandschrift des Sachsenspiegels, hg. v. R. Schmidt-Wiegand,. Siehe auch: Gott ist selber Recht. Die vier Bilderhandschriften des Sachsenspiegels.

87 Ich folge hier der Klasseneinteilung, wie sie U.-D. Oppitz wiedergibt. Die Unterscheidung der Klassen ist nicht vollkommen stringent, es gibt zahlreiche Überschneidungen und Vermischungen. Vgl. z. B. auch die Einordnung des Harffer Sachsenspiegels von M. Åsdahl-Holmberg (Hg.), Der Harffer Sachsenspiegel, S. 10–24. In letzter Zeit hat C. Berteslmeier-Kierst, Kommunikation und Herrschaft mit der Entstehungsgeschichte des Sachsenspiegels befasst. Sie nimmt an, dass die Ursprünge des Sachsenspiegels in Magdeburg im Umfeld des Erzbischofs Albrecht von Magdeburg zu lokalisieren sind.

enthalten. Es fehlen ihnen die Vorrede Von der Herren Geburt und einige Textpassagen[88] verglichen mit den späteren Redaktionen. Seit Karl August Eckhardt[89] wird die Klasse I in verschiedene Fassungen unterteilt: Ia (erste deutsche Fassung)[90], Ib (zweite deutsche Fassung)[91] und Ic (dritte deutsche Fassung)[92]. Sie gelten in der Forschung als Belege der Urfassung des Sachsenspiegels. Die Fassung Ia ist nach Karl August Eckhardt im frühen 13. Jahrhundert entstanden. Eckhardt „legte 1933 eine kritische Ausgabe des ‚Sachsenspiegels' vor und entwickelte zu dessen Entstehung eine neue Theorie. Anstelle der romantischen Burg Falkenstein wurde von ihm Quedlinburg als Entstehungsort favorisiert, wo Eike angeblich zwischen 1223 und 1226 als Burghauptmann an der Besetzung des Stifts durch Graf Hoyer von Falkenstein teilgenommen hatte."[93] Eckhardt gründete seine Ansicht auf eine Erwähnung der Burgbesetzung durch Hoyer von Falkenstein und seiner *helfere* in der sogenannten Sächsischen Weltchronik. Die Weltchronik galt zu Eckhardts Zeiten ebenfalls als ein Werk Eikes von Repgow. Die Quedlinburger Handschrift, ursprünglich aus der Quedlinburger Stifts- und Gymnasialbibliothek,[94] wurde von Eckhardt als die Leithandschrift der Fassung Ia angenommen. Seit Hubert Herkommer[95] im Jahre 1992 Eike als Verfasser der sogenannten Sächsischen

---

Für die vorliegende textsortenspezifische Untersuchung spielt die Klasseneinteilung eine untergeordnete Rolle, sie wird zur Orientierung in den Tabellen erwähnt.

88 Es fehlen die Artikel I 4, I 9–15, I 26, I 49, I 58, I 68 §2- I 69, II 1, II 18, II 29, II 33, III 11, III 47–51. III 72, III 73, III 84, III 85, III 87–91 des Landrechts. Siehe U.-D. Oppitz, Rechtsbücher, Bd. I, S. 22.

89 K.A. Eckhardt (Hg.), Sachsenspiegel IV. Eike v Repgow und Hoyer von Falkenstein, S. 9

90 Außer den allgemein in Klasse I fehlenden Passagen fehlen in Ia noch: der Schluss von I 3 §3, I 51 31 Ende – 2, I 62 §4, II 4 §3, II 9 §3 Ende – II 10 §1, II 58 §3, III 71 §2, III 82 §2–83, III 86 Landrecht und 7 §2, 13 §2, 26 §9 und 10, 33 §3, 43 §3, 50 §§4, 71 §16, 75 §2, 76 §6 Lehnrecht. Siehe: U.-D. Oppitz, Rechtsbücher, Bd. I, S. 22.

91 „In ihr sind die Sonderlücken der Ordnung Ia ausgefüllt; außer den in Klasse I fehlenden Stücken läßt sie nur noch den Art. 86 und einige unbedeutende Novellen vermissen. Die singuläre Fünfbüchereinteilung von Hs. 248 und 1302 stammt aus dieser Ordnung und war ihr vielleicht von Anfang an eigen." U.-D. Oppitz, Rechtsbücher, Bd. I, S. 23.

92 Hier sind vor allem die allgemein in der Klasse I fehlenden Passagen signifikant, hinzu kommen Art. III 86 und einige kleinere Novellen im Land- und Lehnrecht. Die Verse 261–280 der Reimvorrede, in denen sich Eike als Verfasser nennt, fehlen. Siehe U.-D. Oppitz, Rechtsbücher, Bd. I, S. 23.

93 C. Bertelsmeier-Kierst, Kommunikation und Herrschaft, S. 65.

94 Diese Handschrift befindet sich heute in der Universitäts- und Landesbibliothek Halle unter der Signatur: Quedl. 81 und C. Bertelsmeier-Kierst, Zur ältesten Überlieferung des Sachsenspiegels, S. 67–69, datiert sie in die Zeit zwischen 1310–1330.

95 H. Herkommer, Überlieferungsgeschichte der „Sächsischen Weltchronik". Vgl. dazu auch: G. v. Olberg-Haverkate, Zeitbilder - Weltbilder

Weltchronik ausschließen konnte, steht auch das textkritische Modell des Sachsenspiegels, wie Eckhardt es entworfen hat, zur Debatte.[96]

Die Quedlinburger Handschrift (Ia) und der Harffer Sachsenspiegel (IIa)[97] galten lange als die ältesten überlieferten Handschriften.[98] Die Fassung I soll nach Eckhardt 1224/25 und die Fassung II vor 1230/31 verfasst worden sein. Ich berücksichtige das textkritische Modell Eckhardts nicht in Bezug auf die Entstehungsgeschichte des Sachsenspiegels[99], wohl aber in Bezug auf den Textumfang und die Textorganisation der einzelnen Klassen und Fassungen. „Für die Klasse I ist kennzeichnend das Fehlen der ersten (jüngeren) Reimvorrede (Vers 1–96), der Vorrede ‚Von der Herren Geburt'"[100]. Die Bucheinteilung ist ebenfalls unbekannt. Die Langformen der Klasse II (vierte deutsche Fassung) stammen ursprünglich wohl aus Magdeburg, nach Eckhardt sind sie zwischen 1261 und 1270 entstanden. Diese Klasse „enthält eine ganze Reihe von Aktualisierungen und zahlreiche Anknüpfungen an das römische Recht (IIa). Hierher gehören neben den berühmten vier Bilderhandschriften (IIb) die mit einem Schlagwortregister ausgestatteten Handschriften (IIc) und die systematischen Handschriften IId). Schließlich entstanden im frühen 14. Jahrhundert (wahrscheinlich in der Mark Brandenburg) Handschriften, die eng mit den Bilderhandschriften verwandt sind und die Vorlage für die Sachsenspiegelglosse bilden (IIe)."[101] Die erste große Textentwicklungsperiode schließt mit der vierten deutschen Fassung ab. „Die zweite Periode erstreckt sich dann über das 14. Jahrhundert bis zur Vulgataform,

---

96 Zuletzt hat C. Bertelsmeier-Kierst, Zur ältesten Überlieferung des Sachsenspiegels, S. 67–69, durch die Neudatierung der Quedlinburger Handschrift von vor 1300 auf 1310–1330 eine deutliche Korrektur vorgenommen. Siehe dazu Kapitel 3.2 Externe Merkmale der Handschriften und Drucke.

97 M. Åsdahl-Holmberg (Hg.) Der Harffer Sachsenspiegel.

98 Chr. Bertelsmeier-Kierst, Zur ältesten Überlieferung des Sachsenspiegels, S. 56–77.

99 Vergleiche zur Diskussion über Entstehungszeit und -ort: P. Johanek, Eike von Repgow, Hoyer von Falkenstein und die Entstehung des Sachsenspiegels, S. 716–755; H. Lück, Inszenierung unter dem Hakenkreuz, S. 201–224; H. Lück, Über den Sachsenspiegel, S. 12. Heiner Lück nimmt eine Abfassung des Sachsenspiegels im östlichen Harzvorland an (S. 12); P. Landau, Wo entstand der Sachsenspiegel? S. 175–177; Ders., Eike von Repgow, Altzelle und die anglo-normannische Kanonistik, S. 73–101; Peter Landau nimmt an, dass Eike die gut ausgestattete Dombibliothek des Klosters Altzella benutzt haben könnte. Rolf Lieberwirth, Entstehung des Sachsenspiegels und Landesgeschichte, S. 395–425.

100 U.-D. Oppitz, Rechtsbücher, Bd.I, S. 22.

101 H. Lück, Über den Sachsenspiegel, S. 24.

die dem 15. Jahrhundert angehört."[102] Die meisten Handschriften zeigen eine Einteilung des Landrechts in drei Bücher, sie hat sich zu Beginn des 14. Jahrhunderts herausgebildet. Die am weitesten verbreiteten Textentwicklungen der zweiten Periode werden in den Klassen III und IV repräsentiert. Sie sind auch die Grundlage der ersten Drucke gewesen. In der Klasse III werden die lateinischen Fassungen zusammengefasst. Klasse IV umfasst die glossierten Formen.[103]

3.2. Externe Merkmale der Handschriften und Drucke

Die der Textkritik verpflichteten Editionen können, wie oben ausgeführt, aufgrund ihres Textbegriffes keine Grundlage für eine linguistische Textanalyse sein.[104] Im Vordergrund müssen die einzelne Handschrift und ihre Analyse im Vergleich mit anderen Handschriften stehen. Bei ca. 1700 Rechtsbücher-Handschriften ist dies ein sehr großes Unternehmen, hier soll der Versuch unternommen werden, an Hand einer repräsentativen Auswahl die Textentwicklung in Bezug auf die makrostrukturelle Entwicklung in ihrer sozialen Einbettung darzustellen.

Die situativen, die Kommunikation konstituierenden Merkmale Produzent. Rezipient, Ort und Zeit bestimmen die Textfunktion. Diese universellen Konstanten sind die Rahmenbedingungen jeder Kommunikation. Für die textlinguistische Untersuchung der Textzeugen des Sachsenspiegels bedeutet dies, dass in jedem einzelnen Fall, soweit erschließbar, die situativen externen Merkmale zu prüfen sind.

Die folgenden Tabellen zu den externen Merkmalen geben einen Überblick über die Entwicklung der Handschriften vom 13. bis zum 16. Jahrhundert. Sie veranschaulichen neben den Kriterien Entstehungszeit, Schreiber, Auftraggeber bzw. Adressat, Provenienz, Datierung, Herstellungsort, Schreibdialekt und Material auch noch die textkritischen Aspekte der Textklassenzugehörigkeit. Der diachrone Ansatz macht deutlich, dass sich die Textsortengruppe ‚Rechtsbücher' wandelt. Für die Untersuchung der externen Merkmale (Tabellen 1–24) wurde eine repräsentative Auswahl aus den ca. 460 Handschriften des Sachsenspiegels ausgewählt.

---

102 Ebenda, S. 24.

103 Vgl. Auch F. Ebel, Artikel ‚Sachsenspiegel', Sp. 1228ff.

104 Die linguistische Dissertation von N. Wallmeier, Sprachliche Muster, bezieht sich ausschließlich auf Editionen. Dieses Vorgehen bringt auf der makro- wie auf der mesostrukturellen Seite Ergebnisse, die sich nahezu ausschließlich auf die zugrunde gelegte Edition beziehen (z. B. S. 97: K.A. Eckhardt, Eike von Repgow, Sachsenspiegel Landrecht; Ders., Eike von Repgow, Sachsenspiegel Lehnrecht, Göttingen 1956). Die Edition bildet nicht die Realität der tatsächlichen handschriftlichen Überlieferung ab und muss, wie die Verf. selbst sagt, unter Vorbehalt gemacht werden: „Aus diesem Grund müssen die Aussagen zur Makrostruktur unter Vorbehalt gemacht werden…" (S. 97).

3.2.1. Externe Merkmale in Handschriften um 1300

Tabelle 1: Sachsenspiegelhandschriften und –fragmente vor 1300 – Externe Merkmale

Handschriften/ Fragmente	**Klasse u. Besonder-heiten der Klasse**	**Entste-hungszeit**	**Schrei-ber**	**Auftrag-geber / Adressat**	**Prove-nienz**	**Datie-rung expl.**	**Datierung erschl.**	**Herstel-lungs-ort, expl.**	**Region/ Ort erschl.**	**Schreibdi-alekt**	**Material**
Hs. 829 Kopenhagen KB NkS 1479	IIa Langform, 4. Fassung,	um d. Mitte 13. Jh.[105]	0	0	0	0	Ja	0	Ja	elbost-fälisch	Pergament 1 sp./1 Bl.
Hs. 78[106] Berlin Staatsbi-bliothek Fragment 22	Ia, Kurzform, 1. dt. Fassung	3. Viertel1 3. Jh.[107]	0	0	0	0	Ja	0	Ja	elbost-fälisch	Pergament 1 sp./2 Bll.
Harffer Sachsenspiegel – Hs. 1036 Gräfl. Archiv	IIa, Langform, 4. dt. Fassung	1295	0	Antonius Graf von Mirbach-Harff, Archiv Schloss Harff	Stadt-bür-gertum Köln	Ja	0	0	Ja	ripu-arisch	Pergament 2 sp.
Hs. 875 Leiden UB BPL 180 B	IIa, Langform, 4. Fassung	Ende 13. Jh.[108]	0	0	0	0	Ja	0	Ja	ostfäl. (mit elbostfäl.)[109]	Pergament qu. 2 sp.
Hs. 142 Berlin Staatsbibliothek Ms. germ. fol. 750 Bl. 1 und 2	IIc, Langform, 4.dt. Fassung, Glosse ausge-stoßen	13. Jh. bzw. kurz nach 1300	0	0	0	0	Ja	0	Ja	nd.	Pergament 2 sp./2 Bll.
Hs. 697 Heidelberg UB Cod. Pal. Germ. 164	IIb, Langform, Bilderhs.	Zw. 1295 und 1304	0	0	0	Ja	0	0	Ja	md.	Pergament 1 sp.

105 C. Bertelsmeier-Kierst, Zur ältesten Überlieferung des Sachsenspiegels, S. 61, vgl. auch Abb. 1.
106 B. Michael, Deutsche Rechtshandschriften. Anmerkungen zur Verschriftlichung des Rechts, S. 292–337, S. 299f., Nr. 146.
107 C. Bertelsmeier-Kierst, Zur ältesten Überlieferung des Sachsenspiegels, S. 64, Anm. 22.
108 Ebenda, S. 69–76.
109 Ebenda, S. 75f.

Tabelle 2: Sachsenspiegelhandschriften und -fragmente der ersten Hälfte des 14. Jahrhunderts – Externe Merkmale

Handschriften/ Fragmente	**Klasse u. Besonderheiten der Klasse**	**Entste-hungszeit**	**Schreiber**	**Auftrag-geber / Adressat**	**Provenienz**	**Datierung expl.**	**Datierung erschl.**	**Herstel-lungsort, expl.**	**Region/ Ort erschl.**	**Schreibdi-alekt**	**Material**
Hs. 845 Krakau BJ cod. 169	IIa, Langform (=LF), 4.dt.F.	1308	Conrad v. Oppeln	Stadt und Bürgertum Krakau	Krakau	Ja	0	Krakau	0	md./lat.	Pergament 2 sp.
Hs. 657 Quedl. Sachsen-spiegel, – Halle ULB Quedl. 81	Ia, Kurzfor (=KF), 1.dt. Fassung	1310–1330	0	0	Stiftsbiblio-thek Qued-linburg	0	Ja	0	Ja	thüring.[110]	Pergament 2 sp.
Hs. 1184 Oldenburg CIM I 410	IIb, Bilder-handschrift	1336	Heinrich Gloyesten	Graf Johann III. v. Oldenburg	Grafen von Oldenburg	Ja	0	Kloster Rastede	0	nd.	Pergament 1 sp.
Hs. 1358 Soest Stadtarchiv Codex 25/3	IIa, Langform, 4.dt.F.	Anf. 14. Jh.	0	Stadt Herford[111]	0	0	Ja	0	Ja	nd.	Pergament 1 sp.
Hs. 946 Linz LA Neuerwerbungen Nr. 106 (PA II/25)	IIa, Langform, 4.dt. F.	Anf. 14. Jh.	0	0	0	0	Ja	0	Ja	obdt.	Pergament, 2 sp.
Hs. 237 Braunschweig Stadtbib. Frag. 1	Ib, Kurzform, 2.dt.F.	1. H. 14. Jh.	0	0	0	0	Ja	0	Ja	md. (1.Bl.); nd.	Pergament 2 sp./ 6 Bll.
Hs. 844 Krakau BJ cod. 168	IIa, LF, 4.dt.F.	1.H. 14. Jh.	0	0	Krakau	0	Ja	Kra-kau	0	md./ lat.	Pergament 2 sp.
Hs. 1189 Olmütz c SAO C. O. 270	IVc Glosse ausgestoßen	1.H. 14. Jh.	0	0	Ja	0	0	0	Ja	nd.	Pergament 2 sp.
Hs. 248 Bremen UB Ms. A. 30 a1.	Ia KF, 1.dt.F.	1342	Hinricus bese van Rozstoch	0	Bremer Dom-kapitel[112]	Ja	0	0	Ja	nd./ nordnd.	Pergament 2 sp.

110 W. Spiewok, Die Sprache der Quedlinburger Handschrift des Sachsenspiegels, S. 719–724.

111 Auf dem alten Einband findet sich eine Notiz des Herforder Bürgermeisters Johannes Grube, Bürgermeister von 1418–1423. Im späten 15. Jahrhunderts kam sie in den Besitz des Rates der Stadt Soest und war dort für den öffentlichen Gebrauch bestimmt. Vgl. Der sassen speyghel, Bd. I, S. 449f.

112 D. Hüpper, Auftraggeber, Schreiber und Besitzer, S. 80–84.

In der Tabelle 1 sind die externen Merkmale der Handschriften und Fragmente um die Jahrhundertwende 1300 zusammengestellt. Es ist auffällig, dass die externen Merkmale hier wenig aussagekräftig sind. Es gibt keine Schreibernennungen, die Provenienzen lassen sich nur ungefähr bestimmen. Bis auf den Harffer Sachsenspiegel (Hs. 1036), der ältesten datierten Sachsenspiegelhandschrift überhaupt, sind auch die Datierungen nur erschlossen. Die sicherste Zuordnung ist noch beim Harffer Sachsenspiegel möglich, er ist explizit auf das Jahr 1295 datiert. „Auf wessen Veranlassung die Handschrift geschrieben wurde, wissen wir nicht. Dass sie aber für einen Kölner Herrn bestimmt war ist aus dem … Epiphonem zu schliessen, das unter Beibehaltung der Abkürzungszeichen wie folgt lautet:

> *Dextam scriptoris bñdicat mat'*
> *Honoris. Dulcis blanda pia*
> *Nos consolare maria. Et fac*
> *nos te longa gaud'e quiete*
> *Amen. Anno dñi m cc lxxx*
> *v. fi'a sexta pt' philippi & iacobi*
> *apl'or Liber est dñi Johanis*
> *……… colonieñ Juede dts.*“[113]

Der ursprüngliche Besitzername wurde getilgt, der neue Eintrag auf den Namen *Juede* wurde vermutlich erst Ende des 14. bzw. Anfang des 15. Jahrhunderts nachgetragen. Ein Johann Juede war 1395 Bürgermeister von Köln, er hatte zwei Söhne, die beide Johann hießen. Sie werden zwischen 1419 und 1424 genannt. 1446 gibt es in dieser Familie einen Johann Juede junior, er war gewählter Schöffe. Die Handschrift stammt aus dem Gräflich Mirbachschen Archiv auf Schloss Harff bei Bedburg (im Kölner Raum). Ursprünglich war sie aber wohl für das Kölner Bürgertum geschrieben worden.[114]

Auch die älteste der vier erhaltenen Bilderhandschriften, der Heidelberger Codex Pal. Germ. 164, ein Prachtcodex, lässt sich in Bezug auf Ausstellungsort, -zeit, Schreiber, Auftraggeber und Provenienz nicht eindeutig zuordnen. Die Handschrift ist vermutlich zwischen 1295 und 1304 im oberdeutschen Raum entstanden. „Sie weist 310 Bildstreifen und 30 Blätter (30 x 23,5 cm) auf. Aus dem Vergleich mit den anderen Bilderhandschriften wurde auf ihren fragmentarischen Charakter geschlossen. Im 17. Jahrhundert und wohl auch später wurden die einzelnen Pergamentlagen neu geordnet, um das Buch mit einer besonders prachtvollen und gut erhaltenen Seite beginnen zu lassen. So beginnt die Heidelberger

113 M. Åsdahl-Holmberg, Der Harffer Sachsenspiegel, S. 7f.

114 Ebenda, S. 8. Vgl. auch C. Berteilsmeier-Kierst, Kommunikation und Herrschaft, S. 120.

Bilderhandschrift in ihrer jetzigen Gestalt mit dem Anfang des Lehnrechts. Auch die Blattzählung wurde in dieser Zeit neu vorgenommen."[115] Im Vergleich mit der vollständigsten Bilderhandschrift, dem Dresdener Codex Mscr Dresden (SLUB) M 32, muss angenommen werden, dass die Heidelberger Bilderhandschrift ursprünglich aus 92 Blättern bestanden haben muss.

In der Tabelle 2 sind Handschriften bis zur Mitte des 14. Jahrhunderts berücksichtigt. Als die älteste Handschrift galt lange der Quedlinburger Sachsenspiegel (Hs. 657), er war die Grundlage zahlreicher Sachsenspiegelausgaben.[116] Vermutlich wurde er für die Quedlinburger Stiftsbibliothek, also in einem klerikalen Zusammenhang angefertigt. Neuere Untersuchungen zeigten, dass die Entstehung des Quedlinburger Sachsenspiegels nicht mehr Ende des 13. Jahrhunderts, sondern erst zu Beginn des 14. Jahrhunderts in einem Zeitraum von 1310 bis 1330 anzusetzen ist.[117]

Die Bremer Handschrift (U.-D. Oppitz, Hs. 248) aus dem Jahre 1342 ist vom „Ausstattungsniveau mit der Quedlinburger Handschrift in etwa vergleichbar."[118] Als Schreiber nennt sich Heinrich von Rostock. Dagmar Hüpper wies nach, dass die Handschrift zum Bestand der ehemaligen Bremer Dombibliothek gehört hat. Sie vermutet, dass sie für ein Mitglied des Domkapitels angefertigt wurde.[119] Die Begleitüberlieferung[120] – geistliche Texte – deutet ebenfalls auf einen geistlichen Entstehungszusammenhang hin. Hinzu kommen inhaltliche Merkmale wie die Interpretation der Zwei-Schwerter-Lehre. Der erste Artikel des Landrechts lautet in der Version Eikes von Repgow, hier zitiert nach dem Harffer Sachsenspiegel:

> *I 1. Swe swert liez Got in ertriche zů beschirmene de cristenheit. Deme pauese is gesat dat geistliche, deme keisere dat wertliche...Dit is die beteignisse: swat den pauese wedersta, dat he mit geistlichme rechte niet betwingin mach, dat it der keyser mit wertlichme rechte dwinge den pauese horsam zu wesene. So sal och die geistliche walt helfin deme wertlichen, of it is bedarf.*[121]

---

115 H. Lück, Über den Sachsenspiegel, S. 32; vgl. auch R. Schmidt-Wiegand, Die Bilderhandschriften des Sachsenspiegels im Vergleich, S. 9–30; Dies., Die Bilderhandschriften und ihre Bedeutung für die Wirkungsgeschichte des Sachsenspiegels, S. 9–27; W. Werner, Die Heidelberger Bilderhandschrift, in: Die Heidelberger Bilderhandschrift Cod. Pal. Germ. 164, hg. v. W. Koschorreck, S. 46–47.

116 Vgl. U.-D. Oppitz, Rechtsbücher, Bd. I, S. 545f.

117 Vgl. C. Bertelsmeier-Kierst, Zur ältesten Überlieferung des Sachsenspiegels, S. 60, 67–68.

118 C. Bertelsmeier-Kierst, Kommunikation und Herrschaft, S. 117.

119 Vgl. D. Hüpper, Auftraggeber, Schreiber und Besitzer, S. 80–84.

120 Vgl. unten Kapitel 3.3.1.5. Register und Textallianzen.

121 M. Åsdahl Holberg, Der Harffer Sachsenspiegel, S. 106.

Gott gibt dem Papst ein Schwert als Zeichen der geistlichen Macht und dem Kaiser ein anderes als Zeichen der weltlichen Macht. Beide Rechte sind gleichwertig, sollen einander unterstützen, wenn dies nötig ist.[122] Die drei Bilderhandschriften, der Oldenburger (Bl. 6v), Dresdener (Bl. 4r) und Wolfenbütteler (Bl. 10r) Sachsenspiegel, unterstützen im Bildkommentar diese Sichtweise: Der thronende Christus übergibt sowohl dem Kaiser (erkennbar an Krone und Szepter) als auch dem Papst (erkennbar an der Tiara) je ein Schwert. In der Bremer Handschrift dagegen wird die Zwei-Schwerter-Theorie deutlich aus kirchlicher Sicht interpretiert:

Twe swert ghesat sint, gheystlich dem pauese, wertlich dem keysere, tho beschermende de christenheit... De keyser sal dem pauese vndertan sin...[123]

Seit Papst Bonifatius VIII. (1294–1303), der im Jahr 1302 in der Bulle *Unam sanctam* forderte, dass das geistliche Schwert von der Kirche und das weltliche für sie zu führen sei, sollte in den Augen weiter Kreise der Geistlichkeit alle weltliche Macht der geistlichen Gewalt, dem Papsttum, untergeordnet sein. Diese Sichtweise der Geistlichkeit tritt auch in der Bremer Handschrift zutage.

Die Celler Handschrift (U.-D. Oppitz, Hs. 338, vgl. auch Anhang I, Tabelle 31) hat ein Kolophon ohne Datum, sie entstand vermutlich vor 1350[124]: *Der arme scribere von pruzenlant // screif dit buch mit siner hant* (Bl. 30r). Die später eingefügte Begleitüberlieferung (Dekretalen Gregors IX.) und die Zierinitiale (Bl. 3v), die das Gesicht eines Klerikers enthält, könnten hier auf eine geistliche Provenienz hindeuten.

Unter acht Handschriften gibt es nur drei Schreibernennungen. Darunter sind jedoch zwei Ausnahmeerscheinungen: In der 1308 von Conrad von Oppel geschriebenen zweisprachigen Handschrift 845 nennt sich der Schreiber[125] im Kolophon, gibt Ort und Auftraggeber der Niederschrift an:

Bl. 117r:

Mich hat gescriben eynes meystirs hant, Cunrat von Opulle ist he genant. Der stat und den burgerin czu Cracowe. Daz si got in syme ryche schowe. In dem iare millesimo gotis unde trecesimoVIIIo in sancte Jacobis festo[126] *Wart ich allir vollenbracht...*

---

122 Vgl. auch ausführlich: R. Schmidt, Das Verhältnis von Kaiser und Papst, S. 105–115.

123 C. Borchling, Das Landrecht des Sachsenspiegels, S. 5.

124 So C. Bertelsmeier-Kierst, Kommunikation und Herrschaft, S. 117.

125 D. Hüpper, Auftraggeber, Schreiber und Besitzer, nimmt an, dass es sich bei der Nennung Conrads von Oppeln nur um einen Autorenvermerk zur Versio Vratislaviensis handelt und nicht um eine Schreibernennung.

126 Das genaue Datum ist der 25. Juli 1308.

Auf die Besonderheiten der lateinischen und zweisprachigen Handschriften, darunter die Arbeiten von Conrad von Oppeln und die Person des Schreibers, der das lateinische Land- und Lehnrecht ursprünglich als Auftrag für den Fürstbischof von Breslau übersetzte, gehe ich ausführlich in Kapitel 3.3.3. Deutsch – Latein ein. In der Handschrift 845 (Codex Krakau BJ 169) vereint Conrad die Übersetzung des Sächsischen Land- und Lehnrechts ins Lateinische (Versio Vratislaviensis) mit der volkssprachigen Abschrift des Land- und Lehnrechts.[127]

Eine weitere Ausnahme ist die Oldenburger Bilderhandschrift aus dem Jahre 1336. Im Kolophon auf Bl. 133v werden hier sowohl der Schreiber als auch der Auftraggeber und der Grund für die Niederschrift genannt:

> *Anno dm. Mcccxxx sexto. Completus est lib' iste qui dicit' speculum saxonum p. manum hinrici monachi di rastede dicti gloyesten. Quem libr' iohannes comes in oldenborch scribi fecit...*

„Im Jahre des Herrn 1336 ist dieses Buch fertig gestellt worden, das Sachsenspiegel genannt wird, durch die Hand des Mönchs Hinrich zu Rastede, genannt Gloyesten. Dieses Buch ließ Johann, Graf zu Oldenburg, schreiben, nicht dafür, dass er für seine Vasallen neue Gesetze oder Satzungen einführen wollte, sondern nur deswegen, weil zu seinen Zeiten fast alle älteren Ritter und Vasallen seines Machtgebietes gestorben waren, so dass durch die Abwesenheit jener die Rechte seiner Vorfahren den jungen Vasallen, die dann lebten, zum großen Teil unbekannt gewesen sind, und sie um diese Rechte oft schlecht bestellt waren."[128]
Nicht nur unter den Bilderhandschriften, sondern im Zusammenhang aller Handschriften des 13. und 14. Jahrhunderts ist der explizit datierte Oldenburger Sachsenspiegel eine Ausnahmeerscheinung. Auftraggeber werden um 1300 in anderen Handschriften kaum genannt, Provenienzen sind nur ganz selten nachzuweisen, Abfassungsgründe werden außer in der Oldenburger Bilderhandschrift nirgendwo genannt. Nur zwei weitere Schreibernennungen lassen sich in diesem Zeitraum feststellen. Drei Handschriften sind explizit datiert. Im 13. und zu Beginn des 14. Jahrhundert sind nur Pergamenthandschriften überliefert. Das ist zunächst nicht weiter verwunderlich, da Papier als Schreibmaterial erst im Laufe des 14. Jahrhunderts seinen Siegeszug in Europa antrat. Ich erweitere den Zeitraum für die Untersuchung der externen Merkmale über die Mitte des 14. Jahrhunderts hinaus, um die Ergebnisse zu festigen (Tabellen 3–5).

---

127 Vgl. die Forschungslage zur Schreibernennung Conrads von Oppeln bei C. Bertelsmeier-Kierst, Kommunikation und Herrschaft, S. 118.

128 Siehe das Digitalisat und die Beschreibung im Internet, http://www.lb-oldenburg.de/uberlbo/bestand/ssp_geschichte.htm; Der Oldenburger Sachsenspiegel.

Tabelle 3: Sachsenspiegelhandschriften und -fragmente des 14. Jahrhunderts – Externe Merkmale

Handschriften/ Fragmente	**Klasse u. Besonder-heiten der Klasse**	**Entste-hungszeit**	**Schreiber**	**Auftrag-geber / Adressat**	**Provenienz**	**Datierung expl.**	**Datierung erschl.**	**Herstel-lungsort, expl.**	**Region/ Ort erschl.**	**Schreib-dialekt**	**Material**
Hs. 266 Breslau/ Wrocław BU II Q2	IIa, Langform, 4. dt. Fassung	14. Jh.	0	0	0	0	Ja	0	Ja	md.	Pergament qu. 2 sp.
Hs. 267 Breslau/ Wrocław BU II Q3	IIa, Langform, 4. dt. Fassung	14. Jh.	0	0	0	0	Ja	0	Ja	md.	Pergament qu. 2 sp.
Hs. 354 Danzig / Gdansk BG PAN Ms. 1787	IIa, Langform, 4. dt. Fassung	14. Jh.	0	0	0	0	Ja	0	Ja	obers.	Papier 2 sp.
Hs. 405 Den Haag KB MS 133 H 5	Ic, Kurzform, 3. Fassung,	14. Jh.	0	0	0	0	Ja	0	Ja	niedrh.	Pergament, 2 sp.
Hs. 846 Krakau BJ cod. 170a	IIa, Langform, 4. dt. Fassung	14. Jh.	0	0	0	0	Ja	0	Ja	md./lat.	Pergament 2 sp.
Hs. 572 Gnesen AABK Ms 70	IIa, Langform, 4. dt. Fassung	14. Jh.	Otto von Egre	0	Dom-kapitel Gnesen	0	Ja	0	Ja	nd.	Pergament 2 sp.
Hs. 450 Dresden SLUB M 32	IIb, Bilder-handschrift	um 1350	0	0	0	0	Ja	0	Mei-ßen	omd.	Pergament 2 sp.
Hs. 504 Frankfurt StUB Ms. germ. oct. 8 Fragment	Ic, Kurzform, 3. dt. Fassung	14. Jh	0	0	0	0	Ja	0	Ja	mnd.	Pergament 2 sp. 8 Bll.

Tabelle 4: Sachsenspiegelhandschriften und -fragmente des 14. Jahrhunderts – Externe Merkmale

Handschriften/ Fragmente	Klasse u. Besonder-heiten der Klasse	Entste-hungszeit	Schreiber	Auftrag-geber / Adressat	Prove-nienz	Datierung expl.	Datierung erschl.	Herstel-lungsort, expl.	Region/ Ort erschl.	Schreib-dialekt	Material
Hs. 204 Berlin Staatsbibliothek Ms.germ. qu. 644 Fragment	Ic, Kurzform, 3. dt. Fassung	14.Jh.	0	0	0	0	Ja	0	Ja	md.	Pergament qu. 2 sp.
Hs. 990 Mainz ehemal. Dombib. Mogunt I, 1793 verbrannt	Ia, Kurzform, 1. dt. Fassung	14. Jh.	0	0	0	0	Ja	0	Ja	md.	Pergament
Hs. 143 Berlin Staatsbibliothek Ms.germ. fol. 750 Bl. 3–6 Fragment	IIa, Langform, 4. dt. Fassung	14. Jh.	0	0	0	0	Ja	0	Ja	md.	Pergament 2 sp. .4 Bll.
Hs. 163 Berlin Staatsbibl Ms.germ. fol. 958 Fragment	Ia, Kurzform, 1. dt. Fassung	14. Jh.	0	0	0	0	Ja	0	Ja	md.	Pergament 2 sp.
Hs. 1342 Schwerin Staatsarchiv Samm-lung StA Fragment	IVc Glosse ausge-stoßen	14. Jh.	0	0	0	0	Ja	0	Ja	nd.	Pergament 1 sp. 1Bl.
Hs. 73 Berlin Staatsbibliothek Fragment 13 Fragment	IVc Glosse ausgestoßen	14. Jh.	0	0	0	0	Ja	0	Ja	md.	Pergament 2 sp. 2Bll.
Hs. 754 Kassel GLM 2° Ms jurid. 100,21 Fragment	IVa, mit Glosse	14. Jh.	0	0	0	0	Ja	0	Ja	mnd.	Pergament 2 sp., 1 Bl.

Tabelle 5: Sachsenspiegelhandschriften und -fragmente des 14. Jahrhunderts – Externe Merkmale

Hand-schriften/ Fragmente	Klasse u. Besonder-heiten der Klasse	Entste-hungs-zeit	Schrei-ber	Auftrag-geber / Adressat	Prove-nienz	Datie-rung expl.	Datie-rung erschl.	Her-stel-lungs-ort, expl.	Region/ Ort erschl.	Schreib-dialekt	Mate-rial
Hs. 600 Göttingen SUB Ms. jurid. 392	IVa, mit Glosse	14. Jh.	0	0	Stadt Hameln	0	Ja	0	Ja	nd.	Papier, 2 sp.,
Hs. 122 Berlin Staatsbib-liothek Ms. germ. fol. 512	Iva, mit Glosse	14. Jh.	0	0	0	0	Ja	0	Ja	nd.	Perga-ment 2 sp.
Hs. 1319 Rostock UB o. Sg. 70	IIa, Langform, 4. dt. Fassung	14. Jh.	0	0	0	0	Ja	0	Ja	md.	Perga-ment 2 sp.

Verglichen mit den Ergebnissen um 1300 verändert sich das Bild zu Beginn und im Laufe des 14. Jahrhunderts kaum: In dem hier untersuchten Zeitraum nennen sich abgesehen von der Oldenburger Handschrift drei Schreiber. Provenienzen werden ebenfalls kaum explizit genannt, Auftraggeber werden außer in der Oldenburger Bilderhandschrift und in der zweisprachigen Handschrift des Conrad von Oppeln (Hs. 845) ebenfalls nicht erwähnt. Sie können nur erschlossen werden (s.o.). In der Gnesener Handschrift 572 aus dem Domkapitel zu Gnesen (14. Jahrhundert, Tabelle 3), nennt sich der Schreiber Otto von Egre in einem Schreiberspruch, der ähnlich dem des Conrads von Oppeln ist. Nur enthält er keine Informationen über das Abfassungsdatum noch über den Auftraggeber. Dafür aber teilt der Schreiber ein Detail aus seinem Leben mit:

> Bl. 31: *Mich hat geschriben eynes meysters hant Otto von Egre ist her genant, in Beyerlant sint im schone vrowen bekannt.*

Von 20 Handschriften verwenden nur drei Papier. Im Folgenden (Handschriften um 1400) betrachte ich die Überlieferung von der Mitte des 14. bis zur Mitte des 15. Jahrhunderts.

3.2.2. Externe Merkmale in Handschriften um 1400

Tabelle 6: Sachsenspiegelhandschriften und -fragmente der zweiten Hälfte des 14. Jahrhunderts – Externe Merkmale

Handschriften/Fragmente	Klasse u. Besonderheiten der Klasse	Entstehungszeit	Schreiber	Auftraggeber / Adressat	Provenienz	Datierung expl.	Datierung erschl.	Herstellungsort, expl.	Region/ Ort erschl.	Schreibdialekt	Material
Hs. 828 Kopenhagen, KB Gammle konigl. Sammling 1945 4°	IId Systemat. Hs.	1359	0	0	0	Ja	0	0	Ja	md.	Pergament, 2 sp.,
Hs. 1601 Wolfenbüttel HAB Cod. Guelf. A. d. Extravagantes	IVa Glosse	1367 (Bl 2r, unterer Rand)	0	0	Rat d. Stadt Braunschweig	Ja	0	0	Ja	nd.	Pergament 2 sp.
Hs. 110 Berlin Staatsbibliothek Ms.germ. fol. 10	IVc Glosse ausgestoßen	1369	Nikolaus	0	0	Ja	0	0	Ja	nd.	Pergament 2 sp.
Hs. 338 Celle OLG C 2	Ic, Kurzform 3. dt. Fassung	Mitte 14. Jh./ vor 1350	0	0	0	0	Ja	0	Ja	nd.	Pergament 1 sp.
Hs. 1566 Wolfenbüttel Cod. Guelf. 3.1Aug. 2°	IIb, Bilderhs.	3. Viertel 14. Jh.,	0	0	0	0	Ja	0	Ja	md.	Pergament 2 sp.
Hs. 1025 Merseburg Domstiftsbibliothek Hs. 70	IVc, Glosse ausgestoßen	2. H. 14.Jh.	0	0	0	0	Ja	0	Ja	md.	Pergament 2 sp.

Tabelle 7: Sachsenspiegelhandschriften und -fragmente der zweiten Hälfte des 14. Jahrhunderts – Externe Merkmale

Handschriften/ Fragmente	**Klasse u. Besonderheiten der Klasse**	**Entstehungszeit**	**Schreiber**	**Auftraggeber / Adressat**	**Provenienz**	**Datierung expl.**	**Datierung erschl.**	**Herstellungsort, expl.**	**Region/ Ort erschl.**	**Schreibdialekt**	**Material**
Hs. 505 Frankfurt StUB Ms. germ. oct. 9 Hs. 505 Frankfurt StUB Ms. germ. oct. 9 Fragment	Ic Kurzform 3. dt. Fassung	Mitte 14. Jh.	0	0	0	0	Ja	0	Ja	rheinfrk.	Pergament 2Bll.
Hs. 625 Gotha Forschungsbibliothek Memb. I 87	IVc Glosse ausgestoßen	1381–82 Ssp., übrige TE 15. Jh.	0	0	0	Ja (am Ende jed. Buches d. Landrechts ist d. Tag d. Vollendung angegeben)	0	0	Ja	md./obersächs	Papier 2 sp.
Hs. 1384 Straßburg BNU Ms 2117	IIa Langform 4.dt. Fassg.	1382	0	0	0	Ja	0	0	Ja	md.	Papier 2 sp.
Hs. 1196 Oschatz Stadtarchiv o. Sign.	IVc Glosse ausgestoßen	1382	Werkstatt Nikolaus Wurm	0	0	Ja	0	0	Ja	md.	Pergament 2 sp.
Hs. 861 KrakauBJ Przyb. 42/60	II	1386/87	Werkstatt N. Wurm?	0	Görlitz	Ja	0	Ja, Nikolaus Wurm	Ja	md./lat.	Pergament 2 sp.

Tabelle 8: Sachsenspiegelhandschriften Ende des 14. Jahrhunderts – Externe Merkmale

Handschriften	**Klasse u. Besonderheiten der Klasse**	**Entstehungszeit**	**Schreiber**	**Auftraggeber / Adressat**	**Provenienz**	**Datierung expl.**	**Datierung erschl.**	**Herstellungsort, expl.**	**Region/ Ort erschl.**	**Schreibdialekt**	**Material**
Hs. 989 Magdeburg Stadtbib. XII fol. 1 (seit 1945 verschollen)	IVc Glosse ausgestoßen	1390	Johannes	0	0	Ja	0	0	Ja	nd.	Pergament, 2 sp.
Hs. 156 Berlin Staatsbibliothek Ms. germ. fol. 899	IIa Langform 4. dt. Fassung	1390	0	0	0	Ja	0	0	Ja	md.	Papier 1 sp.
Hs. 1503 Wien ÖNP CVP 2710		Ende d. 14. Jh.	0	0	0	0	Ja	0	Ja	md.	Pergament 2 sp.
Hs. 133 Berlin Staatsbibliothek Ms. germ. fol. 631		Ende 14. Jh.	0	0	0	0	Ja	0	Ja	mrhein.	Pergament 2 sp.
Hs. 885 Leipzig KMUB 947	IVc Glosse ausgestoßen	Ende 14. Jh.	0	0	Chemnitz Benediktinerkloster	0	Ja	0	Ja	md.	Pergament 2 sp.
Hs. 261 Breslau Wrocław BU II F8	IIa, Langform 4. dt. F.	Ende 14. / Anf. 15. Jh.	0	0	0	0	Ja	0	Ja	md./lat.	Papier 2 sp.
Hs. 347 Cologny Bibl. Bodm. 61	Ia, Kurzform, 1. dt. F	Ende 14. Jh./Anf. 15. Jh.	0	0	0	0	Ja	0	Ja	nl./ nrhein.	Pergament 2 Bll.

Tabelle 9: Sachsenspiegelhandschriften ersten Hälfte des 15. Jahrhunderts – Externe Merkmale

Handschriften	Klasse u. Besonderheiten der Klasse	Entstehungszeit	Schreiber	Auftraggeber / Adressat	Provenienz	Datierung expl.	Datierung erschl.	Herstellungsort expl.	Region/ Ort erschl.	Schreibdialekt	Material
Hs. 400 Den Haag KB MS 75 G 47	Ia, Kurzform, 1.dt. F	Ende 14. /Anf. 15. Jh.	0	0	0	0	Ja	0	Ja	mnl.	Pergament 2 sp.
Hs. 403 Den Haag KB MS 133 H 3	Ia, Kurzform, 1.dt.F.	Ende 14. /Anf. 15. Jh.	0	0	0	0	Ja	0	Ja	mnl.	Papier 1 sp.
Hs. 447 Dresden SLB M.28	IIa, Langform, 4.dt.F.	1405	Sigismund de Kamenycz	0	0	Ja	0	0	Ja	md.	Papier 2 sp.
Hs. 666 Halle ULB Ye 63 fol.	Glosse ausgestoßen	1407	Christopherus Spremberg	0	Halle/ Moritzkloster	Ja	0	0	Ja	mnd.	Papier 2 sp.
Hs. 136 Berlin Staatsbibliothek Ms. germ. fol. 727	Glosse ausgestoßen	1407	Johann von Lorche	0	0	Ja	0	0	Ja	md.	Perg. 2 sp.
Hs. 149 Berlin Staatsbibliothek Ms. germ. fol. 820	Ia Kurzform, 1.dt.F.	um 1410	0	0	0	0	Ja	0	Ja	md.	Perg. 2 sp.
Hs. 735 Jena Friedrich-Schiller UB Ms. El. 57	IVc, Vulgata	1410	Arnoldus	0	0	Ja	0	0	Ja	md.	Pergament 2 sp.
Hs. 1339 Schweinfurt Stadtbibliothek H 238	IVa, Glosse	1412	0	0	0	Ja	0	0	Ja	nd.	Perg. 2 sp.
Hs. 1148 Münster UB 232, ver-brannt 1945	IIa, Langform 4. dt. Fassung	Ende 14. Jh./ Anf. 15. Jh.	0	0	0	0	Ja	0	Ja	md./lat.	Papier 2 sp.

Tabelle 10: Sachsenspiegelhandschriften der ersten Hälfte des 15. Jahrhunderts – Externe Merkmale

Handschriften	Klasse u. Besonderheiten der Klasse	Entstehungszeit	Schreiber	Auftraggeber / Adressat	Provenienz	Datierung expl.	Datierung erschl.	Herstellungsort expl.	Region/ Ort erschl.	Schreibdialekt	Material
Hs. 671 Hamburg SUB Cod. 89 in scrinio	IIa, Langform, 4.dt.F.	1414?	0	0	0	Ja	0	0	Ja	nrhein	Pergament und Papier
Hs. 1059 München BSB Cgm 296	Ia, Kurzform, 1.dt. F	1432 (1422?)	Witoldus	0	0	Ja	0	0	Ja	südost md.	Papier 2 sp.
Hs. 1202 Oxford BL (West Mss.) Ms. Laud Misc 741	IIa, Langform, 4.dt.F.	14. Jh./ 15. Jh.	0	0	0	0	Ja	0	Ja	md.	Perg. 1 sp.
Hs. 536 Gießen UB Hs. 953	Iva Glosse	14./15 Jh.	0	0	Sayn-Witgen-stein?	0	Ja	0	Ja	md./ mosel-frk./	Papier 2 sp.
Hs. 963 Lübeck Stadtbibliothek Ms jur. 2° 71	IVa, Glosse	14./15. Jh	0	0	Ratsbibliothek Lübeck	0	Ja	0	Ja	nd.	Pergament 2 sp.
Hs. 976 Lüneburg StadtA Dep. Ratsbib. Ms. Jurid. 2	IVa, Glosse	Anf. 15. Jh.	0	0	Lüneburg	0	Ja	0	Ja	nd.	Perg. 2 sp.
Hs. 740 Kalkar Stadtarchiv ohne Signatur	Ia Kurzform, 1. dt. Fassung	Anf. 15. Jh.	0	0	0	0	Ja	0	Ja	nfrk.	Papier 2 sp.
Hs. 139 Berlin Staatsbibliothek Ms. germ. fol. 730	IVb, Epiloghs.	Anf. 15. Jh.	0	0	0	0	Ja	0	Ja	nd.	Perg. 2 sp.
Hs. 393 Darmstadt HLB 3761	IVb, Epiloghs.	1.H. 15. Jh.	0	0	0	0	Ja	0	Ja	nd.	Papier 1 sp.

Tabelle 11: Sachsenspiegelhandschriften und –fragmente der ersten Hälfte des 15. Jahrhunderts – Externe Merkmale

Handschriften	Klasse u. Besonderheiten der Klasse	Entste-hungszeit	Schrei-ber	Auftrag-geber / Adressat	Proveni-enz	Datie-rung expl.	Datie-rung erschl.	Herstel-lungsort expl.	Region/ Ort erschl.	Schreibdi-alekt	Material
Hs. 637 Grimma StadtA II. 4 Nr. 5	IVc, Vulgata	1432	Bertol-dus de ysenach	0	0	Ja	0	0	Ja	md.	Papier 2 sp.
Hs. 886 Leipzig KMUB Hs 948	IVc Vulgata	Anf. 15 Jh.	0	0	0	0	Ja	0	Ja	md.	Papier, einzelne Bll. Perg., 2 sp.
Hs. 1014 Meinigen Landes-biblio-thek Nr.89	Glosse ausge-stoßen	14.–15. Jh.	0	0	0	0	Ja	0	Ja	nd.	Perg. 2 sp.
Hs. 15 Amster-dam UB I A 22	IVc Vulgata	14./15. Jh	0	0	0	0	Ja	0	Ja	nd.	Pergament + Papier 1 sp.
Hs. 399 Den Haag KB MS 75 F 20	IVc Vulgata	1. H. 15. Jh.	0	0	Hinrick Luken Braun-schweig?	0	Ja	0	Ja	nd./ost-fäl.	Papier 2 sp.
Hs. 991 Mainz ehe-malige Dombibliothek Mogunt. II, ver-brannt 1793	IVc Vulgata	1421	0	Erz-bischof von Magde-burg	0	Ja	0	0	Ja	md.	?
Hs. 1201 Osna-brück StA StA Quakenbrück Dep. 50 b I Nr- 620	IVa, Glosse	1422	0	0	0	Ja	0	0	Ja	nd.	Papier 2 sp.
Hs. 448 Dresden SLB M. 29	Glosse ausge-stoß.	14.-15. Jh.	0	0	0	0	Ja	0	Ja	md.	Papier 2 sp.
Hs. 408 Dessau Stadtbib. Hs. Georg 266.4°	IV, Glosse ausgestoßen	14.-15. Jh.	0	0	0	0	Ja	0	Ja	md.	Papier, 2 sp.

Tabelle 12: Sachsenspiegelhandschriften und –fragmente der ersten Hälfte des 15. Jahrhunderts – Externe Merkmale

Handschriften/Frag-mente	Klasse u. Be-sonderheiten	Entste-hungszeit	Schrei-ber	Auftrag-geber / Adressat	Proveni-enz	Datie-rung expl.	Datie-rung erschl.	Herstel-lungsort expl.	Region/ Ort erschl.	Schreib-dialekt	Material
Hs. 76 Berlin Staatsbi-bliothek Fragment 17, 14. – 15. Jh.	IVc Vulgata	14./15 Jh	0	0	0	0	Ja	0	Ja	md.	Pergament 2 sp. 2 Bll.
Hs. 1597 Wolfen-büttel Cod.Guelf421Helm-stedt	IVc, Vulgata	1442	0	0	0	Ja	0	0	Ja	nd.	Papier 2 sp.
Hs. 975 Lüneburg StadtA Dep. Ratsbib. Ms.Jurid I	IVc, Vulgata	1442	0	0	0	Ja	0	0	Ja	nd.	Perg. 2 sp.
Hs. 1030 Mersebg. Stadtbib.Stadtb. Nr.5	IVc, Vulgata	1443	Nicolaus Neilin de Frangken husen	0	0	Ja	0	0	Ja	md.	Papier 1 sp.
Hs. 1146 Münster UB Ms. 41 verbr. 25.3.1945	IIa, Langform, 4.dt.F.	1449	0	0	0	Ja	0	0	Ja	nd.	Perg. 2 sp.
Hs. 1348 Schwiebus/ Swie-bodczice Magtrats-bibliothek Nr. 6	IIc, Sachregister-hs.	Mitte 15. Jh.	0	0	0	0	Ja	0	Ja	md/lat.	Papier 2 sp.

Vor 1400 ändert sich das Bild in Bezug auf explizite Datierung (16 von 39), Schreibernennung (acht von 39), Provenienz (sechs von 39) und Auftraggeber (null von 39) gegenüber dem vorhergehenden Jahrhundert nicht wesentlich. Obschon Papier inzwischen viel günstiger war, sind immer noch von 21 Codices nur vier auf Papier geschrieben. Nach 1400, in der ersten Hälfte des 15. Jahrhunderts (Tabellen 9–12), bleiben die Zahlenverhältnisse ebenfalls weitgehend gleich: von 34 Handschriften sind 14 datiert, es nennen sich sieben Schreiber, vier Provenienzen sind erkennbar. In der Ausstattung jedoch hält sich das günstigere Papier (17 Hss.) nun mit dem wertvolleren Pergament (17 Hss.) die Waage.

3.2.3. Externe Merkmale in Handschriften und Drucken um 1500

Tabelle 13: Sachsenspiegelhandschriften Mitte des 15. Jahrhunderts – Externe Merkmale

Handschriften	Klasse u. Besonderheiten der Klasse	Entstehungszeit	Schreiber	Auftraggeber / Adressat	Provenienz	Datierung expl.	Datierung erschl.	Herstellungsort expl.	Region/ Ort erschl.	Schreibdialekt	Material
Hs. 1016 Meiningen LB 91	IIa, Langform, 4.dt.F.	Mitte 15. Jh.	0	0	Herzögl. Bibliothek Meiningen	0	Ja	0	Ja	wmd.	Perg. 2 sp.
Hs. 1017 Meiningen Lbib. 92	IVc, Vulgata	Mitte 15. Jh.	0	0	Meiningen herzögl. Bib.	0	Ja	0	Ja	md.	Papier 1 sp.
Hs. 612 Göttweig Stiftsbibliothek Codex 364	IVc, Vulgata	15. Jh.	0	0	0	0	Ja	0	Ja	nd.	Papier 1 sp.
Hs. 992 Mainz ehemalige Dombib. Mo-gunt. III, 1793 verbrannt	IVc, Vulgata	15. Jh	0	0	0	0	Ja	0	Ja	md.	?
Hs. 1298 Quedlinburgg Stadtbib. o. Sign(2)	IVc, Vulgata	15. Jh.	0	0	0	0	Ja	0	Ja	md.	Papier 1 sp.
Hs. 268 Breslau/ Wrocław BU II Q4	Glosse ausgestoßen	15. Jh.	0	0	0	0	Ja	0	Ja	md.	Papier, 1 sp.
Hs. 538 Gießen UB Hs. 955	Glosse ausgestoßen	Mitte 15. Jh.	0	0	0	0	Ja	0	Ja	md.	Papier 2 sp
Hs. 773 Koblenz StadtA -623-Nr, 3110	Glosse ausgestoßen	15. Jh.	0	0	0	0	Ja	0	Ja	md.	Perg. 2 sp.
Hs. 1015 Meiningen Landesbibliothek Nr. 90	Glosse ausgestoßen.	15. Jh.	0	0	0	0	Ja	0	Ja	nd.	Papier. 2 sp.

Tabelle 14: Sachsenspiegelhandschriften des 15. Jahrhunderts – Externe Merkmale

Handschriften	Klasse u. Besonderheiten der Klasse	Entstehungszeit	Schreiber	Auftraggeber / Adressat	Provenienz	Datierung expl.	Datierung erschl.	Herstellungsort expl.	Region/ Ort erschl.	Schreibdialekt	Material
Hs. 158 Berlin Staatsbibliothek Ms.germ. fol. 901	IVc, Vulgata	15. Jh.	0	0	0	0	Ja	0	Ja	md.	Papier 2 sp.
Hs. 445 Dresden SLB M. 26	IVc, Vulgata	15. Jh.	0	0	0	0	Ja	0	Ja	md.	Papier 2 sp.
Hs. 436 Dresden SLB M. 3 b	IVc, Vulgata	15. Jh.	0	0	Dresden Ratsbib.	0	Ja	0	Ja	md.	Papier 1 sp.
Hs. 602 Göttingen SUB Ms. Jurid. 394	IVa, Glosse	15. Jh.	0	0	0	0	Ja	0	Ja	nd.	Papier 2 sp.
Hs. 446 Dresden SLB M 27	IVa, Glosse	15. Jh.	0	0	0	0	Ja	0	Ja	md.	Papier, 2 sp.
Hs. 187 Berlin Staatsbibliothek Ms.germ. fol. 1254	IIc, Sachregisterhs.	15. Jh	0	0	0	0	Ja	0	Ja	md./lat.	Papier 2 sp
Hs. 714 Hildesheim StadtA Best. 52 HM Nr. 367	IVc, Vulgata	15. Jh.	0	0	0	Ja	0	Ja	0	nd.	Papier einsp. (Bl. 1–5) 2 sp. (Rest)
Hs. 773 Koblenz StadtA –623-Nr, 3110	Glosse ausgestoßen.	15. Jh.	0	0	0	0	Ja	0	Ja	md.	Perg. 2 sp.
Hs. 1015 Meiningen Landesbibliothek Nr. 90	Glosse ausgestoßen.	15. Jh.	0	0	0	0	Ja	0	Ja	nd.	Papier. 2 sp.

Tabelle 15: Sachsenspiegelhandschriften der zweiten Hälfte des 15. Jahrhunderts bis 1460 – Externe Merkmale

Handschriften	**Klasse u. Besonder-heiten**	**Entste-hungs-zeit**	**Schrei-ber**	**Auftrag-geber / Adressat**	**Proveni-enz**	**Datie-rung expl.**	**Datie-rung erschl.**	**Herstel-lungsort expl.**	**Region/ Ort erschl.**	**Schreib-dialekt**	**Material**
Hs. 655 Halle Marienbi-bliothek Ms 59	IId, Syst. Hs.	2.H. 15. Jh.	0	0	0	0	Ja	0	Ja	nd.	Perg. 2 sp.
Hs. 540 Gießen HS UB 957	IVc Vulgata	2. H. 15. Jh.	0	0	0	0	Ja	0	Ja	md.	Papier 2 sp.
Hs. 1446 Waltershausen Heimatmuseum Schloss Tenneberg o. Sign.	IV, Glosse ausgestoßen	1448–1452	0	0	Walters-hausen Rathaus	Ja	0	0	Ja	md.	Papier 2 sp.
Hs. 664 Halle ULB Ye 61 fol.	IVc, Vulgata	1450	0	0	Halber-stadt, Liebfrau-enstift	Ja	0	Ja	0	nd.	Papier 2 sp.
Hs. 186 Berlin Staatsbi-bliothek Ms.germ. fol. 1253	IVb Epiloghs.	1452.	0	0	0	Ja	0	0	Lüneburg	nd.	Perg. 2 sp.
Hs. 951 Loccum Klost-erB Mscr. Nr. III	IVa, Glosse	1454	Theo-derich Oven-stedt	Ja	Th.Oven-stedt, später Kloster-bib.	Ja	0	Loccum	0	mnd.	Papier 2 sp.
Hs. 1300 Quedlinburg Städt. Museum	IVc, Vulgata	1454	Nikolaus Röber aus Pirna	0	0	Ja	0	0	Ja	md.	Papier 2 sp.
Hs. 174 Berlin Staatsbi-bliothek Ms.germ. fol. 1094	IVc, Vulgata	1460	Nikolaus Röber aus Pirna	0	0	Ja	0	0	Ja	md.	Papier 2 sp.
Hs. 456 Dresden Schloss-bibliothek Moritzburg Mscr. Fol. 14,ver-brannt	IVc, Vulgata	1460	Nikolaus Röber aus Pirna	0	0	Ja	0	0	Ja	md.	Papier 2 sp.

Tabelle 16: Sachsenspiegelhandschriften 1461–1475 – Externe Merkmale

Handschriften/Fragmente	Klasse u. Besonderheiten der Klasse	Entstehungszeit	Schreiber	Auftraggeber / Adressat	Provenienz	Datierung expl.	Datierung erschl.	Herstellungsort expl.	Region/ Ort erschl.	Schreibdialekt	Material
Hs. 905 Leipzig Karl-Marx UB Rep. II f. 15	IVc, Vulgata.	1461.	0	0	Leipziger Prediger-kloster	Ja	0	0	Leipzig	md.	Perg. 2 sp.
Hs. 258 Breslau/Wrocław BU II F 5	IVc, Vulgata.	1462	0	0	0	Ja	0	0	0	md.	Papier 1 sp.
Hs. 130 Berlin Staatsbibliothek Ms. germ fol. 616	IVa, Glosse	1466	0	0	0	Ja	0	0	Ja	nd.	Papier 2 sp.
Hs. 145 Berlin Staatsbibliothek Ms.germ. fol. 765	IVb Epilog hs.	1468	I. Hilde-sen	0	0	Ja	0	0	Ja	nd.	Papier 2 sp
Hs. 1519 Wien ÖNB Cvp 2043	Glosse	1469	Johann von Egkenfel-den	0	Ja	Ja	0	0	Ja	bair.	Papier, 2 sp.
Hs. 537 Gießen UB Hs. 954	Ia, Kurzform, 1. dt. Fassung	1471	0	0	0	Ja	0	0	Ja	nfrk.	Papier 2 sp.
Hs. 1636 Zwickau Stadtarchiv III X I, Nr. 141	IVc, Vulgata	1472	0	0	0	Ja	0	0	Ja	bair.	Papier, 2 sp.
Hs. 112 Berlin SBPK Ms. germ. fol. 12	IVc, Vulgata	1473	0	0	0	Ja	0	0	Ja	md.	Papier 2 sp.
Hs. 1363 Sondershausen Stadtkir-chenbib. Nr. 235IVc	IVc, Vulgata	1475	0	0	0	Ja	0	0	Ja	md.	Papier 2 sp.

Tabelle 17: Sachsenspiegelhandschriften 1477 bis Ende des 15. Jahrhunderts – Externe Merkmale

Handschriften	Klasse u. Besonderheiten der Klasse	Entstehungszeit	Schreiber	Auftraggeber / Adressat	Provenienz	Datierung expl.	Datierung erschl.	Herstellungsort expl.	Region/ Ort erschl.	Schreibdialekt	Material
Hs. 640 Groningen Bibliothèque Royale Hs. 230	IVa, Glosse	1477	Henricus Bl. 15	0	0	Ja	0	0	Ja	nd./nl.	Papier 2 sp.
Hs. 601 Göttingen SUB Ms. jurid. 393	IVc, Vulgata	1477 und 16. Jh.	0	0	0	Ja	0	0	Ja	md.	Papier 2 sp.
Hs. 662 Halle ULB Yd 18 fol	IVc Vulgata	1478	Hinricus Balrstede	0	Kloster Huysburg	Ja	0	Helmstedt	0	nl.	Papier 2 sp.
Hs. 642 Groningen BR Hs. PE 12	IVa, Glosse	1479	Theodericus de Doedenweerda	0	0	Ja	0	0	Ja	nd./nl.	Papier 1 sp.
Hs. 874 LeidenUB PPL 44	IVb Epiloghs.	3.V. 15. Jh.	0	0	0	0	Ja	0	Ja	nl.	Papier 2 sp.
Hs. 1489 Werne StadtA I A 19	IVb, Epiloghs.	1494	Johann Ubach	0	0	Ja	0	0	Ja	nd.	Papier 2 sp.
Hs. 1071 München BSB Cgm. 517	IVc Vulgata	4.V. 15. Jh.	I. Hildesen	0	0	0	Ja	0	Ja	nd.	Papier 2 sp

In der ersten Hälfte des 15. Jahrhunderts (zwei Schreibernennungen innerhalb von 24 Handschriften; Tabelle 11–13) sowie im Laufe des 15. Jahrhunderts bis zu seinem Ende bleiben die Schreiber in Bezug auf die Bekanntgabe ihres Namens eher zurückhaltend (neun Schreibernennungen innerhalb von 34 Handschriften; Tabelle 14–17). Zum Ende des 15. Jahrhunderts steigt die Zahl der expliziten Datierungen (in der zweiten Hälfte: 24:93). Zu den Handschriften treten um 1500 die frühen Drucke des Sachsenspiegels.

Tabelle 18: Sachsenspiegeldrucke (Landrecht) Ende 15. Jahrhundert – Externe Merkmale[129]

Drucke	Klasse u. Besonderheiten	Entstehungszeit	Drucker	Provenienz	Datierung expl.	Datierung erschl.	Herstellungsort, expl.	Sprache
9256 Eike von Repgow, Landrecht	IV, Vulgata	1474	Bartholomäus von Unkel	Basel[130]	Ja	0	Basel	Alem.
9264 Eike von Repgow, Landrecht	IV, Vulgata	1480	Bartholomäus von Unkel	Wolfenbüttel[131]	Ja	0	Köln	rip.
9257 Eike von Repgow, Landrecht	IVc Vulgata	1481	Anton Sorg	Göttingen[132]	Ja	0	Augsburg	hd. Sammlung A
9258 Eike von Repgow, Landrecht u	IVc Vulgata	1482	Johann Schönsperger	-	Ja	0	Augsburg	hd. Sammlung A
9259 Eike von Repgow, Landrecht	IVc, Vulgata	1484	Anna Rügerin	-	Ja	0	Augsburg	hd. Sammlung A
9262 Eike von Repgow, Landrecht	IVc, Vulgata	1488	Joachim Westval	-	Ja	0	Stendal	nd. Sammlung A
9263 Eike von Repgow, Landrecht	IVc, Vulgata	1488	Moritz Brandis	-	Ja	0	Leipzig	nd. Sammlung B
9261 Eike von Repgow, Landrecht	IVc, Vulgata	1490	Moritz Brandis	Wolfenbüttel[133]	Ja	0	Leipzig	hd. Sammlung B
9265 Eike v. Repgow, Lehnrecht	Vulgata	1482	Bernhard Richel	SUB Dresden[134]	Ja	0	Basel	hd.
9266 Eike v. Repgow, Lehnrecht	Vulgata	1482	Anton Sorg	BSB München[135]	Ja	0	Augsburg	hd.
9267 Eike v. Repgow, Lehnrecht	Vulgata	1495	Johann Schönsperger	-	Ja	0	Augsburg	hd.
9260 Eike v. Repgow, Landrecht	IVc, Vulgata	1496	Johann Schönsperger	-	Ja	0	Augsburg	hd. Sammlung A
9268 Eike v. Repgow, Lehnrecht	Vulgata	1499	Johann Schönsperger	-	Ja	0	Augsburg	hd.

129 Sieh Gesamtkatlog der Wiegendrucke: www.gesamtkatalogderwiegendrucke.de/.
130 http://www.e-rara.ch/bau_1/content/titleinfo/5317815.
131 diglib.hab.de/inkunabeln/80-20-jur-2f/start.htm.
132 gdz.sub.uni-goettingen.de/dms/load/mod/?PIB=PPN627043488/LOG_0013&physid=PHYS_0476.
133 diglib.hab.de/wdb.php?dir=inkunabeln/64-20-jur-2f.
134 digital.slub-dresden.de/werkansicht/dif/14380/15/0/.
135 daten.digitale-Sammlungen.de/~db/0003/bsb00035094/images/

Tabelle 19: Sachsenspiegeldrucke der ersten Hälfte des 16. Jahrhunderts[136] ** – Externe Merkmale*

Drucke	Klasse u. Besonderheiten	Entstehungszeit	Drucker	Provenienz	Datierung expl.	Datierung erschl.	Herstellungsort, expl.	Sprache
VD[137] 16 D733 Eike von Repgow, Landrecht u.a.	Vulgata	1501	Johann Schönsperger	Oldenburg[138]	Ja	0	Augsburg	hd.
VD 16 D741 Eike v. Repgow, Landrecht u.a.	Vulgata	1508	Silvan Otmar/ Joh. Rynmann v. Oringen	Berlin, Staatsbib.	Ja	0	Augsburg	nd.
VD 16 D758 Eike v. Repgow, Landrecht u.a.	Vulgata	1516	Silvan Otmar/ Joh. Rynmann v. Oringen	Oldenburg	Ja	0	Augsburg Vorlage Hs. 259	nd.
VD 16 D742 Eike v. Repgow, Landrecht u.a.	Vulgata	1517	Silvan Otmar/ Joh. Rynmann v. Oringen	Oldenburg	Ja	0	Augsburg	obersächs.-lat.
VD 16 D743 Eike v. Repgow, Landrecht u.a.	Vulgata	1528	Melchior Lotter	Oldenburg	Ja	0	Leipzig	obersächs.?-lat.
VD16 D744 Eike v. Repgow, Landrecht u.a.	Vulgata	1535	Melchior Lotter	Oldenburg	Ja	0	Leipzig	Meißener Dialekt-lat.
VD 16 D746 Eike v. Repgow, Landrecht u.a.	Vulgata	1539	Nikolaus Wolrab	Oldenburg	Ja	0	Leipzig	obersächs.?
VD16 D746 Eike v. Repgow, Landrecht u.a.	Vulgata	1545	Nikolaus Wolrab	Oldenburg	Ja	0	Leipzig	dt.-lat.
Eike von Repgow, Lehnrecht *	Vulgata	1547	Nikolaus Wolrab	Oldenburg[139]	Ja	0	Leipzig	dt.-lat.

136 Von den mit * gekennzeichneten Drucken befinden sich Exemplare in der Landesbibliothek Oldenburg. Siehe dazu: K.-P. Müller, Ältere Sachsenspiegel-Drucke, S. 47ff.

137 VD 16 = Verzeichnis der im deutschen Sprachbereich erschienenen Drucke des 16. Jahrhunderts.

138 Vgl. zu den Provenienzen der Oldenburger Drucke K.-P. Müller, Ältere Sachsenspiegel-Drucke, S. 51–58.

139 Vgl. zu den Provenienzen der Oldenburger Drucke: H.-P. Müller, Ältere Sachsenspiegel-Drucke, S. 51–58.

Bei den Drucken wandelt sich das Bild gegenüber den Handschriften deutlich. Sachsenspiegeldrucke erscheinen seit Ende des 15. Jahrhunderts.[140] Die latente Tendenz der Handschriften um 1500 zur expliziten Datierung wird in den Drucken festgeschrieben: Die Drucke dieser Zeit sind explizit datiert. Wie auch die meisten Handschriften (Kl. IV)[141] dieses Zeitraumes sind alle frühen Druck-Versionen des Sachsenspiegels glossiert und damit bereits unter rechtswissenschaftlichen, kommentierenden Gesichtspunkten entstanden. In dem von mir gewählten Korpus sind alle Drucker bekannt. Die Produktion der Frühdrucke wie auch der Drucke im 16. Jahrhundert erfolgt schwerpunktmäßig in Augsburg und Leipzig.

Der älteste Druck weicht davon ab, er ist die 1474 in der Basler Offizin Bernhard Richels erschienene Ausgabe des Sächsischen Landrechts (Tabelle 18). Basel war in jener Zeit eine Hochburg des kanonischen und römischen Rechts und nicht nur aus diesem Grund ist die Erstausgabe des Sachsenspiegels in Basel eine Besonderheit. Der Drucker Bernhard Richel „erwarb 1474 das Bürgerrecht in Basel, arbeitete zunächst häufiger mit anderen Basler Druckern zusammen, betrieb später allein seine profitable Offizin. Er starb 1482. Schwerpunkt seiner Produktion waren Bücher theologischen Inhalts."[142] Im Todesjahr des Druckers entstand noch eine Lehnrechtsausgabe in den Offizien Richels. Die Landrechtsausgaben der Folgezeit deren Schwerpunkt Augsburg und Leipzig ist, stehen in Abhängigkeit zum ersten Sachsenspiegel-Druck aus Basel.[143] Die Augsburger Drucker Johann Schönsperger, Johann Rynmann und Silvan Otmar oder die Leipziger Drucker Melchior Lotter, Nikolaus Wolrab und Ernst Vögelin prägen in der Folge die Herstellung der Sachsenspiegelausgaben. Nikolaus Wolrab musste Leipzig 1547 auf der Flucht vor seinen Gläubigern verlassen, er druckte ab 1554 in Bautzen, wo er 1560 starb.[144] Vier Frühdrucke aus dem 15. Jahrhundert stammen aus der Offizin des Johann Schönsperger; das Verzeichnis der im 16. Jahrhundert im deutschen Sprachgebiet erschienenen Drucke (=VD 16) weist noch einen Druck aus dem Jahre 1501 auf. Johann Schönsperger wurde 1508 Hofdrucker Kaiser Maximilians; sein Druckprogramm enthielt lateinische Lehrbücher, medizinische und juristische Werke

140 Siehe: Gesamtkatalog der Wiegendrucke, S. 2–14. Die vierstelligen Nummern in den Tabellen beziehen sich auf die Zählung im Gesamtkatalog der Wiegendrucke.

141 Vgl. U.-D. Oppitz, Rechtsbücher, Bd. I, S. 29–30.

142 K.-P. Müller, Ältere Sachsenspiegel-Drucke, S. 47.

143 K.-P. Müller, Ältere Sachsenspiegel-Drucke, S. 48.

144 E. Arnold, Wolrabs Dresdener Sachsenspiegelausgabe, S. 15ff.

vor allem in lateinischer Sprache, aber auch „deutschsprachige Titel erbaulichen und belehrenden Inhalts. … Daß er sich des Sachsenspiegels mehrfach annahm, spricht für die Nachfrage.“[145] Silvan Otmar war ein sehr produktiver Augsburger Drucker: er fertigte vor allem Reformationsdrucke für den Rat der Stadt Augsburg und den Schwäbischen Bund.[146] Die Sachsenspiegelausgaben stellte Otmar für Johann Rynmann (Hans Reinmann), gebürtig aus Öhringen, her. Rynmann „war neben Anton Koberger der bedeutendste Verlagsbuchhändler seiner Zeit.“[147] Der Leipziger Melchior Lotter druckte hauptsächlich Klassikerausgaben für den Lehrbetrieb und war bekannt als Luther-Drucker; er hatte einen Zweitbetrieb in Wittenberg, den sein Sohn leitete.[148]

---

145 Ebenda, S. 48.
146 K. Schottenloher, Silvan Otmar in Augsburg, S. 281–296.
147 K.-P. Müller, Ältere Sachsenspiegel-Drucke, S. 47f.
148 Vgl. J. Benzing, Die Buchdrucker des 16. und 17. Jahrhunderts, S. 276f.

3.2.4. Externe Merkmale in Handschriften und Drucken um 1600

Tabelle 20: Sachsenspiegelhandschriften Ende des 16. Jahrhunderts – Externe Merkmale

Handschrift	**Klasse u. Besonderheiten der Klasse**	**Entstehungszeit**	**Schreiber**	**Auftraggeber / Adressat**	**Provenienz**	**Datierung expl.**	**Datierung erschl.**	**Herstellungsort expl.**	**Region /Ort erschl.**	**Schreibdialekt**	**Material**
Hs. 372 Danzig / Gdansk WAP 300 R/W, 1	IIa, Langform, 4.dt. Fassung	Ende 16. Jh. (1578)	0	0	0	0	Ja	0	Ja	md.	Papier 1 sp.
Hs. 366 Danzig/ Gdansk BG PAN Ms. 1803	IIa, Langform 4.dt. Fassung	Ende 16./ Anfang 17. Jh.	0	0	0	0	Ja	0	Ja	md.	Papier 1 sp.

Zum Ende des 16. Jahrhunderts entstehen kaum noch Sachsenspiegelhandschriften (Tabelle 20). In der Bibliothek Gdansk in Polen befinden sich zwei Handschriften aus der Gruppe der schlesisch-preußischen Handschriften, die die Langform IIa der vierten deutschen Fassung[149] überliefern: Die explizit datierte Sachsenspiegelhandschrift (Hs. 372) aus dem Jahre 1578 enthält keine Schreibernennung und auch die Provenienz zur Zeit der Entstehung ist nicht erkennbar. Sie überliefert die Langform IIa in Kombination mit Texten aus dem Magdeburger Rechtskreis (Weichbildchronik, Weichbildrecht, Schöffenrecht) und mit einer deutschen und einer lateinischen Version des Kulmer Stadtrechts (Kulm Handfeste), das in verschiedenen Handschriften des 16. Jahrhunderts überliefert wird. Die zweite Handschrift (Hs. 366) kombiniert Auszüge des Sachsenspiegel Landrechts mit dem Kulmer Stadtrecht. Auch diese Handschrift repräsentiert die Langform IIa. Sie gilt als Urform der Klasse II, ihre Entstehungszeit wird auf die Zeit kurz vor 1270 datiert und ihr Entstehungsort könnte Magdeburg sein. Die Langform IIa des Landrechts kennt noch nicht die Einteilung in die drei Bücher, sie ist nicht glossiert und nicht wissenschaftlich bearbeitet. Die Drucke dagegen sind Bearbeitungen des Rechtstextes und entsprechen einer Weiterentwicklung des Rechtsbuches.

149 U.-D. Oppitz, Rechtsbücher, Bd. I, S. 24.

Tabelle 21: Sachsenspiegeldrucke der zweiten Hälfte des 16. Jahrhunderts[150] – Externe Merkmale*

Drucke	Klasse u. Besonderheiten	Entstehungszeit	Drucker	Provenienz	Datierung expl.	Datierung erschl.	Herstellungsort, expl.	Sprache
Eike von Repgow, Lehnrecht u.a.*	Vulgata	1551	Nikolaus Wolrab	Oldenburg	Ja	0	Leipzig	dt.
VD 16 D738 Eike von Repgow, Lehnrecht	Vulgata	1557	Nikolaus Wolrab	Berlin	Ja	0	Bautzen	dt.
VD16 ZV 20031 Eike von Repgow, Landrecht	Vulgata	1561	Ernst Vögelin	München	Ja	0	Leipzig	dt.-lat
VD16 D751 Eike von Repgow, Landrecht	Vulgata	1561	Ernst Vögelin	Oldenburg	Ja	0	Leipzig	dt.-lat.
Eike von Repgow, Landrecht	Vulgata	1569	Ernst Vögelin	Oldenburg	Ja	0	Leipzig	dt.-lat.
VD 16 755 Eike von Repgow Landrecht	Vulgata	1577	Hans Steinmann	München[151]	Ja	0	Leipzig	dt.-lat.
VD16 D739 Eike von Repgow Landrecht	Vulgata	1582	Hans Steinmann	München[152]	Ja	0	Leipzig	dt.

Ernst Vögelin war der jüngste unter den Sachsenspiegeldruckern. „1529 in Konstanz geboren, schloss er ein Studium in Basel und Leipzig als Baccalaureus der

150 Von den mit * gekennzeichneten Drucken befinden sich Exemplare in der Landesbibliothek Oldenburg. Siehe dazu: K.-P. Müller, Ältere Sachsenspiegel-Drucke, S. 47 ff.

151 Bayerische Staatsbibliothek München, Digitalisat: http://reader.digitalesammlungen.de/resolve/display/bsb10144839.html.

152 Bayerische Staatsbibliothek München, Digitalisat:: http://reader.digitalesammlungen.de/resolve/display/bsb10144969.html.

Theologie ab."[153] Die sechs Ausgaben seit 1547, die der Leipziger Jura-Professor Christoph Zobel bearbeitet hat, wurden zum Teil von Wolrab (sieh auch die Tabelle 19) und zum Teil von Ernst Vögelin gedruckt. Hans Steinmann druckte in den Jahren 1577 und 1582 die Zobelsche Bearbeitung in erneuter Überarbeitung durch andere Juristen wie Melchior Kling 1577 und Georg Menius 1582.

Seit etwa Mitte des 16. Jahrhunderts zeichnen neben den Druckern auch wissenschaftliche Bearbeiter verantwortlich für den Rechtstext. 1545 wurde in der Druckerei des Nikolaus Wolrab eine zweisprachige (lateinisch-deutsche) Landrechtsausgabe gedruckt, die von dem juristisch ausgebildeten Wolff Lose,[154] Bürgermeister zu Freiberg, nach seiner Entlassung Kanzler in Livland, später arbeitete er bis zu seinem Tod 1554 im Dienste der Schwarzenbergischen Grafen, bearbeitet worden war. Der Drucker wird auf dem Titelblatt erwähnt: *Sachsenspiegel Auffs new fleissig corrigiert/ an/ Texten/ Glossen/ Allegaten/ Auch mit vermehrung des emendirten Repertorij/ vnd vieler newen nůtzlichen Additionen. Mit Keiserlicher Maiestet Gnaden/ Freiheit vnd Privilegium Gedruckt zu Leipzig durch Nicolaum Wolrab M D. XLV.*[155] Wolff Loss bzw. Lose bekennt sich in einer mehr als dreiseitigen Widmung an seine Herren, die Sächisischen Herzöge Moritz und August, Landgrafen zu Thüringen, Markgrafen zu Meißen zur Bearbeitung des Rechtstextes. In der 1551 bei Wolrab erschienen deutschen Sachsenspiegelausgabe erscheint der Bearbeiter auf der Titelseite: *Sachsenspiegel Auffs newe vbersehen/ mit Summarijs vnd newen Additionen/ so aus den gemeinen Keyserrechten vnd vieler vornemer dieser Lande Doctoren/ bericht vnd Ratschlegen/ Auch der Hoffgericht vnd Schöppenstuel vblichen Rechtesprůchen zsammen bracht/ vnd an den Glossen vnnd Allegaten vielseitig gebessert/ wie solches stůckweis vnd ordentlichen hernach wirde angezeiget. Durch den Hochgelarten Herrn Christoff Zobel/ der Rechten Doctorn seligen in der löblichen hohen Schul zu Leipzig/ mit besonderem Fleiss zugericht/ sampt einem richtigen vnd vollstendigen Repertoris. Mit Römischer Keyserlicher Maiestadt vnd des Churfůrsten zu Sachssen/ etc. sonderlicher Freyheit/ vnd Privilegis in zehen Jharen nicht nach zudrucken.Leipzigk. Anno M. D. LXI.*[156] Der Name des Druckers Nikolaus Wolrab erscheint hier nicht auf dem Titelblatt.

153 K.-P. Müller, Ältere Sachsenspiegel-Drucke, S. 50.

154 Vgl. C. G. Ludovici, Universallexikon aller Wissenschaften, Sp. 475.

155 Digitalisat: http://digitale.bibliothek.uni-halle.de/vd16/content/titleinfo/998963.

156 Digitalisat: http://reader.digitale-sammlungen.de/de/fs1/object/display/bsb10144930_00009.html.

3.2.5. Ergebnisse der Untersuchung der externen Merkmale

Aufgrund der Merkmale ‚Kommunikationsort' und ‚an der Kommunikation beteiligte Personen' der deutschsprachigen Handschriften lassen sich folgende Aussagen über den soziokulturellen Hintergrund der Sachsenspiegelhandschriften machen: Zeitlich gesehen kann man Schreibernennungen verstärkt in der zweiten Hälfte des 15. Jahrhunderts feststellen. Eine große Ausnahme ist die Oldenburger Bilderhandschrift des Sachsenspiegels, auch die lateinischen Handschriften zeigen früher die Tendenz zur Schreibernennung. „Angaben über die Trägergruppen, die Schreiber, Auftraggeber und Besitzer von Rechtsbücherhandschriften sind vor allem dem Kolophon zu entnehmen, dem lateinisch oder deutsch abgefaßten Nachwort einer Handschrift, in dem zunächst nur das Jahr und der Tag angegeben werden, an dem die Niederschrift der Handschrift beendet worden ist. Die älteste datierte Handschrift des ‚Sachsenspiegels' des Jahres 1295 ist ein Beispiel hierfür. Hier bleibt der Schreiber völlig anonym. Dies kann bis in das 15. Jahrhundert hinein der Fall sein, selbst wenn mit dem Schreibervermerk die Bitte um einen Segen verbunden ist wie in der Lüneburger Ratshandschrift mit Glosse von der Mitte des Jahrhunderts: Wy sint des lantrechts to ende komen. Wey recht meyne de segge amen. Et sic est finis deo laus."[157] Es zeigen sich vier soziale Verbreitungsbereiche des Sachsenspiegels: der Fürstenhof (weltlich und geistlich), klerikale Zentren, die Stadt und das wissenschaftliche, universitäre Umfeld. Vom Beginn der Überlieferung an wird der Sachsenspiegel am Fürstenhof, im klerikalen Umfeld und in der Stadt rezipiert. Um 1500 tritt dann die wissenschaftliche Bearbeitung hinzu, die meisten Handschriften (Kl. IV)[158] sowie auch alle frühen Druck-Versionen des Sachsenspiegels sind glossiert und die externen Merkmale weisen zunehmend in ein wissenschaftliches, universitäres Umfeld. Dies verdichtet sich in der zweiten Hälfte des 15. und im 16. Jahrhundert.

3.3. Interne Merkmale der Handschriften und Drucke

3.3.1. Makrostrukturen

Der Sachsenspiegel Eikes lässt inhaltlich keine Systematik im Sinne heutiger Gesetze erkennen. Systematisierungsversuche von Seiten der Rechtshistoriker, wie Mitte des 20. Jahrhunderts von E. Molitor und in den 60er Jahren von K. I. Beier, stellen thematische Großgruppen fest: Einleitung, Erbrechtsgruppe,

---

157 R. Schmidt-Wiegand, Rechtsbücher als Ausdruck pragmatischer Schriftlichkeit, S. 469.

158 Vgl. U.-D. Oppitz, Rechtsbücher, Bd. I, S. 29–30.

Familienrechtsgruppe, Gerichtsgruppe, Strafrechtsgruppe, Landfriedensgruppe, öffentlich-rechtliche Gruppe.[159] „Ungereimtheiten", die nicht in das Schema passen, werden von E. Molitor damit erklärt, dass Eike sein Rechtsbuch nicht in einem „Wurf" verfasst habe, und von K. I. Beier damit, dass diese durch spätere Abschriften zu erklären seien. Vermutlich entsprach eine Rechtssystematik aber gar nicht der Absicht Eikes, der mit seiner vollkommen neuen und bahnbrechenden volkssprachigen Aufzeichnung geltenden Gewohnheitsrechts in Sachsen wohl vor allem die Rechtstraditionen im Sinne einer gottgewollten Ordnung bewahren und seinen Zeitgenossen einen „Spiegel" vorhalten wollte. Der Sachsenspiegel erscheint zunächst als Werk eines Praktikers, eines „gerichterfahrenen, sächsischen Ritters".[160] Eike von Repgow konzipierte ein zweigliedriges Rechtsbuch: das Landrecht und das Lehnrecht. „Der Sachsenspiegel gliedert sich in Land- und Lehnrecht und bezieht sich von hier aus auf die bäuerlichen und ritterlichen Verhältnisse des Landes Sachsen. Eike versteht darunter das Herzogtum Sachsen, die Markgrafschaft Brandenburg, die Landgrafschaft Thüringen, die Marken Meißen und Lausitz, die Pfalzstädte und die Bistümer des Landes Sachsen (Ldr. III 62)."[161] Damit ist sowohl der Rechtsraum als auch der soziale Rahmen, in dem das Rechtsbuch wirksam werden sollte, fest umrissen. Ursprünglich war das Landrecht mit dem Lehnrecht in einem Textexemplar verbunden. Land- und Lehnrecht sind in der ursprünglichen Konzeption – dies bestätigt die spätere Textentwicklung – Teiltexte mit potentieller Texthaftigkeit. Wieweit beide Rechte so mit einander verwoben waren, wie sie uns in der Langfassung begegnen, die im Landrecht lehnrechtliche Bestimmungen enthält, oder ob beide Rechte – Land- und Lehnrecht – erst später „buchgeschichtlich"[162] vereint wurden, kann ich mit dieser Untersuchung nicht beantworten. Ob und in welcher Weise sich die Makrostrukturen im Laufe der Textentwicklung verändert haben, ist Gegenstand der nachfolgenden Ausführungen. Die Tabellen im

---

159 E. Molitor, Der Gedankengang des Sachsenspiegels, S. 15–69; K. I. Beier, Die Systematik des Sachsenspiegels (Landrecht); Vgl. auch N. Wallmeier, Sprachliche Muster, S. 97ff.

160 C. Schott, Nachwort, S. 371. Weitere Gliederungsversuche z. B. von G. Theuerkauf, Lex, Speculum, Compendium iuris, oder A. Ignor, Über das allgemeine Rechtsdenken Eikes von Repgow referiert ausführlich N. Wallmeier, Sprachliche Muster, S. 99ff. Vgl. auch F. Ebel, Einleitung, in: Ders., Sachsenspiegel. Land- und Lehnrecht, S. 5, der von einer Ordnung nach „freier Assoziation" spricht.

161 R. Schmidt-Wiegand, Die Bedeutung und Wirkung des Sachsenspiegels, S. 35.

162 C. Bertelsmeier-Kierst, Kommunikation und Herrschaft, S. 114.

Anhang I zeigen einen Überblick über die Makrosstrukturen eines repräsentativen Korpus vom Ende des 13. bis zum Beginn des 17. Jahrhunderts.

3.3.1.1. Bucheinteilungen, Kapitel, Artikel, Paragraphen

Der Sachsenspiegel enthält Land- und Lehnrecht. Wann beide Rechte getrennt und in einem Codex miteinder verbunden wurden, lässt sich aus der Textgeschichte nicht sicher erkennen[163]. In den Langfassungen des Sachsenspiegel-Landrechts werden auch lehnrechtliche Themen berührt. Während Karl August Eckhardt[164] diese Bestimmungen für spätere Zusätze hielt, geht Christa Bertelsmeier-Kierst[165] davon aus, dass die lehnrechtlichen Bestimmungen in den älteren Textlangfassungen vorkommen und erst später in den Kurzfassungen getilgt wurden. Sie nimmt weiterhin an, dass „das Lehnrecht erst nach dem Landrecht fertiggestellt“[166] worden sei.

Der handschriftliche Befund auf der Grundlage meines Korpus zeigt, dass neun von 18 Handschriften um 1300 die zweigliedrige Fassung – Landrecht und Lehnrecht – überliefern: Der Harffer Sachsenspiegel (Oppitz, Hs. 1036, Tabelle 26, Anhang I) aus dem Jahre 1295 gehört zu den vollständigsten Handschriften, die die Langfassung repräsentieren. Land- und Lehnrecht werden ohne Bucheinteilung übermittelt. Die Heidelberger Bilderhandschrift (Oppitz, Hs. 697, Tabelle 26, Anhang I) hat viele Überlieferungslücken. Sie gehört zur Gruppe der frühen Langfassungen und stammt aus der Zeit zwischen 1295 und 1304. Land- und Lehnrecht werden in einem Codex ohne Bucheinteilungen tradiert. Langfassungen ohne Bucheinteilungen sind auch die deutsch-lateinischen Krakauer Pergamenthandschriften, Oppitz, Hs. 845 aus dem Jahr 1308 (Tabelle 26, Anhang I) und Oppitz, Hs. 846 aus dem Anfang des 14. Jahrhunderts (Tabelle 29, Anhang I). Die Linzer Pergamenthandschrift (Anf. 14. Jh., Oppitz, Hs. 946 Tabelle 27, Anhang I) und die Gnesener Pergamenthandschrift (Anf. 14. Jh., Oppitz, Hs. 572, Tabelle 29, Anhang I), beides Repräsentanten der Langfassung, überliefern Land- und Lehnrecht hintereinander, ohne Bucheinteilung. Die Breslauer Pergamenthandschift (14. Jh. Oppitz, Hs. 266, Tabelle 29, Anhang I) und die Den Haager Pergamenthandschrift (Oppitz, Hs. 405 Tabelle 29, Anhang I) überliefern das Lehnrecht fragmentarisch. Die Quedlinburger Pergamenthandschrift dagegen ist ein Repräsentant der Kurzfassung (Oppitz, Hs. 657 Tabelle 26, Anhang I), sie wurde zwischen 1310 und 1330

163 Vgl. H.-U. Schmid, Historische deutsche Fachsprachen, S. 222.
164 K.A. Eckhardt, Rechtsbücherstudien, S. 74f.
165 C. Bertelsmeier-Kierst, Kommunikation und Herrschaft, S. 114.
166 Ebenda, S. 114, Anm. 288.

fertig gestellt. Zu erwähnen ist auch eine weitere Kurzfassung, die wenig vor 1350 entstanden ist, bei mir aber in den Tabellen ab der zweiten Hälfte des 14. Jahrhunderts notiert ist: U.-D. Oppitz, Hs. 338 (Anhang I, Tabelle 31).

Fünf von 18 Handschriften überliefern nur das Landrecht ohne Einteilung in mehrere Bücher: Die Leidener Pergamenthandschrift aus dem Ende des 13. Jahrhunderts (Oppitz Hs. 875 Tabelle 26, Anhang I), die Breslauer Pergamenthandschrift (Oppitz, Hs. 267, 14. Jahrhundert, Tabelle 29, Anhang I), die Soester Pergamenthandschrift, Oppitz, Hs. 1358 (Tabelle 27, Anhang I), die Krakauer Pergamenthandschrift, Oppitz, Hs. 844 (Tabelle 28, Anhang I), die Danziger Papierhandschrift, Oppitz Hs. 354 (Tabelle 28, Anhang I).

Vier weitere Handschriften weisen schon zu Beginn des 14. Jahrhunderts eine Einteilung in drei bzw. unter Einbeziehung des Lehnrechts in vier Bücher auf: Die Oldenburger Bilderhandschrift überliefert das Landrecht in drei und das Lehnrecht in zwei Büchern (Oppitz Hs. 1184, Tabelle 27, Anhang I); das Landrecht in drei Büchern und das Lehnrecht in einem Buch tradieren die Olmützer Pergamenthandschrift (Oppitz, Hs. 1189, Tabelle 27, Anhang I), die Bremer Pergamenthandschrift (Oppitz Hs. 248, Tabelle 29, Anhang I) und die Dresdener Bilderhandschrift (Oppitz Hs. 450, Tabelle 29, Anhang I). Letztere schließt das Lehnrecht als 4. Buch an.

Um 1400 verschiebt sich das Ergebnis: In der zweiten Hälfte des 14. Jahrhunderts überwiegt in meinem Korpus bereits die Einteilung des Landrechts in drei Bücher, zwölf von 18 Handschriften weisen die Einteilung in drei Bücher auf, nur sechs haben keine Büchereinteilung (vgl. die Tabellen 31–36, Anhang I). In der ersten Hälfte des 15. Jahrhunderts gibt es ein ähnliches Bild: zehn von 26 Handschriften haben keine Büchereinteilung (vgl. die Tabellen 37–43, Anhang I). Um 1400 überwiegt mit 26 Vorkommen die Kombination von Land- und Lehnrecht in einem Codex; 17mal tritt nur das Landrecht auf und in meinem Korpus nur einmal allein das Lehnrecht (vgl. die Tabellen 31–43, Anhang I).

Im 15. Jahrhundert überwiegt die Einteilung in drei Bücher ganz eindeutig: von 30 Handschriften sind 27 in drei Bücher unterteilt, die Handschrift 446 (U.-D. Oppitz) ordnet den Richtsteig Landrechts von Johann von Buch als 4. Buch des Landrechts ein. Nur zwei Handschriften aus dem Untersuchungszeitraum weisen mit Sicherheit keine Bucheinteilung auf. Die Handschriften (Signatur nach U.-D. Oppitz, Rechtsbücher, Bd. II) 612, 268, 602, 446, 187, 540, 1446, 664, 186, 951, 1300, 174, 456, 905, 258, 130, 145, 1636, 1363, 640, 601, 662, 642, 874, 1489 haben eine 3-Bücher-Einteilung. Handschrift 655 weist eine systematische Gliederung in drei Hauptstücke auf. Die Handschriften 445, 537 und 372 haben keine Einteilung (Anhang I, Tabellen 43–51). 20 Handschriften überliefern ausschließlich das Landrecht, zehn beide Rechte, wie von Eike intendiert.

Die Drucke tradieren von Anfang an Land- und Lehnrecht getrennt. Das Landrecht ist in drei Bücher gegliedert.

Exemplarisch werden einige Handschriften in Bezug auf die Makrostrukturen Bucheinteilungen, Kapitel, Artikel und Paragraphen vorgestellt:

Um 1300:

Handschriften ohne Bucheinteilung:

- Der Harffer Sachsenspiegel aus dem Jahre 1295 (Privatbesitz Antonius Graf von Mirbach-Harff, Gräfliches Archiv, U.-D. Oppitz Hs. 1036, Anhang I, Tabelle 26) tradiert das Land- und das Lehnrecht. „Der Erstbesitzer war, wie die Aufnahme des ‚Magdeburger Weichbildrechts' im Harffer Codex nahelegt, vermutlich mit städtischen Angelegenheiten befasst. Die Handschrift gehört zu den vollständigsten ‚Sachsenspiegel'-Abschriften, die wir kennen."[167]
- Der Codex Leiden UB BPL 180 B (U.-D. Oppitz, Hs. 875, Anhang I, Tabelle 26) aus dem ausgehenden 13. Jahrhundert[168] enthält nur das Landrecht ohne Büchereinteilung. Eine Einteilung in drei Bücher wurde von späterer Hand eingefügt. „Der Leidener Codex war, wie Gebrauchsspuren und jüngere Einträge zeigen, lange als Rechtshandschrift in Gebrauch."[169] Der Anfang der Handschrift ist veloren. „Erhalten haben sich am Ende des Prologs und zu Beginn des Lehnrechts zwei kleinere Zierinitialen (eine dritte wurde herausgeschnitten), die aufwendig mit Blattgold und Deckfarben in Blau und Rosa eingemalt wurden. Dies läßt vermuten, daß sich am Eingang der Handschrift, der verloren ist, noch eine größere Zierinitiale oder Miniatur befunden hat, für die ebenfalls die aufwendige Deckfarbentechnik mit Blattgold verwendet wurde."[170] Die Artikel des Landrechts sind durch rote Überschriften und rote Lombarden markiert.

---

167 C. Bertelsmeier-Kierst, Kommunikation und Herrschaft, S. 120.

168 Siehe zur Datierung, Alter, Dialekt, Gebrauchszusammenhang: C. Bertelsmeier-Kierst, Kommunikation und Herrschaft, S. 118; C. Bertelsmeier-Kierst, Zur ältesten Überlieferung des Sachsenspiegels, S. 69–76.

169 Die Handschrift ist im Laufe des Gebrauch weiterhin bearbeitetet worden: Es wird z. B. der Artikel I 26 und jüngeres Novellenmaterial nachgetragen. Artikel I 26 fehlt auch im Harffer Sachsenspiegel. C. Bertelsmeier-Kierst, Kommunikation und Herrschaft, S. 120.

170 C. Bertelsmeier-Kierst, Kommunikation und Herrschaft, S. 118f.

- Krakau BJ cod. 169 (Krakau Uniwersytet Biblioteka Jagiellońska, U.-D. Oppitz, Hs. 845, Anhang I, Tabelle 26).[171] Diese Handschrift ist wie die vorige ohne Büchereinteilung. Die einzelnen Artikel sind mit roten Überschriften versehen. Die Initialen sind in diesen Fällen blau. Vor den schwarz geschriebenen Artikeln stehen rote Initialen. Die Begleitüberlieferung ist makrostrukturell nicht immer vom Rechtsbuchtext abgesetzt. So folgt z. B. das lateinische lübische Recht (Bl. 135) ohne makrostrukturelle Kennzeichnung direkt auf das Sächsische Landrecht.
- Der sogenannte Quedlinburger Sachsenspiegel (Universitäts- und Landesbibliothek Halle Quedlinburg 81, U.-D. Oppitz Hs. 657, Anhang I, Tabelle 26) überliefert das Land- und Lehnrecht. Er beginnt mit einem Registerfragment, darauf folgt das vollständige Register.[172] Die Nummerierung ist mit roten römischen Zahlen, die sich auch im Text zur Gliederung finden. Die Anfangsbuchstaben der Artikel sind ebenfalls rot. Von Blatt 6ra-49vb findet sich das Landrecht, die Reimvorrede beginnt mit einer roten und blauen Fleuronné-Initiale: *GOtt hat die sassen…* Auf Blatt 49vb schließt das Lehnrecht an. Der vorhergehende Satz weist auf das Lehnrecht hin: *Hir ist gesprochen von dem lantrechte, dit is daz lenrecht.* Das Lehnrecht beginnt mit einer S-Initiale und folgender W-Majuskel: *SWer lenrecht kunnen will…*
- Der Soester Codex (Stadtbibliothek Codex 25/3, U.-D. Oppitz, Hs. 1358, Anhang I, Tabelle 27) überliefert nur das Landrecht. Sie gehört zu den ältesten erhaltenen Sachsenspiegel-Handschriften. Der Text beginnt mit einer roten Überschrift: *Hir beginnt dat reht des spiegels der sachsen.* Darauf folgt mit einer vierzeiligen Fleuronnée-Initiale der Prolgus. Der gesamte Text ist in ca. 570 Absätze gegliedert. Nur die ersten sind rot durchgezählt.[173]
- UB Cod. Pal. Germ. 164 (Universitätsbibliothek Heidelberg, U.-D. Oppitz, Hs. 697, Anhang I, Tabelle 26)[174]. Von der ursprünglich 96 Blätter umfassenden Bilderhandschrift sind nur noch 30 Blätter vorhanden. Der Codex beginnt infolge einer Neubindung, die nicht der ursprünglichen Bindung entspricht, mit dem Lehnrecht. Er setzt ein auf Bl. 1r mit einer dreizeiligen S-Initiale: *Swer lenrecht kůnnen will…* Die einzelnen Artikel sind durch farbige Majuskeln (abwechselnd blau/rot/grün) gekennzeichnet, in der Bildleiste

171 F. Bischoff, Rechtscodex der Krakauer Universitätsbibliothek, S. 269–297.

172 Zur Artikelzählung im Register und Text vgl. W. Spiewock, Die Sprache des Quedlinburger Sachsenspiegels, S. 4–5.

173 Vgl. auch B. Michael, Die mittelalterlichen Handschriften, S. 164–166, und der sassen speyghel, Bd. I, S. 449f.

174 http://digi.ub.uni-heidelberg.de/diglit/cpg164.

wiederholen sich die Lombarden, womit der Bezug zwischen Text und Bild hergestellt wird. Das Landrecht wird auf Blatt 7r überliefert, der Anfang ist verloren gegangen; insofern können auch hier die initialen Makrostrukturen nicht erkannt werden. Auf Bl. 30v beginnt die einzige in dieser Handschrift überlieferte Vorrede *von der herren geburt* mit einer blauen, dreizeiligen, mit Rot verzierten N-Initiale.

Handschriften mit Bucheinteilung:

- Die Oldenburger Bilderhandschrift (Landesbibibliothek Oldenburg CIM I 410, U.-D. Oppitz Hs. 1184, Anhang I, Tabelle 27) überliefert das Landrecht in drei und das Lehnrecht in zwei Büchern in einem Zeitraum, in dem die überwiegende Anzahl der Handschriften keine Büchereinteilung aufweisen. Der Codex beginnt mit dem Register, das mit roten römischen Zahlen durchnummeriert ist und die einzelnen Artikel sind zu Beginn mit roten und grünen Buchstaben markiert. Das erste Buch des Landrechts beginnt mit einer Überschrift in rot: *Dit is der sassen speyghel.* Darunter folgt eine fünfzeilige, blau-goldene Fleuronné-Initiale. Sie ist rot, blau und grün verziert und leitet den Prolog ein: *DEs heiligen geistes minne…* (Blatt 6r). Die einzelnen Absätze der Prologe werden abwechselnd mit roten und blauen Initialen markiert. Der Beginn des Textus prologi ist mit einer verzierten roten G-Initiale: *Gott der da is begynn…* markiert; die einzelnen Abschnitte der Prologe sind entsprechend zum Register zu Beginn des Codex (bis XI) mit roten römischen Zahlen nummeriert. Der erste Artikel des Landrechtes hat die Nummer V und beginnt mit einer roten Majuskel: *Swe swert…* (Bl. 6v). Die beiden folgenden Bücher sind jeweils durch vierzeilige, rot-blaue Fleuronné-Initialen in Kombination mit roten Überschriften markiert: *Incipit liber secundus, NU uornemet…* (Bl. 43v) und *Incipit liber tercius, Nu uornemet…* (Bl. 61). Es folgt darnach das Register des Lehnrechts (Bl. 91r). Es ist in rot überschrieben mit: *capitula libri quarti.* Die einzelnen Artikelüberschriften im Register beginnen mit einer zweizeiligen, blauen S-Initiale. Die Artikel fangen mit roten und blauen Majuskeln im Wechsel an. Sie sind mit roten lateinischen Zahlen durchnummeriert. Im Codex, der auf Veranlassung der Grafen von Oldenburg geschrieben und bis vor Kurzem in deren Besitz war, ist das Lehnrecht besonders herausgehoben. Im Kolophon wird sogar der Grund für die Niederschrift genannt: Es sollten die jüngeren Vasallen in das Recht eingewiesen werden, da die älteren rechtskundigen Vasallen gestorben waren.[175] Es werden zwei Bücher Lehnrecht

175 Vgl. oben externe Merkmale.

überliefert, das ist eher selten im Gesamtüberlieferungszusammenhang. Das erste Buch beginnt mit der größten und am meisten ausgeschmückten Initiale der Handschrift: mit einer sechszeiligen, reichverzierten, mehrfarbigen und teilvergoldeten S-Initiale. Sie folgt auf die rote Überschrift (Bl. 94v); das zweite Lehnrechtsbuch wird durch eine fünfzeilige, blau-rot-grüne Fleuronné-Initiale eingeleitet (Bl. 113v). Anders als in der Heidelberger Bilderhandschrift kehren die Initialen nicht in den Bildstreifen wieder.

- Dresden SLUB M 32 (Sächsische Landes- und Universitätsbibliothek Dresden, U.-D. Oppitz, Hs. 450).[176] Die Dresdener Bilderhandschrift unterteilt wie die Oldenburger das Landrecht in drei Bücher, sie überliefert ein Buch für das Lehnrecht. Der Codex beginnt mit dem Mainzer Reichslandfrieden: In der Bilderleiste ist die Miniatur des thronenden Kaisers abgebildet, in der Textspalte weist das Rubrum auf den folgenden Textteil hin (Bl. 1r): *Dys recht satzte der kayser zcu mentze myt der vorsten willekor*. Mit einer dreizeiligen W-Initiale beginnt die kaiserliche Satzung. Es folgen die Register (Bl 2r). Die Artikel im Register sind mit römischen Zahlen gezählt, die rot unterstrichen wurden. Auf Blatt 3v beginnt der Prolog mit einer vierzeiligen, roten, vergoldeten D-Initiale: *Des heiligen geistes minne…* Das erste Buch Landrecht ist ebenfalls mit einer vierzeiligen, goldenen, rot umrandeten Initiale markiert (Bl. 4r). Es hat die Überschrift *primus liber* in roter Schrift. Die Makrostruktur des zweiten Buchs ist wie die des dritten Buchs der des ersten untergeordnet: *Incipit liber secundus* in roter Schrift und eine nur dreizeilige, rot-goldene W-Initiale (Bl. 22r); *Incipit liber tercius* in roter Schrift und eine dreizeilige, rot-goldene U-Initiale (Bl. 36v). Ganz anders als in der Oldenburger Bilderhandschrift spielt das Lehnrecht in diesem Codex eine untergeordnete Rolle, es folgt als *liber quartus* auf die drei Bücher des Landrechts, die rot-goldene S-Initiale ist wie die beiden vorausgehenden dreizeilig (Bl. 57r). Wie in der Heidelberger Bilderhandschrift ist der Text mit den Bilderleisten verschränkt: Die Anfangsbuchsstaben der Artikel (*capituli*) finden sich in den Bildern wieder.

Um 1400:
Ohne Bucheinteilungen:

---

176 http://digital.slub-dresden.de/werkansicht/dlf/6439/

- Die Sachsenspiegelhandschrift Celle Oberlandesgericht C2 (U.-D. Oppitz, Hs. 338, Anhang I, Tabelle 31) wurde vermutlich noch vor 1350 geschrieben.[177] Der Codex hat keine Bucheinteilung und keine Kapitelüberschriften. Die Gewichtung liegt hier noch stärker als bei der Oldenburger Bilderhandschrift auf dem Lehnrecht. Der Codex beginnt auf Bl. 1v-3v mit der roten Register-Überschrift: *Dit sin de Kapitel des ersten bůkes*, dann folgen das Register und die Summarien zum Lehnrecht (Blatt 2 ist herausgeschnitten). Das Lehnrecht steht nicht nur am Beginn des Codex, es wird auch in fünf Büchern überliefert. Buch I enthält 18 Artikel, Buch II und III fehlen, Buch IV umfasst 16 und Buch V 21 Artikel. Das Landrecht wird in einem Buch mit 119 Artikeln an das Lehnrecht angehängt. Aufgrund des zwischen Bl. 18 und 19 eingebundenen Pergamentstreifens, der Zitate aus den Dekretalen Gregors IX. aufweist und aus der neunzeiligen S-Initiale, mit der das Lehnrecht beginnt, schließt Bertelsmeier-Kierst, dass der Codex in einem geistlichen Kontext entstanden ist. Die S-Initiale hat den Kopf eines Klerikers: „Wie die bewohnte Zierinitiale S – eine Schlange mit dem Gesicht eines clerici (fol. 3v) – bereits andeutet, war die Handschrift offenbar im Besitz eines juristisch gebildeten Geistlichen,… “[178]. Das starke Gewicht auf dem Lehnrecht führt möglicherweise sogar in den Zusammenhang eines geistlichen Lehnsherren (Bistum oder Kloster).
- Berlin Ms. germ. fol. 820 (Staatsbibliothek Berlin, U.-D. Oppitz, Hs. 149): Der Codex beginnt mit den Registern: *Hier beginnt. Die tabelle vanden spieghele van zassen* (2 sp. Rubrum). Es geht weiter mit dem Hinweis auf die Prologe: *DIts dat prologhe vanden spieghel van zassen* (Initiale siebenzeilig, gold unterlegt, blau verziert, Register Landrecht, Bl. 1–3v). Das Lehnrechtsregister fängt ebenfalls mit einer Initiale an, sie ist sechszeilig, golden und blau unterlegt (Bl. 3v): *Hier beghit alle leenrechte ccvij*. Land- und Lehnrecht sind ohne Bucheinteilung durchnummeriert. Auf Bl. 6v beginnt der Prolog mit einer Miniatur des thronenden Kaisers und einer sechszeiligen Initiale: *GΘd hadde die zassen…* Blatt 8r: *Hier beghint dat spieghel van zassen ii* (Rubrum). Es folgen einzelne Artikel, die Vorreden sind durchgezählt. Das Lehnrecht setzt mit Artikel 207 auf Bl. 62r ein. Es ist aber genauso herausgehoben wie der Registeranfang und der Anfang des Landrechts: mit einer sechszeiligen, gold unterlegten, blauen Initiale. Die Zierumrandung nimmt wie beim Register- und Landrechtsbeginn eine Seitenlänge in Anspruch.

177 Siehe dazu C. Bertelsmeier-Kierst, Zur ältesten Überlieferung des Sachsenspiegels, S. 67f. Vgl. auch sassen speyghel, Bd. I, S. 381–383.

178 C. Bertelsmeier-Kierst, Kommunikation und Herrschaft, S. 117.

- Berlin Ms. germ. fol. 899 (Staatsbibliothek Berlin, U.-D. Oppitz, Hs. 156): Diese Handschrift ist weniger prachtvoll als der zuvor beschriebene Codex. Das Landrecht umfasst 332 Artikel ohne Vorrede, das Lehnrecht 189. Eine große Anzahl von Artikeln wurde später nachgetragen. Im Register sind für das Landrecht 331 Artikel und für das Lehnrecht 167 Artikel aufgelistet. Der Codex beginnt mit den Registern: *he hebit sich an dy register capitel desis buches* (Rubrum, rote Verzierung, durchstrichene Majuskel).

Mit Bucheinteilungen:

- Wolfenbüttel Cod. Guelf. 3.1 Aug. 2° (Wolfenbüttel, Herzog-August-Bibliothek, U.-D. Oppitz, Hs. 1566)[179]: Wie die Oldenburger und die Dresdener Bilderhandschrift ist auch der vierte der überlieferten illuminierten Codices in Bücher eingeteilt; drei Bücher Landrecht, das vierte Buch enthält das Lehnrecht. Der Codex beginnt mit dem Mainzer Reichslandfrieden auf Blatt 1r: In der Bilderleiste ist die Miniatur des thronenden Kaisers abgebildet, in der Textspalte weist genau wie bei der Dresdener Bilderhandschrift das Rubrum auf den folgenden Textteil hin: *Dys recht saczte der keyser zcu mencze mite der vvrsten willekor*. Die kaiserliche Satzung beginnt mit einer dreizeiligen W-Initiale. Auf Blatt 4v folgen die Register aller drei Bücher. Die Artikel im Register sind mit römischen Zahlen gezählt, die rot unterstrichen wurden. Auf Blatt 9v beginnt der Prolog mit einer achtzeiligen blau-roten, reichverzierten D-Initiale: *Des heiligen geistis minne...* Der Textus prologi beginnt mit einer blauen G-Majuskel. Das erste Buch Landrecht ist mit einer vierzeiligen, goldenen, rot umrandeten Z-Initiale markiert (Bl. 10r). Es hat in roter Schrift die Überschrift *primus liber*. Der zweite Artikel beginnt mit einer zweizeiligen, zweifarbigen Initiale (rot/gold). Ab da sind die Artikel zunächst durchgezählt vor dem zweiten Artikel steht ein rotes Capitulum-Zeichen und die römische Zahl zwei. Zur Kennzeichnung der Paragraphen wechseln rote, blaue und grüne Majuskeln ab. Auf den Recto-Seiten ist mit roten lateinischen Zahlen das Buch angegeben. Das zweite Buch ist im Text nicht gekennzeichnet, weder durch eine Initale, noch durch eine rote Überschrift, die Artikel sind vom ersten Buch an durchgezählt (Bl. 27v). Auf der folgenden Recto-Seite (Bl. 28r) erscheint II in roter Tinte. Ab Bl. 29r sind die Artikel wieder durch rot-goldene, zweizeilige Initialen und die roten Capitulum-Angaben gekennzeichnet. Auf Blatt 42v beginnt mit deutlichen Markierungen das dritte Buch des Landrechts: *Incipit liber tercius, capitulum I* in

179 http://diglib.hab.de/mss/3-1-aug-2f/start.htm.

roter Schrift und eine dreizeilige rot-goldene U-Initiale. Das Lehnrecht folgt wie in der Dresdener Bilderhandschrift als *liber quartus, capitulum I* auf die drei Bücher des Landrechts, die rot-goldene S-Initiale ist dreizeilig (Bl. 59r). Wie in der Dresdener[180] und der Heidelberger Bilderhandschrift ist der Text mit den Bilderleisten verschränkt: Die Anfangsbuchstaben der Artikel (*capituli*) finden sich in den Bildern wieder.

- Berlin Ms. germ. fol. 727 (Staatsbibliothek Berlin, U.-D. Oppitz, Hs. 136): Der Codex beginnt mit dem Register des Landrechts: vierzeilige rote, verzierte U-Initialen, die einzelnen Artikel des Registers sind durch zweizeilige, rote Initialen mit folgenden rot durchstrichenen Majuskeln, das rubrizierte Capititulum Zeichen, gekennzeichnet. Das Register des Lehnrechts beginnt hinter dem Landrecht auf Bl. 41v. Der Hinweis darauf ist in roten Buchstaben geschrieben. Das Register ist durchnummeriert, die einzelnen Artikel beginnen im Wechsel mit einzeiligen, roten und grünen Majuskeln. Die Bücher sind durch drei- oder vierzeilige rote Initialen mit nachfolgender rot durchstrichener Majuskel gekennzeichnet.
- Berlin Ms. germ. fol. 512 (Berlin Staatsbibliothek U.-D. Oppitz, Hs. 122): Der Codex überliefert das Landrecht in drei Büchern mit Glosse und ohne Begleitüberlieferung. Vor jedem Buch steht das Register. Es ist rot mit römischen Zahlen nummeriert. Die Register beginnen mit fünf- oder sechszeiligen roten Initialen. Auf das erste Register folgt das erste Buch mit einer sechszeiligen G-Initiale, die den Glossentext einleitet. Er ist außen um den Landrechtstext geschrieben. Das zweite und dritte Buch beginnt wieder mit dem entsprechenden Register, und einer fünfzeiligen, roten Initiale. Die Artikel sind durch zwei- oder dreizeilige, rote Initialen markiert.

Um 1500:
Ohne Bucheinteilungen:

- Gießen Hs. 954 (Gießen UB, U.-D. Oppitz, Hs. 537): Der Codex beginnt auf Blatt 5ra mit dem Prolog. Das Landrecht (Bl. 7ra: *Twe swerde...*) ist ohne Bucheinteilung mit roten Kapitelzahlen versehen. Es enthält 107 Artikel, die nach Oppitz der älterern Redaktion des niederländischen Sachsenspiegel nahestehen. Das Lehnrecht umfasst 133 Artikel (Bll. 41rb-63vb).

Mit Bucheinteilungen:

180 Vgl. zur linguistischen Einordnung der Dresdener Bilderhandschrift: J. Weinert, Die Dresdener Bilderhandschrift, S. 235: „1. Der Text W (Wolfenbüttel, die Verf.) ist von D abhängig. 2. Die Texte H und D sind seitenverwandt."

- Berlin Ms. germ fol. 901 (Staatsbibliothek Berlin, U.-D. Oppitz Hs. 158): Hier beginnt das erste Buch mit einer siebenzeiligen, blauen Initiale, die gleichzeitig der Gesamtinitiator des Codex ist. Sie ist gemäß der gehoben Ausstattung des Codex rot verziert. Die folgenden Bücher haben nur noch dreizeilige Initialen, sie sind ebenfalls verziert und farbig. Oben auf jeder Rectoseite wird mit römischen Zahlen angegeben, um welches Buch es sich handelt.
- Berlin, Ms. germ. fol. 1254 (Berlin, Staatsbibliothek, U.-D. Oppitz Hs. 187): Der Anfang ist verloren, der Text des Landrechts beginnt im zweiten Buch; auf das folgende Buch wird im Rubrum hingewiesen (hier endet das zweite Buch und beginnt das dritte), es folgt das dritte Buch mit einer roten, zweizeiligen Initiale. Die Bücher werden auf der Recto- und Versoseite durchgezählt: Liber (Rectoseite) Secundus/Tertius (Versoseite). Das Lehnrecht hat keine Bucheinteilung, auf der Versoseite wird der vorhergehende Textteil beendet und der folgende angekündigt: *Hir endet sik de glose der sassen speghel. Hyr beghynnet dat leynrecht.* Das Lehnrecht beginnt dann mit einer dreizeiligen, roten Initiale, sie ist blau verziert.
- Berlin, Ms. germ. fol. 1094 (Berlin, Staatsbibliothek, U.-D. Oppitz Hs. 174): zwölfzeilige grüne Initalen auf blauem Grund kennzeichnen den Bücherbeginn, die Buchzählung erscheint auf jeder Seite oben in roter Farbe.
- Berlin, Ms. germ. fol. 616 (Berlin, Staatsbibliothek, U.-D. Oppitz, Hs. 130): Das erste Buch beginnt mit dem Prolog und ist mit einer sechszeiligen, farbigen Initiale gekennzeichnet. Darauf folgt der zweite Prosaprolog (Textus prologi) mit einer sechszeiligen, roten Initiale. Das erste Buch endet mit dem Satz: *Et sic est finis istium librium.* Auf das zweite Buch weist der Satz *Incipit liber secundum* hin, und der Text beginnt mit einer siebenzeiligen, blauen, verzierten W-Initiale. Ebenso verhält es sich beim dritten Buch, am Ende des zweiten Buches befindet sich der Hinweis: *Et sic est finis istius secündi*, und das dritte Buch beginnt mit dem Rubrum *Incipit liber tertium*, der Text setzt ein mit einer siebenzeiligen, roten, schwarz verzierten U-Initiale.
- Berlin, Ms. germ. fol. 765 (Berlin, Staatsbibliothek, U.-D. Oppitz, Hs. 145): In dieser Handschrift sind die Bücher oben auf der Recto- und Versoseite durchgezählt. Die Bücher I und II beginnen mit einer achtzeiligen, roten Initiale. Das erste Buch ist terminiert durch: *Explicit liber primus.* Das zweite beginnt mit dem Hinweis: *Sequitus liber secundus* (Bl. 73v). Beim dritten Buch wurde die Markierung vergessen. Das Buch beginnt mit einer zweizeiligen, roten Initiale, nur oben auf der Seite und am Rand weist die rote Zahl iii auf das dritte Buch hin.

- Berlin, Ms. germ. fol. 11 (Berlin Staatsbibliothek, U.-D. Oppitz, Hs. 112): Auch hier wird am Ende des ersten und zweiten Buches im Rubrum auf das folgende Buch verwiesen, und es folgt ein Hinweis vor jedem Buch, um welches es sich handelt. Die einzelnen Bücher beginnen mit zweizeiligen roten Initialen.

Die nächst niedrigere Makrostruktur ist die Einteilung in Artikel. Der Soester Codex (Hs. 1358, Anhang I, Tabelle 27) gliedert das Buch in ca. 560 Absätze. Die Einteilungen sind häufig in roter Schrift als capituli bezeichnet. Die einzelnen Handschriften überliefern unterschiedliche Absatz- bzw. Artikelanzahlen (Anhang I, Tabelle 26–51), z. B. um 1300: Die Krakauer Hss. 845 und 846 haben keine Bucheinteilungen, Hs. 845 überliefert 88 Artikel Landrecht und 156 Artikel Lehnrecht und die Hs. 846 für das Landrecht 166 und für das Lehnrecht 82 Artikel; die Gnesener Handschrit 537 überliefert das Landrecht ohne Büchereinteilung in 317 und das Lehnrecht in 116 Artikeln, die Breslauer Hs. 266, ebenfalls ohne Büchereinteilungen, gibt für das Landrecht 141 Artikel und das Lehnrecht ist nur in Auszügen wiedergegeben. Hs. 1189 ist in drei Bücher Landrecht zu je 71, 72, 91 Artikel, ein Buch Lehnrecht zu 81 Artikeln gegliedert; Hs. 450 teilt das Landrecht in drei Bücher zu 71, 73, 92 und das Lehnrecht in einem Buch zu 86 Artikeln.

Beispiele aus der Zeit um 1400: Die Celler Handschrift C 2 (Oppitz, Hs. 338, Anhang I, Tabelle 32) tradiert das Landrecht ohne Bucheinteilung mit 119 Artikeln ohne Überschriften, das Lehnrecht dagegen in fünf Büchern; die Göttinger Hs. 600 (Anhang I, Tabelle 30) überliefert nur das Landrecht, es ist in drei Bücher unterteilt zu je 64, 70, 71 Artikeln. Die Berliner Hs. 110 (Anhang I, Tabelle 31) tradiert drei Bücher Landrecht (71, 63, 91 Artikel) und ein Buch Lehnrecht mit 88 Artikeln.

Beispiele aus der Zeit um 1500: Hs. 187 (Anhang I, Tabelle 45): I. Buch 63 Artikel, II. Buch 70 Artikel, III. Buch 72 Artikel, das Lehnrecht umfasst 27 Artikel; Hs. 112 (Tabelle 47) enthält nur das Landrecht: I. Buch 72, II. Buch 72, III. Buch 87 Artikel; Hs. 537 (Tabelle 47): keine Bucheinteilung, aber 107 Artikel insgesamt, das Lehnrecht hat 133 Artikel; Hs. 1636 (Tabelle 47): I. Buch 71 Artikel, II. Buch 72 Artikel, III. Buch 92 Artikel; Hs. 640 (Tabelle 49): I. Buch 83 Artikel, II. Buch 70 Artikel, III. Buch 77 Artikel; die Hss. 1363 (Tabelle 47), 601 (Tabelle 49) und 662 (Tabelle 49): I. Buch 71 Artikel, II. Buch 72 Artikel, III. Buch 91 Artikel; Hs. 642 (Tabelle 49): I. Buch 61 Artikel, II. Buch 68 Artikel, III. Buch 79 Artikel; Hs. 874 (51): I. Buch 84 Artikel; II. Buch 71 Artikel, III. Buch 86 Artikel; Hs. 372 (Tabelle 50): 352 Artikel.

Die Artikel werden in der Regel durch zwei-, drei- oder vierzeilige, farbige Initialen markiert und fortlaufend gezählt. Entweder sind die Initialen rot und blau oder rot und grün im Wechsel oder ausschließlich rot. Die Artikel sind in den meisten Fällen, aber nicht immer, in Einheiten untergliedert, die den Paragraphen der modernen Rechtstexte entsprechen. Sie sind häufig mit roten Caput- oder Paragraphenzeichen gekennzeichnet.[181] Die Makrostrukturen im Text entsprechen in der Regel auch der Kennzeichnung in den Registern.

Die Drucke überliefern Land- und Lehnrecht getrennt (vgl. die Tabellen 18–21), sie teilen das Landrechr zumeist in drei Bücher ein. Der älteste Druck aus den Offizien des Basler Druckers Bernhard Richel von 1474 beginnt das Register des ersten Buches Landrecht mit einer zehnzeiligen verzierten V-Initiale. Die einzelnen Bücher fangen ebenfalls mit zehnzeiligen verzierten und (bis auf eine) colorierten Initialen an. Die Artikel sind durch den Hinweis Artikulus I, II. etc. gekennzeichnet und beginnen mit fünfzeiligen verzierten Initialen. Die Abschnitte sind unterteilt durch rote Capitulum Zeichen, gefolgt von rot durchstrichenen Majuskeln. Auf den jeweiligen Landrechtsartikel folgt die Glosse: G(rot durchstrichen)losa. Die Glossierungen beginnen wie die Artikel mit fünfzeiligen verzierten Initialen, rot und blau im Wechsel.[182] Auch der Kölner Frühdruck von Bartholomeus de Unckel aus dem Jahr 1480 beginnt mit dem Register des ersten Buches und enthält die drei Bücher des Landrechts in glossierter Form.[183] Die Makrostrukturen kennzeichnen den Beginn des Prologs, der einzelnen Bücher durch fünf- bis sechszeilige Initialen und die Artikel (nach dem Hinweis Artikulus primus, secundus etc.) wie die die Glossierungen mit dreizeiligen Initialen, rot und blau im Wechsel. Für den Beginn der einzelnen Bücher verwendet der Drucker eine Kombination aus Text und Bild. Das Bild ist bei jedem Buch die gleiche spaltenübergreifende Darstelung des thronenden Kaisers, der zu seiner Rechten der Geistlichkeit und zu seiner Linken weltlichen Untertanen (Rittern, Bauern, Städtern) das Recht verkündet. Der Leipziger Landrechtsdruck von Moritz Brandis aus dem Jahr 1490[184] beginnt im Unterschied zu den beiden anderen Inkunabeln bereits mit einer Titelei wie sie die späteren Drucke überwiegend zeigen: *Dis ist der sachsenspigel den der erwirdige in got herre vnde vater N. bogsdorf bischof czu Neunborg gedeutet hot der mit etlich hu[n]dert co[n]corda[n]cien auf die meisnische sprache auch mit alle[m] vleiß gecorrigiret In der forstliche[n] stat lipczk czn [!] eine[m] su[n]derliche[n]*

181 Vgl. B. Bischoff, Paläographie, S. 218f.

182 Vgl. das Digitalisat: http://www.e-rara.ch/bau_1/content/structure/5317815.

183 Vgl. das Digitalisat: http://diglib.hab.de/inkunabeln/80-20-jur-2f/start.htm.

184 Vgl. das Digitalisat diglib.hab.de/wdb.php?dir=inkunabeln/64-20-jur-2f.

trost beide leien vn[d] andern gelarte[n] des rechtes gar schon mit sampt eine[m] register gedruckt ist Anno d[omi]ni [et]c. Nonagesimo In vigilia Margarete.

Die frühen Lehnrechtsdrucke kombinieren zumeist das Lehnrecht (in einem Buch) mit dem Magdeburger Weichbildrecht, z. B. Tabelle 18, der Baseler Druck von Bernhard Richel, der neben lateinischen Exzerpten aus dem Lehnrecht einen glossierten Lehnrechtstext abdruckt und mit anderen Beartbeitungen wie z. B. dem Remissorium kombiniert (Tabelle 18, die Drucke von Anton Sorg, 1482 und Johann Schönsperger, 1495). Alle Drucke – die frühen wie die späten – sind glossiert.

Als allgemeine Tendenzen sind festzuhalten,

1. dass die Rechtsbücher zunehmend systematisiert werden. Das zeigt sich bereits ansatzweise um 1300, indem das Landrecht nicht mehr als ein einziges Buch, sondern geteilt in drei Bücher überliefert wird. Das Lehnrecht wird außer in der Oldenburger Bilderhandschrift (Oppitz, Hs. 1184, Tabelle 27) und im Celler Codex C 2 (Oppitz, Hs. 338, Tabelle 31) überwiegend in einem Buch tradiert. Die Einteilungen in die Bücher werden meistens durch farbige Initialen gekennzeichnet. Die Größe der Initialen variiert und hängt von der Stellung des Textteils im Gesamtzusammenhang ab. Beginnt der Codex mit dem ersten Buch, so kann die Initiale zwei bis zwölf Zeilen umfassen. Die Strukturierung des Rechtstextes durch Initialen, Rubrizierungen, Unterstreichungen, voraufgehende Hinweise, Nummerierung wird in späteren Handschriften konsequenter durchgeführt. Sie dient der Systematisierung und besseren Erschließung der Rechtsordnung. Wird das Landrecht ohne Bucheinteilung überliefert, so machen die oben erwähnten Makrostrukturen, zumTeil mit voraufgehender Überschrift, die Hauptstruktur des Textes aus.
2. dass Land- und Lehnrecht vor allem im 15. Jahrhundert zunehmend bereits in den Handschriften und schließlich ausnahmslos in den Drucken getrennt überliefert werden. Zwei signifikante Ausnahmen gibt es in meinem Korpus, die stärkeren Wert auf das Lehmrecht legen. Es sind zwei frühe Codices: Die auf Veranlassung des Grafen von Oldenburg geschriebene Oldenburger Bilderhandschrift (U.-D. Oppitz, Hs. 1184, Anhang I, Tabelle 27) und der Celler Codex C2 (Oppitz, Hs. 338, Tabelle 31). Bei beiden Codices liegt die besondere Betonung auf dem Lehnrecht. Die Oldenburger Bilderhandschrift überliefert das Lehnrecht in zwei Büchern. Der Codex beginnt zwar mit dem Landrecht, aber das Lehnrecht ist durch die größere Initiale makrostrukturell besonders herausgehoben. Der Celler Codex beginnt mit dem Register des Lehnrechts und dann mit dem Lehnrecht in fünf Büchern. Das Landrecht zeigt aber insgesamt eine stärkere Verbreitung und Wirkung als das Lehnrecht.

Die Zweigliedrigkeit des Rechtsbuches (Land- und Lehnrecht) weicht zunehmend einer Dreigliedrigkeit des Landrechtes, das um 1500 schließlich überwiegend ohne Lehnrecht tradiert wird.[185] Die Drucke schließlich schreiben die Tendenz der getrennten Überlieferung von Land- und Lehnrecht fest. Die Rechtsbücher werden bearbeitet, den Interessen und Bedürfnissen angepasst.

3.3.1.2. Prolog, Epilog und Schlusswort/Nachschrift

Prologe und Epiloge sind, wie auch das Schlusswort (Explicit, Kolophon), Textteile, keine selbständigen Textexemplare. Sie können je nach Intention des Schreibers oder Auftraggebers weggelassen oder verwendet werden. Die Schreiber, die zur Überlieferung des Sachsenspiegel Land- und Lehnrechts beigetragen haben, trafen eine solche Auswahl, die nicht nur Einfluss auf die Anzahl und Art der Textbegrenzungsmerkmale hatte, sondern auch die inhaltliche Ausrichtung des Textexemplars betroffen hat. In diesem Kapitel geht es zunächst um die inhaltliche Funktion der Textteile Prolog, Epilog und Schlusswort. In Kapitel 3.3.1.6. Initiatoren, Terminatoren gehe ich auf die Funktion der Textbegrenzung näher ein.

Prologe in Rechtsbüchern dienen zunächst wie bei Eike von Repgow der Legitimierung der privat verfassten Arbeiten als anwendbare Rechtsordnungen. Aber um welche Art der Legitimation handelt es sich hier im Einzelnen?

Von den in der späteren Vulgatafassung überlieferten 280 Versen gehen nicht alle Verse auf Eike zurück. Die Vorrede in Strophen ist wie die Vorrede Von der Herren Geburt später hinzugekommen. Eikes Verfasserschaft setzt ein bei der Vorrede in Reimpaaren (= RV = Reimvorrede), die mit *Got hat de sassen wol bedacht* beginnt. Auf die Reimvorrede folgen der Prolog und dann der Text des Prologs. Im Folgenden sind die unterschiedlichen Prologe aufgeführt:

Die ersten 96 Verse der Reimvorrede, die nicht von Eike von Repgow stammen, werden in der Literatur auch als Vorrede in Strophen (praefatio rhythmica)[186] bezeichnet:

Vers 1/2: *Ich zimmere, so man seget, bi wege;*
des muz ich manegen meister han...

---

185 Vgl. C. Bertelsmeier-Kierst, Kommunikation und Herrschaft, S. 114, Anm. 288, geht davon aus, dass Land- und Lehnrecht erst später buchgeschichtlich vereint wurden: „Wann Land- und Lehnrecht miteinander buchgeschichtlich vereint wurden, bleibt eine offene Frage." (S. 114).

186 Vgl. C. Schott, Eike von Repgow. Der Sachsenspiegel, S. 6–13; N. Wallmeier, Sprachliche Muster, S. 101.

Vers 95/96: *De kume bleve ein meisterlin,*
life he mit mir de lenge.

Die Verse 97 bis 280 gehen auf Eike von Repgow zurück, sie bilden die ursprüngliche Reimvorrede (= RV), die Vorrede in Reimpaaren:

Vers 97/98: *Got hevet de Sassen wol bedacht,*
sint dit buk is vorebracht...
Vers 278/280: *to lest he doch genande*
des arbeides, unde dede
greven Hoieres bede.

Es folgt in der Fassung Eikes der Prologus:

Des heiligen geistes minne sterke mine sinne, daz ich reht unde unrecht den Sachsen bescheide nach gotis hulden...[187] und darauf der Textus prologi:

Gott, der da iz beginn unde ende allir dinge, der machte zuerst himel unde erde...

Das Rechtsbuch wird zu Eikes Zeiten durch drei Prologe legitimiert, später noch durch die Erweiterung der Reimvorrede, durch die sogenannte Vorrede in Strophen, und durch die „Vorrede von der Herren Geburt im Lande Sachsen". Diese Vorrede beschreibt die ursprüngliche Herkunft der Adelshäuser im Land Sachsen: Sie stammen aus Schwaben, Franken und Sachsen. Einige Handschriften stellen dem Rechtstext noch einen weiteren Prolog, die „Vorrede von den fünf Pfalzen" voran. Diese Vorrede basiert auf dem ursprünglichen Artikel 62 des dritten Buches, der angibt, wieviele und welche Pfalzen, Fahnenlehen und Bistümer im Lande Sachsen vorhanden sind und der damit die Ausdehnung des Landes Sachsen angibt. Es stehen also insgesamt sechs Prologe zur Verfügung. Die Schreiber treffen aus diesen Vorgaben eine Auswahl, die zu unterschiedlichen Rechtslegitimationen führt. Ich gehe darauf im Folgenden näher ein.

Welche Mittel der Legitimierung verwenden nun die Prologe? Zunächst einmal ist Eike von Repgow der typischen mittelalterlichen Exordialtopik verpflichtet.[188] Er folgt einem bestimmten rhetorischen Schema, indem er die Unfähigkeitsformel und die Bescheidenheitsformel[189] verwendet. Dennoch haben die Prologe einen eindeutigen inhaltlichen Schwerpunkt, der der Legitimation seiner Privatarbeit dient. Auffällig ist, wie häufig Eike sich auf Gott beruft (Verse 97, 101, 110, 135, 138, 157, 164, 188, 226, 238, 256, 260). *Gott is selve recht* – so

187 F. Ebel, Sachsenspiegel Landrecht, S. 19.

188 Vgl. R. Schmidt-Wiegand, Reimvorreden deutscher Rechtsbücher, S. 311–326. E. R. Curtius, Europäische Literatur und lateinisches Mittelalter, S. 89–115.

189 Ebenda, S. 93.

schreibt es Eike in seinem Prolog: „Gott ist selbst Recht. Darum ist ihm das Recht so teuer. Deshalb sollen alle, denen von Gott das Gericht übergeben worden ist, bemüht sein, so zu richten, daß Gottes Zorn und Gericht über sie gnädig ergehen möchte."[190] Die Rechtslegitimation durch Gott hat bei Eike von Repgow die wichtigste Funktion, sie legitimiert vor allen anderen die Aufzeichnung geltenden Gewohnheitsrechts. Diese Legitimation des Rechtes gibt eine mythische Begründung für die Aufzeichnung des bisher mündlich tradierten Gewohnheitsrechts.[191] Unterstrichen wird diese mythische Legitimation noch durch das deutliche Bekenntnis Eikes zu seiner Verfasserschaft und zum Auftrag Hoyers von Falkenstein. Eike von Repgow gibt in seinen Prologen insgesamt acht Gründe an, warum er den Sachsenspiegel aufgezeichnet und in die damals durchaus nicht übliche Form der deutschen Sprache gebracht hat[192]:

1. Mythische Legitimation: Die Rechtsaufzeichnung legitimiert sich mythisch durch Gott selbst, denn *Gott is selve recht, darumme is em recht lef*[193], *Got uns selve leret, Dat we recht sin alle, unde unrecht uns missevalle* (Vers 138–140).
2. Legitimation durch die Sprache: Eike von Repgow sagt in der Vorrede, dass er den Sachsenspiegel zuerst in lateinischer Sprache verfasst habe:

„Nů dankit al gemeine
Den van Valkensteine,
der greue Hoyer is genant,
daz an důtsche is gewant
diz bůch důrch sine bede:
Eycke van Reppenhowe is dede;
Vngerne her iz auer quam,
do her auer vernam
so grůz des heren gere,
do hadde her ingeyne were;
des herin lieve in gar verwan,
daz her des bůchis began,
des ime was vil vngedaht,
dů her iz in latine hadde braht.

190 C. Schott (Hg.), Eike von Repgow der Sachsenspiegel, S. 29.
191 Vgl. dazu: G. Dilcher, Mythischer Ursprung und historische Herkunft, S. 141–155.
192 Vgl. R. Schmidt-Wiegand, Die Bedeutung und Wirkung des Sachsenspiegels, S. 33: „Eike von Repgow glaubte in seiner Reimvorrede noch, die Aufzeichnung des mündlich überlieferten Gewohnheitsrechts eingehend begründen, ja rechtfertigen zu müssen."
193 K. A. Eckhardt (Hg.), Sachsenspiegel Landrecht, S. 51f. Vgl. auch U. Drescher, Geistliche Denkformen, S. 79.

Ane helfe vnde ane lere
dů duht im daz zů swere,
daz her iz an dutisch wante.
Zo lest her doch genande
des airbeids, vnde dede
greven Hoyers bede. (Vers 201–280)[194]

Bis zum 13. Jahrhundert wurden Rechtstexte in lateinischer Sprache verfasst. Eike muss es im 13. Jahrhundert besonders rechtfertigen, dass er den Sachsenspiegel in deutscher und nicht in lateinischer Sprache geschrieben hat.

3. Legitimation durch Tradition: Diese Legitimation bezieht sich ausdrücklich auf die Rechtstradition und gibt Eikes Absicht deutlich an, diese Praxis fortführen zu wollen: *Dit reht hebbe ik selve nicht irdacht,/ it hebbet van aldere an unsik gebracht / Unsere guden vorevaren /mak ek ok / ek will bewaren.* (Vers 151ff.)
4. Legitimation durch die Geltung in einem bestimmten Rechtsraum, einer bestimmten Region: *Got hat die Sassen wol bedacht...*(Vers 97; Beginn der Reimvorrede).
5. Legitimation durch die Verfasserschaft Eikes: Sie legitimiert sich durch das explizite Bekenntnis Eikes zu seiner Verfasserschaft: *Eike van Repchowe it dede* (Vers 266).
6. Legitmation aufgrund des Auftraggebers: Als Dienstmann verweist Eike gemäß seiner Stellung auf den Grafen Hoyer von Falkenstein als Auftraggeber, seinen Dienstherren, auf dessen Veranlassung hin er das Recht aufgeschrieben und in die deutsche Sprache gebracht habe: *Nu danket algemene deme van Valkenstene, De greve Hoier is genant, dat an dudisch is gewant Dit buch dorch sine bede* (Vers 261–265).
7. Legitimation als Recht für alle Menschen: Aufgrund dieser bewahrenden Absicht wendet sich Eike auch nicht an die Rechtsgelehrten – dies hätte er in lateinischer Sprache tun können– sondern ausdrücklich an alle wahrheitsliebenden und gutwilligen Menschen – seien sie mächtig oder bedürftig:

(Vers 97–99) *Got haitt de Saissen wol bedacht,*
sint diz bůch ist vorebracht
den luden algemeine
und (Vers 212–220)
Eyn ander merkit aver dar bi,
daz niemannis můt

194 M. Åsdahl-Holmberg, Der Harffer Sachsenspiegel, S. 104f.

baz dar zû in stût,
we her de lûthe gemeyne
groiz vnde cleyne
Rechtes beriehten in kûnde,
na deme her sich verstûnde,
danne dût der mût min;
des greif ich zû orkunde diz bûchelin...[195]

Im Prosaprolog spricht Eike einen engeren Adressatenkreis an: die Rechtsgelehrten. Ich zitiere die entsprechende Stelle nach dem Prosaprolog aus dem Harffer Sachsenspiegel. Der Prolog beginnt wieder mit der Berufung auf *alle gûde luthe, die rehtes gheren...* Dann wendet sich der Spiegler an *alle de, den gerehte van Godes haluen bevolen sin, dat si also rehten, als Godis torn vnde sin gerihte genedichliche over si irgain mûthe.*[196] Er warnt diejenigen, die Recht sprechen vor dem Gericht Gottes, vor dem sie sich letzendlich verantworten müssen.[197]

8. Normative Legitimation: Der Sachsenspiegler führt noch eine achte Legitimation an, er weist am Ende des Textus prologi auf Rechtssetzungen durch Geistliche und christliche Könige hin. Namentlich nennt er Kaiser Konstantin als Nachfolger Cäsars und Vorgänger Karls des Großen und der deutschen Kaiser. Um den Kontext aufzuzeigen, in den die normative Legitimation bei Eike von Repgow eingebettet ist, zitiere ich den Prosaprolog nach der Harffer Sachsenspiegelhandschrift, wie sie Märta Åsdahl Holmberg ediert hat:
God die dar is begin vnde ende allir dinge, die machede zû erst hiemil vnde erde, vnde machde den menschen binnin ertriche, vnde sat in in daz paradys. De brach den horsam vns allin zu schaden. Dar vmbe genge wir irre als de hierdelose schaphe biz an de zit dat he v̊ns irloisde mit siner martilie. Nû wir aber bekart sin vnde v̊ns God weder geladen heuet nû halde wir sin e vnde sin gebot, dat vns sine wissagen gelereit hain vnde göde gestliche luthe, vnde ouch kerstene kûninge gesat haint: Constantin vnde Karle, an den dat Saissen lant

195 Zitiert nach M. Åsdahl-Holmberg, Der Harffer Sachsenspiegel, S. 99 und 103. Die Unterscheidung in *gude und slechte lude* findet sich auch in Prologen anderer Autoren, vgl. N. Wallmeier, Sprachliche Muster, S. 103. Eike geht es aber wohl über die eigene Anknüpfung an ein zu seiner Zeit gebräuchliches literarisches Muster auch um den expliziten Bezug auf alle das Recht liebenden Menschen, seien sie hohen oder niederen Standes.

196 M. Åsdahl-Holmberg, Der Harffer Sachsenspiegel, S. 105.

197 Vgl. C. Bertelsmeier-Kierst, Kommunikation und Herrschaft, S. 122f. Sie geht auf die Rechtssymbolik des Weltgerichts – vor allem im städtischen Rechtswesen – näher ein.

noch sins rehtis zůt.[198] Anders als in der späteren handschriftlichen Überlieferung des Sachsenspiegels nimmt der Bezug auf die kaiserliche Rechtssetzung und das Kirchenrecht eine sehr untergeordnete Rolle im Textus prologi ein. Im Vordergrund steht auch hier die mythische Legitimation. Gottes Schöpfung, Christi Martyrium hat die Menschen dazu eingeladen, den göttlichen Geboten zu folgen und nach göttlichem Recht zu leben. Kirchliches und königliches Recht sind lediglich Ausdruck göttlichen Rechts. Mit dem Verweis auf Konstantin und Karl den Großen entscheidet sich Eike aber auch in Bezug auf eine Streitfrage, die zu seiner Zeit von großer Bedeutung war: die Zwei-Schwerter-Lehre. Es geht um die Frage des Verhältnisses von Papst und Kaisertum zueinander. „Nimmt man die Stellen, an denen sich Eike von Repgow über das Verhältnis der beiden höchsten Gewalten zueinander und über ihre ihnen von Gott zugewiesenen Aufgaben geäußert hat, zusammen, so wird deutlich, daß es nach seiner Auffassung der Kaiser ist, der vornehmlich das gottgegebene Schwert in der Welt zu führen habe."[199] Die Legitimation durch normatives Recht ist also in der Vorrede Eikes nur andeutungsweise vorhanden, Gott ist der Ursprung des Rechts, der Kaiser ist dem Papst zumindest gleichberechtigt. Spätere Schreiber und Auftraggeber konnten daran anknüpfen und dieser Auffassung eine andere Akzentuierung geben. Schon früh verstärken die Dresdener und die Wolfenbütteler Bilderhandschrift Eikes Auffassung, in dem sie in der Bildleiste zum Prolog *Des heiligen geistes minne* den Verfasser des Sachsenspiegels Eike von Repgow erleuchtet vom Heiligen Geist, kniend vor den auf einem Doppelthron sitzenden Kaisern Konstantin und Karl dem Großen darstellen (Wolfenbütteler Bilderhandschrift Cod. Guelf. 3.1. Aug. 2°, Bl. 9v; Dresdener Bilderhandschrift, Mscr. Dresd.M.32, Bl. 4r).

Die achtfache Legitimation in den Vorreden war vermutlich der Grund, warum die späteren Schreiber und Auftraggeber des Rechtsbuches sich erst sehr spät, eigentlich erst im städtischen Zusammenhang zu erkennen gaben. Es war vielleicht auch ein Grund, warum zunächst die externen Merkmale wenig ergiebig schienen. Der Autorität Gottes, Eikes, seines Auftraggebers und des eindeutig genannten Adressatenkreises konnten ein späterer Auftraggeber und Schreiber – außer in Ausnahmefällen wie bei der Oldenburger Bilderhandschrift oder den Krakauer Handschriften Conrads von Oppeln – wohl zunächst nichts entgegensetzen.

198 M. Åsdahl-Holmberg, Der Harffer Sachsenspiegel, S. 105f.
199 R. Schmidt, Das Verhältnis Kaiser Papst, S. 115.

Die Oldenburger Bilderhandschrift aus dem Jahre 1336 macht eine Ausnahme, indem hier Auftraggeber, Schreiber und Verwendungszweck deutlich gemacht werden.[200] Sie ist textlich gesehen die ausführlichste Bilderhandschrift und beginnt mit einem Bündel aus insgesamt fünf Initiatoren, vier davon sind besonders hervorgehoben: 1. Buchinitiator ist das Register; auf Bl. 6r beginnt nach einer roten Überschrift (2. Initiator): *Dit is der sassen speyghel* mit einer fünfzeiligen gold-, rot-, blau- und grünverzierten Initiale (3. Initiator), der Prolog (4. Initiator); der darauffolgende Textus prologi ist makrostrukturell nicht abgesetzt. Das Selbstbewusstsein und die Legitimationskraft seines Auftraggebers spiegelnd setzt der Illustrator neben das Autorenbild das Wappen der Grafen von Oldenburg (5. Initiator). Die Legitimierung der Rechtsordnung wird hier durch den ganz expliziten Bezug auf das Haus Oldenburg vorgenommen. In den Wolfenbütteler und Dresdener Bilderhandschriften wird Eike neben den Kaisern Karl und Konstantin dargestellt, die seine Rechtsaufzeichnung legitimieren. Auf die Miniatur, die Eike von Repgow und die Taube als Sinnbild des Heiligen Geistes sowie das Wappen der Grafen von Oldenburg darstellt, folgt in der Oldenburger Handschrift eine Szene, die den folgenden Text illustriert: *God is selvien regt. dar umme is eme regt lef. dor dat sense sich alle uore. den ghērichte van godes haluen beuolen si. dat se also richten. alse godes torn, v] sin gerihte genedeliken ouer se irgan mothe.* (Bl. 6r). Christus, auf einem Regenbogen sitzend, übergibt mit der rechten Hand das Richtschwert dem Kaiser, mit der linken deutet er auf die Hölle, dargestellt durch einen Drachen, aus dessen Mund der Teufel hervorschaut. (sieh das Bild auf dem Cover dieses Buches). Die Miniatur zeigt deutlich, dass der Illustrator den Kaiser/König als Vertreter Gottes in Bezug auf die Rechtsordnung sieht, obwohl dies nicht ausdrücklich im Text angesprochen ist. Das Bildprogramm der Oldenburger Handschrift umfasst insgesamt 578 Bildstreifen, davon haben 40 Szenen keine Parallelen in den anderen Bilderhandschriften. In der Illustration des Prologs der Dresdener (Bl. 4r) und Wolfenbütteler Bilderhandschrift (Bl. 9v) überreicht Christus das Schwert ebenfalls dem Vertreter der weltlichen Macht, die Darstellung der Hölle jedoch fehlt.

Das Hauptkriterium Eikes für seine ‚private Rechtsaufzeichnung', die Legitimation durch Gott als allem Recht innewohnender Kraft, hat für den Beginn der Rechtsbücheraufzeichnung eine herausragende Bedeutung, später treten andere Begründungen in den Vordergrund und die mythische Legitimation wird lediglich als Topos weitertradiert. Auch die Legitimation, als Rechtsbuch für alle gläubigen und rechtschaffenen Menschen zu gelten, wird im Laufe der

200 http://digital.lb-oldenburg.de/

Textgeschichte modifiziert, der Sachsenspiegel wird – nicht zuletzt in der Fortführung Eikes – auf Karl den Großen zurückgeführt, wissenschaftlich kommentiert, kritisiert (Klenkok) und Eikes Befürchtung, dass sein Buch durch Zusätze erweitert werden könnte (*Grot angest geit mek an, ek vorchte, dat manich man/ Dit buk wille meren…*, Vers 221–223), ist ebenfalls eingetreten. Wie diese Untersuchung zeigt, haben sich die im Prolog angeführten Legitimationsmuster gewandelt, entweder teilweise oder in Gänze.

Die handschriftliche Überlieferung zeigt einen sehr unterschiedlichen Umgang mit den Prologen. Von den über 400 Textzeugen überliefern nur 40 die von Eike von Repgow verfasste Vorrede in Reimpaaren (RV).[201] Damit verzichten die meisten Handschriften bereits auf die von Eike intendierten Legitimationszusammenhänge des Rechtsbuches. In meinem Korpus überliefern um 1300 vier von 18 Handschriften[202] die drei von Eike verfassten Vorreden (die Reimvorrede, den Prologus und den Textus prologi): Hs. 657 (Anhang I, Tabelle 26), Hs. 946 (Anhang I, Tabelle 27); Hs. 1189 (Anhang I, Tabelle 27); Hs. 248 (Anhang I, Tabelle 29). Vier Vorreden – Von der Herren Geburt, Vorrede in Strophen, Prologus, Textus prologi – tradieren um 1300 bereits vier Handschriften: Hs. 1036 (Anhang I, Tabelle 26); Hs. 845 (Anhang I, Tabelle 26); Hs. 846 (Anhang I, Tabelle 29); Hs. 572 (Anhang I, Tabelle 29). Vier weitere Handschriften kombinieren Prolog und Textus prologi: die Oldenburger Bilderhandschrift, Hs. 1184 (Anhang I, Tabell 28), Hs. 1358 (Anhang I, Tabelle 27), Hs. 875 (Anhang I, Tabelle 27) und die Dresdener Bilderhandschrift, Hs. 450 (Anhang I, Tabelle 28). Noch stärker werden die Prologe in der Handschrift 405 (Anhang I, Tabelle 29) gekürzt, sie überliefert nur den Textus prologi. Die Heidelberger Bilderhandschrift, Hs. 697 (Anhang I, Tabelle 26) gibt durch den Seitenverlust und die nicht ursprüngliche Bindung kein klares Bild. Sie beginnt mit dem Lehnrecht und überliefert dann den Prolog Von der Herren Geburt.

Um 1400 ist in meinem Korpus das Bild noch vielfältiger. Bei 34 Handschriften zeigen sich dreizehn unterschiedliche Prolog-Kombinationen, sechs davon treten bereits in der zweiten Hälfte des 14. Jahrhunderts auf. Die Kombination von Reimvorrede ab Vers 97 mit Prolog und Textus prologi, wie sie auf Eike zurückgeht, erscheint nur in der Handschrift 1601 (Anhang I, Tabelle 30) ebenso wird die Vorrede Von der Herren Geburt in Verbindung mit der Reimvorrede ab Vers 224 nur von der Handschrift 1384 (Anhang I, Tabelle 32) überliefert. Eine weitere Kombination: die Vorrede in Strophen, der Prologus und der Textus

201 Vgl. R. Schmidt-Wiegand, Reimvorreden deutscher Rechtsbücher, S. 314.

202 Bei vier Handschriften habe ich die Vorreden nicht klar ermitteln können.

prologi mit der Vorrede Von der Herren Geburt zeigt sich in der Handschrift 110 aus der zweiten Hälfte des 14. Jahrhunderts (Anhang I, Tabelle 31) und in der Handschrift 408 aus der ersten Hälfte des 15. Jahrhunderts (Anhang I, Tabelle 39). Die Vorrede Von der Herren Geburt, wie sie um 1300 in der Heidelberger Bilderhandschrift in Kombination mit dem Lehnrecht erscheint, tritt in der ersten Hälfte des 15. Jahrhunderts dreimal auf: Hs. 129 (Anhang I, Tabelle 39), Hs. 637 (Anhang I, Tabelle 40), Hs. 1597 (Anhang I, Tabelle 41). Nur in der zweiten Hälfte des 14. Jahrhunderts tritt die Kombination der Vorrede Von der Herren Geburt mit Prolog und Textus prologi auf: Hs. 989 (Anhang I, Tabelle 33). Eine Variante dieser Zusammenstellung kommt in meinem Korpus sowohl in der zweiten Hälfte des 14. als auch in der ersten Hälfte des 15. Jahrhunderts auf: die Verbindung von Reimvorrede, Prolog, Textus prologi und der Vorrede Von der Herren Geburt: Hs. 828 (Anhang I, Tabelle 30), Hs. 1566 (Anhang I, Tabelle 30), Hs. 1196 (Anhang I, Tabelle 32), Hs. 261 (Anhang I, Tabelle 35) und zu Beginn des 15. Jahrhunderts: Hs. 735 (Anhang I, Tabelle 27). Die beliebteste Kombination ist die der Reimvorrede mit Prologus und Textus prologi: Hs. 338 (Anhang I, Tabelle 31), Hs. 861 (Anhang I, Tabelle 33), Hs. 885 (Anhang I, Tabelle 35); verstärkt tritt diese Zusammenstellung in der ersten Hälfte des 15. Jahrhunderts auf: Hs. 400 (Anhang I, Tabelle 36); Hs. 403 (Anhang I, Tabelle 36); Hs. 447 (Anhang I, Tabelle 36); Hs. 666 (Anhang I, Tabelle 36), Hs. 136 (Anhang I, Tabelle 36), Hs. 149 (Anhang I, Tabelle 37) und Hs. 1202 (Anhang I, Tabelle 38), Hs. 1201 (Anhang I, Tabelle 39). In der ersten Hälfte des 15. Jahrhunderts kommt außerdem die Verbindung von der Vorrede in Strophen, dem Prolog und Textus prologi vor: Hs. 538 (Anhang I, Tabelle 38), Hs. 393 (Anhang I, Tabelle 39), Hs. 409 (Anhang I, Tabelle 41). Darüber hinaus treten je einmal Kombinationen auf von Reimvorrede und Textus prologi – Hs. 536 (Anhang I, Tabelle 37) –, Vorrede in Strophen, Reimvorrede, Prologus, Textus prologi – Hs. 1339 (Anhang I, Tabelle 37) –, Prologus und Textus Prologi – Hs. 976 (Anhang I, Tabelle 39) –, Vorrede Von der Herren Geburt, Reimvorrede, Prolog, Textus prologi – Hs. 448 (Anhang I, Tabelle 40), Vorrede Von der Herren Geburt und die Vorrede von den fünf Pfalzen – Hs. 886 (Anhang I, Tabelle 39). Ganz auf Vorreden verzichtet die Handschrift 156 (Anhang I, Tabelle 34).

Um 1500 kombinieren 19 von 30 Handschriften eine oder mehrere Vorreden der insgesamt sechs Vorreden und drei überliefern keine[203]: fünf Vorreden werden von der Handschrift 612 (Anhang I, Tabelle 43; Vorrede in Strophen,

203 Bei einer Handschrift ist der Anfang verloren, sieben lassen sich nicht mit Sicherheit bestimmen.

Reimvorrede, Prolog, Textus prologi,Von der Herren Geburt) überliefert. Zwei Handschriften – Hs. 186, Anhang I, Tabelle 45, Hs. 145, Anhang I, Tabelle 47 – übernehmen die drei Prologe (Reimvorrede, Prolog und Textus prologi) Eikes von Repgow. Die Handschrift 1489 (Anhang I, Tabelle 50) gibt nur die Reimvorrede wieder, die Handschrift 874 (Anhang I, Tabelle 50) die Vorrede in Strophen und den Prolog. Die Handschriften 905 (Anhang I, Tabelle 46), 130 (Anhang I, Tabelle 47), 537 (Anhang I, Tabelle 47) 640 (Anhang I, Tabelle 49) und 642 (Anhang I, Tabelle 49) tradieren Prolog und Textus Prologi. Handschrift 174 (Anhang I, Tabelle 46) kombiniert die Vorrede in Strophen mit der Vorrede Von der Herren Geburt im Lande Sachsen, die die Adelshäuser Sachsens benennt, mit der Vorrede von den fünf Pfalzen, die den Wirkunsbereich des Sachsenspiegels verdeutlicht. Handschrift 456 (Anhang I, Tabelle 46) überliefert die Kombination der Vorrede über die Adelsgeschlechter mit der Vorrede von den fünf Pfalzen. Der Artikel III 62, der von den fünf Pfalzen handelt, wird in insgesamt zwei Handschriften dem Rechtstext als Vorrede vorangestellt: Hs. 1636 (Anhang I, Tabelle 47), Hs. 1363 (Anhang I, Tabelle 47). Die Vorrede in Strophen in Kombination mit der Vorrede Von der Herren Geburt tradiert die Handschrift 1446 (Anhang I, Tabelle 45), Die Handschrift 268 (Anhang I, Tabelle 43) begnügt sich mit der Vorrede Von der Herren Geburt. Den Textus prologi allein überliefert die Handschrift 446 (Anhang I, Tabelle 43). Drei Handschriften verzichten ganz auf die Prologe: Hss. 941 (Anhang I, Tabelle 44), 655 (Anhang I, Tabelle 45), 601 (Anhang I, Tabelle 49). Eine Handschrift in meinem Korpus führt die Vorrede zur Glosse: Hs. 1300 (Anhang I, Tabelle 45).

In meinem Korpus (nur insgesamt drei Handschriften haben mit Sicherheit keine Vorrede: Tabelle 44: Hs. 951; Tabelle 45: Hs. 655; Tabelle 49: Hs. 601) zeigt sich keine deutliche Tendenz, dass die Handschriften der zweiten Hälfte des 15. Jahrhunderts ganz auf die Vorreden verzichten. In acht Fällen ist die Zuordnung unsicher.[204] Bei der Handschrift 187 (U.-D. Oppitz) fehlt der Anfang, Hs. 436 (U.-D. Oppitz) beginnt mit dem Prolog zur Landrechtsglosse und Hs. 1300 mit dem Prolog zur Lehnrechtsglosse in Kombination mit der Vorrede zum Lehnrecht.

Es zeigt sich an den hier untersuchten Handschriften, dass die Bearbeiter mit der Auswahl der Prologe bzw. ihrem völligen Weglassen sehr unterschiedliche Absichten verfolgten. Nadine Wallmeier vermutet, dass das Weglassen der Prologe damit zusammenhängt, „dass der Text selbst zur Rechtsautorität wird

204 Bei den Hss. 540, 602, 445, 664, 258, 662, 372 ist zu vermuten, dass sie ebenfalls ohne Vorreden auskommen, gesicherte Aussagen lassen sich hier ohne Überprüfung, allein auf der Grundlage von U.-D. Oppitz aber nicht vornehmen. Bei der Hs. 187 ist der Anfang verloren.

(u.a. durch die Glossatoren gefördert) und somit auch der Teil als überflüssig erachtet wurde, der die Niederschrift legitimiert und zudem stark in der literarischen Tradition steht."[205] Diese Vermutung ist zu vage. Es ist vielmehr richtig, dass die Legitimationszusammenhänge aus dem 13. Jahrhundert im 15. und 16. Jahrhundert durch andere ersetzt oder ergänzt werden. Welche das sind, lässt sich nicht allein aufgrund des Umgangs mit den Prologen schließen. Die Verwendung des Art. III 62 von den fünf Pfalzen als Vorrede – auch in Kombination mit der Vorrede Von der Herren Geburt – zeigt aber, dass einige spätere Handschriften, die schon bei Eike anzutreffende Legitimation durch den Bezug auf das Land Sachsen neu akzentuieren und verstärken.

Im 14. Jahrhundert treten Sachsenspiegel-Handschriften auf, die den Landrechtstext im Anschluss an den Artikel III 82§1 mit einem gereimten Epilog terminieren:

Wii sin des landrecht to ende komen.
Dat hebbe gy al wal vernomen.
Dar an denket helde gud.
Nemz id vaste in iuwen moid.
Und danket al ghemeyne.
Dem van valkensteyne.
Und ok her ecgen dar mede.
Wet hey it dor sane bede dede.
Dat hey it an dudesch kerde.
Vnd alle vrome lude lerde.
Wo sey rechte mochten leuen.
God mote yn beyden syn rike geuen.
Vnd al den yenen to samende in.
Dey dar to keren eren syn.
Dat sey recht hebben leyf.
Dey salmen schryuen in dem breif.
Dar alle seligen synt in geschreuen.
To senden in dat ewige leuen.
Vyl froliken sunder sunde.
Myt rechten dogenden orkunde.
Des helpe vns god allen tsamen.
Wer recht leif heft dey secge. Amen[206]

---

205 N. Wallmeier, Sprachliche Muster, S. 105.

206 Der Epilog nach Handschrift Ms. germ. fol. 1253 (Oppitz, Hs. 186, Anhang I, Tabelle 45), Bl. 181rb. (Alles ist rot unterstrichen, die Majuskeln am Anfang der Zeile sind rot durchstrichen).

Der Epilog, der mit dem Schlussgebet endet, bestätigt einige der Rechtsbuch-Legitimationen der Prologe: Die Legitimation durch Gott, durch die Verfasserschaft Eikes, durch den Auftrag des Dienstherren Eikes von Repgow und schließlich dadurch, dass das Rechtsbuch das Recht für alle Menschen aufzeichnet, die das Recht lieben.

Die Handschriften um 1300 überliefern keinen Epilog, aber die Leidener Handschrift 875 (Anhang I, Tabelle 26) endet mit einem Schlusswort:

> *... dit boch is goth. In dit boch sal en wis man denken...mit der eweghen cronen. Amen. Pre reliquis gratum laudavit Symea natum semper scripturam sic eo laudo meam.*

Es appeliert an die Weisheit der Leser und stellt das Recht in einen mythischen, gottgewollten Zusammenhang. Die Epiloghandschriften treten im 14. Jahrhundert auf. In meinem Korpus gibt es um 1400 drei Epiloghandschriften in der ersten Hälfte des 15. Jahrhunderts: Hs. 139 (Anhang I, Tabelle 39), Epilog nach dem Richtsteig Landrechts Hs. 637 (Anhang I, Tabelle 40), Hs. 393 (Anhang I, Tabelle 39). Das Bild ändert sich in meinem Korpus nicht bei den Handschriften um 1500: Vier Handschriften überliefern den Epilog: Hs. 186 (Anhang I, Tabelle 45), Hs. 145 (Anhang I, Tabelle 47); Hs. 874 (Anhang I, Tabelle 50); Hs. 1489 (Anhang I, Tabelle 50). Die Epiloge verstärken die Legitimationsaussagen der Prologe. Die Verwendung der Epiloge entspricht aber auch einer Tendenz zur Terminierung etwa ab Mitte/Ende des 14. Jahrhunderts, die man bei verschiedenen Handschriften zu unterschiedlichen Themenbereichen feststellen kann.

Viele Handschriften werden durch ein Explicit oder ein Kolophon terminiert.[207] Häufig haben diese Sprüche, die in Handschriften und Frühdrucken die Funktion haben, Informationen über den Schreiber, das Abfassungsdatum, den Auftraggeber und den Ort der Abfassung zu vermitteln, wie der Epilog einen religiösen Bezug. In der Berliner Handschrift Ms. germ. fol. 1253 (Oppitz Hs. 186, Anhang I, Tabelle 45) folgt auf das Schlussgebet und das Kolophon Bl. 181ra:

> *Hir is dat lantrecht ute*
> *What hulpe dat is konde boue vnd pute*
> *God is recht. god geue den goid.*
> *Dey rechte spreket. Rechte rich*
> *tet. Vnd rechte doyt. Amen*

Sieben Zeilen vakant:
(Kolophon)

207 Vgl. Kap. 3.3.1.6. Initiatoren und Terminatoren.

Benedicto deo completum Anno
dominum a nativitate domini inri ihu (iesum) xpi
MCCCLII auarta die novembris (alles rot unterstrichen).[208]

Gebet, Kolophon und Epilog haben in dieser Handschrift, die ausschließlich das Landrecht überliefert, auch die Funktion des Gesamtterminators. Aber bereits in Ms.germ. fol 899 (U.-D. Oppitz Hs. 156) aus dem Jahre 1390 findet sich ein durchaus weltlicher Schreiberspruch, der nur das Datum und nicht den Schreiber preisgibt: *Explicit per manus et non per pedes n. ch. g. tusent iar dryhundirt iar in deme nunczigsten iare an deme nesten mantage nach palmen.* Ab 1442 werden die Handschriften überwiegend datiert. Gegen Ende des 15. Jahrhunderts wird die Anonymität zunehmend aufgegeben, und es entsteht immer mehr der Eindruck, wenn man die Schreibersprüche genauer ansieht, dass die Ehrfurcht vor dem (göttlichen) Recht dem alltäglichen Leben mit seinen Anforderungen gewichen ist. So verweist der Schreiber des Kalkarer Sachsenspiegels (Kalkar Stadtarchiv, U.-D. Oppitz Hs. 740) auf seine finanzielle Situation, indem er sich über die schlechte Bezahlung beklagt: *Et sic est finis. Sit laus et gloria trinis. Pro tanto precio numquam plus scribere.*[209]

Die Drucke stützen sich in unterschiedlicher Weise auf die Prologe. Der früheste Landrechtsdruck beginnt nach dem Register mit der Vorrede von der Herren Geburt, darauf folgt die Praefatio rhythmica: *JCh zymere so man sait/ bie deme wege* dann schließt sich Eikes Reimvorrede (ab Vers 97) an: *Got hat dy sachsen wol bedacht…* Es folgt der Prologus und schließlich der Textus prologi. Damit wird die achtfache Rechtslegitimation Eikes übernommen und mit der wissenschaftlichen Legitimation des glossierten und kommentierten Rechtstextes verbunden.

Die Kolophone der Drucke geben im besten Fall Auskunft über den Bearbeiter des Rechtstextes, zumeist aber über den Drucker, Druckort und Jahr, so z. B. der Drucker Anton Sorg am Ende seines Lehnrechtsdrucks von 1482: *C Hye enndet sich der sachsenspiegel mit ordnung des rechten den der wirdig in got vater vnd herze Theodoricus von Bockstorf bischoff zů Neunburg s(liger gecorrigieret hat. Getrucket v] volenndet von Anthoni Sorgen in der keyserlichen stat Augspurg. Am Donnerstag vor vrbani. do man zalt nach Cristi gepurt. M.C.C.C.C.lxxxjj jare.*[210] Für die Sachsenspiegeldrucke seit Ende des 15. Jahrhunderts ist vor allem die

208 Ein durchstrichener Buchstabe bezeichnet den Rubrumstrich in der Handschrift.

209 Vgl. R. Schmidt-Wiegand, Rechtsbücher als Ausdruck pragmatischer Schriftlichkeit, S. 469. Siehe dort auch weitere Beispiele für Schreibersprüche.

210 Vgl. Tabelle 18 Nr. 9266.

Angabe des Bearbeiters von Bedeutung. Seit dieser Zeit bemühten sich vor allem sächsische Juristen um eine Überarbeitung der veralteten und unverständlichen Bestimmungen des Sachsenspiegels und um eine Anpassung an das kanonische und römische Recht. Zu nennen ist hier der 1528 bei Melchior Lotter in Leipzig erschienene Druck, in dessen Kolophon sich als Bearbeiter „der Gestrenge vnd hochgelarte herr Alexander von Zweym der Rechte Doctor“[211] nennt; der 1535 erste von sechs von Christoph Zobel, Jura-Profesor an der Universität Leipzig, überarbeitete Druck sowie die Überarbeitungen von Benno von Heym (gedruckt 1539 bei Nikolaus Wolrab, Leipzig) und Wolf Loss (1545 ebenfalls bei Nikolaus Wolrab).[212] Im 16. Jahrhundert werden die Drucker und zunehmend die wissenschaftlichen Bearbeiter immer häufiger auf dem Titelblatt genannt.[213]

3.3.1.3. Ausstattung und Text-Bild-Relationen

„Wenn gesagt worden ist, daß es sich bei den Rechtsbüchern um Aufzeichnungen von ‚privater' Seite gehandelt habe, so ist damit gemeint gewesen, daß ihnen kein gesetzgeberischer Akt vorangegangen ist. Weder das Wort des Königs und seine mündliche Verbreitung noch ein schriftlich niedergelegtes Gesetz, eine Urkunde mit Unterschrift, Monogramm oder Siegel des Gesetzgebers verschaffte diesen privaten Arbeiten die Verbindlichkeit, die sie zur Durchsetzung ihrer Regeln brauchten.“[214] Für die Rechtsbücher ist es also wichtig, dass sie in einer die jeweiligen Zeitgenossen überzeugenden Weise legitimiert werden. Eine wertvolle Ausstattung z. B. drückt die Wertschätzung des Rechtsbuches aus und trägt auf diese Weise zur Rechtslegitimation bei. N. H. Ott stellt ganz allgemein für die Rechtsbücher fest: „Festzuhalten ist, daß das Anspruchsniveau volkssprachlicher Rechtshandschriften ein Indiz ist für die Verbindlichkeit des Stoffes selbst, für die ‚Würde' und den normativen Appellcharakter des Rechts.“[215] Das Material unterstreicht die Legitimation der Rechtsaufzeichnung: Im 13. Jahrhundert sind natürlich nur Pergamenthandschriften überliefert, aber im gesamten 14. bis zum Beginn des 15. Jahrhunderts überwiegen ebenfalls Pergamentcodices, obschon

211 K.-P. Müller, Ältere Sachsenspiegel-Drucke, S. 48.

212 Vgl. ebenda, S. 50.

213 Vgl. z. B. die Nennung Christoph Zobels in dem 1551 bei Nikolaus Wolrab in Leipzig erschienenen Lehnrechtsdrucks (Tabelle 21), vgl. hier S. 58 und 111.

214 Ruth Schmidt-Wiegand, Rechtsbücher als Ausdruck pragmatischer Schriftlichkeit, S. 445.

215 N. H. Ott, Vorläufige Bemerkungen, S. 33.

Papier viel günstiger war. Im Verlauf des 15. bis zum 16. Jahrhundert dominieren die Papierhandschriften.

Die Verwendung des Pergaments und die prachtvolle Ausstattung mit zum Teil goldenen Zierinitialen, Miniaturen und Wappen in der Zeit um 1300 zeigen deutlich, dass für die deutschen Rechtsbücherhandschriften zunächst besonders wertvolles Material verwendet wurde. Dies spiegelt sich in den Makrostrukturen (vgl. Anhang I, die Tabellen 27–51). Es deutet auf eine hohe Wertschätzung der Rechtsbücher hin. Um 1300 sind 17 von 18 Handschriften auf Pergament geschrieben, nur eine auf Papier. Es entstehen in dieser Zeit drei von vier Bilderhandschriften (Oldenburger Hs. 1184, Heidelberger Hs. 697 und Dresdener Sachsenspiegel Hs. 450). Zwei Handschriften enthalten Miniaturen und Zierintialen (Hs. 1036, Anhang I, Tabelle 26: Richterbild und Eike v. Repgow und Hs. 846, Anhang I, Tabelle 29: *imago crucifixi*). Darüber hinaus sind mindestens sieben mit Zierinitialen, zwei davon zusätzlich mit Wappen versehen (vgl. Anhang I, Tabellen 27–30).

Um 1400 sind immer noch weit überwiegend prächtig ausgestattete Codices hergestellt worden. Von 44 sind 27 auf Pergament geschrieben: Hs. 261 (Tabelle 35), Hss. 828, 122, 1566, 1601: (Tabelle 30), Hss. 338, 1025, 110 (Tabelle 31), Hs. 1196 (Tabelle 32), Hs. 989 (Tabelle 33), Hs. 861 (Tabelle 33), Hs. 1503 (Tabelle 34), Hs. 133 (Tabelle 34), Hs. 885 (Tabelle 35), Hs. 347 (Tabelle 35), Hs. 136 (Tabelle 36), Hs. 400 (Tabelle 36), Hs. 735 (Tabelle 37), Hs. 1339 (Tabelle 37), Hs. 149 (Tabelle 37), Hs. 1202 (Tabelle 38), Hs. 963 (Tabelle 38), Hs. 976 (Tabelle 39), Hs. 139 (Tabelle 39); Hs. 408, Hs. 209 und 975 (alle drei Tabelle 41), 17 auf Papier: Hs. 600 (Tabelle 30), Hs. 1384 (Tabelle 32), Hs. 156 (Tabelle 34), Hss. 403, 447, 666 (Tabelle 36), Hss. 1059, 536, 538 (Tabelle 38), Hss. 393, 1201, 886 (Tabelle 39), Hss. 637, 448 (Tabelle 40); Hs. 1597 (Tabelle 41), Hss. 1030, 740 (Tabelle 42).

In der zweiten Hälfte des 14. Jahrhunderts gibt es in meinem Korpus nur drei Papierhandschriften: Anhang I, Tabelle 30: Hs. 600; Tabelle 32: Hs. 1384; Tabelle 34: Hs. 156, aber 14 Pergamentcodices: Anhang I, Tabelle 30: Hss. 828, 122, 1566, 1601; Tabelle 31: Hss. 110, 338, 1025; Tabelle 32: Hs. 1196; Tabelle 33: Hs. 861, Hs. 989; Tabelle 34: Hss. 1503, 133; Tabelle 35: Hss. 885, 261, 347. In der ersten Hälfte des 15. Jahrhunderts sind immerhin noch zwölf von insgesamt 27 Handschriften auf Pergament geschieben: Anhang I, Tabelle 36: Hss. 400, 136; Tabelle 37: Hss. 149, 735, 1339; Tabelle 38: Hss. 1202, 963; Tabelle 39: Hss. 976, 139; Tabelle 41: Hss. 408, 409, 975. Die Ausstattung ist gehoben, fast alle Handschriften haben verzierte mehrfarbige, zum Teil goldene Initialen. Die jüngste der vier Bilderhandschriften, die Wolfenbütteler (U.-D. Oppitz Hs. 1566, Tabelle 30), stammt aus der zweiten Hälfte des 14. Jahrhunderts. Neun weitere Handschriften haben Miniaturen (Tabelle 30: Hss. 828, 1601; Tabelle 33: Hs. 861; Tabelle 34: Hs. 133; Tabelle 35: Hss. 261, 347; Tabelle 36: Hs. 400; Tabelle 37: Hs. 149) oder wie die Hs. 975 (Tabelle 38) ein ganzseitiges Bild.

Im Verlauf des 15. bis zum 16. Jahrhundert ist die Ausstattung der Rechtsbücher schlichter geworden, es kommen nur zwei Pergamenthandschriften vor: Hss. 186, 187 (nach U.-D. Oppitz; vgl. Anhang I, Tabelle 45). Verschiedenfarbige Initialen, rot und blau oder rot und grün im Wechsel, kommen jedoch häufiger vor, in meinem Korpus finden sich noch zwölf von 30 Handschriften, die besonders verzierte Initialen aufweisen. Die ‚Würde' des Textes ist aber seit der Mitte des 15. Jahrhunderts kein ausschlaggebendes Kriterium für die Rechtslegitimation mehr.

Ein etwas anderes Bild zeigen die lateinischen Rückübersetzungen des Land- und Lehnrechts: Bei den lateinischen Handschriften der Versio Vratislaviensis und Sandomiriensis sind ab der zweiten Hälfte des 14. Jahrhunderts nur noch Papierhandschriften überliefert (vgl. die Tabellen 23–26, Kap. 3.3.3. Das Verhältnis Deutsch – Latein). Es handelt sich hier überwiegend um wissenschaftliche Bearbeitungen des Land- und Lehnrechts. Sie entstammen damit einem anderen, gegenüber den von Eike intendierten Begründungen einem neuen Legitimationszusammenhang. Ausstattung und Material treten hier eher in den Hintergrund. Die zweisprachigen Handschriften der Versio Vulgata dagegen sind in der zweiten Hälfte des 14. Jahrhunderts noch überwiegend auf Pergament geschrieben (fünf von sechs Hss.). Sie entstammen sowohl dem klerikalen als auch dem städtischen Bereich. Die ‚Würde' des Textes hatte hier noch eine größere Bedeutung für die Rechtslegitimation.

In den Rechtsbüchern kann die ‚Würde' des Textes auch durch Text-Bild-Relationen hergestellt werden. Das Bildprogramm Kaiserbild/Kaiser Karl (z. B. Hs. 1601, Anhang I, Tabelle 30) entspricht der gesetzlichen Legitimierung: der Mainzer Reichslandfriede ist in der Dresdener und der Wolfenbütteler Bilderhandschrift noch um ein Kaiserbild ergänzt. Auch in den Drucken begegnen Darstellungen des gesetzgebenden Kaisers, (z. B. Tabelle 18) im Kölner Druck von 1480 des Bartholomäus von Unckel. Hier ist der gekrönte Gesetzgeber mit dem Reichsapfel dargestellt, wie er der Geistlichkeit und weltlichen Untertanene Recht spricht.

Text-Bild-Relationen haben in der Sachsenspiegelüberlieferung unterschiedliche Funktionen. Sie können eine erläuternde Funktion haben, wie die Bilderhandschriften zeigen, und damit als Vorläufer der Glossierungen gelten; sie können aber auch die Funktion einer normativen Legitimierung des privaten

Rechtsbuches haben. Die normative Legitimation kann durch Textallianzen (Hss. 450, 1566) angezeigt werden oder durch eine bestimmte Text-Bild-Relation, die allein oder in Kombination mit einem Gesetzestext auftreten kann.[216] Dresdener und Wolfenbütteler Bilderhandschriften stellten dem Rechtsbuch den Mainzer Reichslandfrieden voran, der mit einem Bild des Kaisers geschmückt ist.[217] Der Harffer Sachsenspiegel (aus dem Jahre 1295) und die Oldenburger Bilderhandschrift (von 1336) benutzen noch ein anderes Bildprogramm: Sie verwenden das Autorenbild zu Beginn des Landrechts. Im 15. Jahrhundert wird das Autorenbild vollständig durch das Kaiserbild abgelöst, die normative Legitimation setzt sich gegenüber Eikes Autoren-Legitimation im Bildprogramm immer mehr durch. Der besonders prachtvoll mit Fleuronné-Initialen und Zierranken ausgestattete Berliner Codex Ms. germ. fol. 820 (U.-D. Oppitz, Hs. 149, Anhang I, Tabelle 37) aus dem Jahre 1410 stellt neben die sehr stark gekürzte Reimvorrede das Bild des thronenden Kaisers mit Krone, Reichsapfel und Schwert. „Das Kaiserbild hat hier das Autorenbild abgelöst, wie denn auch den wenigen Versen der Reimvorrede nichts mehr über den Autor und den Anlaß zur Übertragung des ‚Sachsenspiegels' aus dem Lateinischen in das Deutsche zu entnehmen ist."[218] Vor allem in städtischen Codices, die das Landrecht des Sachsenspiegels zusammen mit Stadtrechten überliefern, wird das Kaiserbild zur bevorzugten Bildformel. Bereits im (ehemals) Liegnitzer Sachsenspiegel (Oppitz Hs. 938, Lateinische Handschriften, Tabelle 25)[219] aus dem Jahre 1386 findet sich eine Federzeichnung des thronenden Kaisers. Die Handschrift stammt aus der Werkstatt des Liegnitzer Hofschreibers und Glossators Nikolaus Wurm und enthält auch die Wurmsche Glosse sowie als Textallianz den Richtsteig des Landrechts von Johannes von Buch. Hier sind also in der Handschrift aus dem Ende des 14. Jahrhunderts die normative und die wissenschaftliche Legitimation miteinander verbunden. Zunehmend erscheint das Kaiserbild auch in Stadtrechten, z. B. im Liegnitzer Stadtrecht aus der ersten Hälfte des 15. Jahrhunderts (Oppitz Hs. 146). Das älteste Druckbild stammt aus dem Kölner Sachsenspiegeldruck des Bartholomäus von Unckel aus dem Jahre 1480 und stellt einen Herrscher mit Reichsinsignien

216 Vgl. auch zu den Bildprogrammen in Rechtsbüchern: H. Kümper Miniaturen und Bilder, S. 103–140.

217 R. Schmidt-Wiegand, Rechtsbücher als Ausdruck pragmatischer Schriftlichkeit; vgl. auch Dies., Die Legitimation des Textes durch das Bild.

218 R. Schmidt-Wiegand, Rechtsbücher als Ausdruck pragmatischer Schriftlichkeit, S. 449.

219 Vgl. B. Michael, Deutsche Rechtshandschriften, S. 325–28, die Handschrift wurde 1993 für die Staatsbibliothek Berlin erworben und trägt die Signatur 392.

dar.[220] Die Umdeutung der privaten Rechtsaufzeichnung in „Kaiserrecht" hatte vermutlich noch einen weiteren, praktischen Grund. Das Kirchenrecht weitete seinen Einflussbereich aus, kirchliche Gerichte traten neben die weltlichen. Wies das Kirchenrecht Unsicherheiten oder Lücken auf, so konnte man auf das römische Kaiserrecht zurückgreifen, denn „ecclesia vivit lege Romana". „Eine Berufung auf privat aufgeschriebenes Gewohnheitsrecht, wie es im Sachsenspiegel und in anderen Rechtsbüchern vorlag, war danach nicht möglich."[221] Die normative Legitimierung als Kaiserrecht konnte möglicherweise den Sachsenspiegel auf eine Stufe mit dem Kirchenrecht stellen. Diese Tendenz zum Kaiserrecht wird später im Deutschenspiegel, im Großen und Kleinen Kaiserrecht zum erklärten Programm. Sie zeigt sich bereits im 14. Jahrhundert wie wir sahen im Bildprogramm, die gleiche Tendenz zeigen die Textallianzen. Im 14. Jahrhundert urteilt der Glossator Nicolaus Wurm über den Sachsenspiegel Eikes von Repgow, dass er der Blumen Stamm sei, die Wurzel aber satzungsrechtliche Texte seien: *Herr Ecke ist der blumen stam, die worczil aber sint leges, das kaisirreht, und canones, das sint geistlich recht…*[222].

3.3.1.4. Glossen

Frühe Kommentierungen des Textes findet man in den vier Bilderhandschriften, die Bildleisten erläutern den Textzusammenhang.[223] Später übernimmt die Glosse wie im römischen Recht diese Erläuterungsfunktion nach italienischem Vorbild auch bei deutschsprachigen Rechtsbüchern. Es sind heute insgesamt 178 glossierte Codices erhalten, 106 vollständige und 72 fragmentarische.[224]

In meinem Korpus beginnt die Glossierung in der zweiten Hälfte des 14. Jahrhunderts: Anhang I, Tabelle 30: Hss. 122, 600 und 1601; Tabelle 33: Hs. 861; Tabelle 34: Hs. 133.

Im 15. und 16. Jahrhundert überliefern Handschriften und Drucke glossierte Land- und Lehnrechtsordnungen. Folgende Handschriften um 1500 tradieren glossierte Textexemplare: Anhang I, Tabelle 37: Hs. 735; Tabelle 38: Hss. 536 und 963; Tabelle 39: Hss. 976, 139, 886; Tabelle 40: Hs. 637; Tabelle 41: Hss. 408, 409, 1597, 975; Tabelle 42: Hs. 1030; Tabelle 43: Hss. 612, 446; Tabelle 44: Hss. 445,

---

220 Siehe dazu auch: F. Prinz, Der Bildgebrauch in gedruckten Rechtsbüchern, S. 123f.

221 H. Lück, Über den Sachsenspiegel, S. 26.

222 Sie K. Kroeschell, Rechtsaufzeichnung und Rechtswirklichkeit, S. 380.

223 Vgl. R. Schmidt-Wiegand, Text und Bild in den Codices picturati, S. 11–31; Siehe auch I. Warncke, Wege zur Kultursprache, S. 365.

224 Vgl. B. Michael, Deutsche Rechtshandschriften, S. 306.

602, 951; Tabelle 45: Hss. 187, 549, 1446, 664, 186, 1300; Tabelle 46: Hss. 174, 456, 905; Tabelle 47: Hss. 258, 130, 145; Tabelle 47: Hss. 1636, 112, 1363; Tabelle 49: Hss. 640, 601, 662, 642; Tabelle 50: Hss. 874, 1489.

Glossatoren waren mittelalterliche Juristen, die autoritative Texte erläuterten. Der Begriff bezieht sich zunächst auf Juristen aus der Schule von Bologna, die im 11. Jahrhundert durch die Entdeckung und Bearbeitung der Florentiner Digestenhandschrift eine besondere Bedeutung gewannen. Zunehmend übernahmen die Glossatoren die Funktion der Rechtsvergleichung von Kirchenrecht, römischem Recht und Gewohnheitsrecht.[225]

Der erste Sachsenspiegel-Glossator war Johann von Buch (1290–1350)[226], er ist auch der Verfasser des Rechtsgangbuches Richtsteig. Im 14. Jahrhundert glossiert der Liegnitzer Hofschreiber Nikolaus Wurm[227] (U.-D. Oppitz, Hs. 861 Krakau BJ Przyb. 42/60) den Sachsenspiegel; verschiedene Handschriften weisen Glossen von Brand von Tzerstede[228] (um 1400–1451) (z. B. Hs. 1597 Wolfenbüttel Cod. Guelf 421 Helmstedt; Hs. 975 Lüneburg StadtA Dep. Ratsbib. Ms.Jurid I) auf.

Die Glossen wurden je nach dem erreichten Stand der Rechtsentwicklung von späteren, juristisch geschulten Autoren weiterbearbeitet. Der Abstand zum Kirchenrecht und zum römischen Recht war eine Motivation für die Glossierungen eines Rechtsbuches. „Auf Grund dieser Situation begann in Deutschland eine Bearbeitung der alten einheimischen Rechtsaufzeichnungen mit dem Ziel, diese mit dem römischen Recht und kanonischen Recht in Einklang zu bringen… Inhaltlich verbirgt sich dahinter eine Methode, nach welcher die akademisch gebildeten Juristen an den oberitalienischen Rechtsschulen die spätantiken Rechtstexte bearbeiteten."[229] Ich behandle die Glossen im Kapitel Makrostrukturen und nicht im Kapitel Textallianzen, obschon die Editionspraxis letzteres nahelegen würde.[230] Glossen folgen aber den Makrostrukturen der einzelnen

225 M. Avenarius, Artikel ‚Glossatoren', Sp. 408–412.

226 F.-M. Kaufmann (Hg.), Glossen zum Sachsenspiegel-Landrecht; H. Lück, Die europäische Dimension des Sachsenspiegels, S. 23.

227 B. Janz, Artikel ‚Nikolaus Wurm', Sp. 1546–1548.

228 F. M. Kaufmann, Artikel ‚Brand von Tzerstede', Sp. 655.

229 H. Lück, Über den Sachsenspiegel, S. 26.

230 Vgl. die Edition der kürzeren Buchschen Glosse von F.-M. Kaufmann. Die Edition der Sachsenspiegel-Glosse ist ein Projekt, das gemeinsam von der Sächsischen Akademie der Wissenschaften zu Leipzig und den Monumenta Germaniae Historica in München durchgeführt wird. Geplant ist, auf die Edition der Landrechts-Glosse des Johann von Buch eine Edition der jüngeren Glossen zum ‚Sachsenspiegel'

Textexemplare. „Die Glossierung autoritativer Textbücher stellte an die Schreiber von Handschriften hohe Anforderungen, wenn die Struktur eines Textes und die des begleitenden Kommentars auf einer begrenzten Fläche sichtbar gemacht werden sollten. Das Ziel war, auf einer Buchseite den Text und den dazugehörenden Kommentar, das ‚Wort' und seine ‚Auslegung', synoptisch gegenübertreten zu lassen, so daß ein koordinierter Doppeltext entstand, der die parallele Lektüre ebenso wie das Abzweigen und Springen des lesenden Auges erlaubte."[231] Glossen können – nach einem rot geschriebenen *Glosa* – auf den Rechtstext folgen (z. B. U.-D. Oppitz, Hss. 111 Staatsbibliothek Berlin, Ms. germ. fol. 11; Hs. 112 Berlin, Ms. germ. fol. 12 – Anhang I, Tabelle 47; Hs. 145 Berlin, Ms. germ. fol. 765 – Anhang I, Tabelle 47). Diese aufeinanderfolgende Verfahrensweise ist für den Schreiber die einfachste Art der Kommentierung. Die Texte können auch farbig gekennzeichnet sein: der Rechtsbuchtext rot (als Rubrik), der Glossentext schwarz (Hs. 111). Es kommen Marginalglossen und Interlinearglossen vor. In der Berliner Handschrift Ms. germ. fol. 512 (U.-D. Oppitz Hs. 122, Anhang I, Tabelle 30), z. B. ist die Glosse um den Rechtstext herum angeordnet. Diese Methode folgt der anspruchsvollen Verfahrensweise Bologneser Rechtshandschriften. In der Lüneburger Handschrift Ms Jurid 2 (U.-D. Oppitz, Hs. 976, Anhang I, Tabelle 39) sind Text und Glosse einander gegenübergestellt[232]. Die Schrifttypen sind zur besseren Unterscheidung von Rechtstext und Glosse unterschiedlich. Die Makrostrukturen der Glosse folgen denen des autoritativen Textes: Initialen, Rubriken, Rubrizierungen gliedern den Text. Die Drucke verfahren in der Regel wie die Handschriften, zumeist folgen die Bearbeitungen nach einem rubrizierten Glosa, es treten aber auch marginale Glossen auf.

Die Glossen harmonisieren das deutschsprachige Rechtsbuch mit dem kanonischen und dem römischen Recht, sie sind ein Faktor der wissenschaftlichen Legitimation von Rechtsbüchern. Seit der ersten Hälfte des 14. Jahrhundert wird das Sachsenspiegel Land- und Lehnrecht glossiert. Die hier untersuchten Handschriften zeigen seit der zweiten Hälfte des 14. Jahrhunderts Glossierungen. Von insgesamt 15 untersuchten Handschriften in der zweiten Hälfte des 14. Jahrhunderts enthalten fünf glossierte Texte. Im 15./16. Jahrhundert sind es dagegen 26 Handschriften von 37 Handschriften, die glossiert sind.

(Petrinische Glosse, Stendaler Glosse, Glosse des NikolausWurm und die Glossen zum Sachsenspiegel-Lehnrecht) folgen zu lassen.

231 B. Michael, Deutsche Rechtshandschriften, S. 306.

232 In der Lüneburger Ratshandschrift findet sich auch ein ganzseitiges Bild Karls des Großen. Damit zeigt sich bei dieser städtischen Handschrift eine Verbindung von normativer (kaiserlicher) und rechtswissenschaftlicher Legitimierung.

Nach C. G. Homeyer[233] unterscheidet man zwischen zwei Perioden der Sachsenspiegeldrucke, die deutlich voneinander unterschieden sind: Die erste Phase von 1474–1614 ist nach Homeyer durch die „practischen Bedürfnisse", den Rechtsgebrauch bestimmt. Die zweite Phase, die erst 1717 wieder einsetzt, sei dagegen „nur aus wissenschaftlichem Streben hervorgegangen".[234] In der Tat sind die frühen Drucke durch den Rechtsgebrauch motiviert, es sind aber bearbeitete, glossierte Rechtstexte. Sie sind ein Reflex der wissenschaftlichen Auseinandersetzung mit dem Rechtstext, was seinen praktischen Gebrauch keineswegs ausschloss. Es zeigt sich aber bei den hier untersuchten Drucken sehr deutlich die Tendenz zur wissenschaftlichen Bearbeitung. Vor allem die zum Teil bei Wolrab, zum Teil bei Vögelin gedruckten Ausgaben (sechs Ausgaben seit 1535) des Leipziger Jura-Professors Christoph Zobel belegen die wiederkehrende wissenschaftliche Neubearbeitung und Auseinandersetzung mit dem Rechtsbuch (Vgl. die Tabellen 19 und 22). Die Drucke des lateinischen Lehnrechts (Auctor vetus de beneficiis) zeigen deutlich das wissenschaftliche Interesse am Rechtsbuch. Zwei der rekonstruierbaren Handschriften (U.-D. Oppitz, Hs. 494 und 512) haben sich, so sie existiert haben, im Besitz von Rechtswissenschaftlern befunden: 1569 druckte Johann Havichorst das lateinische Lehnrecht.[235] Der Jurist Marquard Freher veröffentlichte 1599 Auszüge aus der heute verschollenen Hs. 512[236], in dessen Besitz die verschollene Handschrift 512 gewesen sein soll.[237] Auch der Gießener Jurist Johann Nikolaus Hert war im Besitz des Auctor vetus de beneficii. Handschrift 494 war zunächst im Besitz des Gießener Rechtswissenschaftlers (und Assessors am Reichskammergericht) Huldrich von Eyben (1629–1699), dessen Sohn Christian Wilhelm, der ebenfalls Jurist war, den Text 1708 durch Christian Thomasius drucken ließ.[238]

3.3.1.5. Register und Textallianzen

Eine erste Stufe der wissenschaftlichen Legitimation – noch vor der Glossierung – ist die Erschließung des Rechtsinhaltes durch Register, die immer stärker systematisiert werden. Register werden dem Text seit dem 14. Jahrhundert beigegeben. In

---

233 C. G. Homeyer, Des Sachsenspiegels erster Theil, S. 73.

234 Ebenda. Vgl. auch: K.-P. Müller, Ältere Sachsenspiegel-Drucke, S. 47.

235 J. Havichorst u.a.(Hg.), Franc. Duareni Commentarius in consuetudines feudorum, Köln (J. Birkmann, Werner Richwin)1569, S. 396–460.

236 M. Freher (Hg.), De Feudis Constitutio Caroli III, 1599. Der Titel wird häufig als Anhang zu einer Sammelhandschrift zitiert, der 1692 herausgegeben worden ist. Zu Freher: R. Hoke, Artikel Freher, Marquardt (1565–1614), Sp. 1714–1715.

237 Vgl. U.-D. Oppitz, Rechtsbücher, Bd. II, S. 494.

238 Vgl. U.-D. Oppitz, Rechtsbücher, Bd. II, S. 489.

meinem Korpus findet sich das erste Register in der Krakauer lateinischen Sachsenspiegelhandschrift von Conrad von Oppeln aus dem Jahre 1308. Die deutschen Handschriften haben erst ab 1336 ein Register. Es begegnet in der „Ausnahmehandschrift" der Grafen von Oldenburg, der Oldenburger Bilderhandschrift (U.-D. Oppitz Hs. 1184, Anhang I, Tabelle 27). Von 18 deutschen Sachsenspiegelhandschriften haben zehn kein Register: Anhang I, Tabelle 26: Hss. 1036, 875, 697, 657, 845; Anhang I, Tabelle 27: Hs. 1358; Anhang I, Tabelle 28: Hss. 844, 354; Anhang I. Tabelle 29: Hss. 846, 266. Die früheste Handschrift ohne Register stammt aus dem Jahr 1295. Ein Register führen folgende Handschriften: Anhang I, Tabelle 27: Hss. 1184, 946, 1189; Tabelle 29: Hss. 572, 450, 248, 405, 267.

Um 1400 verschiebt sich das Bild deutlich zugunsten der Handschriften mit Register. Es finden sich 13 Handschriften in meinem Korpus, die kein Register haben: Anhang I, Tabelle 33: Hss. 861, 989; Tabelle 34: Hs. 133; Tabelle 35: Hs. 261; Tabelle 36: Hss. 400, 403, 447; Tabelle 37: Hs. 1339; Tabelle 38: Hss. 538, 963; Tabelle 39: Hs. 393; Tabelle 40: Hs. 448; Tabelle 41: Hs. 975. Ein Register haben folgende Handschriften: Anhang I, Tabelle 30: Hss. 828, 1566, 122, 600, 1601; Tabelle 31: Hss. 110, 338, 1025; Tabelle 32: Hss. 1196, 1384; Tabelle 34: Hss. 156, 1503; Tabelle 35: Hss. 885, 347; Tabelle 36: Hss. 666, 136; Tabelle 37: Hss. 149, 735; Tabelle 38: Hss. 1059, 1202, 536; Tabelle 39: Hss. 1201, 886, 976, 139; Tabelle 40: Hs. 637; Tabelle 41: Hss. 408, 409, 1567; Tabelle 42: Hss. 740, 1030.

Von der zweiten Hälfte des 15. Jahrhundert bis ins 16. Jahrhundert haben nur acht von 30 Handschriften kein Register: Anhang I, Tabelle 43: Hss. 612, 268, 446; Tabelle 44: Hs. 445; Tabelle 45: Hss. 1300, 540; Tabelle 47: Hs. 537; Tabelle 50: Hs. 372. Alle anderen 22 Handschriften haben Register (vgl. Anhang I, Tabelle 44–51).

Die Register bewegen sich von ihrem textlinguistischen Status her zwischen Textallianz und Makrostruktur. Häufig richten sich die Schreiber nicht nur nach dem Textexemplar, sondern sie benutzen eine Vorlage für das Register. Der Schreiber der Wolfenbütteler Bilderhandschrift (U.-D. Oppitz, Hs. 1566) lehnt sich bei der Erstellung des Registers eng an seine Vorlage an und übernimmt neben den Abbreviaturen und der lat. Bücherzählung auch deren Fehler. Nicolaus von Brietzen, der Schreiber der Berliner Handschrift Ms. germ. fol. 10 (U.-D. Oppitz, Hs. 110) benutzte wohl dieselbe Vorlage, die er aber genau mit dem von ihm abgeschriebenen Rechtsbuchtext verglichen hat. „Daß Register unabhängig von einem bestimmten Text auf Interesse stoßen konnten, zeigt die niederdeutsche Handschrift des Hans Werneken aus dem 16. Jahrhundert (1590), deren lokale Bindung an die Stadt Goslar aus deren Stadtrecht (Halberstädter Fassung), einem weiteren Stadtrechtsfragment, Rechtssprüchen der Schöffen zu

Goslar und Rechtsbelehrungen des Stadtsekretariats eindeutig hervorgeht. Sie hat nicht nur ein nach Stichwörtern geordnetes Register zu diesem Stadtrecht, sondern ebenso solche zum Sächsischen Landrecht wie zu seiner Glosse, darunter ein alphabetisch wie ein anderes nach Büchern und Kapiteln geordnetes, außerdem ein lateinisches Verzeichnis, das mit *Registrum diversorum scriptorum* überschrieben ist. Die Intention, auf diese Weise das juristische Wissen, wenn auch nur punktuell, zu erfassen, ist dabei nicht zu übersehen."[239] Eine Weiterentwicklung der Register sind die alphabetischen Rechtsabecedarien, die den Sachsen- und Schwabenspiegeltext erschließen.[240]

Für die Sachsenspiegel-Überlieferung lassen sich über die Register hinaus ganz bestimmte Textallianzen feststellen. Die Kombination von Sachsenspiegel und einer ausgewählten Begleitüberlieferung beginnt im 14. Jahrhundert. In meinem Korpus haben um 1300 nur sechs von 18 Handschriften keine Begleitüberlieferung: Anhang I, Tabelle 26: Hss. 1036, 875, 697, 657; Tabelle 27: Hss. 1184, 1358. Bestimmte Textallianzen tauchen auch in späteren Jahrhunderten immer wieder auf: z. B. das Magdeburger Dienstrecht, das Magdeburger Weichbildrecht, meist im Zusammenhang mit der Weichbildchronik, das Schöffenrecht und der Judeneid. Sie weisen sozial gesehen in den städtischen Zusammenhang. Die Magdeburger Weichbildchronik – ein historischer Text – habe ich in den Tabellen unter sonstige Textallianzen eingeordnet, bei der Auswertung rechne ich sie aber zu den rechtlichen Textexemplaren, weil sie immer im Verbund mit dem Magdeburger Stadt(Weichbild-)recht bzw. stadtrechtlichen Bestimmungen wie Schöffensprüchen überliefert wird. Der Mainzer Reichslandfriede Friedrichs II. (Hs. 450, Anhang I, Tabelle 28) oder das kleine Kaiserrecht (Hs. 405, Anhang I, Tabelle 29) weisen auf eine normative Legitimation hin. Eine Handschrift tradiert noch geistliche Textexemplare: Anhang I, Tabelle 29: Hs. 248 (Physiognomische Lehren und das Marienlob Konrads v. Würzburg, Die Goldene Schmiede).

Um 1400 haben von 44 Handschriften nur noch 13 keine Begleitüberlieferung: Anhang I, Tabelle 30: Hs. 122; Tabelle 31: Hs. 338; Tabelle 34: Hs. 156; Tabelle 35: Hs. 347; Tabelle 36: Hss. 400, 403; Tabelle 37: Hss. 149, 1339; Tabelle 38: Hs. 963; Tabelle 39: Hss. 363, 1201; Tabelle 41: Hss. 1597 und 975. 29 Codices überliefern rechtliche Textexemplare als Begleitüberlieferung, sechs davon haben zusätzlich auch noch andere Textallianzen: Anhang I, Tabelle 34: Hs. 1503 (Der Seele und des Leibes Krieg; Lat. Zahlwörter, 14.Jh.); Tabelle 35: Hs. 885 (Immerwährender

---

239 R. Schmidt-Wiegand, Rechtsbücher als Ausdruck pragmatischer Schriftlichkeit, S. 459.

240 Vgl. H. Ulmschneider, Artikel Rechtsabecedarien, Sp. 1058–1061.

Kalender); Tabelle 36: Hs. 447 kombiniert geistliche Texte mit den rechtlichen, was möglicherweise in einen kirchlichen Zusammenhang führt (Zehn Gebote in lateinischen Hexametern; Regimen a Magistro Nicolao physico oblatum contra morbum caducum et existens Canonicus pragensis), Tabelle 38: Hs. 1202 (Vers); Tabelle 41: Hs. 409 (Vers); Tabelle 42: Hs. 1030 (Nachrichten über Vorgänge in Prag am Anfang und Ende des Codex).

Um 1500 bis ins 16./17. Jahrhundert haben zehn von 30 Handschriften keine Begleitüberlieferung (U.-D. Oppitz, Anhang I, Tabelle 45: Hss. 655, 540, 186; Tabelle 46: Hs. 456; Tabelle 47: Hss. 258, 130, 145; Tabelle 47: Hss. 1636, 1363; Tabelle 50: Hs. 874). Die restlichen 20 Handschriften: Tabelle 43: Hss. 612, 268, 446; Tabelle 44: Hss. 445, 602, 951; Tabelle 45: Hss. 187, 1446, 664, 1300; Tabelle 46: Hss. 174, 905; Tabelle 47: Hss. 537, 112; Tabelle 49: Hss. 640, 601, 662, 642; Tabelle 50: Hss. 1489, 372 überliefern rechtliche Textexemplare, die Handschrift 174 tradiert noch ein Gedicht und Vokabularien.

Im Einzelnen lassen sich folgende Textallianzen feststellen:

1. Verbindungen mit historischen Texten (historische Legitimation): Der einzige historische Text, der von vielen Handschriften mitüberliefert wird, ist die Magdeburger Weichbildchronik. Um 1300 kommt sie in vier Codices vor: Anhang I, Tabelle 26: Hs. 845; Tabelle 28: Hs. 844; Tabelle 29: Hss. 572, 846; In meinem Korpus erscheint sie um 1400 viermal: Tabelle 32: Hs. 1196; Tabelle 38: Hs. 1202; Tabelle 40: Hs. 637; Tabelle 41: Hs. 408, und um 1500 dreimal: Tabelle 44: Hs. 268; Tabelle 49: Hs. 601; Tabelle 50: Hs. 372. Die Weichbildchronik sichert auch anderen Städten eine historisch verbürgte Identität, eine historische Legitimation für die städtische Rechtsaufzeichnung.
2. Verbindungen aus dem Zusammenhang des städtischen Rechts (städtische Legitimation):

   - Magdeburger Weichbildrecht: Bereits um 1300 findet sich das Weichbildrecht in sechs Handschriften: Anhang I, Tabelle 26: Hss. 1036, 845; Tabelle 27: Hs. 946; Tabelle 28: Hs. 844; Tabelle 29: Hss. 572, 846. Acht Handschriften überliefern das Weichbildrecht in meinem Korpus um 1400: Anhang I, Tabelle 31: Hss. 110, 1025; Tabelle 32: Hs. 1196; Tabelle 33: Hs. 861; Tabelle 34: Hs. 133; Tabelle 38: Hs. 1202; Tabelle 40: Hs. 637; Tabelle 41: Hs. 408. Um 1500 ist die Tendenz rückläufig, es sind nur sechs von 30 Handschriften in meinem Korpus, die das Weichbildrecht tradieren: Anhang I, Tabelle 43: Hss. 612, 268; Anhang I, Tabelle 44: Hs. 445; Anhang I, Tabelle 45: Hss. 1446, 1300; Tabelle 50: Hs. 372.

     Schon früh werden in meinem Korpus Sachsenspiegelhandschriften mit dem Magdeburger Weichbildrecht zusammen tradiert: im Codex des

Harffer Sachsenspiegels aus dem Jahre 1295 (Hs. 1036), im Sachsenspiegelcodex des Conrad von Oppeln aus dem Jahr 1308 (Hs. 845). Neben anderen städtischen Rechtssetzungen überliefert auch der Linzer Codex (Hs. 946) aus dem Anfang des 14. Jahrhunderts das Magdeburger Weichbildrecht. Alle bisher genannten Handschriften sind Repräsentanten der Langform, bis zur Mitte des 14. Jahrhunderts überliefern noch drei weitere Vertreter dieser Textform das Magdeburger Weichbildrecht (Hss. 844, 572, 846). Das und die Textallianz mit der Magdeburger Weichbildchronik sowie den Schöffensprüchen sprechen für die These, dass der Magdeburger Oberhof eine wichtige Instanz bei der Verbreitung der Langfassung war.[241] Von der zweiten Hälfte des 14. Jahrhunderts bis zum Ende des 16. Jahrhunderts (Hs. 372, Langfassung von 1578) sind es sowohl die Langfassungen als auch die Vulgatafassungen, die einen Textverbund mit dem Magdeburger Weichbildrecht eingehen.

- Kulmer Handfeste: Um 1300: Anhang I, Tabelle 27: Hs. 946 (und die Thorner Handfeste); um 1400: Anhang I, Tabelle 34; Hs. 1503; Tabelle 38: Hs. 1202; um 1500: Tabelle 50: Hs. 372. Auch die „preußischen Handschriften“[242] aus dem 14. Jahrhundert (Oppitz Hs. 337 Celle Oberlandesgericht und 354 Danzig BG PAN Ms. 1787) überliefern die Kulmer Handfeste, Hs. 354, in Kombination mit dem Magdeburger Schöffenrecht und Hs. 337 zusammen mit dem Magdeburger Weichbildrecht und der Weichbildchronik sowie dem Magdeburger Schöffenrecht. Auch hier zeigt sich in der Kombination die Bedeutung des Magdeburger Schöffenstuhls für die Verbreitung des sächsischen Rechtsbuches.
- Meißner Rechtsbuch, Statuten von Brilon/Ratswillkür Brilon, Richter- und Schöffeneide; Um 1400: Anhang I, Tabelle 36: Hs. 447; Um 1500: Tabelle 43: Hs. 268; Tabelle 45: Hs. 187.
- Magdeburger Schöffensprüche: Um 1300: Anhang I, Tabelle 29: Hs. 266; um 1400: Tabelle 38: Hs. 1202; Tabelle 40: Hs. 637; Um 1500: Tabelle 45: Hs. 664; Tabelle 46: Hs. 905: Tabelle 49: Hss. 601, 662.
- Schöffeneid, Eidformeln: Um 1300: Anhang I, Tabelle 28: Hs. 844 (Schöffeneid, pol., dt.).; um 1500: Tabelle 46: Hs. 905.

---

241 Vgl. C. Bertelsmeier-Kierst, Kommunikation und Herrschaft, S. 109f. und 111: „Fassen wir zusammen: Die enge Verbindung, die zwischen den Texten der Schöffen von Magdeburg zur Langform IIa des ‚Sachsenspiegels‘ zutage tritt, ist augenfällig. Offenbar wurde nur diese Fassung als offizielle Textgrundlage akzeptiert.“

242 Ebenda, S. 109.

- Magdeburger Schöffenrecht: um 1300: Hs. 354 (Anhang I, Tabelle 28); um 1400: Anhang I, Tabelle 35: Hs. 261; Tabelle 36: Hs. 136; um 1500: Tabelle 43: Hs. 268; Tabelle 50: Hs. 372.
- Judeneid: um 1300: Hs. 845 (Anhang I, Tabelle 26); Hs. 266 (Tabelle 29); um 1400: Anhang I, Tabelle 31: Hss. 110, 1025; Tabelle 32: Hs. 1384; Tabelle 40: Hs. 637; um 1500: Tabelle 43: Hs. 612; Tabelle 45: Hs. 1446, Tabelle 46: Hs. 905. Judeneide sind wie viele andere Eide im Mittelalter Teil des Verfahrensrechts. „Ein gültiger Verfahrenseid verlangte die Einhaltung eines bestimmten Ritus und das genaue Nachsprechen einer festgelegten Formel, die ein Vorsprecher vorgab (>einen Eid staben<).“[243] Judeneide waren nötig, um den Rechtsverkehr zwischen Angehörigen unterschiedlichen Rechts und verschiedener Religionen – Juden und Christen – zu ermöglichen und folgten einem festen Schema: 1. der Unschuldsbeteuerung des Schwörenden, 2. der Anrufung Gottes und 3. der Selbstverfluchung bei Meineid. Im Zusammenhang der Städte und des Stadtrechts kam ihnen eine große Bedeutung zu.
- Judenordnung des Markgrafen Heinrich von Meißen 1265: Um 1500: Tabelle 44: Hs. 445. Das Judenprivileg des Markgrafen Heinrich von Meißen ist ein Marktschutzrecht, dass den Handel zwischen Juden und Christen regelt.[244]
- Magdeburger Dienstrecht: Um 1300: Anhang I, Tabelle 27: Hs. 1189; um 1400: Tabelle 31: Hs. 110; Tabelle 32: Hs. 1196; Tabelle 33: Hs. 989; Tabelle 35: Hs. 885; Tabelle 36: Hss. 666, 136; Tabelle 37: Hs. 735; Tabelle 39: Hs. 886; Tabelle 40: 837; Tabelle 41: Hs. 408; um 1500: Tabelle 43: Hs. 612.
- Lübisches Recht: Um 1300: Anhang I, Tabelle 26: Hs. 845; um 1400: Tabelle 35: Hs. 261.
- Magdeburger/Görlitzer Recht, Breslauer Recht: um 1400 Anhang I, Tabelle 32: Hs. 1384; Tabelle 35: Hs. 261; Tabelle 36: Hs. 447;

Hier verbinden sich sowohl ursprünglich gewohnheitsrechliche Texte (Meißner Rechtsbuch) als auch städtische Rechtssetzungen (z. B. Lübisches Recht,

243 C. Magin, „Wie es umb der iuden recht stet“, S. 276. Vgl. auch: R. Schmidt-Wiegand, Eid, S. 55; F. Lotterer, H.-G. von Mutius, Artikel ‚Judeneid‘, Sp. 789f.; T. Bernstein, Die Geschichte der deutschen Judeneide; H.-K. Claußen, Judeneid; G. Kisch, Studien zur Geschichte des Judeneides im Mittelalter; S. 137–184; L. Kolmer, Promissorische Eide; W. Röll, Zu den Judeneiden; V. Zimmermann, Die Entwicklung des Judeneids.

244 Vgl. dazu C. Magin, „Wie es umb der iuden recht stet“, S. 357f.

Kulmer Handfeste, Statuten von Brilon, Ratswillkür Brilon, Judeneide, Schöffensprüche; Schöffenrecht) mit dem Land- und Lehnrecht des Sachsenspiegels. Das Magdeburger Schöffenrecht und andere Schöffenurteile haben auch Eingang in den Druck gefunden (z. B. in die von Christoph Zobel bearbeitete Ausgabe, die 1535 von dem Leipziger Drucker Melchior Lotter besorgt wurde). Schöffensprüche und Schöffenrecht schöpften einerseits aus dem Sachsenspiegel Landrecht und wurden andererseits auch im Verbund mit dem Rechtsbuch überliefert.[245] Die Schöffensprüche beantworten grundsätzliche Rechtsfragen oder beziehen Stellung zu einzelnen Rechtsproblemen. Sie führen in das städtische Umfeld. Städtische Rechtssetzungen sind auch die Judeneide. „Eike von Repgow geht auf judenrechtliche Bestimmungen seiner Zeit und seines Wirkungsbereiches in nur sechs von mehr als 230 Artikeln des Landrechts ein."[246] Eike sieht die Juden als eine Bevölkerungsgruppe, die eines besonderen Schutzes bedarf, es steht ihnen Prozessrecht und ein Sonderrecht in Bezug auf den Handel zu. Die Formulierungen sind nicht diskriminierend, wie sie es beispielsweise im Judeneid des Großen Kaiserrechts (Schwabenspiegel) und in verschiedenen städtischen Judeneiden sind, die später zusammen mit dem Sachsenspiegel Landrecht überliefert wurden. „Der Sachsenspiegel kennt weder die Knechtschaft der Juden noch andere Aussagen zum kirchlichen Judenrecht."[247] In der Sachsenspiegel-Handschrift Ms. germ. fol. 10 (U.-D. Oppitz, Hs. 110), Bl. 5r und v wird aber z. B. der Magdeburger Judeneid tradiert. Bevor die Eidesformel angegeben wird, werden ausführlich die demütigenden Umstände der Eidesleistung beschrieben; der eidleistende Jude muss eine Eidsteuer bezahlen, die in einem Pfund Pfeffer und einem paar Hosen besteht. Er soll z. B. den Eid barfuß und mit zum Ellenbogen entblößten Armen leisten:
Swan ein yode einen eid scal sweren. so scal de yode sune eidsteuere geuen ein pund pepe's vñ ein par hosen. De yode scal stan barvut up enez sogē hud. vñ scal sine arme blot hebben. want uppe den ellenbogen… (Bl. 5r).

3. Verbindungen mit außerstädtischen Texten: Die meisten Textverbindungen in meinem Korpus, die nicht städtische oder rechtswissenschaftliche Legitimation ausdrücken, verweisen auf regionale Zusammenhänge. Um 1300: Anhang I, Tabelle 28 (Urkunde Casimirus Magnus 1356); Um 1400: Tabelle 38: Hs. 1059 (Urkunde Albert Achilles v. Brandenburg); Tabelle 41: Hs. 408;

245 Vgl. P. Johanek, Artikel Schöffenspruchsammlungen, S. 800–810.
246 C. Magin, „Wie es umb der iuden recht stet, S. 53.
247 Ebenda, S. 55.

um 1500: Tabelle 44: Hs. 602 (einzelne Rechtsbestimmungen wie Kaufverträge); Tabelle 49: Hss. 640 (Abschriften von Urkunden); 642 (Notizen über die Mühle zu Uithuisen, Abschriften zu Rechten des Groninger Umlandes).

4. Legitimation durch den Bezug zum Kaiserrecht:

   - Mainzer Reichslandfriede: Um 1300: Anhang I, Tabelle 28: Hs. 450; um 1400: Tabelle 30: Hs. 156; Tabelle 33: Hs. 861; Tabelle 34: Hs. 133; Tabelle 40: Hs. 448.
   - Kleines Kaiserrecht: Um 1500: Anhang I, Tabelle 47: Hs. 537. Nur eine Handschrift überliefert in meinem Korpus das Fränkische bzw. das Kleine Kaiserrecht.

Bereits im 14. Jahrhundert werden den Legitimationsmustern Eikes von Repgow Ergänzungen an die Seite gestellt bzw. bei Eike angelegte Legitmationszusammenhänge verstärkt und neu akzentuiert. Die unbekannten Auftraggeber/Schreiber der Dresdener und Wolfenbütteler Bilderhandschrift verließen sich im 14. Jahrhundert nicht mehr in der vom Sachsenspiegler vorgegebenen Weise auf die göttliche Legitimation oder auf Eikes Verfasserschaft, sie stellten dem Rechtsbuch ein Gesetz, den Mainzer Reichslandfrieden von 1235, voran und versuchten damit, den „Mangel an Legitimation, die ‚Brief und Siegel' verbürgten, ... auszugleichen."[248]

Der Mainzer Reichslandfrieden von 1235 ist ein Gesetz Kaiser Friedrichs II. Es wurde zur innenpolitischen Friedenssicherung erlassen, um der adeligen Eigenjustiz Einhalt zu gebieten.[249] Der Reichslandfrieden wurde in lateinischer und deutscher Sprache verfasst,[250] in den hier untersuchten Handschriften wird die deutsche Version im Verbund mit dem Sachsenspiegel überliefert. Er ist das erste Zeugnis für ein kaiserliches Gesetz in deutscher Sprache. In der Folge entstehen verschiedene territoriale Landfrieden in deutscher Sprache, z. B. der österreichische *fridebrief* von 1254 und der bayerische *fridebrief* von 1256. „Insgesamt sind uns knapp zwanzig Landfrieden in deutscher Sprache aus dem 13. Jahrhundert überliefert."[251]

---

248 R. Schmidt-Wiegand, Rechtsbücher als Ausdruck pragmatischer Schriftlichkeit, S. 445.

249 A. Deutsch, Historische Rechtssprache des Deutschen, S. 21–30; H.-U.. Schmid, Historische deutsche Fachsprachen, S. 218.

250 „Die einzelnen Rechtsvorschriften sind in beiden Textfassungen unterschiedlich angeordnet. Auch sprachlich zeigt sich die deutsche Version von der lateinischen unabhängig...". H.-D. Schmid, Historische deutsche Fachsprachen, S. 218.

251 C. Bertelsmeier-Kierst, Kommunikation und Herrschaft, S. 18.

Das Vorgehen, normative Rechtstexte mit Rechtsbüchern zu kombinieren, ist im 14. und beginnenden 15. Jahrhundert (z. B. Anhang I, Tabelle 28: Hs. 450 Dresden SLUB M 32; Tabelle 30: Hs. 1566, Wolfenbüttel HAB Cod. Guelf. 3.1Aug. 2°; Tabelle 33: Hs. 861 Krakau Uniwersitet Biblioteka Jagiellońska Przyb. 42/60; Tabelle 34: Hs. 133 Berlin Ms. germ. fol. 631 – Anfang verloren; Tabelle 40: Hs. 448 Dresden SLB M. 29) sehr verbreitet. Alle diese Handschriften (bis auf Hs. 631, deren Anfang verloren ist) überliefern auch den Prosaprolog Eikes (Textus prologi), in dem er auf die Rechtssetzungen Konstantins und Karls des Großen verweist. Die Kombination mit einer Rechtssetzung unterstreicht hier die normative Legitimation noch einmal mehr. Im Rechtsbuch der Stadt Leobschütz aus dem Jahre 1421 (U.-D. Oppitz, Hs. 933) wird zur Legitimation der Privatarbeit ein Privileg des Landes- oder Territorialherren zitiert. Im Überlieferungszusammenhang des Sachsenspiegels zeigt die bereits mehrfach erwähnte Ausnahmehandschrift, die Oldenburger Bilderhandschrift, schon 1336 den „landesherrlichen Rechtsanspruch“[252] Johanns III. von Oldenburg. Es nimmt Tendenzen der weiteren handschriftlichen Entwicklung vorweg. Es tritt hier im 14. Jahrhundert der ursprünglich göttlichen Legitimation die gesetzliche Legitimation zur Seite, die sowohl durch einen Territorialherren als auch den Kaiser repräsentiert werden kann. In dieselbe Richtung kann die folgende Kombination weisen.

5. Kombination mit Kirchenrecht und/oder römischem Recht: um 1300: Anhang I, Tabelle 28: Hs. 844 (Gregor IX., Dekretalen; Codex Justiniani); um 1400: Tabelle 39: Hs. 886 (Sammlung kanon. Rechts); um 1500: Tabelle 43: Hs. 268; Tabelle 44: Hs. 951 (Gregor XI, Bulle lat.). Die zuletzt erwähnte Handschrift überliefert mit dem Sachsenspiegel die päpstliche Bulle Gregors XI. (1370–1378) vom 7.4.1374, die bestätigt, dass 14 Artikel des Landrechts nicht in Übereinstimmung mit der kirchlichen Auffassung sind. Der Leipziger Druck des Nikolaus Wolrab aus dem Jahre 1539 (Tabelle 19) kombiniert das Landrecht des Sachsenspiegels mit der Bulle Gregors II, den Articuli reprobati und dem Magdeburger Schöffenrecht – städtisches Recht und kirchenrechtliche Auseinandersetzung mit den Bestimmungen des Sachsenspiegels.
6. Verbindungen mit Rechtstexten, die eine rechtswissenschaftliche Berarbeitung signalisieren:
   - die Rechtsgangbemerkungen des Herrmann von Oesfeld, Cautela und Premis: um 1400: Anhang I, Tabelle 37: Hs. 735; um 1500: Tabelle 44: Hs. 445.

252 Vgl. C. Bertelsmeier-Kierst, Kommunikation und Herrschaft, S. 121.

Auch der Früdruck aus den Offizien des Bernhard Richel 1474 (Tabelle 18) überliefert diesen Text.

- Johann von Buch, Richtsteig Landrechts um 1400: Anhang I, Tabelle 30: Hs. 828; Tabelle 31: Hs. 1025; Tabelle 33: Hss. 861, 989; Tabelle 37: Hs. 735; Tabelle 38: Hss. 536, 538; Tabelle 39: Hss. 976, 139; Tabelle 40: Hs. 637; Tabelle 41: Hss. 408, 409; Tabelle 42: Hss. 1030, 740; um 1500: Anhang I, Tabelle 43: Hss. 612, 268, 446; Tabelle 44: Hs. 445; Tabelle 45: Hs. 1446; Tabelle 47: Hss. 537, 112; Tabelle 49: Hs. 601; Tabelle 50: Hss. 1489.
  Die frühen wie die späten Drucke verbinden häufig verschiedene Texte wie den Richtsteig Landrechts oder Lehnrechts mit dem Sachsenspiegel Land- bzw. Lehnrecht. Darin sind sie den späten Handschriften vergleichbar.
- Viele Drucke tradieren die Sachsenspiegelbearbeitung des Dietrich von Bocksdorf (z. B. die Lehnrechtsausgabe des Augsburger Druckers Anton Sorg aus dem Jahr 1482, Tabelle 18 und die Landrechtsausgabe des Augsburger Druckers Johann Schönsperger von 1501, Tabelle 19). Im 16. Jahrhundert werden häufig Sachsenspiegeltexte von juristisch ausgebildeten Bearbeitern und zunehmend von Universitätsprofessoren wie z. B. Christoph Zobel aus Leipzig herausgegeben. Sie übernehmen namentlich (z. B. Wolff Lose, Christoph Zobel) neben den Druckern die Verantwortung für die Ausgabe. Weitere Bearbeiter (z. B. Georg Menius, Melchior Kling) werden neben den ursprünglichen (Christoph Zobel) im Titel oder im Vorwort genannt (Tabelle 21, z. B. die Drucke von Hans Steinmann, VD16 D 755 und VD 16 D739).

Aus den 50 Tabellen im Anhang I zu den Makrostrukturen und Textallianzen lassen sich mehr Informationen zur sozialen Zuordnung und zur Gebrauchssituation und zum Wirkungszusammenhang entnehmen als aus den Tabellen über die externen Merkmale ablesbar sind. Die Untersuchung hat bestätigt, dass sich bestimmte Verbindungen wie z. B. die Kombination mit historischen Texten (z. B. Stadtchroniken), rechtlichen Texten (z. B. Stadtrechten, Schöffensprüchen, Dienstmannenrecht) wiederholen.

Textallianzen des Sachsenspiegels – vor allem das Landrecht, aber auch das Lehnrecht – mit Stadtrechten, Schöffensprüchen, Judeneid zeigen deutlich eine Zuordnung in den Bereich des städtischen Sozialzusammenhanges. Auch das Dienstrecht von Magdeburg, das häufig zur Ergänzung in einem Codex auftritt und auf das Eike explizit verzichtet hat, da es ihm zu verzweigt und differenziert erschien, tritt in den Handschriften seit dem 14. Jahrhundert zusammen mit dem Land- und Lehnrecht sowie zumeist mit städtischen Rechtsordnungen auf. Insgesamt lässt sich sagen, dass die ganz überwiegende Zahl der Handschriften sowohl um 1300 wie 1400 als auch um 1500 durch eine sehr bewusste und explizit gewollte Zusammenstellung der Textallianzen gekennzeichnet ist. Das Dienstmannenrecht z. B. wird zusammen mit insgesamt zwölf Handschriften tradiert, die die Vulgatafassung des Sachsenspiegels enthalten. Bereits Ende des 14. Jahrhunderts ist der Berliner Codex Ms. germ. fol. 10 (U.-D. Oppitz, Hs. 110), eine Pergamenthandschrift mit Schreibernennung, entstanden; auch hier ist eine enge Bindung an den Anwendungsraum der Stadt deutlich zu erkennen. Sie ergibt sich aus dem Magdeburger Dienstmannenrecht (Bl. 4v–5r), dem Magdeburger Judeneid (Bl. 5v) wie dem Weichbildrecht (Bl. 117v–148r).[253] Diese Kombination von Sachsenspiegel (Land- und/oder Lehnrecht) mit dem Magdeburger Weichbildrecht, der Weichbildchronik, dem Judeneid und dem Dienstmannenrecht weisen viele Handschriften seit dem 14. Jahrhundert auf. Das zeigt deutlich, dass die Rechtslegitimierung im städtischen Bereich durch den Überlieferungsverbund mit anderen Stadtrechten, mit Stadtchroniken, Schöffensprüchen oder gesetztem Stadtrecht erfolgt. Diese Textallianzen dienen sowohl der normativen Legitimation der privatrechlichen Bestimmungen als auch der Stärkung eines städtischen Selbstbewusstseins.

Die wissenschaftliche Begründung und Auseinandersetzung mit dem Recht, begegnet in Handschriften und Drucken. Sie fügt den acht Rechtslegitimationen der Sachsenspiegelvorreden, wie sie auf Eike zurückgehen, eine neunte hinzu. Die Drucke führen die überwiegende handschriftliche Repräsentation der zweiten Hälfte des 15. Jahrhunderts weiter, indem sie die glossierte Form der Vulgata (Textklasse IV)[254] verwenden. Für das 16. Jahrhundert lassen sich insgesamt mehr zweisprachige – lateinisch-deutsche – als deutsche Drucke feststellen. Der Sachsenspiegel ist vor allem Gegenstand der juristischen Auseinandersetzung. „Sächsische Juristen diskutierten schon seit Ende des 15. Jahrhunderts eine Reform des Sachsenspiegels, zum Teil unverständlicher, unvollständiger und veralteter Bestimmungen, auch der Unsicherheiten über das Verhältnis zum an Gewicht gewinnenden römischen Recht halber."[255] Hier sind besonders die Sachsenspiegel-Druckausgaben in der Bearbeitung des Leipziger Juristen, Professor Christoph Zobel, zu erwähnen, weiter die, die von dem Verleger Hans Reinmann (Johannes Rynmannn) von Öhringen (Drucker: Johannes Otmar) besorgt worden sind, oder diejenigen der Juristen Alexander von Zweym und Carl Wilhelm Gärtner. Alle Druckausgaben sind wissenschaftlich bearbeitete, d. h. glossierte

253 R. Schmidt-Wiegand, Rechtsbücher als Ausdruck pragmatischer Schriftlichkeit, S. 455ff.

254 U.-D. Oppitz, Rechtsbücher, Bd. I, S. 29–31.

255 K.-P. Müller, Ältere Sachsenspiegel-Drucke, S. 48.

Sachsenspiegeltexte. In der Person des Juristen Christoph Zobel und seiner Sachsenspiegel-Druckausgaben wird die juristisch-wissenschaftliche Legitimierung[256] des Sachsenspiegels besonders greifbar. Wie in Bezug auf die Rechtsbuchhandschriften lässt sich auch für die Drucke eine ‚würdevolle', gehobene Ausstattung feststellen, einige der Drucke weisen z. B. auch mehrfarbige Initialen auf.

Der auf Veranlassung von Johann Rynmannn in Augsburg im Jahre 1516 von Sylvan Otmar hergestellte Druck stellt z. B. eine Textallianz von Sachsenspiegel Land- und Lehnrecht und dem Richtsteig dar. Hinzukommen noch die *Articuli reprobati*[257] des Augustinermönchs und Theologieprofessors Johannes Klenkok (Anf. 14. Jh. — 1374) und die päpstliche Bulle Gregors XI. (1370–1378) vom 7.4.1374, die bestätigt, dass 14 Artikel des Landrechts nicht in Übereinstimmung mit der kirchlichen Auffassung sind. Die Handschrift 268 Breslau/Wrocław BU II Q4 aus dem 15. Jahrhundert überliefert die Bulle Gregors XI., aber nicht die Kritik Klenkoks. Auch die Handschrift der Loccumer Klosterbibliothek Mscr. Nr. III (U.-D. Oppitz, Hs. 951, Anhang I, Tabelle 44) geht eine Textallianz mit der päpstlichen Bulle ein, weitere Textallianzen gibt es nicht. Die Handschrift stammt aus einem Kloster, so erklärt sich das Interesse an einer kirchenrechtlich revidierten Fassung des Landrechts.

Seit dem 14. Jahrhundert überwiegen in den untersuchten Handschriften die Textallianzen aus dem städtischen Bereich. In der zweiten Hälfte des 14. Jahrhunderts treten die wissenschaftlichen Bearbeitungen des Sachsenspiegels auf, sie stellen der mythischen (Prologe) und normativen (Kaiserrecht, Stadtrecht) Legitimation eine sehr dezidierte Auseinandersetzung mit dem Recht zur Seite, die weit über die Kommentierung durch die bildliche Illustration hinausgeht.

---

256 F. Prinz, Der Bildgebrauch in gedruckten Rechtsbüchern, überschaut nicht die Textentwicklung der Rechtsbücher vom 13. bis zum 15./16. Jahrhundert und verkennt auch den Kern der Rechtsbücher (die ursprünglich keine geltende Gesetze, sondern Gewohnheitsrecht aufgezeichnet haben), wenn sie sagt: „Private Rechtsaufzeichnungen der geltenden Gesetze waren im 15. und 16. Jahrhundert stark verbreitet. In diesen Werken ging es nicht um die wissenschaftliche gelehrte Bearbeitung, sondern um eine reine Mitteilung des geltenden Rechts für die Praxis." (S. 123). Der in den Drucken erscheinende Text ist bereits eine wissenschaftliche Kommentierung, es ist die glossierte Vulgata-Version bzw. die glossierte und mit einem Epilog versehene Version. F. Prinz schreibt weiter: „Sie wurden als Spiegel des Rechts betitelt, in ihnen finden sich mehr Illustrationen als in anderen Gattungen juristischer Literatur." Leider stellt sich die Autorin nicht die Frage, warum eine „reine Mitteilung geltenden Rechts" eine derart gehobene Ausstattung erhielt.

257 U. Lade-Messerschmidt, Die articuli reprobati des Sachsenspiegels, S. 169–217.

Diese Textallianzen verstärken sich im 15. Jahrhundert, sie bestimmen auch den Tenor in Drucken um 1600.

3.3.1.6. Initiatoren und Terminatoren

Anfangs- und Endbegrenzungen von Textexemplaren oder Gesamtcodices treten zumeist als Bündel, d. h. in Kombination mehrerer Initiatoren bzw. Terminatoren auf. In diesen Kombinationen begegnen Initiatoren und Terminatoren mit Texthaftigkeit (z. B. Reimvorreden und Prosaprologe, Epiloge, gereimte Schlussgebete, Kolophone) und ohne Texthaftigkeit (z. B. Überschriften, Initialen, Striche, Linien, die den Schluss eines Textes markieren können). Ich stelle aus meinem Korpus signifikante Beispiele vor:

Um 1300:
In dieser Zeit überwiegen Handschriften, die mit einer Initiale – allein oder mit Miniatur – beginnen. Die Initiatorenbündel sind zunächst nicht sehr umfangreich. Sie bestehen aus der Eingangsinitiale und dem Prolog. Nicht immer sind alle Prologe in den Handschriften makrostrukturell abgesetzt. Der Harffer Sachsenspiegel (Anhang I, Tabelle 26: Hs. 1036) aus dem Jahre 1295 hat einen für diese Zeit typischen mehrgliedrigen Initiator. Er beginnt mit einer mehrzeiligen N-Initiale (1), in die das Bild eines Richters in rotem Gewand und mit blauem Mantel auf Goldgrund gemalt ist. Er hält in beiden Händen ein großes Schwert mit schwarzer Scheide, das auf seinen Knien liegt. Die Beine sind übereinander geschlagen.[258] Initiale und Miniatur sind Teil des Initiators der Vorrede Von der Herren Geburt (2). Es folgt mit dem Prolog der dritte Initiator. Er beginnt mit einer mehrzeiligen blauen D-Initiale, die ein Verfasserbild umschließt.[259] Der Textus prologi ist unmarkiert angeschlossen. Die Handschrift endet ohne expliziten Terminator.

Die Heidelberger Bilderhandschrift (Anhang I, Tabelle 26: Hs. 697) beginnt nach Textverlust und Neubindung mit dem Lehnrecht. Der Text beginnt mit einer dreizeiligen verzierten S-Initiale (1) und die Bildleiste mit sechs Wappen (2). Es gibt keinen expliziten Terminator des Codex.

Eine Ausnahme in diesem Zeitraum in Bezug auf Initiator und Terminator ist die Oldenburger Bilderhandschrift (Anhang I, Tabelle 27: Hs. 1184). Sie beginnt auf Bl. 1r mit einem Rubrum: *tabula libri primi d' speculo* (1). Es folgt das Register aller drei Bücher des Landrechts (2). Auf Blatt 6r beginnt das erste Buch des

---

258 M. Åsdahl-Holmberg (Hg.), Der Harffer Sachsenspiegel vom Jahre 1295, S. 95, Anm. 2.

259 Vgl. ebenda, S. 105.

Landrechts mit einer roten Überschrift: *Dit is der sassen speyghel* (3). Der Prolog setzt ein mit einer fünfzeiligen, reich verzierten D-Initiale (4). Der Textus prologi ist nicht besonders markiert als Teilinitiator. Autorbild und das Wappen der Grafen von Oldenburg fungieren als 5. Initiator. Der Codex ist aber deutlich makrostrukturell zweigeteilt: Die zwei Bücher Lehnrecht beginnen wie die drei Bücher Landrecht mit dem Register. Nach der roten Überschrift: *Incipit liber iiii* folgt eine deutlich prunkvollere, sechszeilige S-Initiale, die das Lehnrecht einleitet. Der Codex hat außerdem – eher ungewöhnlich für die frühe Rechtsbuchüberlieferung – einen expliziten Terminator. Der Lehnrechtstext endet und darauf folgt: *Amen* Es schließt sich ein Kolophon an, ohne Schreibernennung, aber mit Datum.

Um 1400:
Die Handschriften in meinem Korpus spiegeln wider, dass um 1400 ein Wandel der Initiatoren und Terminatoren geschieht. Er zeigt sich in der Vielfalt der Strukturen. Neben dreigliedrigen Initiatoren, wie in der Handschrift der Berliner Staatsbibliothek Ms. germ. fol. 727 (Hs. 136, Anhang I, Tabelle 36), finden sich sich sehr komplexe, mehrgliedrige Iniatoren, da nun zu den Vorreden und den Registern (z. B. Ms.germ. fol. 10 (Hs. 110, Anhang I, Tabelle 31) noch die Glossierung (z. B. U.-D. Oppitz, Hs. 122, Anhang I, Tabelle 27) kommt.

Ms. germ. fol. 727 (Hs. 136, Anhang I, Tabelle 36): Der Initiator des Codex ist das Register des ersten Buches Landrechts (1): Er beginnt mit einer roten, zweizeiligen, verzierten U-Initiale: *Uer von gotishalben beschirmer des rechtes wesen sal.* Auf Blatt 2v folgt nach der roten Überschrift (2): *Hie begynnet dat erste buch landrechtis In gotis Namen* das Landrecht ohne Vorreden mit einer roten, dreizeiligen G-Initiale (3): *God hez in ertriche cwey swert czu beschirmene dy christenheit...* Der Gesamt-Terminator des Codex befindet sich auf Blatt 65rb unten. Es ist ein Kolophon mit rot geschrieben: *Completus est liber iste Sub Anno Incarnationis dominum M°quadringentesimus sepetio In die sancti .... Per manus johanis de lorche paupis cleruli.*

Die Berliner Prachthandschrift aus dem Jahr 1369, Ms.germ. fol. 10 (Hs. 110, Anhang I, Tabelle 31), weist infolge der Makrostrukturen einen achtgliedrigen Initiator auf. Er beginnt auf Bl. 1r vor der Praefatio rhythmica mit einer roten Überschrift (1): *Hir beginnet die vorrede des bukes der sassen spigel*: Die Praefatio rhythmica (3): *Ich zimmere...*beginnt mit einer reich verzierten schwarzen Fleuronnée I-Initiale (2), die oben und am linken Rand den ganzen Text umschließt. Die Reimvorrede (4) setzt auf Blatt 1vb Z. 22 mit einer dreizeiligen, rot und grün verzierten, schwarzen G-Initiale ein: *Got hat die sassen wol bedacht...;* der Prologus (5) folgt auf Blatt 3va Z.17b mit einer dreieinhalbzeiligen, in grün und rot reich verzierten, schwarzen D-Initiale: *Des heiligen geistes minne...* Der

Textus prologi (6) setzt mit einer mehr als zweizeiligen, rot-grün verzierten G-Initiale ein: *Got die is begyn vnde ende aller dinge* (Bl. 4ra Z10+11). Nach der roten Überschrift (7) *Hir begynnet die vorrede der herren vome lande to sasse* beginnt schließlich mit einer dreizeiligen, verzierten, schwarzen N-Initiale die Vorrede Von der Herren Geburt (8). Es folgen auf Bl. 4v das Dienstmannenrecht (B. 4v) mit dem Rubrum: *hir nach beginnet der dinstlůde recht des godes hus to meydeburch* (9) und einer dreizeiligen, reich verzierten D-Initiale das Dienstmannenrecht (10) und auf Bl. 5r mit dem Rubrum *hir volget wo die ioden sveren solen.* (11) und einer dreizeiligen, reich verzierten S-Initiale der Judeneid (12), dann erst schließen sich als weitere Initatoren des Sachsenspiegel-Rechtsbuches die Register des I. Buches Landrecht (Bl. 5v) nach einem Rubrum: *hir nach heuet sik an dat registrum van me irsten buke des landrechtes. I.* und auf Bl. 6r nach einer reich verzierten, dreizeiligen W-Initiale (13) und des II. Buches Landrecht (Bl. 9r, es ist nicht besonders markiert, nur oben auf der Seite weisen die beiden römischen Ziffern über den Spalten auf das zweite Buch hin) sowie das Register des III. Buchs Landrecht an (Bl. 10v). Dieses Buch ist wiederum makrostrukturell hervorgehoben: Durch das Rubrum *hir na beginnet dat registrum des dridden buches lantrecht* (14) und eine reich verzierte, dreizeilige W-Initiale (15). Nach dem Register weist das Rubrum diesmal nicht auf das Folgende hin, sondern auf das Vorhergegangene (Bl. 13v): *hir endet dat registrum des dridden bukes lantrecht ...* (16). Dann folgt mit einer dreizeiligen, reich verzierten D-Initiale noch einmal die inhaltliche Zusammenstellung der drei Bücher Landrechts (17): *Dat irste buk segget von erue.* Erst auf Bl. 14r verweist das Rubrum: *hirna heuet an das registrum des lenrecht +* (18) und auf Bl. 14v die reich verzierte, dreizeilige W-Initiale auf den Beginn des Lehnrecht-Registers (19). Auf Bl. 19r verweist das Rubrum auf das Ende des Lehnrecht-Registers und den Anfang des ersten Buches Landrecht: *Hir endet registrum vome lenrechte. unde beginnet dit irste buk lantrechte. unde behalt in sik LXXI capitula* (20). Mit einer fünfzeiligen, reich verzierten C-Initiale (21). Die Berliner Handschrift aus dem Jahre 1369 hat auf diese Weise einen sehr umfangreichen Initiator, der der Strukturierung und besseren Übersicht über das Rechtsbuch dient.

Die einzelnen Abschnitte/Artikel sind durch abwechselnd rote und blaue Initialen markiert. Der Gesamtcodex schließt mit einem Kolophon im Anschluss an die Begleitüberlieferung des Richtsteigs von Johann von Buch: *In nere baptiste libellum hic explicit iste post xpi natus hoc nicolaus omen varium* (Bl. 157r).

Wie in der Handschrift 122 (Berliner Staatsbibliothek Ms. germ. fol. 512, Anhang I, Tabelle 27) beginnen verschiedene Codices mit einer Überschrift (1), einer vierzeiligen U-Initiale (2), die das Register (3) einleitet, dann einer sechszeiligen G-Initiale (4) als Initiator des Glossentextes, der um den Rechtstext herum geschrieben wurde. Im Inneren beginnt der Prolog (5) mit einer vierzeiligen, roten D-Initiale (6). Der Codex war terminiert, das Ende ist verloren. Die Handschrift bricht ab: *nu sat he hir sinen lesten articulum....*

Um 1500:
Diese Tendenz setzt sich in den Handschriften um 1500 fort. In dieser Zeit überwiegen die Handschriften, die mit dem Register der drei Bücher Landrechts als Initiator und häufig zusätzlich noch mit der Glossierung des Rechtstextes beginnen. Das führt – wie zum Teil schon in der zweiten Hälfte des 14. Jahrhunderts – zu vielgliedrigen, komplexen Initiatorenbündeln:

Der Berliner Codex Ms. germ. fol. 1253 (U.-D. Oppitz, Hs. 186, Anhang I, Tabelle 45) aus dem Jahr 1452 beginnt das Register mit folgendem Hinweis am linken oberen Rand, in roter Schrift, rot unterstrichen: *Dyt is dey numerus to den capitelen* (1). Am rechten oberen Rand findet sich die Blattzählung in schwarzer Schrift, rot unterstrichen: *Dyt is dey numerus to den bladere.* Das Register (2) beginnt mit einer dreizeiligen, roten, verzierten Initiale. Auf das Register folgt mit einer zehnzeiligen, roten, verzierten *G*-Initiale (3) und rot durchstrichener *O*-Majuskel die Reimvorrede (4): *Got heuet de Sassen wol bedacht Synt dijt bock ijs vullenbracht den luden alghemeyne...* Sie ist in Absätze gegliedert durch zweizeilige, rote Initialen. Der Prosaprolog (5) beginnt mit einer achtzeiligen, roten, verzierten *D*-Initiale mit folgender rot durchstrichener *E*-Majuskel: *Des hiligen gheistes mynne...* Vor dem Rechtstext wird in roter Schrift sowohl auf die Artikel des Landrechts als auch auf die der Glosse verwiesen: z. B. *Articulum i, Glosa primum Articulum* (6). Der Text des Landrechts (7) beginnt dann mit einer zweizeiligen, roten Initiale. Die Handschrift endet mit einem Explicit: *Wy syn des lantrechts to ende komen. Wey recht leif heft dey secge. Amen.* und einem Kolophon: *benedicto deo completum a MCCCCII quarte die novembri.*

Im Jahr 1473 entstand die Handschrift Berlin Ms. germ. fol. 12 (Staatsbibliothek Berlin, U.-D. Oppitz, Hs. 112 Berlin; Anhang I, Tabelle 47). Der erste Initiator ist eine dreizeilige, rote D- Initiale in Kombination mit der roten Übeschrift: *Da eyke von repgow dorch grauen hoygers willen von falkensteyn disz buch der Sachsenspigel hatte gesaczt in latein zu den privilegien als dy vuriststen vnd keysere dem lande zcu sachsen hatten gegeben Dar nach saczte her das zcu dute in aller masze als hyr nach geschrieben.* Mit dieser Überschrift greift der Schreiber veschiedene Legitimationsmuster von Rechtstexten auf. Wie Eike von Repgow in seiner Vorrede nennt er den Sachsenspiegler als Verfasser-Autorität, seinen Lehnsherrn Hoyer von Falkenstein als Auftraggeber-Autorität, aber er hebt auch ab auf die normative Legitimation als durch Fürsten und Kaiser gesetztes Recht.

Der zweite Initiator ist die verzierte I-Initiale am Rande des Textes in Kombination mit der Vorrede in Strophen: *Ich zymmere...* Die Reimvorrede, der Prolog und der Textus prologi werden als makrostrukturelle Einschnitte mit dreizeiligen, roten Initialen hervorgehoben. Vor der Reimvorrede steht in rot der Hinweis: *Eyn ander vorrede: G*(3zg rot)*ot had dy sachsen wol bedacht...* Nach den Vorreden beginnt auf Blatt 3va das Register mit dem Rubrum: *hir nach begynnet daz Register des ersten buchs*. Es ist nach Büchern gegliedert, auf jedes Buch wird im Rubrum hingewiesen. Der Text ist glossiert, die Glosse folgt auf den Landrechtstext nach dem Hinweis in roter Schrift: *Glosa*. Die Handschrift hat einen expliziten Terminator: *Finito sit laus Christi* und ein Kolophon: *Scriptum anno domini MCCCLCXXIII vigilia putacionis gloriose virginis mariae.*

Vielfach treten Handschriften auf, die ein Initiatorenbündel aufweisen, das aus einer mehr als dreizeiligen Initiale besteht, der ein oder mehrere Initiatoren mit Texthaftigkeit – Reim- und oder Prosavorreden – plus mehrzeiliger Initiale folgen, die den eigentlichen Rechtstext einleitet: Hs. 612 (nach U.-D. Oppitz, vgl. Anhang I, Tabelle 43) hat beispielsweise ein siebengliedriges Initiatorenbündel aus Eingangsinitiale, Vorrede in Strophen, Reimvorrede, Prolog, Textus prologi, Von der Herren Geburt und einer mehrzeiligen texteinleitenden Initiale. Daneben treten viergliedrige Initiatorenbündel auf: Vorrede in Strophen, die Prosavorrede Von der Herren Geburt und eine mehrzeilige Initiale (U.-D. Oppitz, Hs. 1446, vgl. Anhang I, Tabelle 45) oder Initiatorenbündel aus einer mehrzeiligen Eingangsinitale, dem Prosaprolog, dem Prolog Von der Herren Geburt mit einer mehrzeiligen, den Rechtstext einleitenden Initiale (U.-D. Oppitz, Hs. 268, vgl. Anhang I, Tabelle 43).

Die Betonung und explizite Markierung des Rechtstextbeginns hat eine lange Tradition, bereits Eike von Repgow begann seine Rechtsaufzeichnung mit Prologen, denen in der Folgezeit weitere hinzugefügt wurden. „Diese Vorreden, von denen der <Sachsenspiegel> mit Prologus, Textus Prologi, Reimvorrede und Vorrede <von der herren geburt > eine Mehrzahl besitzt, können in der handschriftlichen Überlieferung mit einem Autorenbild, einem Kaiserbild oder einer Kombination von beidem, mit dem Bild eines Fürsten oder seiner Wappen ausgestattet sein.“[260] Im 14. Jahrhundert nehmen wie z. B. bei der Berliner Handschrift 110 die Initiatoren an Umfang zu, da zur Strukturierung des Textzusammenhanges noch die Register – häufig vor dem Gesamttext – hinzukommen.

260 R. Schmidt-Wiegand, Rechtsbücher als Ausdruck pragmatischer Schriftlichkeit, S. 446.

Endbegrenzungen treten zunächst nur wenige auf. Während um 1300 in meinem Korpus nur drei Handschriften mit Kolophon enden – Hs. 845 (Anhang I, Tabelle 26), Hs. 1184 (Anhang I, Tabelle 27), 405 (Anhang I, Tabelle 29), ändert sich dies bereits in der zweiten Hälfte des 14. Jahrhunderts. In der Zeit um 1400 werden ganz allgemein zunehmend Handschriften mit Kolophon verwendet. Sie geben das Abfassungsdatum mit oder ohne Schreibernennung an und schließen mit oder ohne Gebet. Sie haben die Funktion, die einzelnen Textexemplare oder auch den Gesamtcodex zu begrenzen.[261]

Diese Tendenz bestätigt sich auch anhand der Sachsenspiegelhandschriften. Ein Explicit und ein Kolophon hat die Handschrift 875 (Anhang I, Tabelle 26). Ein Explicit nach einzelnen Textexemplaren oder am Schluss des Codex haben zwei Handschriften: Hs. 1358 (Anhang I, Tabelle 27) und Hs. 248 (Anhang I, Tabelle 29). Um 1400 gibt es bereits elf von 44 Handschriften mit Kolophon: Hs. 338 (Anhang I, Tabelle 31), Hs. 1196 (Anhang I, Tabelle 32), Hs. 989 (Anhang I, Tabelle 33), Hs. 136 (Anhang I, Tabelle 36), Hs. 735 (Anhang I, Tabelle 37), Hs. 1059 (Anhang I, Tabelle 38), einige davon haben auch ein Explicit: Hs. 1384 (Anhang I, Tabelle 32), Hs. 156 (Anhang I, Tabelle 34), Hs. 447 (Anhang I, Tabelle 36), Hs. 1201 (Anhang I, Tabelle 39), Hs. 1030 (Anhang I, Tabelle 42). Mit einem Explicit schließen drei Handschriften die Textexemplare: Hs. 110 (Anhang I, Tabelle 31), Hs. 886 (Anhang I, Tabelle 39), Hs. 408 (Anhang I, Tabelle 41).

Ab der Mitte des 15. Jahrhunderts finden sich in meinem Korpus 18 Handschriften (Vgl. Anhang I, Tabelle 44–50: Hss. 601, 602, 951, 905, 186, 664, 130, 1636, 112, 640, 642, 145, 258, 1363, 662, 537, 874, 1489) mit einem Schlusswort.[262] Um 1500 bestehen die Endbegrenzungen aus mehrgliedrigen Terminatorenbündeln: aus Hinweisen, dass das Land- oder Lehnrecht hier endet, kombiniert mit Epilogen und Schlussbemerkungen. Die Mehrgliedrigkeit des Terminators von Textexemplaren des Sachsenspiegels oder von Codices, die diese Textexemplare überliefern, entwickelte sich – wie oben gezeigt – bereits im 14. Jahrhundert. Das Bild ändert sich also signifikant ab der Mitte des 15. Jahrhunderts. In sechs Fällen fungiert der Terminator (zumeist des Landrechts, Ausnahme Hs. 1300) auch als Gesamtterminator des Codex (Anhang I, Tabelle 45: Hs. 1300; Tabelle 47: Hss. 258, 145; Tabelle 47: Hs. 1363; Tabelle 49: Hss. 640, 642).

Die Tendenz zu expliziten Initiatoren und Terminatoren wird durch den Druck im 15. und 16. Jahrhundert noch einmal bestätigt. Die Frühdrucke zeigen eher ausführliche Endbegrenzungen, wie z. B. die Landrechtsausgabe des

261 Vgl. auch G. v. Olberg-Haverkate, Zeitbilder – Weltbilder, S. 674ff.

262 Vgl. auch Kap. 3.3.1.2. Prolog, Epilog und Schlusswort/Nachschrift.

Druckers Anton Sorg.[263] Zu den Initatorenbündeln, die die Handschriften überliefern, tritt bei den Drucken ab dem 16. Jahrhundert verstärkt noch das Titelblatt hinzu. Während der Frühdruck des Bernhard Richel aus dem Jahr 1474 kein Titelblatt enthält, sondern mit dem Register beginnt, haben Drucke zum Ende des 15. Und im 16. Jahrhundert zunehmend ausführliche Titeleien. Das Titelblatt der Zobelschen Ausgabe von 1535 enthält den Titel und verweist darüber hinaus auf den Inhalt, zunächst in Bezug auf den Sachsenspiegel: *Sachsenspigell uffs neuw durchaus corigirt vnd resituirt/ Allenthalben wu dye text vorandert vnd vnuorstentlich gewest/ mit vil nauwen adicionen/ aus gemeynem Keyserrecht gezogen/ sampt eynem volkommen nůtzlichen/ Nawen gemerten Repertorio/ auch mit czweyvndzwentzigk artickeln/vnd vrsachen/ wurůmb die selbigen ynn dem Sachsenspeygell vorworffen/ auch mitt vyl Newer dewtung des Sachsenspiegels.* Dann wird die Titelei aber ausgeweitet auf die in dem Druck enthaltene Begleitüberlieferung, deren Abdruck mit ihrem Wert für die gängige Rechtspraxis begründet wird: *Item vyl urtell der werden Schöppen czu Magdeburgk/ ynn drey bůcher geteylt/ Deßgleichen an stadt des Richtsteyges/ vyl bewerter proceß/ vnd ordnung/ Vff lehen/ peynlich vnd bůrgklich gericht/ Auch vrtell etlicher Hochberumbten Schöppenstůle/ daraus man genugsam vnderricht empfahen magk/ Wye man allenthalben rechtlich volfarn/ entscheyden/ vnd vrtelln möge/ den Rechtůbenden gar nůczlich czu wissen.* Beide Hinweise sind in diesem Leipziger Druck von Melchior Lotter in Form von Dreiecken angeordnet. Die erste Zeile ist jeweils fett gedruckt, die erste Zeile des ersten Dreiecks ist in größerer Type gedruckt als die des zweiten Dreiecks. Damit wird der Sachsenspiegel mit seinen Bearbeitungen als Kerntext angesehen. Unten auf dem Titelblatt findet sich ein Nachdruckverbot.[264] Ein späterer, zweifarbiger (rot und schwarzer) Druck (1569) der Zobelschen Ausgabe durch Ernst Vögelin in Leipzig vereinigt Informationen von Titelblatt und Kolophon auf der ersten Seite der Druckausgabe: In herausgehobener, roter Schrifttype mit vielen Verzierungen wird auf den Inhalt des Buches verwiesen: *Sachsenspiegel*, darunter steht ebenfalls in rot *Auffs newe vbersehen / mit…* und darunter: *Summarien vnd newen Additionen / so aus den gemeinen Keyserrechten vnd vieler vornemer dieser Lande Doctoren/ bericht vnd ratschlegen/ Auch der Hoffgericht Schöffenstul…*In diesem ersten Block, dessen Schrifttype in jeder Zeile kleiner wird und der sich auch nach unten verjüngt, stehen auch die Informationen zu den Begleittexten. Im zweiten Block wird nun der Bearbeiter genannt: *Durch den Hochgelarten Herrn Christoff*

---

263 Siehe S. 86f. Anm. 210.

264 Vgl. K.-P. Müller, Ältere Sachsenspiegel-Drucke, S. 49, Abb. 8.

Zobel, der Rechten Doctor... Unter dem Bearbeitereintrag folgt das Wappen der Stadt Schwanebeck, des Aufraggebers/Käufers. „Der Band enthält so gut wie keine Gebrauchsspuren, diente aber wohl dennoch der Rechtsprechung. Auf seinen Einband ist über einem Plattenstempel wenig schön der Name *Schwanebeck* geprägt, darunter 1570. Auf den Vorderspiegel geklebt ist das kolorierte Wappen der Stadt, das einen Schwan mit ausgebreiteten Flügeln zeigt, unterschrieben mit: *Schwanebecensium Insignia.*"[265]

Es lässt sich zusammenfassend feststellen, dass in den Handschriften vor allem seit der zweiten Hälfte des 14. Jahrhunderts die Eingangsbetonung der Sachsenspiegelhandschriften durch mehrgliedrige Initiatorenbündel allgemein verbreitet ist; Die Initiatoren können zusätzlich auch durch eine oder mehrere Miniaturen ergänzt werden. Die explizite und mehrgliedrige Endmarkierung setzt sich dagegen erst spät durch, ist aber um 1500 in den meisten Handschriften sehr ausgeprägt. Die Drucke des 15. und 16. Jahrhunderts haben sowohl mehrgliedrige Initiatoren- als auch Terminatorenbündel. Es lässt sich aber in der zweiten Hälfte des 16. Jahrhunderts eine Tendenz feststellen, alle Informationen ähnlich wie bei heutigen Büchern auf der Titelseite zu konzentrieren.

3.3.2. Prosa – Reim, Lexik, Syntax

3.3.2.1. Prosa – Reim, Lexik

Die Textexemplare der Klasse Rechtsbücher sind in der Regel in Prosa abgefasst, das entspricht der Schriftlichkeit der Rechtstexte. Es darf jedoch nicht vergessen werden, dass die deutschsprachige Verschriftlichung des Rechts erst mit dem Sachsenspiegel begonnen hat. „Zu den Grundgegebenheiten der mittelalterlichen Rechtskultur gehört bis weit in das 15., teilweise bis in das 16. Jahrhundert, seine Mündlichkeit, die Autorität des gesprochenen vor dem geschriebenen Wort."[266] In den meisten Rechtsbüchern finden sich gereimte Passagen, die man mit Vorsicht der Mündlichkeit des Rechts zurechnen kann. Im Sachsenspiegel Landrecht sind die Vorrede in Strophen und die Vorrede in Reimpaaren sowie der Epilog gereimt. Hinzukommen noch die zumeist gereimten Schlussgebete und Nachworte. Auch der Beginn des Prosaprologs ist gereimt: *Des heiligin geystis minne, die gesterke al mine sinne.*[267] Diese gereimten Passagen sind nicht unbedingt typisch für Rechtsbücher, sondern sie treten auch in Textexemplaren

265 K.-P. Müller, Ältere Sachsenspiegel-Drucke, S. 55f. und Abb. 9.
266 B. Michael, Deutsche Rechtshandschriften, S. 292.
267 M. Åsdahl Holberg, Der Harffer Sachsenspiegel, S. 195.

auf, die zu anderen Textklassen gehören, und aus ihnen lassen sich auch keine Rückschlüsse auf die Mündlichkeit im Recht herstellen.

Bemerkenswert im Zusammenhang mit Mündlichkeit im Recht und damit auch für die Textsortenbestimmung sind vielmehr weitere gereimte Passagen im Landrecht: Buch I Artikel 16§2 verbindet Reim mit Prosa:

Swar kind ist vri unde echt
Da behalt it sines vader reht.
Is aver de vader oder de muder ein denstman oder denstwif, it kind behalt so gedan reht als it em angeboren is

Der erste Teil der Rechtsbestimmung ist gereimt und könnte damit einen Reflex des mündlichen[268] Gewohnheitsrechtes wiedergeben, das sich häufig aus mnemotechnischen Gründen des Reims bedient hat.[269] Der zweite Teil entspricht jüngeren Rechtsverhältnissen und hatte – weil hier das sehr differenzierte und regional sehr unterschiedliche Dienstrecht betroffen war – auch nicht eine so allgemeine Geltung wie die Rechtsregel, dass sich der Geburtsstand eines rechtmäßigen, d. h. ehelichen Kindes, nach dem Stand des Vaters richtet. Diese Bestimmung hat auch in gereimter Form Eingang in den Schwabenspiegel (Großes Kaiserrecht), Artikel 12 und in den Deutschenspiegel, Artikel 16 §2 gefunden.[270] Im Deutschenspiegel wird die Rechtsregel sehr viel allgemeiner wiedergegeben: Jedes Kind behält seines Vaters Recht, hier wird nicht die wirksame Ehe und auch nicht der Status der Freiheit des Vaters als notwendige Voraussetzung genannt.[271]

Eine zweite Rechtsregel wird im Landrecht gereimt weitergegeben:

Buch I Artikel 4
Oppe altville unde oppe dwerge
ne erstirf weder len noch erve
noch oppe kropelkint
Swe danne de erven sint
unde ere nesten mage
de scolen se halden in erer plage.

---

268 Vgl. zum Verhältnis Mündlichkeit und Schriftlichkeit: G. v. Olberg-Haverkate, Zeitbilder-Weltbilder, S. 81–88 und auch S. 110f.

269 Vgl. dazu: B. Janz, Rechtssprichwörter, S. 233–235 und 364–370, und Dies., Überlegungen zur Rolle von Rechtssprichwörtern, S. 87–88.

270 Vgl. R. Schmidt-Wiegand, Deutsche Rechtsregeln und Rechtssprichwörter, S. 200.

271 Vgl. E. Graf, M. Dietherr, Deutsche Rechtssprichwörter, S. 60.

Altville— die Etymologie des Wortes ist nicht erschließbar— ist „eine Bezeichnung für den Zwitter... Nach älterem Recht, Land- wie Lehnrecht, waren mißgestaltete Personen wie Zwitter, Zwerge, Krüppel, Aussätzige erbunfähig.“[272]

Ein weiterer gereimter Merksatz trifft einen immer wiederkehrenden Tatbestand im Landrecht: *It is manich man rechtlôs de nicht ist echtlôs* (Ldr. I 51§1) „Es ist mancher gerichtsunfähig, ohne damit rechtsunfähig zu sein.“[273] Eike verwendet diesen Merksatz auch, um deutlich Position zu beziehen, dass *rechtlos* und *echtlos* nicht gleichzusetzen sind. Er begründet diesen Unterschied im Text. Zu seiner Zeit wurde das ältere Wort für Recht *ê* < ahd. *ewa* durch *reht* verdrängt und bedeutungsmäßig auf das Rechtsinstitut der Ehe eingeschränkt.[274] Im Sachsenspiegel tritt *ê* und *echt* noch in der Bedeutung ‚Recht, Gesetz' auf, gleichzeitig begegnet auch *echt* im Sinne von ‚ehelich', wie der erste sprichwörtliche Merksatz über das Erbe ehelicher Kinder zeigt. Der Reim bleibt in der dialektalen Färbung der Handschriften erhalten:

Der Harffer Sachsenspiegel (Anhang I, Tabelle 26, Hs. 1036):

It is menich man rechtlois, de in is niet echtlois...[275]

Die Dresdener Bilderhandschrift (Anhang I, Tabelle 28, Hs. 450[276]:

Isz ist manch man rechteloz, der nicht isz echteloz... (Bl. 14v).

Die Gießener Handschrift Gießen UB Hs. 953 (Anhang I, Tabelle 38: Hs. 536)[277]:

It is manich man echtlosz die nest en ist rechtlosz (Bl. 14v).

Das oben genannte Beispiel zeigt Endreim. Ein noch heute geläufiges Beispiel für ein stabreimendes Rechtssprichwort ist: ‚Wer zuerst kommt malt zuerst'.:

Harffer Sachsenspiegel (Anhang I, Tabelle 26, Hs. 1036):

II Art. 59§4: *Die oc irst tů de můlen cumt, de sal erst malen*

Wolfenbütteler Bilderhandschrift (Anhang I, Tabelle 30, Hs. 1566):

Der er zu der mul kumt, der melt e. (Bl. 40r)[278]

---

272 Ebenda, S. 27. Vgl. auch B. Janz, Rechtssprichwörter, S. 68–75.

273 R. Schmidt-Wiegand, Sprache zwischen Recht und Gesetz, S. 147.

274 Vgl. R. Schmidt-Wiegand, Sprache zwischen Recht und Gesetz, S. 147f.

275 M. Åsdahl-Holmberg, Der Harffer Sachsenspiegel, S. 125.

276 Die Handschrift ist digitalisiert: http://digital.slub-dresden.de/werkansicht/dlf/6439/.

277 Die Gießener Handschrift ist digitalisiert: http://digisam.ub.uni-giessen.de/diglit/hs-953.

278 Wolfenbütteler Bilderhandschrift http://www.sachsenspiegel-online.de.

Diese Rechtsregeln — sie können Rechtssprichwortcharakter erlangen[279] – dienten der juristischen Wissensvermittlung, der „Popularisierung gelehrter Sätze des deutschen wie des römischen und kanonischen Rechts".[280] Es ist möglich, dass diese beiden gereimten Rechtsregeln in Eikes Sachsenspiegel mündlich tradiertem Gewohnheitsrecht, dessen Aufzeichnung er ja mit seinem Rechtsbuch verfolgte, entsprachen. Genau lässt sich das nicht entscheiden, da knappe, gereimte Rechtssätze und Rechtssprichwörter auch im gelehrten Recht verbreitet waren und Eike sowohl Kenntnisse des römischen wie des kanonischen Rechts hatte. „Das Sprichwort war bereits vor der Rezeption des römischen Rechts ein beliebtes Mittel der Wissensvermittlung…"[281].

Wie die sprichwörtlichen Rechtsregeln, so sind auch Paarformeln und generell mehrgliedrige Formen mnemotechnische Hilfen, die im stark formalisierten, mündlichen, mittelalterlichen Prozess, dazu beitrugen, dass der genaue Wortlaut, von dem das Gelingen des Prozesses abhing, nicht verfehlt wurde.[282] Der Sachsenspiegel enthält ca. 40 zweigliedrige Formen, ein Drittel davon kommt im Landrecht und zwei Drittel kommen im Lehnrecht vor.[283] Es treten tautologische (z. B. *ledig unde vri* Ldr III 42)[284] und differenzierende Formeln auf. Wie im Falle von *recht* und *echt*, muss in einigen Fällen der Kontext klären, ob es sich hier um eine tautologische Formel handelt, die die jüngere Bezeichnung (*recht*) neben der älteren (*ê* < ‚Recht') aufführt, oder ob es sich um eine differenzierende Formel handelt, die zwischen ‚rechtmäßig' und ‚ehelich' oder, wie bei *rechtlos* und *echtlos*, zwischen ‚gerichtsunfähig' und ‚rechtsunfähig' unterscheidet. Weitere Beispiele für differenzierende zweigliedrige Formeln sind *vri unde echt*, ‚frei und ehelich', *elike unde echtlike*, ‚ehelich und rechtmäßig' (Ldr. I 3,3)[285], *dublich oder roublich*[286], ‚von Diebstahl oder Raub herrührend' (Ldr II§34); negiert: *vnduflike vnde vnroiflike*[287] (Ldr II 29) oder *di ir recht mit dube oder mit roube oder*

279 Siehe zur Definition des Rechtssprichwortes R. Schmidt-Wiegand, Deutsche Rechtsregeln und Rechtssprichwörter, S. 10–18.

280 Ebenda, S. 9.

281 Ebenda, S. 9.

282 R. Schmidt-Wiegand, Der Mainzer Reichslandfriede, S. 350.

283 R. Schmidt-Wiegand, Sprache zwischen Gesetz und Recht, S. 148.

284 Wolfenbütteler Bilderhandschrift, Digitalisat https://sachsenspiegel-online.de Bl. 47r.

285 M. Åsdahl-Holmberg, Der Harffer Sachsenspiegel, S. 107.

286 Wolfenbütteler Bilderhandschrift, Digitalisat https://www.sachsenspiegel-online.de Bl. 34v: *Sine phenninge vorlust he aber, di he dar umme gap, unde iener behelt sin gut, das im vorstoln was, ab he sich darzu czut uf den heiligen selb dritte vollenkumener lute an irme rechte, di is wissen, das is im duplich oder rouplich genumen si.*

287 M. Åsdahl-Holmberg, Der Harffer Sachsenspiegel, S. 150.

andirs vorwirken[288] (Ldr III 45). In den letztgenannten Beispielen wird juristisch zwischen Diebstahl und Raub unterschieden. In den folgenden Beispielen werden unterschiedliche rechtlich-soziale Zusammenhänge in der Paarformel voneinander unterschieden: *eigen oder vri* ‚eigen oder frei' (Lnr Art. 25)[289], *eigen oder len*[290] (Ldr III 76), *sin eigen oder sin len* (Ldr II 54)[291], *noch eigen noch erbe* ‚weder Eigentum noch Erbe' (Ldr. I 34)[292]; *morgengabe unde musdele* ‚Morgengabe und Musteil' (Ldr. I 20.4)[293]. Die richtige Schwurformel ließ sich auch am besten durch eine differenzierende Paarformel merken: *mit fingeren unde mit tunge*.[294] Neben den zweigliedrigen Formen begegnen im Sachsenspiegel auch mehrgliedrige Verbindungen und assoziative Reihungen wie im Prolog: *Van rehte in sal niemanne wissen lieve noch leide noch torn noch gift.*[295] 'Vom Recht soll sich keiner abbringen lassen, weder durch Liebe noch Leid, weder durch Drohung noch durch Geschenk'.[296]

Nicht alle mehrgliedrigen Formeln entstammen der Mündlichkeit vor Gericht, einige gehen den umgekehrten Weg, sie kommen wie z. B. *mit minne eder mit rehte* aus der lateinischen Urkundensprache: *consilio vel iudicio* und finden Eingang in die mündliche Rechtssprache.[297] In der Mehrheit beziehen sich die mehrgliedrigen Wendungen im Sachsenspiegel Land- und Lehnrecht „vor allem auf das mündliche Verfahren vor Gericht, aus dem sie kommen und in dem sie laufend gebraucht worden sind, dann, wenn es um die Auflassung eines Gutes, Eigentum an Grund und Boden, ging, die vom Gerichtsumstand ‚gesehen und gehört' werden mußte und daher mit Schwurfingergebärde und mit den richtigen

---

288 Wolfenbütteler Bilderhandschrift, Digitalisat https://www.sachsenspiegel-online.de Bl. 48r.

289 Wolfenbütteler Bilderhandschrift, Digitalisat https://www.sachsenspiegel-online.de Bl. 67v.

290 Wolfenbütteler Bilderhandschrift, Digitalisat https://www.sachsenspiegel-online.de Bl. 55v.

291 Wolfenbütteler Bilderhandschrift, Digitalisat https://www.sachsenspiegel-online.de Bl. 38v: *he enhabe dri huven oder me, di sin eigen sin oder sin len…*

292 Wolfenbütteler Bilderhandschrift, Digitalisat https://www.sachsenspiegel-online.de Bl. 19r.

293 Wolfenbütteler Bilderhandschrift, Digitalisat https://www.sachsenspiegel-online.de Bl. 15v.

294 Vgl. dazu ausführlich: R. Schmidt-Wiegand, Mit Finger und mit Zunge, S. 255–262.

295 M. Åsdahl-Holmberg, Der Harffer Sachsenspiegel, S. 105.

296 C. Schott (Hg.), Eike von Repgow. Der Sachsenspiegel, S. 29.

297 Siehe ausführlich: E. Dittmer, Untersuchungen zum Formelschatz, S. 24–52; J. Weitzel, Die Formel *consilio et iudicio*, S. 573–591.

Worten der Eidesformel, *mit fingeren und mit tunge*, zu erfolgen hatte."[298] Es ist also vielfach die Mündlichkeit im Recht, vor allem vor Gericht, die hier in der Wahl der sprachlichen Form und der Lexik bedeutsam wird.

Auch die Judeneide, gesetztes Recht, die von einem Vorsprecher vorgetragen und wortgetreu wiedergegeben werden mussten, bedienen sich in manchen Textexemplaren des Reims oder mehrgliedriger Formeln, z. B. der Erfurter Judeneid:

> *Des dich dirre sculdegit, des bistur vnschuldic. So dir got helfe. Der got der himel vnde erdin gescuf, loub, blumen vnde gras, des da uore nine was…*[299]

Im Magdeburger Judeneid aus der Handschrift Ms. germ. fol. 10 (U.-D. Oppitz, Hs. 110), Bl. 5r, der insgesamt sehr viel diskriminierender ist als der Erfurter Judeneid oder die ursprünglichen Bestimmungen im Sachsenspiegel, lautet die Stelle viel prosaischer:

> *Dat die god so helpede selue god de da her werden vñ geschup hemel. vñ erde. berch. vñ dal . vur . water . vnde luft . lo̊f . vñ grås . vñ da to alle ding.*

Ein Zeichen für das verschriftlichte Recht sind andererseits die zahlreichen Definitionen in allen Rechtsbüchern: z. B. I 2§1 *Vriheit diu is aver drier hande: sceppenbare…, pflechhaften…, lantseten…* oder I 6§1 *Mit swelkeme gude des man bestirft, dat het allet erve.*[300] Sehr genau wirken die Definitionen im Goslarer Stadtrechtsbuch, der Verfasser erklärt die Rechtsformeln *binnen Landes*: *Dit hetet binnen landes: twischen der Elve unde der Weser unde twischen Doringhen unde der sehe…* und *binnen Jahr und Tag*: *Jar unde dach is: en iar unde ses weken unde dre daghe* (Buch 1 IV, Art. 1–3, Ms. germ fol. 536, Bl. 27v und 28r; U.-D. Oppitz, Hs. 124).

Definitionen dienen vor allem der Abgrenzung von allgemeinsprachlicher und fachsprachlicher Bedeutung. Denn ein besonderes Kennzeichen der Fachsprache des Rechts ist ihre Nähe zur Allgemeinsprache. „Zumindest Teile der Rechtssprache haben weit engere Berührungspunkte mit der Allgemeinsprache, als dies bei Fachsprachen sonst der Fall ist."[301] Schon Eike von Repgow war die Nähe zwischen allgemeiner Sprache und Rechtssprache deutlich bewusst, er stellt z. B. klar, dass allgemeinsprachliche Wörter in einem bestimmten rechtlichen Kontext bedeutungsmäßig abzugrenzen sind. So erläutert er: *Mit welchem gute ein man stirbit, das heist alles erbe* (Tabelle: 30, Hs. 1566; Wolfenbütteler

---

298 R. Schmidt-Wiegand, Sprache zwischen Recht und Gesetz, S. 149.
299 Zitiert nach: H. U. Schmid, Historische deutsche Fachsprachen, S. 217.
300 Siehe ausführlich dazu N. Wallmeier, Sprachliche Muster, S. 111f. und öfter.
301 Siehe dazu: Historische Rechtssprache des Deutschen, S. 25.

Bilderhandschrift[302], fol. 12r). *Gut* ‚Besitz Vermögen‘ wird im Fall des Todes als *Erbe* bezeichnet. Neben der Definition gibt es auch die Variante der genauen Fallbeschreibung, um die rechtssprachliche Festlegung eines Begriffes zu erreichen wie z. B. bei dem Begriff ‚handhafte Tat‘: *Die handhafte tat ist da, wo man einen man mit der tat begrift oder in der vlucht der tat oder ab he dube oder roup in sinen gewern hat, da he selve den slussil zu treit.* (Tabelle: 30, Hs. 1566; Wolfenbütteler Bilderhandschrift, Bl. 34r).

Auch die Verwendung der Bezeichnung *wette* bzw. *gewette* im Sachsenspiegel weicht zum Teil von der Allgemeinsprache ab und hat eindeutig fachsprachlichen Charakter: Die Bezeichnung *Wette < lat. vadium* ‚Pfand, bewegliche Habe‘, *germ. wadja, ahd. weti, mhd. wette* hatte im Mittelhochdeutschen bereits eine rechtssprachliche Bedeutung: ‚Pfandvertrag, Rechtsverbindlichkeit, Einsatz, Ertrag‘.[303] Diese Bedeutng begegnet in den Sachsenspiegelhandschriften nicht, dafür tritt das Substantiv *Wette* mit dem Präfix *Ge-* in einer spezifisch rechtssprachlichen Bedeutung auf. Das Wort *Gewette* bezeichnet ‚die Geldsumme, die bei einem verlorenen Prozess außer der Buße an den Gerichtsherren zu zahlen ist‘:

Wolfenbütteler Bilderhandschrift, (www.sachsenspiegel-online.de) Bl. 77v:

> *Swelch vorste aber vanlen hat,*
> *der wettit deme kunige hundert phunt sul-*
> *cher phenninge, alse in der munzce genge*
> *unde gebe sin, da das gewette inne gewunnen*
> *is, das phunt bi zcwenzcig schillingen.*

Es fällt im oben angegebenen Beispiel auf, dass das Verb *wetten* in der Bedeutung ‚zahlen‘ ohne Präfix auftritt, das Substantiv dagegen mit dem Präfix *ge-*. In den Handschriften des Sachsenspiegels bekommt das Wort *wette/gewette* Konkurrenz durch das Lehnwort *pfant* ‚der Sicherung eines Anspruchs dienende (bewegliche) Sache bzw. an ihr, Pfandbrief‘[304] < afrz. *pand* ‚Tuch, Fetzen‘ < lat. *pannus* ‚Tuch, Fahne‘. Das Pfand war ursprünglich das Stück Stoff, Kleidung etc.,

302 Hier und im Folgenden entnehme ich die Zitate aus der Wolfenbütteler Bilderhandschrift so wie auch die Übersetzung aus dem Digitalisat: http://sachsenspiegel-online.de.

303 Vgl. R. Schmidt-Wiegand, Der Rechtswortschatz, S. 223; Dies., Sprache und Geschichte, S. 40f.

304 G. Köbler, Etymologisches Wörterbuch, S. 303f. Gerhard Köbler verzeichnet das Wort *Gewette* nicht in seinem Wörterbuch, er geht ausschließlich auf *Wette* ein: „(gegenseitiges) zur Bekräftigung bestimmter widerstreitender Behauptungen mehrerer Vertragspartner dienendes Versprechen dass dem dessen Behauptung sich als richtig erweist ein Gewinn zufallen soll“. (S. 465).

das dem Schuldner abgenommen wurde.[305] In den Sachsenspiegelhandschriften kommt *Pfand* in dieser Bedeutung vor. Im heutigen Sprachgebrauch bezeichnet *Pfand* auch den Geldbetrag, der zur Sicherheit abgegeben wird, z. B. beim Flaschenpfand. In den Sachsenspiegelhandschriften ist dies nur für die Bezeichnungen *wetten* ‚(Pfand) zahlen' und *Wette* zu beobachten, *pfand* benennt immer einen Gegenstand.

Im folgenden Beispiel (Ldr. III 53) werden beide Bezeichnungen verwendet.

Wolfenbütteler Bilderhandschrift, (www.sachsenspiegel-online.de) Bl. 22r: ‚Wegen jeder dieser Sachen zahlt er dem Richter sein Gewette, und bei jeder Schuld, durch die der Mann seine Buße erstreitet, hat auch der Richter sein Gewette. Doch zahlt man dem Richter auch häufig Gewette wegen ungebührlichen Verhaltens vor Gericht, wofür weder der Kläger noch derjenige, gegen den die Klage geht, Buße erstreiten. Wer Gewette und Buße nicht zum rechten Termin zahlt, den soll der Fronbote darum pfänden, und er soll das Pfand sofort zur Begleichung der Schuld versetzen oder verkaufen.'

> *Umme icliche dirre*
> *sachen wettit he dem richtere . unde umme*
> *alle schult . da der man sine buse mite gewin-*
> *net . da hat der richter sin gewette an. doch*
> *wettit man deme richtere dicke umme un-*
> *czucht . di man tut in deme dinge . da der cle-*
> *ger noch uf den di clage get . keine buse an*
> *gewinnet . Wer gewette unde buzse nicht en-*
> *gibt zu rechtin tagin . der vronebote sal en da vor*
> *phenden unde sal is zu hant vorseczin oder vor-*
> *koufen vor di schult .*

Das Verb *pfänden* hat hier die Bedeutung ‚ein Pfand hinterlegen', *wetten* tritt in der Bedeutung ‚zahlen' auf; das Substantiv *Wette* wird daneben in der präfigierten Form *Gewette* als Rechtswort verwendet und hat die spezifische rechtliche Konnotation ‚Geldsumme, die bei einem verlorenen Prozess außer der Buße an den Gerichtsherren zu zahlen ist'. Auch in der Harffer Sachsenspiegelhandschrift (Anhang I: Tabelle 26, U.-D. Oppitz, Hs. 1036) hat die präfigierte Form die spezifisch rechtssprachliche Bedeutung und *pfänden* in der unverschobenen Form *penden* bedeutet ‚ein Pfand abgeben':

> ... *Swe gewetde vnde bûte nicht ne gift tû rechten dagen, de vrone bode sal in dar vûre penden*...

305 Vgl. R. Schmidt-Wiegand, Der Rechtswortschatz, S. 223.

Pfand und *pfänden* stehen in den Sachsenspiegelhandschriften noch in Konkurrenz zum älteren Wort *wette*, das noch keine Bedeutungsverschiebung im heutigen Sinne erfahren hat und damit nur noch im Zusammenhang mit ‚(Glücks-) Spiel' verwendet werden kann. Die Bezeichnung *wette* – ohne Präfix *ge-* – begegnet in den Sachsenspiegelhandschriften noch in der weiteren, allgemeinsprachlichen Bedeutung ‚Pfand' und bezeichnet hier Gegenstände, die zur Sicherung der Ansprüche einbehalten werden können:

‚Kauft ein Jude oder nimmt er zum Pfand Kelche, Bücher oder Gewänder, für die er keinen Gewährsmann hat, und findet man diese in seinem Besitz, so richtet man über ihn wie über einen Dieb.'

Harffer Sachsenspiegel[306], (III7§4): *Koft der iude oder nimt he tů wedde keleke oder bůke oder ger, dar he ingeinin an ne heuet, vint ment binnin sinin geweren, men rihtit over inn als over einin dief.*

(Tabelle: 30, Hs. 1566; Wolfenbütteler Bilderhandschrift, Bl.59r): *Koft en iode . oder nymt he to wedde kelke . oder buke . oder gerwe . da her nenen geweren an ne heuet . vynnt man bynnen sinen geweren . man richtet over yn als over enen dief .*

Im Sachsenspiegel kommen sehr wenige Fremdwörter vor, sie betreffen nicht den Rechtswortschatz, sondern repräsentieren eher einen höfischen Wortschatz: z. B. Wörter wie *amîe* ‚Geliebte, im Register der Wolfenbütteler Bilderhandschrift (U.-D. Oppitz 1566): *Von not der amien* (Bl. 6r) und im Text des Landrechts (Bl. 48r): *An varnden wiben unde an siner ameien mag der man not tun unde sinen lip vorwirken . ab er si ane danc belegit* oder ebenso das Wort '*turnei* ‚Turnier'. Es wird im Zusammenhang mit dem Waffenverbot an Friedenstagen erwähnt: *Binnen gesworn vride ensal man keine wapen vuren . wen zu des riches dinste unde zu turnei sonder swert* (Bl. 41v).[307]

Im Unterschied zum Fremdwortschatz treten zahlreiche Lehnwörter auf, d. h. Bezeichnungen, die in der Wortbildung, Schreibung und Flexion dem volkssprachigen Wortschatz bereits angeglichen sind. Hier sind z. B. als Rechtswörter *voit* ‚Vogt' < lat. *vocatus* und *voiitie* ‚Vogtei' zu nennen (Tabelle 30: Hs. 1566, Bl. 10v und 19r). Das Wort *camph* < lat. *campus* bedeutet im rechtssprachlichen Zusammenhang ‚gerichtlicher Zweikampf'.[308] So müssen z. B. gebrechliche Personen vor Gericht antworten oder Klage führen, ohne einen Vormund, wenn es aber

306 M. Åsdahl-Holmberg, Der Harffer Sachsenspiegel, S. 169f.

307 Vgl. auch: R. Schmidt-Wiegand, Der Rechtswortschatz, S. 221f.; H. U. Schmid, Historische deutsche Fachsprachen, S. 224.

308 Vgl. D. Hüpper-Dröge, Der gerichtliche Zweikampf, S. 607–661; H. Holzhauer, Der gerichtliche Zweikampf, S. 263–283.

zu einem gerichtlichen Zweikampf kommt, dann sollen sie sich vertreten lassen (Tabelle: 30, Hs. 1566; Wolfenbütteler Bilderhandschrift, Bl. 20v/21r):

Lame lute suln ouch entwurtin oder clagen ane vormunden . is ensi das di clage zu camphe ge…

In der niederdeutschen Berliner Handschrift Ms.germ. fol. 10 (U.-D. Oppitz Hs. 110) tritt die Bezeichnung für den Zweikampf unverschoben auf: *Von dem kampe LIII . We dem anderen kampes weigeren mach LIIII* (Register, Bl. 8r).

In der Wolfenbütteler Bilderhandschrift treten ältere Formen auf, die vor der zweiten Lautverschiebung in den Wortschatz übernommen wurden, und jüngere unverschobene. Wie die Bezeichnung *camph*, bei der lat. *p* zu *pf* (in der Wolfenbütteler Bilderhandschrift: *ph*-Schreibung) verschoben ist, sind viele Lehnwörter bereits vor der zweiten Lautverschiebung in den Wortschatz übernommen worden: *Pfaffe, phalburgere/pfalburgere, pherd/pferd, pfenning/phening, phand/pfand, phleghafte* etc. Daneben gibt es aber auch unverschobene, später entlehnte Wörter wie z. B. *pabist, paradis, pine, pristere.* „Sie beziehen sich wie die älteren Lehnwörter *bischof* und *phaffe* auch auf die kirchliche Hierarchie und Organisation oder wie *kelch* und *kriesam* ‚Salböl' auf liturgische Gegenstände und Utensilien."[309] Ein unverschobenes rechtssprachliches Wort ist in der Wolfenbütteler Bilderhandschrift *pine* ‚peinliche Strafe, Leibesstrafe' (Tabelle: 30, Hs. 1566, Bl. 44r):

Swelch man einen beclageten man umme ungerihte geweldiclichen deme gerihte enphurt . wirt he gephangen . he lidet pine ieme… Das spät übernommene Lehnwort kündet hier von den Anfängen der Verwendung der Leibesstrafe in der Strafjustiz wie sie uns im Sachsenspiegel begegnet.[310]

Der mittelniederdeutsche Sachsenspiegeltext aus dem Magdeburger Rechtskreis war die Vorlage vieler weiterer Handschriften. Schreiber aus anderen Mundartregionen übernahmen die Vorlage nicht immer vollkommen, sie mischten die ihnen geläufige Mundart in das neue Textexemplar. Der ripuarische Schreiber der Harffer Sachsenspiegelhandschrift (Anhang I: Tabelle 26, U.-D. Oppitz, Hs. 1036) übernimmt z. B. überwiegend die niederdeutschen Wörter der Vorlage, an einigen Stellen „macht der Schreiber von seiner mundartlichen Form" Gebrauch: z. B. nd. *bringen*/ rip. *brengen*; nd. *wol*/ rip. *wale* ‚wohl', nd. *unde*/ rip. *inde* ‚und' etc.[311] Neben den Wörtern, die in allen Sachsenspiegelhandschriften – mehr oder weniger dialektal gefärbt – vorkommen, finden sich auch spezifische

---

309 R. Schmidt-Wiegand, Der Rechtswortschatz, S. 223.

310 Vgl. dazu: F. Scheele, *Di sal man alle radebrechen*, Bd. 1, S. 61ff.

311 M. Åsdahl-Holmberg, Der Harffer Sachsenspiegel, S. 34, 35 und 36.

Dialektwörter, die keine überregionale Verbreitung gefunden haben. Der ripuarische Schreiber der Harffer Handschrift verwendet z. B. in dem Artikel über das Wergeld der Haustiere, d. h. in der rechtlichen Regelung des Schadensersatzes bei Tötung bestimmter Haustiere, ein mundartliches Wort aus dem agrarischen Bereich, *creme* ‚Mutterschwein' (Ldr. III §1): *Die creme, de verkene dregit oder tuit*[312]. In anderen Handschriften wie z. B. der Dresdener Bilderhandschrift, Dresden SLUB M 32 (Tabelle 28; Hs. 450, Bl. 45r)[313] oder in der Wolfenbütteler Bilderhandschrift (Tabelle: 30, Hs. 1566, Bl. 49r)[314] wird stattdessen *di suwe di ferkil treit oder zuyt* (Hs. 450, Bl. 45r) bzw. *di suwe, di verkil treit oder zuit* (Hs. 1566, Bl. 49r), ‚die Sau, die Ferkel trägt oder säugt', verwendet.

Im ursprünglich juristischen Fachwortschatz (z. B. *rehtelos*, *rihter*, *gerihte*), im allgemeinsprachlichen, juristisch interpretierten Wortschatz (z. B. *clagen* ‚allgemeinsprachlich: wehklagen, jammern'; ‚fachsprachlich: vor Gericht Klage führen') sowie in den juristischen Definitionen überwiegt insgesamt der Erbwortschatz. Im Landrecht werden zahlreiche volkssprachige Komposita verwendet, die spezifisch der Fachsprache des Rechts zuzurechnen sind: z. B. *musteil* ‚Hälfte der Speisevorräte', *kebeskind* ‚Kind aus einer nichtehelichen Verbindung'; *morgengabe/morgengave* ‚Gabe, Geschenk, dass die Ehefrau von ihrem Mann nach der Brautnacht erhält'; *swertmag* ‚der Verwandte der Vaterseite'.[315] So findet sich z. B. in der Berliner Handschrift, die Homeyer zur Grundlage seiner Sachsenspiegeltextausgabe gemacht hat (Tabelle 31: Hs. 110, Berlin Ms. germ. fol. 10, Bl. 6v, Register): *Wat to morgengaue . mustele . rade . erve hort XXV.* ‚Was zur Morgengabe (= Gabe des Mannes am Morgen nach der Hochzeit), zum Musteil (= die der Frau bei Auflösung der Ehe oder 30 Tage nach dem Tode des Mannes zustehende Hälfte des Speisevorrates), zur Gerade (= Familienhausrat, der im Erbfall an die nächste weibliche Verwandte fällt) und zum Erbe gehört'.

Vor allem die Wortbildung hat eine große Bedeutung für den Rechtswortschatz des Sachsenspiegels.[316] Hier sind zu nennen: 1. Komposita (wie oben angführt); 2. Ableitungen, die abstrakte juristische Sachzusammenhänge wiedergeben:

zu 2) Ableitungen mit dem Suffix *–schaft* < *schaffen*: das Suffix ist zur Zeit des Sachsenspiegels in Kombination mit Substantiven sehr produktiv: *eigenschaft* ‚Knechtschaft, Unfreiheit' (Wolfenbüttel Bilderhandschrift z. B. Bl. 46v);

---

312 Ebenda, S. 185.

313 http://digital.slub-dresden.de/werkansicht/dlf/6439/97/0/

314 http://sachsenspiegel-online.de Bl. 49r.

315 Vgl. R. Schmidt-Wiegand, Der Rechtswortschatz im Sachsenspiegel, S. 2344.

316 Vgl. ebenda und Dies., Der Rechtswortschatz, S. 227.

geburschaft (Bl. 63r), *graveschaft* (Bl. 52r), *lantgraveschaft* (Bl.52r), *manschaft* (Bl: 8r), *vormundeschaft* (Bl. 18v), etc. Ebenso produktiv ist die Ableitung mit dem Suffix *-heit*, das sich mit Substantiven und Adjektiven verbindet. Abstrakta dieser Gruppe wurden zunächst im Rahmen der Mystik gebildet, z. B. *kristenheit* (Wolfenbüttel Bilderhandschrift z. B. Bl.41r), *menscheit* (Bl. 41r), *torheit* (Bl. 18r), *warheit* (Bl. 20v), *gewisheit* (Bl. 3r), *krancheit* (Bl 17r), *stêtigkeit* (Bl.10v), *gewonheit* (Bl. 25v), *unkuscheit* (Bl. 12r), etc. Nur das Wort *vriheit* führt in einen rechtlich-sozialen Zusammenhang. Ausgesprochen viele Deverbativa auf *-ungen* dagegen machen den Rechtswortschatz des Sachsenspiegels aus, ich zitiere aus der Wolfenbütteler Bilderhandschrift: *absunderunge* ‚Auszahlung künftiger Erben' (Bl.4r), *besserunge* ‚Ausbesserung (Bl. 2r), *bewisunge* ‚Einweisung in ein Gut' (Bl. 62r*)*, *inwisunge* ‚Einweisung in ein Gut' (Bl 27 v), *ladunge* ‚Vorladung' (Bl. 77v), *lenunge* ‚Belehnung' (Bl. 61r*)*, *liunge* ‚Belehnung' (Bl. 71v), *losunge* ‚Freilassung' (Bl. 47r), *marcscheidunge* ‚Gemarkungsgrenze' (Bl. 79v*) notwerunge* ‚Notwehr' (Bl. 40v), *saczunge* ‚Verpfändung' (Bl. 69v), *sammunge* ‚Versammlung des Heeres' (Bl. 60r*)*, *sinnunge* ‚Lehensbegehren' (Bl. 64v), *sizzunge* ‚Festsetzung, Verurteilung' (Bl. 57r), *statunge*, ‚Erstattung, Vergütung' (Bl. 62v), *teilung* ‚Erbteilung', *erbteilunge* ‚Erteilung, Erbtrennung' (Bl. 14r), *vorfestunge* ‚Gerichtliche Ächtung, Bezirksacht' (Bl. 22v), *zcweiunge* ‚Halbbürtigkeit' (Bl. 11r). Zu nennen sind weiterhin Adjetivableitungen auf *-bar*, *-ig*, *-lik*, *-los* und *-haft*, die ebenfalls zur Bildung von Rechtswörtern im engeren Sinne genutzt wurden, z. B.: *scepenbar* ‚schöffenbar, zum Schöffenamt befähigt' (Hs. 1036, Harffer Sachsenspiegel, S. 183[317] (III45§1), ‚*schuldig* (Wolfenbütteler Bilderhandschrift, Tabelle 30: Hs. 1566, Bl. 12r), *billich* (Hs. 1566, Bl. 15v) *unbillich* (Hs. 1566, Bl. 85v), *erbelos* (Hs. 1566, Bl. 18r) und *pfleghaft* ‚abgabenpflichtig' (Hs. 1566, Bl. 49v). Die produktivste Gruppe in Bezug auf den Rechtswortschatz der Rechtsbücher sind die Adjektive auf *-bar*, *-los* und *-haft* z. B.:[318] *seintbar* < *sentbar* ‚gerichtsfähig' (Hs. 1566, Bl. 1v), *schephinbar* (Hs. 1566, Bl. 10r); *echtelos* (Hs. 1566, Bl. 21r), *rechtelos* (Hs. 1566, Bl. 21r), *erlos* (Hs. 1566, Bl. 29r); *handhaft* ‚frische Tat, bei der der Täter die Waffen noch in der Hand hat' (Hs. 1566, Bl. 22v), *schadehaft*, (Hs. 1566, Bl. 56v) *wettehaft* ‚zur Zahlung eines Gewettes verpflichtet' (Hs. 1566, Bl. 46r), *wonhaft* (Hs. 1566, Bl. 4r), *werhaft* (Hs. 1566, Bl. 43v).

Anhand der Form ‚Reim oder Prosa', der Verwendung von Rechtssprichwörtern sowie an der Wahl von mehrgliedrigen Formen einerseits und der sehr

317 M. Åsdahl-Holmberg, Harffer Sachsenspiegel, S. 183.

318 Vgl. auch R. Schmidt, Rechtswortschatz im Sachsenspiegel, S. 2345f.; Dies., Rechtswortschatz, S. 229.

häufigen Verwendung von Definitionen rechtlich relevanter Begriffe sowie dem Gebrauch von Abstrakta und abgeleiteten Rechtswörtern andererseits zeigt sich eine Kombination von mündlicher Rechtssprache und Schriftlichkeit. Textsortentypisch ist der Gegensatz von mnemotechnischen Hilfen (Paarformeln, Reim, Sprichwörtern), die eher dem mündlichen Gebrauch entsprechen, und auf der anderen Seite die Verwendung von eindeutig schriftsprachlich geprägten Rechtswörtern und Definitionen, die eine hohe Abstraktion und Komplexität spiegeln. Es zeigen sich im Bereich der Lexik damit die beiden Seiten mittelalterlichen Rechts: die mündliche und die schriftliche Seite. Beide gehören eng zusammen, es gibt kein Gegeneinander, sondern ein Miteinander: Mündlichkeit des Rechts darf nicht in dem Sinne missverstanden werden, dass es sich hier im Unterschied zum schriftlichen Recht um altes, ursprüngliches Gewohnheitsrecht handelt, das im Widerstreit mit schriftlichem Rechts steht. Schriftliches Recht in lateinischer Sprache hat eine lange Tradition, mündliches Recht in der Volkssprache ebenso. Beide haben lange eher miteinander als nebeneinander existiert, sodass die Wurzeln in der mittelalterlichen Rechtssprache oft nicht mehr zweifelsfrei erkennbar sind. Mit der Verschriftlichung des Rechts in der Volkssprache wird dies sehr deutlich. Die Mündlichkeit behält im mittelalterlichen Rechtsverfahren neben der Schriftlichkeit weiterhin eine eminente Bedeutung. Das sehr formalisierte mittelalterliche Prozessrecht erforderte auch in der Mündlichkeit eine genaue Beachtung der Form, Laien konnten ohne Vorsprecher, die den genauen Wortlaut der rechtlichen Bestimmungen vorsprachen, kaum Prozesse gewinnen. Dies wird in den Sachsenspiegelhandschriften sehr deutlich. Ein weiteres Ergebnis der Wortuntersuchungen ist, dass es von hier aus keine Hinweise auf eine lateinische Vorfassung des volkssprachigen Sachsenspiegels gibt. Der Rechtswortschatz besteht zu einem überwiegenden Anteil aus Erbwörtern. Angestrebt ist vor dem Hintergrund der mittelniederdeutschen Vorlage eine überregionale Verständlichkeit, der Einfluss des Schreiberdialekts ist aber dennoch in den Abschriften zum Teil spürbar.

3.3.2.2. Syntax

In diesem Kapitel können nur einzelne Beobachtungen wiedergegeben werden, eine eingehende syntaktische Untersuchung des Sachsenspiegels wie auch anderer Rechtsbücher steht noch aus.[319]

---

319 Vgl. dazu auch: N. Wallmeier, Sprachliche Muster, S. 113–115, H.-U. Schmid, *Verspelt aber en man sin gut…*, S. 353f

1. Auffällig im Sachsenspiegel ist das Auftreten längerer narrativer Passagen.[320] So steht in dem folgenden Beispiel die mittelalterliche Auffassung von der Weltgeschichte nicht nur neben der mittelalterlichen Vorstellung von der rechtlich-sozialen Ordnung, sondern sie wird mit ihr verbunden. Sprachlich geschieht diese Verknüfung beider Textstellen durch eine textverbindende Formel: *zu der selven wis* ‚in derselben Weise'. Genauso wie die Welt in sieben Weltalter gegliedert ist, gliedern sich die Heerschilde, d. h. die rechtlich-soziale Ordnung, im Lande Sachsen in sieben Stände: ‚Origines weissagte vorzeiten, daß es sechs Weltalter geben werde, das Weltalter zu tausend Jahren gerechnet, in dem siebten sollte die Welt zugrunde gehen. Nun ist uns aus der Heiligen Schrift bekannt, dass mit Adam das erste Weltalter begann, mit Noah das zweite, mit Abraham das dritte, mit Moses das vierte, mit David das fünfte, mit Gottes Geburt das sechste. In dem siebten befinden wir uns jetzt, ohne Gewißheit über seine Dauer. Auf die selbe Weise sind die Heerschilde angeordnet, von denen der König den ersten hat, die Bischöfe und Äbte und die Äbtissinnen den zweiten, die Laienfürsten den dritten, weil sie der Bischöfe Lehensleute geworden sind, die freien Herren den vierten, die schöffenbaren Leute und die Lehensleute der freien Herren den fünften, ihre Lehensleute sodann den sechsten. So wie die Christenheit im siebten Weltalter keine Gewißheit hat, wie lange es (das Weltalter) bestehen wird, so weiß man auch von dem siebten Schild nicht, ob er Lehenrecht oder Heerschildrecht haben kann.'[321]

Ich zitiere zunächst vollständig nach der Wolfenbütteler Bilderhandschrift capitulum III (Tabelle 30: Hs. 1566)[322]

__C III O__rigenes wissaite hi vor, das sechs
werlde solden sin, di werlt bi tusent
jaren ufgenumen, in deme sibinden solde si
czugen. __N__u is uns kundig von der hei-
ligen schrift, das an Adame di erste werlt
began. __A__n Noe di andere. __A__n Abraha-
me di dritte. __A__n Moisi di vierde.
__A__n Davide di vunfte. __A__n Gotis gebur-
te di sechste. __I__n der sibinden sin wir nu sun-
der gewisse zal. <u>Zu der selbin wis</u> sint di

320 Vgl. dazu auch N. Wallmeier, Sprachliche Muster, S. 106f.

321 Die Übersetzung richtet sich nach der digitalisierten Übersetzung der Wolfenbütteler Bilderhandschrift. Digitalisat: www.sachsenspiegel-online.de, Bl. 1v.

322 Digitalisat: www.sachsenspiegel-online.de, Bl. 1v.

herschilde usgeleit, den der kunic den ersten hat, di bischove unde di epte vnde di eptischinnen den anderen, di leienvursten den dritten, sint si der bischove man worden sin, di vrien hern den vierden, di schephinbare lute unde der vrien herrin man den vunften, ire man vurbas den sechsten. Alse di cristenheit in der sibinden werlt keine stetikeit enweis, wi lange si sten sulle, also weis man ouch an deme sibindin Schilde nicht, ab he lenrecht oder herschilt gihabin muge

Harffer Sachsenspiegel (Tabelle 26: Hs. 1036):[323] *Tů dirre seluin wis sint die herschilde v̊t gheleget...*

Berliner Sachsenspiegelhandschrift Ms. germ. fol. 10 (Tabelle 31: Hs. 110) Bl. 20r: *Tu dirre seluen wis . sint de herschilde utgeleget.*[324]

Die narrativen Passagen dienen hier inhaltlich der historischen Legitimation des Rechtsbuches. Seit dem 14. Jahrhundert und verstärkt im städtischen Zusammenhang zeigt sich diese Art der Rechtslegitimation durch die Textallianz mit Stadtchroniken, besonders mit der Magdeburger Weichbildchronik. Im Sachsenspiegel ist der Rückgriff auf die Weltgeschichte, die Darstellung der Weltalterlehre, mit Blick auf die rechtliche Ordnung ein wesentlicher Bestandteil des Rechtstextes (Ldr. I 3§1), er stellt die Verbindung zwischen der göttlichen Weltordnung und der Rechtsordnung (Heerschildordnung Ldr. I 3§3) her.

2. In Rechtstexten finden sich überproportional viele Konditionalsätze, die das Rechtshandlung-Folge-Muster repräsentieren.[325] Der am häufigsten verwendete Konstruktionstyp in Rechtsbüchern ist der uneingeleitete Konditonalsatz[326]: Ldr. II 12§12: *Schilt de Swave des Saissen ordeil, oder de Sasse eines, dat mǔten si vorme koninge behalden, alse hir vore geredet is.*[327] ‚Schilt ein Schwabe des Sachsen Urteil oder der Sachse des Schwaben Urteil, so müssen sie dies vor dem König entscheiden lassen, wie hiervor ausgeführt wurde.'[328] H. U. Schmid konnte

323 M. Åsdahl-Holmberg, der Harffer Sachsenspiegel, S. 107, I 3 §2

324 Digitalisat: http://digital.staatsbibliothek-berlin.de/ Ms. germ. fol. 10.

325 Vgl. N. Wallmeier, Sprachliche Muster, S. 113–115.

326 Vgl. O. Behaghel, Deutsche Syntax, S. 636; N. Wallmeier, Sprachliche Muster, S. 113–115, H.-U. Schmid, *Verspelt aber en man sin gut...*, S. 353f.; W. Mascheck, Zur Syntax der Bedingungssätze, S. 4–12.

327 M. Åsdahl-Holmberg, Der Harffer Sachsenspiegel, S. 142.

328 C. Schott (Hg.), Eike von Repgow. Der Sachsenspiegel, S. 105.

nachweisen, dass im Deutschen- und im Schwabenspiegel an dieser Stelle ein *ist daz*-Gefüge den Konditionalsatz einleitet: „Speziell die hochdeutschen Rechtsbücher, also nicht der niederdeutsche ‚Sachsenspiegel', kennen eine Abart des uneingeleiteten Konditionalsatzes, nämlich das ist daz-Gefüge."[329] *Und ist daz ein man urteile widerwirfet, sô sol man sie ziehen an den hôheren richte runde ze jungest für den künic* (Deutschenspiegel 106,1 – entspricht Sachsenspiegel II. 12,4).[330] Über die niederdeutschen Abschriften des Großen Kaiserrechts kommt das *ist daz*-Gefüge in das niederdeutsche Sprachgebiet.[331]

Das Rechtshandlung-Folge-Muster kann auch durch die Abfolge von Subjektsatz und Hauptsatz ausgedrückt werden, wenn der Subjektsatz eine Rechtshandlung bezeichnet. In *Swe so oc ein ordeil scilt, de spreke alsůs* (Ldr II§11, Harffer Sachsenspiegel.) wird der Subjektsatz im Hauptsatz durch *de* wieder aufgenommen. In *Swer lif oder hant lediget, dat yme mit rehte verdeilt is, de is rehtlos* (Ldr. I 65§2, Harffer Sachsenspiegel) liegt eine Abfolge von Subjektsatz, Konsekutivsatz, der vom Verbum finitum *ledigen* des Subjektsatzes abhängig ist, und Hauptsatz vor. N. Wallmeier erkennt in dieser Konstruktion die lateinischen *Si quis*-Formulierungen älterer Rechtstexte: „Eingeleitet wird der Subjektsatz meist durch *swe* (‚wer auch immer'), das dem unbestimmten quis der Lex Salica entspricht."[332]

Die Verteilung der Konditionalsatzarten ist nicht in allen Rechtsbüchern gleich: Im Soester Stadtrecht, einer Übertragung aus dem Lateinischen, „dominiert die Subjektsatzvariante".[333] Im Sachsenspiegel kommen beide Arten der Konditionalsätze gleichberechtigt nebeneinander vor. Im ältesten Stadtrechtsbuch, dem Mühlhäuser Rechtsbuch (oder auch Reichsrechtsbuch) – es ist noch älter als der Sachsenspiegel und es ist von ihm unabhängig entstanden – dominieren die uneingeleiteten Konditionalsätze. Das könnte dafür sprechen, dass in den uneingeleiteten Konditionalsätzen Formulierungen mündlichen Gewohnheitsrechts begegnen, wohingegen die Subjektsätze auf eine alte Tradtion verschriftlichten Rechts zurückgeführt werden können.[334]

3. Häufig begegnen im Sachsenspiegel verallgemeinernde Relativsätze. Sie treten oft nach Aufforderungssätzen auf, die mit *Nun hört von…* beginnen, die

329 H. U. Schmid, *Verspelt aver en man sin gut…*, S. 355.
330 Siehe ebenda.
331 Ebenda, S. 355f.
332 N. Wallmeier, Sprachliche Muster, S. 114.
333 Ebenda, S. 189. Vgl. auch N. Wallmeier, Handlungsstrukturen.
334 Vgl. auch ebenda, S. 190.

Aufmerksamkeit des Hörers/Lesers ansprechen wollen und den Rechtsgegenstand, der im Folgenden verhandelt wird, darlegen, z.B:

Wolfenbütteler Bilderhandschrift (Anhang I,Tabelle 30: Hs. 1566) capitulum XXXIII:

Nu vornemt umme ein wip, di kint treit noch irs mannes tode und sich barhaftig bewiset zu der bigraft oder zu dem drisegisten:...

‚Nun hört von der Frau, die nach dem Tod ihres Mannes ein Kind trägt und sich beim Begräbnis oder am Dreißigsten als schwanger erweist:....‘[335]
Harffer Sachsenspiegel (Anhang I, Tabelle 26: Hs. 1036) Ldr II 66 § 1:

Nv̊ vernemit den alden vreden, den die keissirlike gewalt gestediget heuet deme lande tů Saissen...

‚Nun hört von dem alten Frieden, den die kaiserliche Gewalt dem Land zu Sachsen gestiftet hat...‘[336]
Ebenfalls häufig treten Relativsätze nach Subjetsätzen auf:
Harffer Sachsenspiegel (Hs. 1036) Ldr II 71 §1:

Swe den vrede brict, dat sal men richten als he vore geredit is.[337]

„Wenn jemand den Frieden bricht, das soll man richten, wie es vorher besprochen worden ist.‘
Wolfenbütteler Bilderhandschrift, Bl. 40r:

Welch wagen er uf di brucke kumt, der sal er ubergen...

Der Fuhrwagen, der zuerst auf die Brücke kommt, der soll sie zuerst überqueren...‘[338]

4. Besonders bemerkenswert ist im Sachsenspiegel der Gegensatz von Hypotaxe und Kurzsätzen. Ich führe zunächst einige Beispiele für Hypotaxen an:

Harffer Sachsenspiegel (Hs. 1036): Ldr III 13: *Wirt ein man vor gerihte vmbe vngerihte beclagit* (Konditionalsatz 1), *dar he nicht tů antwarden nis* (Temporalsatz 1), *vnde wirt yme vor gededingit binnin den degedingen* (Konditionalsatz 2), *kumt yne de clegere an* (Konditionalsatz 3), *he můt ine wol bestedigen tů rehte vmbe sine schuldeginge* (Hauptsatz), *also lange want he burgen sette vor tů*

335 Wolfenbütteler Bilderhandschrift, https.//www.sachsenspiegel-online.de Bl. 18v.
336 M. Åsdahl-Holmberg, Der Harffer Sachsenspiegel, S. 164.
337 M. Åsdahl-Holmberg, Der Harffer Sachsenspiegel, S. 166.
338 Wolfenbütteler Bilderhandschrift, https.//www.sachsenspiegel-online.de Bl. 40r.

comene (Temporalsatz 2), *wende de rihtere wrict vrede ieneme* (Kausalsatz), *de da clagit* (Attributsatz 1) *vnde niht deme, den men an sine iegewarde vore ladet* (Attributsatz 2).[339]

‚Wird ein Mann vor Gericht wegen eines Verbrechens angeklagt, wenn er nicht anwesend ist, und wird ihm ein Verhandlungstag bestimmt, begegnet ihm der Kläger, so darf er ihn zu Recht festnehmen und solange beschuldigen, bis jener Bürgen für sein Erscheinen bei Gericht gestellt hat, weil der Richter demjenigen Frieden bewirkt, der da klagt und nicht demjenigen, den man in seiner Gegenwart vorlädt.'[340]

Wolfenbütteler Bilderhandschrift (Hs. 1566) capitulum IX., Bl. 12r:

W*er aber den andirn gelobet* (Konditionalsatz 1), *ein eigen zu gebene vor gerihte* (Infinitivsatz), *unde ienir sin silbir oder sin gut dar uf gibt* (Konditionalsatz 2), *stirbit ienir denne* (Konditionalsatz 3), *er im di gabe bestetiget wirt* (Temporalsatz), *man sal das sinem erbin leisten* (Hauptsatz 1), *als man ieme solde* (Relativsatz 1), *als das hes ieme virgelde* (Konditionalsatz 3), *dirselbe sal man ouch tun um icliche varnde habe* (Hauptsatz 2).[341]

‚Wer aber einem anderen gelobt, ihm ein Grundstück vor Gericht zu übergeben, und jener sein Silber oder sein Gut dafür gibt, und stirbt dann jener, bevor ihm die Übergabe bestätigt wird, so soll man seinem Erben leisten, was man jenem (dem Verstorbenen) gegenüber tun sollte, sofern dieser es jenem ganz bezahlte; ebenso soll man sich in Bezug auf jede Fahrhabe verhalten.'[342]

Kurzsätze treten entweder zu Beginn der einzelnen Rechtsbestimmungen auf mit der Funktion, knapp in einen Tatbestand einzuführen, oder am Ende mit der Funktion, den Tatbestand, eingängig zu resümieren:

Wolfenbütteler Bilderhandschrift (Hs. 1566) capitulum XIII, Bl. 29r:

Den dip sal man hengen. ‚Den Dieb soll man hängen.'[343]

Harffer Sachsenspiegel Ldr I 20 §7[344]

Die můder ist gast in des sones geweren, vnde die sone in der můder.

---

339 M. Åsdahl-Holmberg, Der Harffer Sachsenspiegel, S. 171.

340 Vgl. auch: H. U. Schmid, Historische deutsche Fachsprachen, S. 226f.

341 Die Interpunktion in den Beispielen ist normalisiert. Bei der Analyse der Syntax gehe ich von der Interpunktion in den Handschriften aus: Gesamtsätze werden durch Majuskeln gekennzeichnet oder durch Majuskeln in Kombination mit einem mittelhohen Punkt. Vgl. dazu auch G. v. Olberg-Haverkate, Zeitbilder, S. 687–696.

342 Wolfenbütteler Bilderhandschrift https://www.sachsenspiegel-online.de Bl. 12v.

343 Wolfenbütteler Bilderhandschrift https://www.sachsenspiegel-online.de Bl. 29r.

344 M. Åsdahl-Holmberg, Der Harffer Sachsenspiegel, S. 116.

‚Die Mutter ist Gast in Bezug auf den Besitz des Sohnes und der Sohn ist Gast in Bezug auf den Besitz der Mutter'.

Die Kurzsätze haben einen oder zwei Zentralbegriffe, z. B. *Dieb*, *Mutter*, *Sohn*, die durch die Bestimmung in einen rechtlichen Kontext gesetzt werden, der dann näher erläutert wird. Ruth Schmidt-Wiegand hat darauf hingewiesen, dass diese kurzen Merksätze häufig einen bestimmten Rhythmus haben, der die Merkfähigkeit erleichtert. Sie hat festgestellt, dass diese Art der Merksätze auch in anderen Rechtstexten auftritt und spricht deshalb vom „Umlaufcharakter der Kurzsätze".[345] Die Hypotaxe ist ebenfalls nicht nur typisch für Rechtsbücher, sondern sie tritt z. B. auch in der Sächsischen Weltchronik-Überlieferung auf. „Die Gesamtsatzstrukturierung macht den Eindruck einer starken *schriftsprachlichen* Orientierung. Besonders bei den frühen Handschriften 24, 16 und besonders 17 (des Buchs der Welt, die Verf.) entsteht der Eindruck einer vor allem am lateinischen Satzbau und dessen Sinnstrukturierungen orientierten Interpunktion. Sie hat zu sehr umfassenden Gesamtsätzen geführt."[346] Kurze Merksätze, die an mündliche Strukturen anknüpfen, stehen im Sachsenspiel neben Satzstrukturen, die aus einer langen lateinischen Schriftlichkeit erwachsen sind. Es ist das Zusammenspiel beider Phänomene, ihr Spannungsverhältnis, das textsortenkennzeichnend für die Rechtsbücher ist.

5. Typisch für Rechtstexte allgemein ist die sprachliche Umsetzung von Verboten, Geboten und Aufforderungen.[347] Dies geschieht durch die Verwendung der Modalverben *mut*[348], *scal* und *mag* oder des Verbs *sein* in Kombination mit dem Adjektiv *pflichtig* ‚verpflichtet" oder deren Negation. Sie drücken aus, in welcher Weise die Befolgung der rechtlichen Bestimmung erwartet wird. Als Ergebnis der Bestimmungen, die mit den Verben *mut*, *ist zu* oder *ist pflichtig* gebildet werden, wird die unbedingte Folge erwartet. Eine bestimmte Person muss/ist (nicht) verpflichtet, eine bestimmte Handlung auszuführen: Wolfenbütteler Bilderhandschrift, Hs. 1566, Bl. 64: *Ab der herre sinem manne zu lenrechte tedinget, bin deme tedinge enis he nicht phlichtig, dem manne zu entwortene, ab he en ichtes schuldiget, di wile sin sache unvolent is.* Es handelt sich hier um Gebote und Verbote.

345 R. Schmidt-Wiegand, Rechtswortschatz, S. 213f.

346 G. v. Olberg-Haverkate, Zeitbilder, S. 696.

347 Vgl. dazu ausführlich: N. Wallmeier, Sprachliche Muster, S. 109–111.

348 Das Verb *müssen* hat im Sachsenspiegel bereits überwiegend die Bedeutung ‚müssen', nur in einigen wenigen Fällen findet sich auch ‚dürfen'. Vgl. die Beispiele bei N. Wallmeier, Sprachliche Muster, S. 110.

Bestimmungen, die das Verb *mag* enthalten, sind Ermessens-Bestimmungen, die unter bestimmten Bedingungen einzuhalten sind: *Doch mugen di vursten gewern einen man mit eineme offen brive besigelt, also das si da mite senden irn ingebornen dinstman, der das gut vorste an ire stat.* ‚Fürsten können die Gewährschaft für einen Mann mit einer offenen, besiegelten Urkunde übernehmen, wenn sie mit dieser einen kraft Geburt in ihren Diensten stehenden Mann mitschicken, der das Gut an ihrer Stelle vertritt.'[349]

Am häufigsten kommt das Verb *sculn/suln/soln* ‚schuldig sein, müssen' vor:[350] Diese Rechtsregeln müssen eingehalten werden, es gibt aber Ausnahmen: *Lame lute suln ouch entwortin unde clagen ane vormunden, is ensi, das di clage zu camphe ge...* ‚Gelähmte sollen vor Gericht antworten und klagen ohne Vormund, es sei denn, die Klage läuft auf einen gerichtlichen Zweikampf hinaus.' (Ldr 48, Bl. 20v).[351]

Die Verwendung von Modalverben ist typisch für Rechtstexte. Ihre rechtssprachliche Bedeutung ist festgelegt und kann sich von der allgemeinsprachlichen unterscheiden, aber es kommt ihnen keine spezielle textsortendifferenzierende Funktion zu. Modalverben treten sowohl in gesetzten Rechtstexten als auch in nicht gesetzgeberisch autorisierten Rechtsbüchern auf. Auch im heutigen Recht (vor allem im Verwaltungsrecht) kommt den Modalverben eine feste Bedeutung zu: Das Ermessen wird „... durch Ausdrücke wie ‚kann', ‚darf', ‚ist befugt' usw." ausgedrückt. „Im Gegensatz dazu ist die Behörde zum Handeln verpflichtet (gesetzlich gebundene Verwaltung), wenn die Ausdrücke ‚muss', ‚ist zu (erteilen)', ‚darf nicht (versagt werden)' usw. verwendet werden... Wenn die Behörde unter bestimmten Bedingungen tätig werden ‚soll', so ist sie dazu in der Regel verpflichtet, kann aber in Ausnahmefällen, in atypischen Situationen davon absehen."[352] Obschon man bei den Rechtsbüchern, sehr im Unterschied zu dem von mir zitierten heutigen Verwaltungsrecht, nicht von einem gesetzgeberischen Akt ausgehen kann, finden sich bereits in der Syntax des Textes, der auf Eike von Repgow zurückgeht, die drei auch heute noch im normativen Recht gebräuchlichen Gebots- und Verbotsstrukturen (1. *muss, darf nicht, ist pflichtig*), Soll-Bestimmungen (2. *soll*) und Ermessens-Bestimmungen (3. *kann*, mhd. *mag, darf, ist befugt*). Sie werden seit dem 13. Jahrhundert durch Modalverben

349 Wolfenbütteler Bilderhandschrift, Digitalisat http://www.sachsenspiegel.de, Bl. 36r.

350 Vgl. auch: H. Paul, T. Klein, H.-J. Solms, K. P. Wegera, Mittelhochdeutsche Grammatik, S. 267.

351 Wolfenbütteler Bilderhandschrift, Digitalisat http://www.sachsenspiegel.de, Bl. 20v.

352 H. Maurer, Allgemeines Verwaltungsrecht, S. 144f.

ausgedrückt. Die vorrangige Verwendung des Verbs *sollen* im Sachsenspiegel zeigt, dass die „privaten" Rechtsbücher, die nicht kodifiziertes Recht aufzeichnen, versucht haben, alle Fälle und ihre Ausnahmen zu berücksichtigen, denn *sollen* signalisiert, dass es immer noch Ausnahmen von der genannten Regel geben kann. Die Soll-Vorschriften zeigen vielleicht am ehesten den Übergang vom mündlichen zum schriftlichen Recht, das keinen zu großen Ermessenspielraum lassen durfte, aber auch nicht zu rigide normativ eingreifen konnte.

6. Indirekte und direkte Rede treten hauptsächlich bei der Darstellung der Verhandlungen in Gerichtsverfahren auf. Eike von Repgow verwendet überwiegend die indirekte Rede: z. B. wird beim gerichtlichen Zweikampf in Ldr. I 63§4 der Schwur vor dem Richter in indirekter Rede angegeben: *Vor den richtere solen si, beide gegerwet gan unde sweren, die eine: dat dw schult war si, dar he ine vmbe verclagit heuet, vnde de ander: dat he vnschuldich si, dat inne Got so helpe tů irme kampe vnde die heiligen*.[353]

   Nur dreimal begegnet die direkte Rede im Sachsenspiel, als direkter Reflex der stark formalisierten Mündlichkeit[354] vor Gericht: In I 63§2 folgt auf Ldr. I 63§1 eine Bestimmung, die überwiegend in indirekter Rede verfasst ist, eine direkte Rede: *So spricht he word: Dar sach ich selue in seluen inde beschriet in mit deme gerůchte; will he des bekennen, dat is me lief; vnde bekant he des nicht, ich will is in bereden mit alle deme rechte, dat mir it lantvolc irdeilt oder de schepenen, of it vnder kůninges banne is. So bidde der iene ener gewere, de sal men yme důn...*[355] „So spreche er weiterhin: ‚Dort habe ich selbst eben denselben gesehen und mit dem Notruf beschrien. Will er dies zugeben, so soll es mir lieb sein. Und wenn er sich nicht dazu bekennt, so werde ich es ihm nachweisen mit all dem Recht, das mir das Landvolk zuerkennt oder die Schöffen', wenn das Gericht unter dem Königsbann tagt. Wenn dann der Beklagte um Gewährschaft bittet, so soll man ihm diese geben..."[356] Im formalisierten mittelalterlichen Prozess, besonders im sächsisch-magdeburgischen Prozessrecht und den von ihm beeinflussten Rechtszentren wie z. B. Goslar kam es auf den genauen Wortlaut an, um den Prozess zu gewinnen.[357]

   In II 3§1 kommt es ganz eindeutig auf den genauen Wortlaut an, der Beklagte kann die Klage um Herausgabe seines (rechtmäßigen) Besitzes erst

353 M. Åsdahl-Holmberg, Der Harffer Sachsenspiegel, S. 133.
354 Vgl. T. Meyer, Gefahr vor Gericht.
355 M. Åsdahl-Holmberg, Der Harffer Sachsenspiegel, S. 132.
356 C. Schott (Hg.), Eike von Repgow, Der Sachsenspiegel, S. 85f.
357 Vgl. T. Meyer, Gefahr vor Gericht, S. 232

einmal abwenden, wenn er folgenden Satz sagt: *Mir in is he vmbe nicht here gedegedinget.*[358] „Mir ist hierfür kein Verhandlungstermin gesetzt."[359] Auch die dritte direkte Rede ist eine eindeutige Prozesshilfe, indem sie den genauen Wortlaut bei der Urteilsschelte (Urteilsanfechtung) angibt: *Dat ordeil dat die man vůnden hevet, dat is vnreht, dat scheiltich vnde thie des dar ich is durch reht tien sal, vnde bidde dar vmbe einis ordels, war ich is durch reht thien sůle.*[360] „Das Urteil, das der Mann gefunden hat, ist unrecht. Ich schelte es und bringe es dahin, wohin ich es dem Recht gemäß bringen soll. Und bitte dort, wohin ich es rechtmäßig bringen muss, um ein Urteil."[361]

Auch in Stadtrechten, wie z. B. im Goslarer oder Herforder Rechtsbuch, wird in den Textstellen zum Gerichtsverfahren häufig die direkte Rede verwendet: *So kome de klegher mit synem vorspreken in dat gherichte unde spreke aldus: herr gogreve, desse man biddet, dat gi ju vordenken, wo he hir nelekest was unde screyede over den man unde biddet ju umme gherichte.*[362] Das Gerichtsverfahren war sehr formalisiert, und es kam im Verfahren darauf an, dass man bestimmte Wendungen benutzte, um das Verfahren nicht zu verlieren. Der Fürsprecher/Vorsprecher war kein Anwalt, sondern ihm kam die Aufgabe zu, für die Verfahrensteilnehmer zu sprechen, damit diese die Gelegenheit zu eventuellen Korrekturen nutzen konnten. Im Sachsenspiegel ist der Vorsprecher in den zitierten Stellen nicht erwähnt, in den Stadtrechten dagegen wird er immer wieder genannt. Vielleicht ist dies ein Zeichen für die sich verschärfende Formenstrenge innerhalb der mittelalterlichen Gerichtsverfahren.

Komplexe Hypotaxen stehen in den Rechtsbüchern häufig im Gegensatz zu Kurzsätzen. Die Verwendung der direkten oder indirekten Rede steht im Gegensatz zu stärker narrativen Passagen Die langen narrativen Passagen im Sachsenspiegel dienen vor allem der historischen Legitimation des nicht gesetzgeberisch autorisierten Rechtstextes. Zur Neuzeit und mit der zunehmenden normativen Legitimierung tritt diese Erscheinungsform in Rechtstexten in den Hintergrund. In den Rechtsbüchern zeigen sich nicht nur anhand der Lexik, sondern auch in Bezug auf die Syntax sehr klar die beiden gegensätzlichen Seiten des mittelalterlichen volkssprachigen Rechts: Einerseits zeigt sich in der Schriftsprache ein deutlicher Abdruck einer traditionellen, durch die lateinische Schriftsprache

358 M. Åsdahl-Holmberg, Der Harffer Sachsenspiegel, S. 137.
359 C. Schott (Hg.), Eike von Repgow, Der Sachsenspiegel, S. 95.
360 M. Åsdahl-Holmberg, Der Harffer Sachsenspiegel, S. 142.
361 C. Schott (Hg.), Eike von Repgow. Der Sachsenspiegel, S. 105.
362 Theodor Helmert-Corvey (Hg.), Rechtsbuch der Stadt Herford, Bl. 12 rb.

beeinflussten Schriftlichkeit, und andererseits wird der Rückgriff auf mündliche Strukturen deutlich, die nicht zuletzt eine große Bedeutung für die formalisierte Mündlichkeit vor Gericht hatten. Bei der Verwendung von eingeleiteten Konditionalsätzen greifen die mittelalterlichen Rechtsbücher auf bewährte Formen des schriftlichen (lateinischen) Rechts zurück. Die Verwendung des mit *swe* eingeleiteten Konditionalsatzes zeigt den Einfluss des schriftlichen (lateinischen) Rechtes, nicht unbedingt in der Weise, dass man direkt auf eine lateinische Vorlage des Sachsenspiegels schließen könnte, sondern eher als langer von der lateinischen Schriftlichkeit beeinflusster Prozess. Die Häufigkeit der Verwendung der „Subjektsätze" – *si quis*-Sätze – kann aber durchaus auch davon beeinfusst sein, ob der Rechtstext direkt aus dem Lateinischen in die Volkssprache übertragen wurde, wie dies z. B. beim Soester Stadtrecht der Fall ist. Insgesamt überwiegen in den Rechtsbüchern aber die uneingeleiteten Konditionalsätze bzw. das *ist das*-Gefüge. Bemerkenswert ist, dass die Modalverben im Sachsenspiegel bereits in derselben Weise verwendet werden wie im heutigen normativen Recht.

Als textsortenspezifisch lässt sich an dieser Stelle ein Spannungsverhältnis erkennen, das durch die volkssprachige Mündlichkeit einerseits und durch eine vom Latein beeinflusste Schriftlichkeit andererseits gekennzeichnet ist. Im folgenden Kapitel möchte ich vor allem anhand der lateinischen Sachsenspiegel-Überlieferung und an Spuren lateinischer Sprache in den Überschriften oder anhand der Textallianzen das Verhältnis Volkssprache – Latein beleuchten.

3.3.3. Das Verhältnis Deutsch – Latein

Eike von Repgow sagt in seinem Vorwort zum Sachsenspiegel, dass er den Rechtstext zunächst in lateinischer Sprache verfasst habe, erst auf Drängen seines Lehnsherrn Hoyer von Falkenstein habe er die deutsche Übersetzung angefertigt. Seit K. Zeumer[363] geht die rechtshistorische Forschung davon aus, dass der ursprüngliche lateinische Text, der Ur-Sachsenspiegel, verloren gegangen sei. Möglich ist aber auch, dass es gar keine lateinische Version gegeben hat und dass der Hinweis in der Vorrede als gelehrter Topos[364] zu verstehen ist: Ein

363 K. Zeumer, Über den verlorenen lateinischen Urtext des Sachsenspiegels, S. 455–474.

364 Anzeichen für die Existenz einer ursprünglichen lateinischen Fassung „scheinen im Görlitzer Rechtsbuch und im Auctor vetus de beneficis, einer Bearbeitung des Lehnrechts in lateinischer Fassung gegeben zu sein." R. Schmidt-Wiegand, Die Bedeutung und Wirkung des Sachsenspiegels, S. 34. Vgl. auch die Forschungsdiskussion bei N. Wallmeier, Sprachliche Muster, S. 92f.

Topos, der die Funktion hatte, die volkssprachige, private Rechtsaufzeichnung, eine Seltenheit im 13. Jahrhundert, zu legitimieren.

In verschiedenen volkssprachigen Sachsenspiegelhandschriften finden sich lateinische Zwischenüberschriften, die ganz allgemein das Muster lateinischer Rechtsaufzeichnungen erkennen lassen. So z. B. in der Wolfenbütteler Bilderhandschrift aus dem 14. Jahrhundert (U.-D. Oppitz Hs. 1566), Bl. 42v: *Incipit liber tertius capitulum I.* und die Berliner Handschriften Ms. germ. fol. 616, geschrieben 1466 (Tabelle 47: Hs. 130): *Et sic est finis istium librum, Incipit liber secundum* und Ms. germ. fol. 765 aus dem Jahre 1468 (Tabelle 47: Hs. 145): *Explicit liber primus* und *Sequitus liber secundus* Bl. 73v. Viele volkssprachige Handschriften schließen die Rechtsbuchüberlieferung mit einem lateinischen Explicit oder Kolophon ab: z. B. Anhang I, Tabelle 26, Hs. 875; Tabelle 31, Hs. 110; Tabelle 32, Hss. 1384, 1196; Tabelle 36: Hss. 447, 136; Tabelle 37: Hs. 735; Tabelle 38: Hs. 1039; Tabelle 39: Hs. 1201; Tabelle 40: Hs. 637; Tabelle 41: Hs. 408; Tabelle 42: Hs. 1030; Tabelle 44: Hs. 951; Tabelle 45: Hs. 664; Tabelle 46: Hs. 905; Tabelle 47: Hss. 258, 130; Tabelle 47: Hs. 145; Tabelle 48: Hss. 537, 112, 1363; Tabelle 49: Hss. 640, 601, 662, 642; Tabelle 50: Hs. 874.

Es lassen sich ausgehend von der Lexik und der Syntax keine Hinweise auf eine lateinische Urfassung feststellen, auch die überlieferten lateinischen Rechtsbücherhandschriften lassen keine eindeutigen Rückschlüsse auf eine ursprüngliche lateinische Fassung zu. Im Folgenden gehe ich auf die Handschriftensituation der lateinischen Sachsenspiegel-Überlieferung ein, vergleiche sie mit der herrschenden Textentwicklungstheorie und analysiere die externen Merkmale. Es ist keine Handschrift überliefert, die eine erste lateinische Textfassung Eikes repräsentieren könnte. Nur das Lehnrecht des Sachsenspiegels in der Version Eikes findet sich in lateinischer Übersetzung im *Auctor vetus de beneficiis*.[365] Aber auch hiervon existiert keine Handschrift. Drei mögliche Handschriften lassen sich rekonstruieren: die bei U.-D. Oppitz verzeichneten Handschriften 494, 512 und 713. Handschrift 494 war zunächst im Besitz des Gießener Rechtswissenschaftlers (und Assessors am Reichskammergericht) Ulrich (Huldrich) von Eyben (1629–1699). Sein Sohn Christian Wilhelm von Eyben, ebenfalls Jurist, gab die Handschrift, deren Herkunft er nicht mehr bestimmen konnte, 1706 an Christian Thomasius.[366] Thomasius (1655–1728) besorgte 1708 den Druck des

365 Vgl. zum Auctor vetus de beneficis U.-D. Oppitz, Rechtsbücher, Bd. I, S. 27f.; Ders., Artikel 'Auctor vetus de beneficiis', Sp. 326–327.

366 Vgl. U.-D. Oppitz, Rechtsbücher, Bd. II, S. 489.

Lehnrechts.[367] Vor ihm druckte bereits 1569 Johann Havichorst diese lateinische Version des Lehnrechts.[368] Auszüge aus dem lateinischen Rechtstext vermittelt auch der Jurist Marquard Freher (1565–1614) 1599,[369] in dessen Besitz die verschollene Handschrift 512 gewesen sein soll.[370] Der Gießener Jurist Johann Nikolaus Hert erwähnt in einem Brief, dass er im Besitz des *Auctor vetus de beneficii* sei. Da er aber 1708 die Schriften Huldrich von Eybens herausgab, bezieht er sich möglicherweise auf das Exemplar von Eybens'.[371] Eine ostmitteldeutsche Übersetzung des *Auctor vetus* ist im Görlitzer Rechtsbuch (Oppitz Hs. 580a) handschriftlich überliefert.[372] Die Handschrift (Görlitz Stadtarchiv Rep. b. A. I S. 230 Nr. Varia 8) stammt aus dem 13. bis 14. Jahrhundert. Die Autoren des Bandes Sächsisch-Magdeburgisches Recht in Polen halten es, ohne nähere Gründe anzugeben, für sehr wahrscheinlich, „dass es sich bei diesem Text um die lateinische Urfassung von Eikes Sachsenspiegel-Lehnrecht handelt."[373] Aufgrund der relativen Geschlossenheit des Rechtswortschatzes des volkssprachigen Sachsenspiegels sowie des geringen Einflusses des Lateinischen auf den Text zweifelt Ruth Schmidt-Wiegand „an der lateinischen Urfassung des Rechtsbuches".[374] Nadine Wallmeier führt an, dass „eine lateinische Vorlage im Kontext des lateinischen (Gelehrten)Schrifttums dem Text mehr Autorität verleihen würde und eben deshalb genannt wurde."[375] Heiner Lück geht von einer Rückübersetzung aus.[376]

In den folgenden Tabellen (22 bis 25) sind lateinische Sachsenspiegelhandschriften aufgelistet, bei denen es sich nachgewiesenermaßen um Rückübersetzungen aus dem Deutschen handelt.

Zehn Handschriften repräsentieren im Zeitraum vom 14. bis zum Anfang des 16. Jahrhunderts die sogenannte Versio Vratislaviensis (Tabelle 22), eine

---

367 Chr. Thomasius, Selecta Feudalia Thomasiana, Halle (Johann Friedrich Zeitler) 1708, S. 97–170.

368 J. Havichorst u.a.(Hg.), Franc. Duareni Commentarius in consuetudines feudorum, Köln (J. Birkmann, Werner Richwin)1569, S. 396–460.

369 M. Freher (Hg.), De Feudis Constitutio Caroli III, 1599. Der Titel wird häufig als Anhang zu einer Sammelhandschrift zitiert, der 1692 herausgegeben worden ist. Zu Freher: R. Hoke, Artikel Freher, Marquardt (1565–1614), Sp. 1714–1715.

370 Vgl. U.-D. Oppitz, Rechtsbücher, Bd. II, S. 494.

371 Vgl. U.-D. Oppitz, Rechtsbücher, Bd. II, S. 568.

372 Vgl. U.-D. Oppitz, Rechtsbücher, Bd. II, S. 521.

373 I. Bily, W. Carls, K. Gönczi, Sächsisch Magdeburgisches Recht in Polen, S. 79.

374 R. Schmidt-Wiegand, Die Bedeutung und Wirkung des Sachsenspiegels, S. 34.

375 N. Wallmeier, Sprachliche Muster, S. 93.

376 H. Lück, Über den Sachsenspiegel, S. 27.

Übersetzung des Sächsischen Land- und Lehnrechts ins Lateinische. Die Überlieferung beginnt 1308. Der Schreiber ist Conrad von Oppeln, der auch gleichzeitig der Urheber der lateinischen Übersetzung ist. Er fertigt die Übersetzung – so die herrschende Meinung – wohl ursprünglich zwischen 1272 und 1292 für den Fürstbischof Thomas II. von Breslau an.[377] Die Überlieferung der Versio Vratislaviensis endet zu Beginn des 16. Jahrhunderts. Sie geht so zusagen der Überlieferung des *Auctor vetus de beneficiis* voran. Der ursprünglichen Intention nach führt die Übersetzung in den klerikalen Bereich. Für diese lateinische Übersetzung sind Kleriker und nicht die Juristen die Auftraggeber. Im Kreise der Kleriker besteht das Interesse nicht vorrangig darin, den Textzusammenhang des Sachsenspiegels wissenschaftlich zu bearbeiten, wohl besteht die Intention zu prüfen, ob der Rechtstext den Grundsätzen des Kirchenrechts entspricht. Hohe Geistliche lassen deshalb den deutschen Text in das ihnen geläufigere Latein übersetzen. Handschrift 283 wurde für den Armenischen Bischof angefertigt und bleibt somit im gleichen sozialen Zusammenhang wie die Ursprungshandschrift.

Der Übersetzer der Versio Vratislaviensis, der Breslauer Notar und Stadtschreiber Conrad von Oppeln, dessen Schaffenszeit wohl Ende des 13. und zu Beginn des 14. Jahrhunderts lag, war aber nicht ausschließlich Übersetzer, er fertigte Handschriften des Sächsischen Landrechts für Stadtbürger (Ratsherren, Stadt und Rat) an. Hier zeigt sich noch ein weiteres Interesse als das, den Sachsenspiegel mit dem Kirchenrecht abzugleichen. Der Krakauer Codex 169 (Oppitz, Hs. 845) (siehe Tabelle 22) entstand 1308[378]; er ist „ein Zeugnis der Übernahme deutschen Rechts in muttersprachlich polnische Kreise. Vermutlich ist dergleichen auf der Basis heimischer oder allenfalls benachbarter Schulen geleistet worden…, bevor nämlich Gelegenheit zur Verwissenschaftlichung des Rechts an der Universität bestand. Beides hat sich dann im 14. Jahrhundert gleichsam zusammengefunden, gerade auch in Schlesien."[379]

Über den Schreiber und Übersetzer Conrad von Oppeln gibt es in der Forschungsliteratur einige Unklarheiten. Conrad von Oppeln nennt sich selbst in der Handschrift Codex Krakau BJ 169 (Oppitz Hs. 845, Tabelle 2 und Tabelle 23) und

377 Vgl. U.-D. Oppitz, Rechtsbücher, Bd.I, S. 26. Zum Fürstbischof Thomas II. von Breslau siehe: Thomas II. Bischof von Breslau, 13. Jh., in: R. Vierhaus (Hrsg.): Deutsche Biographische Enzyklopädie, Bd. 10, S. 11.

378 D. Hüpper, Aufraggeber, S. 64, nimmt an, dass es sich hier nur um einen Autorenvermerk und nicht um eine Schreibernennung handelt.

379 P. Moraw, Gesammelte Beiträge, S. 167.

gibt als Abfassungsdatum 1308 an. Ilpo Tapani Piirainen[380] stellt eine Sachsenspiegelhandschrift der schlesisch-preußischen Version aus Oppeln vor, die in der Biblioteka Jagiellonska in Krakau aufbewahrt wird: Codex Krakau BJ 170a (Oppitz Hs. 846, hier: Tabelle 22). Er vergleicht sie mit einer anderen Handschrift aus der Biblioteca Jagiellonska (Krakau BJ 170b; Oppitz Hs. 847), die nicht den Sachsenspiegel, sondern das Meißner Rechtsbuch enthält. Aufgrund eines Handschriftenvergleiches kommt er zu dem Schluss, dass beide Handschriften von demselben Schreiber fertiggestellt wurden. Die in derselben Bibliothek liegende Sachsenspiegelhandschrift Krakau BJ 169 (Oppitz Hs. 845, hier Tabellen 2 und 22), eine Pergamenthandschrift mit dem Schreiberspruch Conrads von Oppeln aus dem Jahre 1308, nennt er nicht, ebenso nicht die Sachsenspiegelhandschrift Krakau BJ 168 (Oppitz Hs. 844, hier Tabelle 2). Das Missverständnis um den Schreiber entsteht, weil sich Piirainen auf das schlesische Urkundenbuch bezieht, in dem die Vollendung der Landrechtskapitel Magdeburgisches Recht für die Stadt Krakau mit dem 25. Juli 1308, dem Ort Krakau und dem Schreiber Conrad von Oppeln angegeben werden. Diese Angabe bezieht sich ganz deutlich auf den Pergamentcodex Krakau BJ 169 und nicht auf den Papiercodex BJ 170a, für den Piirainen feststellt: „Nach den Untersuchungen der Handschriftenabteilung der Universitätsbibliothek Krakau stammt das für den Codex BJ 170a benutzte Papier aus den Jahren 1393–1416."[381] Und er folgert weiter, indem er das im Urkundenbuch eingetragene Jahr 1308 übergeht: „Zu dieser Zeit wirkte in Oppeln als vicarius perpetuus und Inhaber eines nicht genannten Altares in der Kreuz-Kirche Conrad Stoltz von Oppeln; er ist dort 1389 und 1394 in schriftlichen Belegen nachweisbar. Es ist offensichtlich, daß die Handschrift von ihm aufgezeichnet wurde."[382]

Für die übrigen Handschriften sind die Provenienzen nicht bekannt, vier von zehn Handschriften sind aber mit Sicherheit dem städtischen Umfeld zuzuordnen, so stammen z. B. zwei weitere aus Krakau. Die von Franckonis Lemberk geschriebene Hs. 931 zeigt viele Gemeinsamkeiten mit dem Druck von Johann Łaski (1456–1531) 1506.[383] Abschließend bleibt zu erwähnen, dass sich in sechs von zehn Handschriften die Schreiber nennen und dass drei explizit datiert sind. In der ersten Hälfte des 14. Jahrhunderts wird Pergament verwendet (3 Hss.), später ausschließlich Papier.

---

380 I. T. Piirainen, Der Sachsenspiegel von Conrad von Oppeln und Rechtshandschriften in Breslau, S. 237–250, bes. S. 241–244.

381 Ebenda, S. 243.

382 Ebenda, S. 243.

383 Johann Łaski, Commune inclyti Polonia Regni privilegium constitutionum et indultum publicitus decretorum, Krakau 1506.

Tabelle 22: Die lateinischen Handschriften der Versio Vratislaviensis Beginn 14. Jahrhundert bis Anfang 16. Jahrhundert

Handschriften	Klasse u. Besonderheiten der Klasse	Entstehungszeit	Schreiber	Auftraggeber / Adressat	Provenienz	Datierung expl.	Datierung erschl.	Herstellungsort expl.	Region /Ort erschl.	Schreibdialekt	Material
Hs. 845 Krakau BJ cod. 169	IIIa	1308	Conrad v. Oppeln	Stadt u. Bürger v. Krakau	Krakau	Ja	0	Krakau	0	md./lat.	Perg. 2 sp.
Hs. 846 Krakau BJ cod. 170a	IIIa	2. Hälfte 14. Jh.	0	0	Krakau	0	Ja	0	0	md./lat.	Perg 2 sp.
Hs. 931 St. Peters-burg Rossijskaja Akademija nauk CCP Nr. 143 (XXG/V)	IIIa	1367–68	Franck-onis Lemberk	0		Ja	0	Ja	0	md./lat.	Papier 1 sp.
Hs. 261 Breslau/ Wrocłav BU II F[384]	IIIa Versio Vratis-laviensis[20]	Ende 14. Anf. 15. Jh.	0	0	Breslau	Ja	0	Breslau	0	md./lat.	Perg. u. Papier
Hs. 848 Krakau BJ cod. 399	IIIa	1420	Johann	0	Krakau	Ja	0	0	Ja	md./lat.	Papier
Hs. 1471 Warschau BN Lat Q I 99 1944 verbr.	IIIa	2. Hälfte 15. Jh.	Mather-nus de Copro-vincia	0	0	0	Ja	0	Ja	lat.	Papier

384 Vgl. U.-D. Oppitz, Rechtsbücher, Bd. I, S. 26.

Handschriften	Klasse u. Besonderheiten der Klasse	Entstehungszeit	Schreiber	Auftraggeber / Adressat	Provenienz	Datierung expl.	Datierung erschl.	Herstellungsort expl.	Region /Ort erschl.	Schreibdialekt	Material
Hs. 1296 Przemysl WAP Akta miasta Przemysla staropolskie sign. 428	IIIa	1473–1474	0	0	0	0	Ja	0	Ja	lat.	Papier
Hs. 1481 Warschau BU Rkps 5	IIIa	1477	Nikolaus de Orlowo	0	0	Ja	0	0	Ja	lat.	Papier 1 sp.
Hs. 1459 Warschau BN III 3065	IIIa	15./16. Jh.	Thomas de Bidgostia	0	0	0	Ja	0	Ja	lat.	Papier 2 sp.
Hs. 283 Breslau/ Wrocłav Ossol PAN 1643	IIIa	Ende 15. Anfang 16. Jh.	0	Armenischer Erzbischof	Lemberg, Ossolineum	0	Ja	0	Ja	lat.	Papier

Es gibt neben Conrad von Oppeln[385] noch einen weiteren Conrad, der ab Mitte des 14. Jahrhunderts eine lateinische Version des Sachsenspiegels in Oberschlesien angefertigt hat: Konrad von Sandomir.[386]

In der Forschungsmeinung[387] wurde die Versio Sandomiriensis spätestens 1359 von dem Notar Konrad von Sandomir erstellt. Inhaltlich stellt Ulrich-Dieter Oppitz fest: „Beide Redaktionen zeigen zahlreiche Entlehnungen aus der Versio Vratislaviensis.“[388] Anders als die Versio Vratislaviensis überliefert die Versio Sandomiriensis nur das Landrecht. Das Feudalrecht war in diesem Entstehungskreis nicht von Interesse. Neun Handschriften aus der zweiten Hälfte des 14. Jahrhunderts bis zu Beginn des 16. Jahrhunderts (Tabelle 23) repräsentieren diese Fassung in einer ersten und zweiten Redaktion.[389] Die Provenienzen sind nicht erschlossen, außer bei der Handschrift 523, die in Gnesen geschrieben wurde. Es steht zu vermuten, dass es sich hier um einen Auftrag aus dem städtischen Umfeld handelt. Es gibt fünf Schreibernennungen und vier explizite Datierungen. Die Handschriften sind ausschließlich auf Papier geschrieben. Es lässt sich hier vermuten, dass die Übersetzungen wie im Falle der Versio Vratislaviensis sowohl im sozialen Zusammenhang der hohen Geistlichkeit als auch im städtischen Umfeld verbreitet wurden, da ein Interesse der polnisch sprechenden Kleriker und Stadtbürger am Sachsenspiegel bestand.

---

385 CERL Thesaurus. Das Tor zum gedruckten europäischen Kulturerbe, https://thesaurus.cerl.org/record/cnp01287985. Laut CERL ist Conrad von Oppeln identisch mit dem Notar Konrad aus Sandomir. Der Artikel bezieht sich explizit allerdings nur auf die Versio Sandomiriensis als Übersetzungswerk Conrads von Oppeln. Als Lebensdaten gibt er entsprechend die Mitte des 14. Jahrhunderts an. Ebenso der Online-Kaltalog der Deutschen Nationalbibliothek, https://portal.dnb.de/opac.htm?method=simpleSearch&cqlMode=true&query=idn%3D1012026264. Dort sind als Schaffensdaten die Jahre 1389–94 angegeben.

386 Mir scheint jedoch, dass der Konrad, der sich explizit in der Krakauer Handschrift 169 (Oppitz, Hs. 845) nennt, weder identisch mit den späteren Abschreibern noch mit Konrad von Sandomir ist.

387 Siehe: U.-D. Oppitz, Rechtsbücher, Bd. I, S. 26.

388 U.-D. Oppitz, Rechtsbücher, Bd. I, S. 26.

389 Vgl. U.-D. Oppitz, Rechtsbücher, Bd. I, S. 26.

Tabelle 23: Die lateinischen Handschriften der Versio Sandomiriensis zweiten Hälfte 14. – Anfang 16. Jahrhundert

Handschriften	Klasse u. Besonderheiten der Klasse	Entstehungszeit	Schreiber	Auftraggeber / Adressat	Provenienz	Datierung expl.	Datierung erschl.	Herstellungsort expl.	Region/ Ort erschl.	Schreibdialekt	Material
Hs. 573 Gnesen AABK Ms 104	IIIb Versio Sandomiriensis, 1.Red.[390]	1359	Nikolaus de Thesin / Nikolaus de Paczonow	0	Gnesen	Ja	0	0	Ja	lat.	Papier
Hs. 268 Breslau Wrocław BU II Q 4	IIIb, 2.Red	15. Jh.	0	0	0	0	Ja	0	Ja	md./lat.	Papier 1 sp.
Hs. 1471 Warschau BN Lat Q I 99 1944 verbr.	IIIa 2. Red.	2. Hälfte 15. Jh.	Mathernus de Copro-vincia	0	0	0	Ja	0	Ja	lat.	Papier
Hs. 837 Kórnik BK PAN Rkps 801	IIIb, 1.Red.	1425–1488	S.de Oppatow	0	0	0	Ja	0	Ja	pol./lat.	Papier 2 Bll. Perg.
Hs. 836 Kórnik BK PAN Rkps 800	IIIb, 2.Red[391]	3. Viertel 15. Jh.	0	0	0	0	Ja	0	Ja	lat.	Papier 2 spaltig
Hs. 835 Kórnik BK PAN Rkps 799	IIIb, 2.Red	1472	Nicolai de Rogoszno	0	0	Ja	0	0	Ja	lat.	Papier 2 sp.
Hs. 890 Leipzig KMUB Hs. 951b	IIIb, 2.Red	15. Jh.	0	0	0	0	Ja	0	Ja	lat.	Papier 2 sp.
Hs. 1296 Przemysl WAP Akta miasta Przemysla staropolskie sign. 428	IIIb, 2.Red	1473–1474	0	0	0	0	Ja	0	Ja	lat.	Papier
Hs. 1459 Warschau BN III 3065	IIIb, 2.Red	15./16. Jh.	Thomas de Bidgostia	0	0	0	Ja	0	Ja	lat.	Papier 2 sp.

390 Vgl. Ebenda, S. 26.
391 Vgl. Ebenda, S. 26.

Mit 18 Textexemplaren tritt die Versio Vulgata in den meisten lateinischen Handschriften auf (Tabellen 24 und 25). Es wird eine Entstehung der Fassung in der ersten Hälfte des 14. Jahrhunderts vermutet.[392] Die Überlieferung des sächsischen Landrechts beginnt in der zweiten Hälfte des 14. Jahrhunderts und endet im dritten Viertel des 15. Jahrhunderts. Soweit die Provenienzen (insgesamt elf von 18 Handschriften) bekannt sind, führen sie in den klerikalen Bereich (Hs. 668 Halberstadt, Liebfrauenkloster; Hs. 119 und 212 Domstift Havelberg, Hs. 245 Braunschweig, Franziskaner Kloster; Hs. 1576 Helmstedt, Kloster Marienberg, Hs. 1618 Zeitz, Bischöfliche Stiftsbibliothek), in den städtischen Bereich (Hs. 938 Liegnitz, Rathaus, Hs. 861 Görlitz. Ratsarchiv, Hs. 133 Brieg, Hs. 1327 Salzwedel) und in den universitären, den Schulzusammenhang (Hs. 889 Leipzig Großes Kurfürsten Kollegium). Die acht Schreibernennungen treten ab Ende des 14. Jahrhunderts auf. Explizite Datierungen (neun von 18 Handschriften) finden sich schon zu Beginn des 14. Jahrhunderts. Die Ausstattung ist gehoben: Fünf Pergamenthandschriften begegnen in der zweiten Hälfte des 14. Jahrhunderts, auch die Papierhandschriften weisen Schmuckinitialen auf.

Die 18 Handschriften überliefern das Landrecht in lateinischer Sprache, sie haben aber häufig niederdeutsche, mitteldeutsche oder mittelrheinische Einschaltungen, Artikelanfänge, Glossierungen oder überliefern auch eine deutsche Version des Landrechts: Tabelle 24: Hs. 668 überliefert das sächsische Landrecht in drei Büchern mit niederdeutschen Artikelanfängen. Die Handschrift kommt aus dem Halberstädter Liebfrauenkloster und hat eine lateinische Begleitüberlieferung, die das deutlich macht und zudem zeigt, dass das deutsche Recht mit dem kanonischen in Beziehung gesetzt wird. So wird das Landrecht mit der Bulle Salvator humani generis Gregors XI. aus dem Jahre 1374 und verschiedenen päpstlichen Erlassen kombiniert. Die Bulle beginnt auf Bl. 28r mit dem Rubrum: *Bulle super articulum Speculum Saxoni reprobati*. Auch die Hs. 119 stammt aus einem geistlichen Umfeld (Domstift Halberstadt), das Landrecht ist in drei Büchern zweisprachig in Latein und Niederdeutsch überliefert, das Lehnrecht fragmentarisch in niederdeutscher Sprache. Der Landrechtstext ist am Rande glossiert. Auf den Bll. 106r – 108v ist noch einmal fragmentarisch die Sachsenspiegelglosse überliefert. Die Hs. 120, Provenienz Domstift Havelberg, überliefert ebenfalls eine zweisprachige Version des Sachsenspiegels: Auf den Bll. 63r-105r wird das Landrecht, drei Bücher 71, 72, 87 mit Registern vor jedem Buch, in niederdeutscher Sprache tradiert; auf den Bll. 127–153 die Versio Vulgata in drei Büchern. Das Lehnrecht (Bl. 105r-206r) wird nicht ins Lateinische übersetzt. Neben dem

392 Vgl. U.-D.Oppitz, Rechtsbücher, Bd. I, S. 26.

Richtsteig Landrechts und der Landrechtsglosse finden sich in dem Codex auch noch das Magdeburger Weichbildrecht und die Weichbildchronik, was möglicherweise auch hier auf den Magdeburger Schöffenstuhl als Verbreitungsinstanz hindeutet. Eine weitere Handschrift aus dem Havelberger Domstift ist die Hs. 212, sie wurde von dem Studenten des Domstifts Gerard Rodefoss (gest. 1448) in Leipzig geschrieben und war ursprünglich Teil eines umfänglicheren Codex. Die Handschrift enthält das lateinische Landrecht in drei Büchern in der Versio Vulgata. Am Rande ist der Text in niederdeutscher Sprache erläutert. Sie enthält darüber hinaus zwei lateinische Register des Landrechts, ein niederdeutsches Register des Lehnrechts, ohne jedoch das Lehnrecht zu überliefern und schließlich verschiedene erbrechtliche Bestimmungen in niederdeutscher Sprache. Hs. 938 stammt aus der Werkstatt des Liegnitzer Stadtschreibers Nikolaus Wurm. Sie ist überaus prächtig ausgestattet und enthält 33 Bilder und Bildinitialen, auf Bl. 1v das Bild des thronenden Kaisers und darüber hinaus noch viele Federzeichnungen. Der Codex beginnt mit der Vorrede, gefolgt vom glossierten Sachsenspiegel Landrecht in zwei Büchern. Er ist zweisprachig in lateinischer und mitteldeutscher Sprache aufgezeichnet. Die zweisprachige Landrechtsversion (Bl. 1v bis 464v) enthält ein lateinisches Explicit: *et sic finis libri secundi speculi saxonum.* Es folgt ein lateinisches Kolophon: *finitio in vigilia Nycolai sub anno incarnacionis domini Millesimo Trecentesimo LXXXVI hilari complemento Sub umbra alarum Dni Ruperto Ducis legniczensis ac ducis.* (Bl. 278). Im Anschluss an das Rechtsbuch beginnt auf Bl. 467r eine mitteldeutsche Fassung des Richtsteig Landrechts von Johann von Buch. Vermutlich ist die ursprüngliche Provenienz städtisch, der von Nikolaus Wurm glossierte Codex befand sich bereits vor 1688 im Rathaus von Liegnitz. Große Verwandtschaft mit der Hs. 938 zeigt der ebenfalls städtische Görlitzer Prachtcodex Hs. 861. Er enthält auch eine zweisprachige Version (lateinisch/mitteldeutsch) des Landrechts mit der Wurmschen Glosse, 27 Minaturen und zahlreichen Zierinitialen. Von Bl. 1r-23v ist der Richtsteig des Johann von Buch überliefert, daran schließen sich die glossierte zweisprachige Landrechtsversion (Bl. 24r-324r), von Bl. 324r-394r das glossierte Magdeburger Weichbildrecht und von Bl. 294r-403r der Mainzer Reichslandfriede an. Er erscheint in der Handschrift unter dem Namen Albrechts und nicht Friedrichs II. Auch der Reichslandfriede ist durch die Wurmsche Glosse erläutert. Die Berliner Handschrift 133 beginnt mit dem glossierten Magdeburger Weichbildrecht, die Glosse weicht von der sonstigen Überlieferung ab. Das glossierte sächsische Landrecht ist zweisprachig in Mittelrheinisch und Latein überliefert. Die drei Bücher sind in je 73, 73, 85 Artikel gegliedert. Die stark interpolierte Glosse wird dem Rechtslehrer Andreas zugeschrieben.[393] Der Codex, der ebenfalls in den städtischen Bereich verweist, was sich vor allem aus den Textallianzen ablesen lässt, enthält aber trotz abweichender Glossierung die gleichen Miniaturen und Federzeichnungen wie die Hs. 938. Der Sachsenspiegel ist in dieser zweisprachigen Version wissenschaftlich bearbeitet und wie in der Hs. 861 durch den Mainzer Reichslandfrieden (Bl. 38r-40r) normativ legitimiert. Das den Codex abschließende Rubrum lautet: *der Sachsin privilegium, der sachsin spiegel und landrecht.* Die drei letztbesprochenen Handschriften stehen codicologisch in einem engen Zusammenhang. Auch die Hs. 259 überliefert eine zweisprachige (lateinisch/mitteldeutsche) Variante des Landrechts der Versio Vulgata in drei Büchern. Der Text ist am Rand glossiert. Die Textallianzen zeigen eine Auseinandersetzung mit den Bestimmungen des Sachsenspiegels – z. B. der Richtsteig Landrechts des Johannes von Buch, die Bulle Gregors XI., in der er 13 Artikel des Sachsenspiegels verbietet, weil sie dem Kirchenrecht widersprechen, und eine Erweiterung um das Lehnrecht (Bl. 168v-208v Lehnrecht mit Glosse), den Richtsteig Lehnrechts, und um städtische Rechtstexte, wie z. B. das Magdeburger Weichbildrecht, das Schöffenrecht und die Chronik sowie das Magdeburger Dienstrecht. Die beiden Leipziger Handschriften 888 und 889 (Tabelle 24) dagegen überliefern die Versio Vulgata nur einsprachig, sie kommen vermutlich beide aus klerikalen Zusammenhängen, Hs. 889 stammt aus dem Großen Fürstenkollegium Leipzig. In Hs. 888 ist das Landrecht ohne Büchereinteilung tradiert, das Lehnrecht wird in Mitteldeutsch mit Glossierung nach jedem der 80 Artikel wiedergegeben. Außerdem sind in dem Codex noch der Richtsteig Lehnrechts des Johannes von Buch, die Judenordnung Heinrichs von Meißen (1265), die Cautela und Premis des Hermann von Oesfeld, das Magdeburger Weichbildrecht, Ordnungen für die Innungen von Halle, ein Rechtsspruch bezüglich Tötung, kleine Rechtstexte aus Halle und ein Register vereint. Das Landrecht der Hs. 889 ist in drei Bücher unterteilt, es gibt ein lateinisches, alphabetisches Register, das das Landrecht erschließt. Die übrige Begleitüberlieferung ist ebenfalls lateinisch und enthält überwiegend geistliche Texte, darunter auch Rechtstexte wie die articuli reprobati des Johannes Klenkok: Bl. 61: Decadion contra XXI errores speculi saxonici. Die Salzwedeler Hs. 1327 überliefert eine ausschließlich lateinische Version des Landrechts in drei Büchern zu 71, 72 und 91 Artikeln, aber eine niederdeutsche Fassung des Registers und eine niederdeutsche Fassung des Lehnrechts in 80 Artikeln. Verschiedene Rechtstexte und geistliche Texte in lateinischer und niederdeutscher Sprache gehen eine Textallianz mit

393 Vgl. U.-D.Oppitz, Rechtsbücher, Bd. I, S. 372.

dem Sachsenspiegel ein: Das lateinische und deutsche Stadtrecht von Salzwedel (1272–1278); der Richtsteig Lehnrechts mit Register; der Landfrieden Erzbischof Günthers von Magdeburg; ein Schreiben des Konzils von Basel an die Bischöfe von Lübeck; Hildesheim etc.; Baldus, Excerpte aus Augustinus, De civitate die; Commentum super pacem Constant. (lateinisch); Distinctio aurea de successione hereditaria; die Bulle Gregors XI. Salvator humani generis; die Goldene Bulle Karls IV. in Auszügen; das Ius civile in Auszügen etc. Es mischen sich hier Rechtsbücher und normatives Recht, städtisches, kirchliches und römisches Recht, Deutsch und Latein.

Tabelle 24: Die lateinischen Handschriften der Versio Vulgata 14. Jahrhundert bis 1449

Handschriften	Klasse u. Besonderheiten der Klasse	Entstehungszeit	Schreiber	Auftraggeber / Adressat	Provenienz	Datierung expl.	Datierung erschl.	Herstellungsort expl.	Region/ Ort erschl.	Schreibdialekt	Material
Hs. 668 Halle ULB Ye 76 fol	IIIc	14. Jh.	0	0	Halberstadt, Liebfrauenkloster	0	Ja	0	Ja	Lat. mit nd. Artikelanfängen	Papier 1 sp.
Hs. 119 Berlin SBPK Ms.germ. fol. 390	IIIc	Nach 1368	0	0	Domstift Havelberg	0	Ja	0	Ja	nd./lat.	Perg. 2 sp.
Hs. 120 Berlin SBPK Ms.germ. fol.391	IIIc	1382	0	0	0	Ja	0	0	Ja	nd./lat.	Pergament 2 sp.
Hs. 938 Liegnitz KirchenB Peter und Paul Nr. I	IIIc	1386	Nikolaus Wurm (Werkstatt)	0	Liegnitz Rathaus	Ja	0	0	Ja	md./lat.	Perg. 2 sp.
Hs. 861 Krakau BJ Pryzyb. 42/60	IIIc	1386/1387	0	0	Görlitz Ratsarchiv	Ja	0	0	Ja	md./lat.	Perg. 2 sp.
Hs. 133 Berlin SBPK Ms.germ. fol. 631	IIIc	Ende 14. Jh.	0	0	Brieg	0	Ja	0	Ja	mrhein./lat.	Pergament 2 sp.

Handschriften	Klasse u. Besonderheiten der Klasse	Entstehungszeit	Schreiber	Auftraggeber / Adressat	Provenienz	Datierung expl.	Datierung erschl.	Herstellungsort expl.	Region/ Ort erschl.	Schreibdialekt	Material
Hs. 259 Breslau/ Wrocław BU II F 6	IIIc	Anf. 15. Jh.	0	0	0	0	Ja	0	Ja	nd./lat.	Papier 1 sp.
Hs. 888 Leipzig KMUB Hs. 950	IIIc	1431–1432	Nikolaus de Fuchsol	0	0	Ja	0	0	Ja	md./lat.	Papier 2 sp.
Hs. 1327 Salzwedel Stadtarchiv Rep. II-Abt.1[394]	IIIc	1438, 1449, 1450	Georg Burmester	0	Familie Gerlach (bis 1448)	Ja	Ja	Salzwedel	0	nd./lat.	Papier
Hs. 212 Berlin SBPK Ms.lat. fol.299	IIIc	1448	Gerard Rodevos	0	Domstift Havelberg	Ja	0	Ja	0	nd./lat.	Papier
Hs. 889 Leipzig KMUB Hs. 951	IIIc	1448–1449	Johannes Cruze	0	Leipzig Großes Fürsten-kollegium	0	Ja	0	Ja	md./lat.	Papier 1 sp.

394 C1-Kopial-, Stadtrechts- und Verordnungsbücher.

In der Tabelle 25 sind noch sieben weitere Handschriften der Versio Vulgata aus dem 15. Jahrhundert überliefert. Die Hs. 612 stammt aus der Stiftsbibliothek Göttweig und überliefert neben der zweisprachigen Sachsenspiegel Landrechtsversion und dem Richtsteig Landrechts mit Register noch städtische Rechtstexte (Dienstrecht von Magdeburg, Judeneide, Magdeburger Weichbildrecht und Register) und geistliche Texte (Remissorium zu frommen und bequemlichkeit, verschiedene Traktate des Bartolus de Saxoferrato). Das Landrecht wird in niederdeutscher und lateinischer Sprache in drei Büchern mit 71, 72, 91 Artikeln wiedergegeben. Ausschließlich das lateinische Landrecht enthält die Hs. 339, im lateinischen Text finden sich Einschaltungen in niederdeutscher Sprache zu den Artikeln I, 7–10 und 12–14. Der Codex beginnt mit dem Prolog zur Sachsenspiegelglosse. Ebenfalls überwiegend lateinisch, mit einigen ostfälischen Randglossen, überliefert die Braunschweiger Handschrift 245 das sächsische Landrecht in drei Büchern. Die übrigen Texte sind geistliche Texte, Bernardus Wunstorp hat die Handschrift in Erfurt für das Braunschweiger Franziskanerkloster geschrieben. Die Jenaer Handschrift 734 tradiert nur eine fragmentarische Fassung des Landrechts in der lateinischen Versio Vulgata, aber eine vollständige ostmitteldeutsche Version des Landrechts mit der Vorrede Von der Herren Geurt, der Reimvorrede, dem Prologus, dem Textus prologi in drei Büchern zu je 71, 72, 91 Artikeln sowie das ostmitteldeutsche Lehnrecht zu 80 Artikeln. Neben der Glosse zum sächsischen Landrecht sind vor allem noch Texte aus dem städtischen Zusammenhang überliefert: das Meißner Rechtsbuch, das Magdeburger Weichbildrecht, die Judenordnung Heinrichs von Meißen, das Dienstrecht von Magdeburg, ein Judeneid und eine Bestimmung zu bewehrten Rechten. Die Wolfenbütteler Handschrift 1576 stammt ursprünglich aus dem Helmstedter Kloster Marienberg. Das Landrecht mit der Vorrede *Des heiligen geistes minne/ Spiritus sancti gratis* ist in einem Buch ausschließlich in Latein geschrieben. Das Rechtsbuch schließt ab mit einem Kolophon: *et sic est finis horum jurium vulgariter Speculum Saxonum nuncupatorem per me Johanem Dorgud sub anno nativitatis domini 1462 tempore autumpuali in Helmstede completorum. De lapsum mitem deprecor correctum.* Es vereinen sich im Codex lateinische rechtliche (Statuten von Mainz und Halberstadt; Johannes Urbach, processus iudicarius; Corpus iuris; Gregor XI. Bulle Salvator humani generis), religiöse und historische Texte (Tractatus de indulgentiis; tractatus de interdictio; Nunulla de testamentis; Auctoritatis; Gesta Romanorum; Stella clericorum; Seneca, De quatuor virtutibus cardinalibus). Eine Ausnahme macht die Liste der 15 zweisprachigen lateinisch/niederdeutschen Rechtswörter. Solche Vokabularien treten in den zweisprachigen Drucken vor allem des 16. Jahrhunderts auf.

Tabelle 25: Die lateinischen Handschriften der Versio Vulgata 15. Jahrhundert

Handschriften	**Klasse u. Besonderheiten der Klasse**	**Entstehungszeit**	**Schreiber**	**Auftraggeber / Adressat**	**Provenienz**	**Datierung expl.**	**Datierung erschl.**	**Herstellungsort expl.**	**Region /Ort erschl.**	**Schreibdialekt**	**Material**
Hs. 612 Göttweig Stiftsbib. Codex 364	IIIc	15. Jh.	0	0	0	0	Ja	0	Ja	nd./lat.	Papier 1 sp.
Hs. 339 Celle OLG C3	IIIc	15. Jh.	0	0	0	0	Ja	0	Ja	nd./lat.	Papier 2 sp.
Hs. 245 Braunschweig StadtB Ms. 46	IIIc	15. Jh.	Bernardus Wunstorp	0	Braunschweig, Franziskanerkloster	0	Ja	0	Ja	ostfäl./ lat.	Papier 1 sp.
Hs. 734 Jena FSUB Ms Bud. F. 376	IIIc	1457	0	0	0	Ja	0	0	Ja	ostmd./lat.	Papier 2 sp.
Hs. 1576 Wolfenbüttel HAB Cod. Guel. 30.1 Aug. fol.	IIIc	1458–70	Johannes Dorgud	0	Helmstedt Kloster Marienberg	Ja im Kolophon 1462	0	Helmstedt	0	lat.	Papier 2 sp.
Hs. 1590 Wolfenbüttel HAB cod. Guelf. 208 Helmstedt	IIIc	15. Jh.	Hans Werneken	0	0	Ja	0	Helmstedt	0	nd./lat.	Papier 1 und 2 spaltig
Hs. 1618 Zeitz, Stiftsbibliothek Hs. 53	IIIc	15. Jh.	0	0	Zeitz, bischöfl. Stiftsbibliothek	0	Ja	0	Ja	lat.	Papier

Die Wolfenbütteler, ursprünglich aus Helmstedt stammende Handschrift 1590 überliefert das Sächsische Landrecht mit Vorreden und Registern in drei Büchern einmal in Niederdeutsch und ohne Register mit Prolog in der Versio Vulgata ausschließlich in Latein. Damit liegt hier aber auch eine zweisprachige Überlieferung des Landrechts vor. Zusätzlich sind die Landrechtsglosse und das Stadtrecht von Goslar überliefert. Der Codex ist strukturiert, er enthält verschiedene Register, die die Rechtstexte erschließen: zu den einzelnen Büchern des Landrechts, ein alphabetisches Register zum Landrecht, alphabetisches Register zur Landrechtsglosse, Register zur Glosse nach Büchern geordnet, Register zum Stadtrecht von Goslar. Die letzte zu besprechende Versio Vulgata wird schließlich in einem rein lateinischen Codex überliefert, der für die ehemalige Bischöfliche Bibliothek in Zeitz geschrieben wurde. Das Landrecht wird lateinisch in drei Büchern überliefert und jedem Textanfang ist die deutsche Entsprechung nachgeordnet. Die Textallianzen sind, abgesehen von der kurzen lateinischen Inhaltsangabe zum Landrecht, ausschließlich religiöser Natur: Albertanus Causidicus, Liber consolationis et consilii; Albertanus Causidicus, Tractatus de modo dicendi et tacendi; Historia S. Hedwigis et Sebaldi.

Insgesamt sind von 18 Handschriften neun zweisprachig. Die zweisprachigen Handschriften weisen in den städtischen Sozialzusammenhang, die einsprachigen eher in den klerikalen Bereich. Die Drucke des 16. Jahrhunderts nehmen die Zweisprachigkeit der Handschriften der Versio Vulgata auf (z. B. Tabelle 24: Hss. 668, 119, 120, 838, 861, 133, 259 und Tabelle 25: Hss. 612, 1590). Die Breslauer Handschrift 259 (15. Jahrhundert) war z. B. die Vorlage des Augsburger Druckes aus dem Jahre 1516 (Tabelle 19). Zweisprachige Drucke begegnen auch im Rahmen der wissenschaftlichen Auseinandersetzung mit dem Rechtsbuch.

Es lässt sich zusammenfassend feststellen, dass bisher nicht nachgewiesen werden konnte, ob Eike von Repgow den Sachsenspiegel tatsächlich zunächst in lateinischer Sprache verfasst hat oder ob es sich allein um einen Topos zur besonderen Legitimation des in deutscher Sprache geschriebenen Rechtsbuches handelt. Sprachlich finden sich im Sachsenspiegeltext keine unumstößlichen Beweise für eine Übersetzungssprache. Die überlieferten Textexemplare belegen lediglich ein späteres Auftreten rückübersetzter Texte. Einer der frühen Übersetzer ist Conrad von Oppeln, in meinem Korpus befindet sich eine repräsentative Handschrift aus dem Jahre 1308. Der Codex gilt als ältester Überlieferungszeuge der Langfassung IIa. Die lateinischen Übersetzungen der Versio Vratislaviensis und der späteren Versio Sandomiriensis zeigen deutlich zwei Tendenzen: 1. Sie erleichtern durch die Übersetzung ins Lateinische die Übernahme deutschen Rechts in polnische Kreise. So wurde z. B. der Druck des königlichen

Großkanzlers Johann Łaski, Erzbischofs von Gnesen und Primas von Polen, der auf der Grundlage der Hs. 931 (Tabelle 22) entstand, wiederum später die Vorlage für die Übersetzung des Sachsenspiegels ins Polnische durch Bartołomiej Groicki (1534–1605)[395]. 2. Sie bereiten damit den Boden für die Verwissenschaftlichung des Rechts. Die Handschriften, die die beiden polnischen Übersetzungsversionen repräsentieren, führen sowohl in den Zusammenhang der hohen Geistlichkeit, die ein Interesse daran hatte, den Sachsenspiegel mit dem kanonischen Recht abzugleichen, als auch in den städtischen Zusammenhang, in dem eine Überarbeitung des Sachsenspiegels nach städtischen Interessen gefördert wurde. Die eher städtische Versio Sandomiriensis ist ausschließlich eine Landrechts-Übersetzung. Zahlenmäßig am stärksten vertreten ist die Übersetzungsvariante der Versio Vulgata. Auch sie überliefert ausschließlich das Landrecht. Verschiedene Handschriften ergänzen die lateinische oder zweisprachige Versio Vulgata aber durch das Lehnrecht (Tabelle 24: Hss. 119, 120, 889, 888, 259, 1327 und Tabelle 25: Hs. 734). Die Versio Vulgata führt nicht nur in den klerikalen Kontext der Auseinandersetzung zwischen Sachsenspiegel und kanonischem Recht oder in einen städtischen Zusammenhang, in dem bereits durch die Glossierung und Kommentierung z. B. des Liegnitzer Stadtschreibers Nikolaus Wurm und seiner Werkstatt eine wissenschaftliche Auseinandersetzung mit dem Rechtsbuch begann, sondern sie geht auch in die universitäre wissenschaftliche Beschäftigung mit dem Rechtstext über und bereitet damit auch die späteren, vor allem gedruckten Formen der Verwissenschaftlichung des Rechts vor.

Ohne über die Überlieferung spekulieren zu wollen, lässt sich als Befund der lateinischen Handschriften und Drucke festhalten: Die lateinischen Handschriften und Drucke überliefern sowohl das Land- wie auch das Lehnrecht, allein oder in Kombination. Die Übersetzungsversionen aus Polen weisen in den klerikalen und städtischen Lebensbereich, sie bereiten die spätere universitäre Auseinandersetzung mit dem deutschen Recht vor und verbreiten es gleichzeitig im polnischen Sprachraum. Schon in der Hs. 845 (z. B. Anhang I, Tabelle 27) überliefert Conrad von Oppeln den Sachsenspiegel in der deutschen Version und in der von ihm angefertigten lateinischen Übersetzung. Die Versio Vulgata zeigt deutlich die römisch- und kirchenrechtliche Auseinandersetzung mit dem deutschen Recht, die in die gelehrte, wissenschaftliche, universitäre Beschäftigung mündet. Der *Auctor vetus de beneficiis* – die lateinische Lehnrechtsversion – tritt

---

395 Bartołomiej Groicki, Artykuly prawa majdeburskiego, które zowią Speculum Saxonum, Kraków1558. Siehe auch: I. Bily, W. Carls, K. Gönczi, Sächsisch Magdeburgisches Recht in Polen, S. 79.

in der bekannten Überlieferung ausschließlich in Humanistenkreisen auf. Er ist die Grundlage für eine wissenschaftliche Beschäftigung gelehrter Juristen, Universitätsprofessoren mit dem Feudalrecht. Juristen des 15., 16., 17. und 18. Jahrhunderts beschäftigten sich wissenschaftlich und in lateinischer Sprache mit dem Lehnrecht des Sachsenspiegels. In den Drucken spiegelt sich im 15. Jahrhundert diese Entwicklung, schon im 16. Jahrhundert überwiegen die zweisprachigen lateinisch-deutschen Drucke gegenüber den deutschen Drucken. Die Humanisten tendieren schließlich völlig zum Latein.

Mein Korpus zeigt, dass Volkssprache und Latein in den Rechtsbüchern nicht nebeneinander, sondern miteinander existieren. Die volkssprachigen Handschriften weisen häufig lateinische Überschriften oder Buch- und Kapitelzählungen auf, die Schlussworte sind überwiegend in lateinischer Sprache vefasst. In die lateinischen Sachsenspiegelversionen sind in vielen Fällen volkssprachige Artikel-Anfänge oder Texteinschaltungen eingefügt. Bei der Überlieferung der lateinischen Versionen ist die Mitüberlieferung häufig volkssprachig, bei der Überlieferung der volkssprachigen Versionen ist sie in etlichen Fällen auch lateinisch. Das Verhältnis von Deutsch und Latein lässt sich also für meinen Textzusammenhang und meinen Untersuchungszeitraum als ein fast selbstverständliches Miteinander beschreiben.

3.3.4. Ergebnisse der Untersuchung der internen Merkmale

Entgegen der Intention Eikes, der für sein Rechtsbuch die Kombination Land- und Lehnrecht vorgenommen hat, wird in der Überlieferung häufig das eine vom anderen getrennt und isoliert tradiert. Die Teiltexte verselbständigen sich und ihre Textentwicklung geht in eine unterschiedliche Richtung. Diese Entwicklung kann man bei den Handschriften wie den Drucken beobachten. Vor allem im städtischen Zusammenhang wird seit der zweiten Hälfte des 15. Jahrhunderts häufig nur noch das Land- und nicht mehr das Lehnrecht überliefert (z. B. Anhang I, Tabelle 43: U.-D. Oppitz Hs. 446; Tabelle 44: Hss. 445, 602; Tabelle 47: Hs. 112,), das insgesamt in der Tradition an Bedeutung verliert. Der Breslauer Codex Breslau/Wrocław BU II Q 3 (U.-D. Oppitz Hs. 267) überliefert nur den Artikel 2 des Lehnrechts. U.-D. Oppitz gibt hier als Grund eine fragmentarische Überlieferung an. Doch sieht man sich den Inhalt des 2. Artikels genauer an, so muss man von einer bewussten Auswahl ausgehen: Der Artikel betrifft auch die Stadtbürger: Er handelt davon, wer kein Lehnrecht haben soll und welches Recht die Lehensunfähigen haben, wenn sie belehnt werden. Er gibt an, welche Lehen Lehensunfähige verleihen können, sodass Lehenserneuerung möglich ist. Lehensunfähig sind der Klerus, Frauen, Bauern, Kaufleute und alle, die rechtlos und von unehelicher Geburt sind, sowie alle, die nicht von „Ritters Art sind vom Vater und vom Großvater her". Diese heterogene soziale Gruppe stellte zum großen Teil auch die Stadtbevölkerung, deshalb ist der Artikel 2 des Lehnrechts im städtischen Zusammenhang als Rechtsinformation wichtig und wahrscheinlich keine fragmentarische Überlieferung. Es wird an dieser Stelle bereits deutlich, dass der soziale Rahmen (Bauern und Adel), den Eike im Blick hatte, durch die Rezeption in den Städten erweitert worden ist. Eine sehr wichtige Rolle spielt auch der Klerus bei der Rezeption des Sachsenpiegel, dies zeigen besonders die lateinischen Rückübersetzungen. Die Drucke, die wohl vorrangig in den Städten und von gelehrten Juristen rezipiert wurden (Sammlung A), überliefern die drei Bücher des Landrechts mit vorangestellten Registern und Prologen, ohne Lehnrecht, aber im Verbund mit juristischen Bearbeitungen, die sich auch in Handschriften finden können (vgl. auch Kap. 3.3.1.5. Register und Textallianzen).

Auch die räumliche Verbreitung ging weit über den Rechtsraum hinaus, den Eike im Blick hatte. Die handschriftliche Überlieferung zeigt deutlich, dass das Rechtsbuch früh am Niederrhein Aufnahme fand (z. B. der Harffer Sachsenspiegel) und von da in die Niederlande (Holländischer Sachsenspiegel) gelangte. Über den sogenannten Augsburger Sachsenspiegel verbreitete sich das Rechtsbuch in Süddeutschland, wo auf dieser Grundlage der Deutschenspiegel und das Große Kaiserrecht (Schwabenspiegel) entstanden. „Als ius Saxonum oder ius Theutonicum nahmen deutsche Siedler das Rechtsbuch nach Ostmitteleuropa bzw. auch Osteuropa mit. Die Schöffen des Magdeburger Oberhofs und der Oberhöfe von Halle, Leipzig, Dohna und Breslau bedienten sich seiner."[396] Noch im 13. Jahrhundert, verstärkt im 14. Jahrhundert findet Eikes Rechtsbuch auch Eingang in die Stadtrechte: z. B. Hamburg (1270), Bremen (1303/08), Hildesheim (um 1300), Herford (nach 1370), Breslau (1261), Görlitz (um 1300), Neumarkt (1327/35), Zwickau (1348–1358), das Meißner Rechtsbuch nach Distinktionen (1357–1387).[397]

Die Untersuchung der internen Merkmale machte weiterhin deutlich, dass Volkssprache und Latein ein ergänzendes Miteinander eingehen, es begegnen viele gemischtsprachliche Rechtsbücher oder Gesamtcodices, in denen Rechtsbücher überliefert werden. Im Satzbau lassen sich vor langer Zeit aus dem Lateinischen übernommene Strukturen feststellen. Das zeigen z. B. die mit *Swe* eingeleiteten Konditionalsätze, die auf alte *Si quis*-Strukturen zurückgehen. Auch aus dem römischen Recht übernommene eingedeutschte Sprichwörter

396 R. Schmidt-Wiegand, Die Bedeutung und Wirkung des Sachsenspiegels, S. 35.
397 Ebenda, S. 35–37.

begegnen im Sachsenspiegel. In diesen Kontext passt auch, dass sich keine lateinischen Fremdwörter, sondern überwiegend Lehnwörter ausmachen lassen.

Kennzeichnend für den Sachsenspiegel ist aber ganz besonders das Spannungsverhältnis zwischen Mündlichkeit und Schriftlichkeit. Es drückt sich in der Syntax z. B. in der gleichzeitigen Verwendung von Kurzsätzen und komplexer Hypotaxe aus oder in der gleichzeitigen Verwendung von direkter und indirekter Rede und ausführlichen narrativen Passagen. Es zeigt sich in der Lexik an der gleichzeitigen Verwendung von Reim und Prosa, an der Nutzung von Sprichwörtern und Paarformeln einerseits und der Verwendung von Definitionen andererseits.

4. Deutschenspiegel, Großes Kaiserrecht (Schwabenspiegel), Kleines Kaiserrecht (Frankenspiegel)

Mit dem Deutschenspiegel und dem Großen und Kleinen Kaiserecht liegen deutsche Rechtsbücher vor, die die Normen des Sachsenspiegels auf einen anderen Rechtsraum übertragen. Die Umgestaltung vom niederdeutschen, sächsischen Recht, dem Sachsenspiegel, „zu einem oberdeutschen Rechtsbuch hat sich dann offensichtlich in mehreren Etappen vollzogen. Neben den verschiedenen Fassungen des sog. ‚Schwabenspiegels' sind uns noch eine Augsburger Umformung des ‚Sachsenspiegels' (‚Augsburger Sachsenspiegel') und der ‚Spiegel aller deutschen Leute' (‚Deutschenspiegel') überliefert… Vieles spricht dafür, diese Texte als Neben- oder Übergangsformen im Umwandlungsprozeß des ‚Sachsenspiegels' zu einem oberdeutschen Rechtsbuch zu sehen, umfassende Verbreitung hat nur der ‚Schwabenspiegel' gefunden."[398]

4.1. Der Deutschenspiegel

Der Deutschenspiegel wurde um 1275 von einem Augsburger Minoriten verfasst. Seine Hauptvorlage war eine oberdeutsche Sachsenspiegelübersetzung.[399] K. A. Eckhardt nahm an: „Wahrscheinlich ist sie von einem aus Augsburg stammenden Minoriten im Magdeburger Minoritenlektorat hergestellt und nach Augsburg verbracht worden."[400] Heute geht man eher davon aus, dass der Deutschenspiegel in Augsburg hergestellt wurde, dass aber aufgrund der engen Verbindung zu Magdeburg ein Sachsenspiegelexemplar nach Augsburg gekommen ist. In der Reimvorrede wird das Rechtsbuch als „spiegel aller deutsche leute" (Vorrede 92) bezeichnet. Seine Absicht war Überregionalität. Vom Deutschenspiegel ist nur ein Exemplar aus der Mitte des 14. Jahrhunderts erhalten (U. D. Oppitz Hs. 731; Innsbruck UB HB-S Codex 922).[401]

---

398 C. Bertelsmeier-Kierst, Kommunikation und Herrschaft, S. 125.

399 K.A. Eckhardt, Der Deutschenspiegel, S. 22ff.

400 K.A. Eckhardt, A. Hübner (Hgg.), Deutschenspiegel mit Augsburger Sachsenspiegel, S. I.

401 D. Munzel-Everding, Das kleine Kaiserrecht, S. 4. Vgl. auch C. Bertelsmeier-Kierst, Kommunikation und Herrschaft, S. 125. Die Handschrift ist digitalisiert: http://www.literature.at/aloßobjid=10880.

Die zweispaltige Pergamenthandschrift 731 stammt aus dem Jahr 1400[402], vermutlich wurde sie im Chorherrenstift Neustift bei Brixen geschrieben. Der Dialekt ist bairisch-österreichisch.[403] Der Codex hat zahlreiche Blattverluste und umfasst 80 Blätter. Er beginnt auf Bl. 1r mit der Vorrede des Buchs der Könige: *In nomine patris et filii et spiritus sanctus amen. Wir sulln dis buoches beginnen mit got…* Das Buch der Könige alter Ee ‚das Buch der Könige des alten Testaments' wird bis zu Nebukadnezar Bl. 13va geführt. Auf Bl. 13va weist das Rubrum *Hie hebt sich an Lantrecht* auf den folgenden Rechtsbuchtext. Der Deutschenspiegel beginnt auf Bl. 13vb in der ersten Zeile mit einer dreizeiligen, roten G-Initiale die Reimvorrede:

> ***G**ot hat tivcze lant wol bedaht . So daz půch wirt volbraht . Den leuten ze nuicze allen gemaine…*

Im Sachsenspiegel lautet die Stelle:

> *Got hait de Sassen wol bedacht,*
> *sint diz bůch ist vorebraht*
> *den luthen algemeine…*[404]

Hiermit wird bereits in der Vorrede des Deutschenspiegels der Adressatenkreis erweitert: von den Sachsen auf alle Deutschen. Die regionale Legitimation besteht weiter, wird aber ausgeweitet.

An anderer Stelle in der Vorrede wird der Text der Sachsenspiegelvorlage ein weiteres Mal verändert:

Harffer Sachsenspiegel (Tabelle 26: Hs. 1036):

> *Diz reht ne han ich selue niet bedaht,*
> *iz hant van aldere an vns braht*
> *vnse gůte vůrevaren.*
> *Mach ich ouch, ich bewarin,*
> *daz min schaz vnder erde*
> *mit mir nůwit verwerde.*
> *Van Godis haluin de genade min*
> *Sal al der werilt gemeine sin.*[405]

402 Vgl. die Beschreibung der Handschrift http://www.literature.at und http://handschriftencensus.de

403 Vgl. auch U.-D. Oppitz, Rechtsbücher, Bd. II, S. 553.

404 M. Åsdahl-Holmberg, Der Harffer Sachsenspiegel, S. 99.

405 Ebenda, S. 101.

Die Innsbrucker Handschrift (U. D. Oppitz, Hs. 731) des Deutschenspiegels beruft sich an dieser Stelle nicht auf das Recht der Vorfahren, auf das mündliche Gewohnheitsrecht, sondern auf königlich gesetztes Recht:

> *Ditz reht han ich niht erdaht . Ez habent die chunige an uns praht . mit weiser meister lere . mein chůnste ich dā mit lere . Vnde wil gern got wol gevalen . Vnde wil daz wol bewisyn . Ditz mein chůnste under der erden . ich begraben werde . Von gotes gnaden div chůnste mein . Sol an der werlde gemain sein...* Bl. 14ra

Das Buch der Könige hat in dieser Handschrift zusätzlich zu den Vorreden die Funktion der göttlichen und gleichzeitig der historischen Legitimation. Die Legitmation durch Tradition bezieht sich auf die biblischen Könige und gibt damit eine weitere Legitimationsrichtung an: die normative Legitimation durch königliche und gleichzeitig gottgewollte Autorität. In der Sachsenspiegel-Überlieferung wird die mythische Legitimation zumeist im Vorwort ausgedrückt, die historische durch die narrativen Passagen, die auf die Schöpfungsgeschichte zurückgreifen: Schon Eike verweist auch auf Konstantin oder Karl den Großen, aber die historische Legitimation durch Könige tritt eher in den Hintergrund, während sie im Deutschenspiegel in der Vorrede betont wird. Normative Legitimation geschieht auch in der Sachsenpiegelüberliefeung vor allem über die Begleitüberlieferung: entweder durch die Kombination mit dem Mainzer Reichslandfrieden oder in Ausrichtung auf spezifisch städtische normative Legitimation durch die Kombination mit städtischen Satzungen. Städtische historische Legitimation wird im Sachsenspiegel in der Regel durch die Magdeburger Weichbildchronik gesichert.

Im Deutschenspiegel zeigt sich aber eine andere Gewichtung der Rechtslegitimationen als im Sachsenspiegel, wie Eike beruft sich auch der unbekannte Schreiber des Innsbrucker Deutschenspiegels – vermutlich wie in seiner Vorlage – auf Gott als den Ursprung allen Rechts (Mythische Legitimation). Noch stärker gewichtet ist aber die normative Legitimation des Rechts durch königliche/kaiserliche Setzung. Der städtische normative Legitimationszusammenhang fehlt in der einzigen Handschrift, die den Deutschenspiegel überliefert. Der als seine Vorlage geltende Augsburger Sachsenspiegel wird in verschiedenen Auszügen nur noch in einer alemannischen Handschrift aus dem 14. Jahrhundert, dem Gießener Codex 972 (U.-D. Oppitz, Hs. 549), überliefert. Er geht hier nicht nur eine Textallianz mit dem Großen Kaiserrecht ein, sondern auch mit städtischen Rechtstexten wie dem Augsburger Stadtrecht, ländlichen wie dem Weistum von Rohrbach, der Abschrift einer Urkunde Bischof Hartmanns aus dem Jahre 1282, einer Urkundenabschrift Ludwigs von Bayern für Augsburg und dem Landfrieden Albrechts I. von 1298.

Der Deutschenspiegel hat einen größeren regionalen Zusammenhang im Blick, das Gebiet der *deutschen Leute*. Das Recht wird normativ legitimiert. Der Rechtsraum wird deutlich ausgeweitet:

Nu schalt ir heren hie zehant . Wie dicz bůch ist genant . Spiegel aller tiuczer liute . Daz ich eiv hernach betiute . (Hs. 731, Bl. 14rb) ‚Nun sollt ihr hier hören, wie dieses Buch genannt wird: Spiegel aller deutschen Leute, wie ich es Euch im Folgenden erklären werde.' Weitere Legitimationsmuster, die im Sachsenspiegel eine wichtige Rolle spielen, fallen im Deutschenspiegel weg: die Legitimation durch den Verfasser, durch den Auftraggeber, durch einen speziellen sozialen Lebenszusammenhang. Die Innsbrucker Handschrift zeigt auch keine wissenschaftliche Bearbeitung.

4.2. Das Große Kaiserrecht (der Schwabenspiegel)

Der sogenannte Schwabenspiegel[406], richtiger: das Große Kaiserrecht, ist in der zweiten Hälfte des 13. Jahrhunderts entstanden, seine wichtigste Vorlage war der Sachsenspiegel in den Bearbeitungen des Augsburger Sachsenspiegels und des Deutschenspiegels. „Die Vorlage dürfte noch unmittelbar aus Magdeburg stammen. Möglicherweise wurde bereits eine oberdeutsche Übertragung im Magdeburger Minoritenkloster angefertigt oder zumindest eine niederdeutsche Vorlage von dort vermittelt."[407] Der Verfasser ist unbekannt. Wie seine Vorlagen enthält das Kaiserrecht Land- und Lehnrecht. Es ist in ca. 300 Handschriften und 100 Fragmenten vor allem in Süddeutschland verbreitet. Seine Wirkung reichte, wohl aufgrund seines Anspruches, Kaiserrecht zu sein, bis Nordwestdeutschland, Burgund, Siebenbürgen, Schlesien und Böhmen. Nach neueren Erkenntnissen wurde das Rechtsbuch nicht – wie bis dahin angenommen – 1274/75 im Umfeld der Franziskaner in Augsburg geschrieben. Die älteste überlieferte Handschrift könnte vielmehr zwischen 1268 und 1272 bereits „in Regensburger Medikantenklöstern entstanden sein"[408]. Der anonyme Verfasser hatte die Intention, ländliches Recht und das Recht des Adels aufzuzeichnen; er hatte kein regionales Interesse, sondern wollte überregionales Kaiserrecht aufschreiben, das durch Karl den Großen legitimiert war. In den Handschriften finden sich

---

406 H. Derschka, Der Schwabenspiegel. Vgl. zur Entstehungsgeschichte und den verschiedenen Auffassungen in der Forschung, zum Verhältnis Sachsenspiegel und Deutschenspiegel zum Großen Kaiserrecht ausführlich: C. Bertelsmeier-Kierst, Kommunikation und Herrschaft, S. 125–172.

407 C. Bertelsmeier-Kierst, Kommunikation und Herrschaft, S. 125.

408 H. Derschka, Artikel ‚Schwabenspiegel'.

Selbstbezeichnungen wie *Kaiserrecht, Kaiser Karls Rechtsbuch* oder einfach nur *Landrecht, Lehnrecht.* Die irreführende regionalbezogene Bezeichnung ‚Schwabenspiegel' wurde erst im 17. Jahrhundert von Melchior Goldast geprägt.

Bereits „vor 1300 existieren konkurrierende Fassungen"[409] des Kaiserrechts, es lässt sich insgesamt „eine schier unübersehbare Flut von Fassungen und Untergruppen des ‚Schwabenspiegels' "[410] feststellen. Ich gehe hier nicht auf die komplexe Textentwicklung[411] ein, sondern greife einige Handschriften heraus, um die bisherigen Überlegungen zur Textsorte Rechtsbücher zu ergänzen.

Regional weisen die meisten Handschriften nach Österreich und Bayern, nur eine geringe Anzahl von Handschriften stammt aus Schwaben.[412] Um 1300 treten in den Handschriften der Regensburger Langfassung E, die von Bertelsmeier-Kierst als der älteste Überlieferungszusammenhang angesehen wird[413], feste Textallianzen des Großen Kaiserrechts mit dem Buch der Könige des alten Testaments auf. Wie in der oben besprochenen Deutschenspiegelhandschrift unterstützt in dieser Textkombination die Chronik der alttestamentarischen Könige einerseits die Legitimation des Rechtsbuches als kaiserliche Satzung, andererseits bettet sie die rechtlichen Bestimmungen in die göttlich gewollte Ordnung der Welt ein und kombiniert so die historische mit der mythischen Legitimation des Rechts. Die Fragmente, Hss. 94, 1174 und 1253 (nach U.-D. Oppitz), repräsentieren die älteste Überlieferung des Großen Kaiserrechts. Sie gehörten alle zu ein und derselben Pergamenthandschift, stammen aus dem Ende des dritten Viertels des 13. Jahrhunderts und wurden in Regensburg in bairischer Mundart geschrieben.[414] „Nur dieser älteste Codex *discissus* weist noch die frühe einspaltige Einrichtung des Textes auf, der auch für die Überlieferung des ‚Sachsenspiegels' bis ins dritte Viertel des 13. Jahrhunderts charakteristisch bleibt."[415]

Die Donaueschinger Pergamenthandschrift, der sogenannte Codex Ebner (U.-D. Oppitz 424, Landesbibliothek Karlsruhe Cod. Donaueschingen 739), wurde laut Kolophon in den achtziger Jahren des 13. Jahrhunderts von Ernst der Hunhovær für Rüdiger de Capella geschrieben. Der Auftraggeber der Handschrift entstammt einem Regensburger Ministerialengeschlecht, sein Vater gehörte

409 C. Berteslmeier-Kierst, Kommunikation und Herrschaft, S. 129.

410 Ebenda, S. 126.

411 Vgl. dazu ausführlich C. Bertelsmeier-Kierst, Kommunikation und Herrschaft, S. 125–172.

412 Vgl. E. Klebel, Studien, S. 176.

413 C. Bertelsmeier-Kierst, Kommunikation und Herrschaft,S. 131f.

414 Ebenda, S. 191.

415 Ebenda, S. 131.

nachweislich dem Rat der Stadt Regensburg an und auch er selbst wird zu den Honoratioren der Stadt gehört haben. Der Codex Ebner führt in die Stadt (Regensburg), dies entnehmen wir dem Kolophon und nicht unbedingt der Begleitüberlieferung, die, wie die oben erwähnten Fragmente, mit dem Buch der Könige beginnt: *Wir svln des buches beginne mit got vn sol es sich enden mit got...* Im Kolophon nennt sich der Schreiber Ernst der Hvnhovær und er gibt auch seinen Auftraggeber an. Damit wird dieses ‚städtische' Kaiserrecht sozial eingeordnet und legitimiert. Eine weitere Legitimation durch den Adressatenkreis gibt der Epilog an: *Ditz bvch sol niemen lesen wan wise lævt...*[416] Die Legitimation, Recht zu sein für alle rechtsliebenden Menschen ohne Ansehen ihres sozialen Ranges erfährt damit eine Modifikation von den rechtliebenden zu den rechtskundigen Menschen. Eine Wendung die sich damit deutlich von Eikes Intention absetzt. Der Codex Ebner ist ein Repräsentant der Textfassung E, nach Bertelsmeier-Kierst also der ältesten Überlieferung des Großen Kaiserrechts. In den jüngeren Redaktionen wird die Auffassung, das Recht sei nur für gelehrte, rechtskundige Menschen, noch pointierter ausgedrückt. Im Unterschied zu den E-Fassungen attackieren die späteren Handschriften (z. B. die Normalform) Eikes Abweichen von der kirchenrechtlichen Sippenzählung sehr scharf: *vnd hebent die ersten sippe zal die man ze magen rechent, daz widerstitent vngelerte livte.*[417] Damit füllt sich auch der Begriff *wise livte* inhaltlich als Kundige aller drei Rechte (Kirchenrecht, römisches Recht und deutsches Recht). Auch innerhalb der Textentwicklung des Sachsenspiegels zeigt sich an den Textallianzen des Sachsenspiegels die durch das Große Kaiserrecht angeregte Auseinandersetzung der Rezipienten mit der Sippenzählung des Sachsenspiegels. In meinem Korpus überliefert eine Sachsenspiegelhandschrift (Anhang I, Tabelle 30, Hs. 1601) aus der zweiten Hälfte des 14. Jahrhunderts zusammen mit dem Landrecht eine Darstellung des Blutsverwandschaftsbaums. In dieser Handschrift, die dem Braunschweiger Stadtrat als Liber consulum, als rechtliches Nachschlagewerk, gedient hat, sind in der Glossierung auch Hinweise auf das Große Kaiserrecht enthalten.

Die mittelfränkische, zweispaltige Brüsseler Handschrift (U.-D. Oppitz, Hs. 323 Bibliothèque Royale Albert I. =BR, Ms 3809–3812) entstand im Jesuitenkolleg in Luxemburg im Jahr 1449. Der Codex stammt aus der Werkstatt des Elsässers Diepold Lauber und ist innerhalb der Überlieferung des Großen Kaiserrechts eine Besonderheit, weil er die einzige durchgängig bebildert

416 Zitiert nach: C. Berteslmeier-Kierst, Kommunikation und Herrschaft, S. 164.
417 Zitiert nach: C. Berteslmeier-Kierst, Kommunikation und Herrschaft, S. 159.

Schwabenspiegelhandschrift[418] enthält. Die Bildmotive zeigen eine Gemeinsamkeit mit den Illustrationen in anderen Lauber-Handschriften, vor allem auch in Historienbibeln.[419] Der Brüsseler Codex vereint die beiden Kaiserrechte und beginnt unter der Überschrift: *Der Keysers Recht* mit dem Kleinen Kaiserrecht (Bl. 1–42), es schließt sich die Glosse zum Sächsischen Landrecht in Auszügen an (Bl. 42–44); dann folgt eine unvollständige Version des Landrechts des Großen Kaiserrechts (Bl. 45–69), auf den Blättern 72–73 das Register des Landrechts und schließlich (Bll. 74–114) das Schwäbische Landrecht: *Herr Got himelischer vader...* Auf den Blättern 115–116 ist das Register des Lehnrechts und von Bl. 116v-138v das Schwäbische Lehnrecht überliefert. Das Buch der Könige (bis Judith) beschließt hier den Codex (Bl.139–186v). Es beginnt mit der roten Überschrift: *Das buch vitas patrum.* Im Kolophon nennt sich der Schreiber Tilmann de Birtringen, ohne seinen Auftraggeber zu nennen: *Explicit vitas patrum sub anno Incarnacionis Dominice M quadrigentesimo quadragesimo nono more leodiensi scribendi finitus et completus XVa die mensis februari* (15. Februar) *per manus thilmanni de birtringen et cetera* . Im 15. Jahrhundert überliefern fünf Handschriften (U.-D. Oppitz, Hs. 519 - Freiburg UB, Hs. 14 –; Hs. 919 - Leipzig UB, Rep IV f 74a –; Hs. 1058 –München Staatsbibliothek, Cgm 287 –; Hs. 1403 - Stuttgart, Landesbibliothek, Cod. iur. fol. N 222 –; Hs. 1628 - Zürich, Zentralbibliothek, Cod. C 31) zusätzlich zum Buch der Könige des alten Testaments auch das der Könige des neuen Testaments: die Prosakaiserchronik.

Die Ausstattung des Großen Kaiserrechts ist wie die vieler Sachsenspiegelhandschriften gehoben bis prachtvoll. Die durchgängig illustrierte alemannische Handschrift (ca. 1430) aus der Werkstatt Diepold Laubers enthält 69 Aquarelle (U.-D. Oppitz, Hs. 324, Ms 14689–91 der Königlichen Bibliothek zu Brüssel)[420]. Etliche Handschriften des Großen Kaiserrechts enthalten Miniaturen oder ganzseitige Darstellungen des thronenden Kaisers Karls des Großen (z. B. München Cgm 9299 bair. 1475; 552, bair. 2. H. des 15. Jhs.). Weitere Bildformeln sind: die Belehnung des bairischen Herzogs durch den Kaiser (München Cgm 9299 Titelillustration), die Belehnung des Pfalzgrafen durch den Kaiser (München Cgm 1139, 3. Viertel des 15. Jahrhunderts, Titelminiatur). Die normative (kaiserliche) Legitimierung ist sowohl in der ursprünglichen Anlage des Textes als auch in der Ausführung in den einzelnen Textexemplaren deutlich. Sie erhält aber durch die Kombination mit der Chronik der biblischen Könige, dem häufig

418 Vgl. H. Derschka, Der Schwabenspiegel, S. 309.
419 L. E. Saurma-Jeltsch, Spätformen, S. 201.
420 Der Codex ist digitalisiert: http://belgica.kbr.be/nl/coll/ms/ms14689_nl.html.

aus dem biblischen Zusammenhang stammenden Bildprogramm eine sehr religiöse Komponente. Die Könige regieren aufgrund göttlicher Gnade und der Maßstab für ihr Handeln ist die göttliche Gerechtigkeit.

Die normative Legitimation geht hier eine sehr enge Verbindung mit der mythischen, göttlichen Legitimation ein. Vielleicht kann man ausgehend von dieser Sichtweise auch die eindeutige Gewichtung der überwiegenden Zahl der Handschriften[421] des Großen Kaiserrechts deuten, was das Verhältnis von Kaiser und Papst angeht. Die Darstellung der Zwei-Schwerter-Lehre in Sachsenspiegel und Großem Kaiserrecht gilt als größter Unterschied zwischen den beiden Rechtsbüchern. Der Papst ist der Vertreter Gottes auf Erden. Ist es bei einer so starken mythischen Legitimation nicht glaubhaft, dass der Papst dem Kaiser das weltliche Schwert nur geliehen hat, solange dieser gottesfürchtig ist? Auch das Buch der Könige zeigt ja, dass Gott so verfährt. Allerdings macht bereits die aus dem geistlichen Umfeld stammende Bremer Handschrift des Sachsenspiegels aus dem Jahre 1342 (vgl. Tabelle 2 und Tabelle 29, Anhang I) die von Papst Bonifatius 1302 in der *Bulle Unam sanctam* geforderte Auffassung von der Vorherrschaft der geistlichen Gewalt gegenüber der weltlichen deutlich. Sie geht Textallianzen mit verschiedenen geistlichen Texten, aber nicht mit dem Buch der Könige ein.

Schon in den ersten Überlieferungsjahren verliert sich auch der unmittelbare Zusammenhang von Königschronik und Großem Kaiserrecht. Im sogenannten Codex Laßberg (U.-D. Oppitz, Hss. 421 und 422; Karlsruhe Landesbibliothek, Codex Donaueschingen 738 und 738b) fehlt diese historische Legitimation bereits. Er enthält ausschließlich Land- und Lehnrecht. Die Handschrift war 1840 die Grundlage des Schwabenspiegel-Druckes des Freiherrn Friedrich Leonhard Anton von Lassberg. Sie überliefert die „Normalform" des Kaisserrechts und wurde 1287 von Cůnradus von Lv̊velenheim für Gregor von Falkenstein, aus einem Ministerialengeschlecht der Grafen von Freiburg, geschrieben.[422]

Im weiteren Verlauf der Überlieferung zeigen dann vor allem die Textallianzen, dass trotz überregionaler Intention das Große Kaiserrecht im 14. und 15. Jahrhundert im städtischen Umfeld benutzt wurde, wo es im 15. Jahrhundert auch die größte Verbreitung fand: Schon im 14. Jahrhundert wird das „Schwäbische"

421 C. Bertelsmeier-Kierst, Kommunikation und Herrschaft, S. 158, geht allerdings davon aus, dass die Verschärfung des päpstlichen Hegemonialanspruches im Schwabenspiegel nicht ursprünglich, sondern erst eine spätere Zutat der Handschriftenentwicklung sei: „Die breite Diskussion in der historischen Forschung zu diesem Thema hat bisher nicht zur Kenntnis genommen, daß die älteste Regensburger Fassung des ‚Schabenspiegels' diese monistische Auslegung der Zwei-Schwerter-Lehre gar nicht tradiert."

422 Vgl. C. Bertelsmeier-Kierst, Kommunikation und Herrschaft, S. 170 und 192.

Landrecht – ohne Lehnrecht – zusammen mit dem Augsburger Sachsenspiegel und dem Stadtrecht von Augsburg im oben erwähnten Gießener Codex (Oppitz Hs. 549, Gießen UB Hs. 952) tradiert.

Das Spannungsverhältnis von mündlichem – sei es gewohnheitsrechtlich oder durch die formalisierte Gerichtsverhandlung begründet – und schriftlichem Recht wird im Sachsenspiegel in der Lexik und der Syntax deutlich, aber nicht eigens thematisiert. Es ist selbstverständliche Rechtspraxis. Im Schwabenspiegel wird die Praxis *de iure scripto et non scripto* ausdrücklich an verschiedenen Stellen thematisiert und problematisiert.[423] Der Landrechts-Artkel Ib nennt das römische Recht und das Recht König Karls als Quellen und deutet am Ende das Spannungsverhältnis zum mündlich überlieferten Gewohnheitsrecht an:

> „E…*aber ditz buch seit niwan von wertlichem geriht, vnd davon heizet ez ein lantreht bvch. daz elliv div reht div an daz buch geschriben sint daz div vber elliv lantreht gewær sint nach geschriben reht. wan etwa nach gvter gewonheit. (Z: als wir hernach wol gesagen).*“[424]

In Artikel 44 werden die Gewährsleute des städtischen Gewohnheitsrechts aufgelistet und das mündliche Recht wird aufgewertet, indem die Aussagen in lateinische Passagen aus dem römischen Recht eingebettet werden. Ein lateinisches Zitat, „das wiederum der Glosse des *Brachylogus iuris Romani* entnommen ist,“[425] leitet den Artikel ein:

> *De iure scripto et non scripto. Ius est vt vnaque ciuitas sibi ius constituit, das heizet der stet reht. Ob si ez von kvnigen oder von fursten oder von wiser lævt rat habent. Mag man die gewonheit behaben mit den lævten so ist si gvt. Swer div reht in den steten will machen der sol ez mit wiser lævt rate tvn. So sint si stæte. Id magis erat vt quin aliqua nova casa interueniente necessitas ingrueret constituende legis consules inprimis eam ut dictarent et quod dictassent pro lege tenendum esset populum interrogarent congregatio cum populus sibi placebat sua auctoritate debita confirmarat similiter et uerbum plebis magistrata es tut quicumque inperperam ivrisdictionem habeat sed difficulsa consuetudinis [iu]s esse putatur ut quod uoluntate omnium sine legeuoluntas conprobauerit etc.*“[426]

Eike von Repgow verwies darauf, dass er den Sachsenspiegel in lateinischer Sprache verfasst und dann übersetzt habe; der Verfasser der Regensburger Fassung E des Großen Kaiserrechts bemüht lateinische römisch-rechtliche Zitate zur sprachlichen Legitimierung seines Rechtsbuches und kann sich damit auch

423 C. Bertelsmeier-Kierst, Kommunikation und Herrschaft, S. 159f.

424 Fassungen E und Z zitiert nach C. Bertelsmeier-Kierst, Kommunikation und Herrschaft, S. 159.

425 Ebenda, S. 160.

426 Zitiert nach Kommunikation und Herrschaft, S. 160.

sicher sein, dass gelehrte, *wise lævte*, also rechtskundige und nicht alle ‚rechtsliebenden' Leute sein Rechtsbuch lesen. In den jüngeren Fassungen dominiert die Volkssprache, der Adressatenkreis der Rechtskundigen bleibt aber bestehen. Hier zeigt sich eine Ähnlichkeit zur Entwicklung der Sachsenspiegelhandschriften, die schließlich auch in eine wissenschaftliche, durch kanonisches und römisches Recht angeleitete Bearbeitung münden.

4.3. Das Kleine Kaiserrecht (der Frankenspiegel)

Das sogenannte Kleine Kaiserrecht ist „wahrscheinlich zwischen 1330 und 1342 als private Aufzeichnung des königstreuen, ehemals staufischer Ministerialität entstammenden Rudolf von Sachsenhausen-Praunheim entstanden"[427]. Wie der Deutschen- und der Schwabenspiegel war auch das Kleine Kaiserrecht als überregional geltendes Kaiserrecht konzipiert. Überliefert ist es in ca. 30 Handschriften überwiegend aus dem 15. Jahrhundert.[428] Die Abfassung des Rechtsbuches fällt in die Regierungszeit Ludwigs IV. Als Auftraggeber tritt er nicht in Erscheinung, obschon die Ausrichtung des Rechtsbuches seine Interessen vertritt: „Weiterhin paßt die tendenziöse Darstellung eines allumfassenden Kaiserrechtes hervorragend als publizistische Unterstützung in die Ludwigs ganze Regierungszeit durchziehende Auseinandersetzung mit Papst Johannes XXII., die zu dem nie aufgehobenen Bannspruch über den Kaiser führte."[429]

Seit dem Beginn des 15. Jahrhundert wird das Rechtsbuch auf Karl den Großen zurückgeführt: z. B. U.-D. Oppitz, Hs. 671, Hamburg, SUB, Cod. 89 in scrin. aus dem Jahre 1414: *Hye hevet sich aen des keysers recht…*; Hs. 564, Gießen UB 995a aus dem Jahr 1418 *Hie hebt sich ane des keisers recht gancz vnnd gerecht. Also isz der konig karle lisz machin…;* Hs. 323, Brüssel, Königliche Bibliothek, ms. 3809–12 (Kat.-Nr. 6688) aus dem Jahr 1449: *Der Keysers Recht*; Hs. 171, Berlin SBPK Ms. germ. fol. 1091 aus dem 15. Jahrhundert: *Dat Keysers Boick ok dat lüttyke Keyserrecht*; Hs. 562, Gießen, Universitätsbibliothek, Hs. 992[430] aus der zweiten Hälfte des 15. Jahrhunderts, (Bl. 2r): *Dis buch ist genant des keysers recht Do findet man ynne geschrieben alle stucke vnd punte vnd artikel wie man alle sache usz riechten sal noch deme rechten Als icz der keyser hat gesast:*

---

427 D. Munzel-Everding, Das kleine Kaiserrecht, S. 5.

428 Kaiserrecht, Kleines, http://www.geschichtsquellen.de/repOpus_03105.html, 2017-01-06: Es „wurde in deutscher Sprache von einem anonymen Verfasser hergestellt, der wahrscheinlich aus der Wetterau (Hessen) stammt."

429 D. Munzel-Everding, Das kleine Kaiserrecht, S. 6.

430 Digitalisat: http://digisam.ub.uni-giessen.de/diglit/hs-992.

In einigen späten Handschriften wird das Kleine Kaiserrecht aber auch mit dem Sachsenspiegel gleichgesetzt: z. B. in der oberdeutschen Gießener Handschrift (U.-D. Oppitz, Hs. 563) aus dem 15. Jahrhundert: *Hie hebet sich an der Sachsenspegel und komet dar des keysers recht gantz und gerecht…*; die mitteldeutsche Handschrift 1295b, Berlin SBPK, (U.-D. Oppitz, Hs. 393), ebenfalls aus dem 15. Jahrhundert: *Hic hebet sic an der sassen spiegel und kompt davon des keisers recht als es konig karolle liesz machen zu friden und nutze allen erbn leute…* Beide Handschriften haben keine Begleitüberlieferung wie den Sachsenspiegel oder eine dem Sachsenspiegel vergleichbare. Die Hs. 563 überliefert noch Rezepte gegen Pferdekrankheiten, die Hs. 1295b nur das Kleine Kaiserrecht. Viele Handschriften, die das Kleine Kaiserrecht überliefern, haben ähnliche Textallianzen wie sie die Sachsenspiegelhandschriften aufweisen. Ich gehe darauf im Folgenden ein.

Das Kleine Kaiserrecht wird zumeist in vier Büchern tradiert. Der Inhalt der Bücher berührt Reichsrecht, Landrecht, Lehnrecht, Dienstrecht und Stadtrecht. „Das 1. Buch behandelt in 41 Kapiteln Gerichtsverfassung und Prozeßordnung, das 2. Buch bringt in 137 Kapiteln Privat- und Strafrecht sowie eingehende Bestimmungen über das Reichsgut, wobei die Reichshöfe z. T. in lateinischen Texten behandelt werden. Das 3. Buch enthält in 33 Kapiteln Lehnrecht unter Hervorhebung der Reichsdienstmannen und das 4. Buch in 16 Kapiteln das Recht der Reichsstädte und ihrer Bürger. In einigen Handschriften sind noch der Judeneid und die Hundebuße eingefügt.“[431] Die Handschriften verfahren unterschiedlich: Die mitteldeutsche Innsbrucker Handschrift (Landesmuseum Ferdinandeum FB 2036; 1430–1450) überliefert neben dem Kleinen Kaiserrecht in vier Büchern zu je 41, 124, 34, 20 Kapiteln auch noch ein Register und fragmentarisch die Dekretalen Greogors IX. nebst verschiedenen Notizen, so z. B. über das Gewohnheitsrecht in Mainz, Frankfurt und Ingelheim. Die westfälische Handschrift Frankfurt a. M., Universitätsbibliothek, Ms. germ. qu. 107 (U.-D. Oppitz, Hs. 508) enthält vier Bücher zu je 41, 123, 33, 17 Artikeln und geht eine Verbindung mit dem Richtsteig des Land- und Lehnrechts Johanns von Buch ein, weitere Textallianzen sind ein Judeneid, eine Bestimmung über Musteil und die Remissiorium zum Sachsenspiegel: *Hijr beginnet dat abc des speghels van Sassen* (Bl. 1r). Die niederdeutsche Berliner Handschrift, ebenfalls aus dem 15. Jahrhundert (SBPK Ms. germ. fol. 1091; U.-D. Oppitz, Hs. 17), geht eine Textallianz mit dem Stadtrecht von Goslar ein. Die mittelhessische Handschrift aus der Gemeinde Münzenberg (U.-D. Oppitz, Hs. 564, Gießen UB 995a) ist in vier Bücher zu je 40, 114, 28, 14 Artikel eingeteilt und überliefert neben dem Kleinen

431 D. Munzel-Everding, Das kleine Kaiserrecht, S. 6.

Kaiserrecht ein Weistum aus Münzenberg und Nachrichten über Münzenberger Rechtsverhältnisse.

In jedem Kapitel wird die normative Legitimation durch den Kaiser bestärkt: *der keiser hat gesatzt, der keiser hat erleubt, der keiser hat geboden, sint geschriben stet in des keisers oder des riches recht.* Der Prolog zeigt ebenfalls sehr deutlich, dass hier schon in der Konzeption die normative (kaiserliche) Legitimation die mythische Legitimation in den Hintergrund gedrängt hat: *Sint geschriben stet got ist das riche vnd der mensche is godes und der keyser siczett an godes stat des menschen schirmer...*[432]

Die Textallianzen sind sehr unterschiedlich, sie weisen in den städtischen Zusammenhang (z. B. die gemeinsame Überlieferung mit dem Goslarer Stadtrecht) oder in den ländlichen Raum (Münzenberg). Einige Handschriften überliefern das Kleine Kaiserrecht mit ähnlichen Textallianzen wie die in den städtischen Zusammenhang weisenden Sachsenspiegelhandschriften oder werden in Kombination mit dem Sachsenspiegel Landrecht tradiert; so z. B. die niederrheinische, im Erftkreis entstandene Handschrift aus der Hamburger Staats- und Universitätsbibliothek (U.-D. Oppitz, Hs. 671, Hamburg, SUB, Cod. 89 in scrin.): Bl. 5r-12v Magdeburger Weichbildchronik; Bl. 12v-19v Magdeburger Weichbildrecht; Bl. 20r-46r Magdeburger Schöffenrecht (92 Artikel); Bl. 46r-144v Sachsenspiegel Landrecht; Bl. 237v-238r Judeneid. Hier zeigt sich der Traditionszusammenhang des Magdeburger Schöffenstuhls. Die Sprache spielt in der Gesamtüberlieferung als Legitimation für das Rechtsbuch keine herausragende Rolle. Eine der älteren Handschriften, die oberdeutsche, in der Landesbibliothek Fulda aufbewahrte Handschrift aus dem Jahr 1372 (U.-D. Oppitz, Hs. 529), hat überwiegend lateinische Kapitelüberschriften und nur wenige deutsche.

Zusammenfassend lässt sich sagen, dass die sehr deutlich hervortretende normative Legitmation für das Kleine Kaiserecht dominant ist. Karl der Große als Gesetzgeber nimmt eine zentrale Rolle im Bildprogramm wie auch im Text ein. In einigen Handschriften scheint das Kleine Kaiserrecht nachträglich noch den Sachsenspiegel als kaiserliche Gesetzgebung Karls des Großen zu rechtfertigen. Das Rechtsbuch wird sowohl im ländlichen als auch im städtischen Raum und vermutlich auch im klerikalen Einflussbereich verbreitet. Einschränkend muss allerdings gesagt werden, dass die Provenienzen der Handschriften in der großen Mehrheit nur sekundär, z. B. aus den Textallianzen, ermittelt werden können.

---

432 Ebenda, S. 6; D. Munzel-Everding, Sachsenspiegel, Kaiserrecht, König Karls Recht, S. 103–105.

5. Stadtrechtsbücher

Die mittelalterliche Stadt „bezieht ihre historische Kraft aus der sich seit dem 12. Jahrhundert zur Stadtgemeinde zusammenschließenden Bürgerschaft, die einen vom umgebenden Land abgegrenzten besonderen Rechts-, Friedens- und Wirtschaftsbereich schafft."[433] Auch das städtische Recht ist zunächst mündlich überliefertes Recht, es beruht auf Kaufmannsrecht, Gewohnheitsrecht, Privileg und auf einer durch den Bürgereid verbindlichen Rechtssetzung.

5.1. Das Mühlhäuser Rechtsbuch

Die älteste Stadtrechtsaufzeichnung ist das Mühlhäuser Stadtrecht (1224–1231)[434]. Zwei Handschriften des Rechtsbuches sind bekannt, eine wird in Mühlhausen im Stadtarchiv 10/T8c Nr. 1a (früher A. n. 96) aufbewahrt (U.-D. Oppitz, Hs. 1039) und enthält ursprünglich nur das Mühlhäuser Stadtrechtsbuch, ein Ratsbeschluss von 1302, Stadtverweisungseinträge aus dem 14. Jahrhundert und Notizen aus dem Jahr 1336 sind später hinzugefügt worden. Die andere Handschrift (Ende 13. Jahrhundert) stammt aus Nordhausen (Stadtarchiv, Ms. II Na 6, U.-D. Oppitz, Hs. 1163), dem Rechtsbuch wurde später auf dem Innendeckel ein Judeneid hinzugefügt.

Beide Handschriften weisen thüringischen Dialekt auf, der stark regional gefärbt ist: *i-* dominiert anstelle von *e* in unbetonten Silben: *andir* ‚anderer', *totit* ‚tötet', *bigriphen* ‚ergriffen' (I.1.) S. 95 f., *gitoitit* ‚getötet' (I.2.) S. 96, *geborgit* ‚verbürgt' (I.9) S. 99, *burgin* ‚Bürgen' (I.10) S. 99, *gibundin vnd givangin* ‚gebunden und gefangen' (3.1.) S. 105 etc.; *i-* erscheint in der Kombination mit *o* und *u* vermutlich als Dehnungszeichen[435]: *toiti* ‚der Tote' (I.7.) S. 98, *irboitin* ‚erboten' (I.8.) 98, *suilich* ‚solch' (2.8.) S. 103, *huis* ‚Haus', mhd. *hus* (14.3.) S. 127 etc.[436] Vereinzelt tritt r-Metathese auf wie z. B. im Verb: *mortburnini* ‚mordbrennen' (46.1),

---

433 B. Michael, Deutsche Rechtshandschriften, S. 320.

434 Das Mühlhäuser Reichsrechtsbuch. P. Bühner, Mühlhausen, nimmt eine Entstehung nach 1231 an.

435 Eindeutig ist im Harffer Sachsenspiegel die niederrheinische Färbung mit der Verwendung des Dehnungs-i: *loin* ‚Lohn', S. 153; *noit* ‚Not', S. 163. M. Åsdahl-Holmberg, Harffer Sachsenspiegel.

436 Vgl. auch H. U. Schmid, Historische deutsche Fachsprachen, S. 228. Schmid schreibt allerdings, dass *ou* vielfach durch *oi* vertreten wird und gibt als Beispiel *vroiwen* < mhd. *vrowen* ‚Frau' an. Nach meiner Durchsicht des Mühlhäuser Rechtsbuches,

die Überschrift des Artikels verwendet das Substantiv und lautet: *Hi vindit min von mortbrande*, S. 172.[437]

Die starke dialektale Färbung tritt sehr deutlich auch in der Lexik zutage. Für das männliche Zuchtvieh – sei es *ochsi edir beir* ‚Stier oder Eber', *sterri edir boc* ‚Widder oder Bock', verwendet die Handschrift *vinoz*, ist dieses Tier im Besitz der Stadt, dann heißt es *curvinoz*.[438] Hierin gleicht das Rechtsbuch der frühen Harffer Sachsenspiegelhandschrift (Anhang I, Tabelle 26: Hs. 1036), die z. B. auch spezielle Bezeichnungen für Zuchttiere (wie das Mutterschwein) verwendet.

Die regionale Prägung zeigt sich aber auch ganz generell in der Rechtssprache und damit wird doch die isolierte Stellung dieses frühen Rechtsbuches deutlich, das nur für den engeren regionalen Gebrauch gedacht war und anders als der Sachsenspiegel nicht auf Überregionalität ausgerichtet sein wollte. So enthält das Stadtrechtsbuch spezielle, regional geprägte Rechtstermini, die keine weitere Verbreitung gefunden haben: z. B. *giscreigi* ‚Gerüftzug' (Mühlhäuser Rechtsbuch, S. 107, 4.1.): „Als G. (*geröffte, gerouffte, gereufte, gerufte, gericht, gerochte, gerouchte, geruchte, feindio, feuerio, diebio, mordio, haro, huz, gerichja, helfio, hilfio*) bezeichnen zahlreiche R.squellen des MA.s u. der frühen NZ einen Hilferuf (Geschrei, Notruf), welcher der Abwendung einer (auch naturbedingten) Gefahr (Wasser [Küste, Küstengewässer, Deichrecht], Feuer, Wölfe) oder der Verfolgung eines Missetäters …"[439] oder – wie im vorliegenden Fall – der Anklage und Verfolgung eines Vergewaltigers dienen soll.[440] Ein Gerüftzug ist die Ansammlung der Menschen, die sozusagen als Zeugen der Anklage der Klägerin bis zum Richter folgen sollen. „Schreit dann die Frau, so sollen ihr zu Recht folgen, alle die es sehen und hören, der Ackersmann mit der Rute, der Viehknecht mit der Geißel; und sie sollen Pflug und Pferd stehen lassen… und verliegen sie die Not der Frau, so daß sie ihr nicht helfen es kund zu tun noch Klage zu erheben, wie es recht ist: werden sie dessen überführt mit dreien ihrer Nachbarn, es seien Manns- oder Weibspersonen, die ihre Treue und ihre Ehre behalten haben, denen soll man wallendes Blei in die Ohren gießen."[441]

---

tritt aber ausschließlich oder zumindestens ganz überwiegend *vrowi* ‚Frau' (29.1.); *vrowin* ‚Frau'(30.2.) auf.

437 Die Seitenzahlen und Artikel stammen aus der Edition des Mühlhäuser Reichsrechtsbuchs.

438 Ebenda, S. 179, 49.1.

439 H. Lück, Artikel ‚Gerüfte', Sp. 259–264.

440 Weitere Beispiele auch für Rechtstermini, die aus der Allgemeinsprache entnommen sind: H. U. Schmid, Historische deutsche Fachsprachen, S. 228f.

441 H. Meyer, Das Mühlhäuser Rechtsbuch und die deutsche Stadtrechtsgeschichte, S. 5. Mühlhäuser Rechtsbuch, 4.6. S. 108.

Die Bestimmung endet mit der stabreimenden Formel: *daz iz nummir niemini me zu nuzzi inwerdi weder rihteri noch niemi* ‚dass es niemals niemand zu Nutzen werde, weder dem Richter noch sonst jemandem'.[442] Stabreim innerhalb des Wortes findet sich bei ***notnumpht*** ‚Notzucht' (Kapitel 4, S. 107). Das Mühlhäuser Rechtsbuch verwendet auch viele Paarformeln: *nach minnin edir nach rehti* ‚mit Güte oder nach gerichtlicher Entscheidung' (18.3) S. 133 und (46.4.) S. 172[443], etliche davon sind alliterierend: *gibundin vnd givangin* ‚gebunden und gefangen', Mühlhäuser Rechtsbuch (3.1.) S. 105; *rechti undi redelichi scult* ‚rechte und redliche Schuld', (46.4.) S. 172.[444]

Im Gegensatz zu den romantischen Wertungen, wie z. B. H. Meyer sie ausspricht, „daß tiefste Volksverbundenheit der Mühlhäuser Quelle eignet und stilistisch gegenüber der nüchternen Klarheit des Sachsenspiegels sinnliche Anschaulichkeit sowie dichterische Form und Kraft"[445] den Vorrang hat, muss man vielmehr feststellen, dass das Mühlhäuser Rechtsbuch und der Sachsenspiegel sich in der Verwendung der stabreimenden Formeln und der mehrgliedrigen Formeln nicht grundsätzlich unterscheiden. In beiden Fällen scheint mir hier in der Tat ein Rückgriff auf mnemotechnische Hilfen im Zusammenhang mit mündlicher Rechtsanwendung vorzuliegen. Auch in Bezug auf die Syntax ist H. Meyer nicht zu folgen: „Niemand wird auf den Gedanken kommen, nach einer lateinischen Urform dieser deutschen Sätze zu suchen…"[446] Der Satzbau des Rechtsbuches ähnelt vielmehr ebenfalls dem des Sachsenspiegels: Neben Konditionalsätzen begegnen verallgemeinernde Relativ- und Adverbialsätze, die rechtliche Bedingungen ausdrücken. Die Relativsätze sind wie im Sachsenspiegel Subjektsätze, die Adverbialsätze haben häufig konditionalen, temporalen oder Lokalsatz-Charakter. Es treten auch hier die den lateinischen *si quis*-Sätzen nachgebildeten, mit *Swer* eingeleiteten Konditionalsätze auf. Hypotaxe ist ebenfalls häufig.[447] Indirekte oder direkte Rede tritt dagegen nicht auf. Möglicherweise spricht das dafür, dass im Mühlhäuser Rechtsbuch mit seinen doch eher fallnahen Bestimmungen der stark formalisierte mittelalterliche Prozess noch keinen so starken Widerhall gefunden hat wie im Sachsenspiegel. Tim Meyer[448] hat die Formenstrenge besonders des sächsisch-magdeburgischen Gerichts

442 Mühlhäuser Rechtsbuch, 4.6., S. 109.
443 C. G. Homeyer, Über die Formel, S. 29ff.
444 Für weitere Beispiele vgl. H. U. Schmid, Historische deutsche Fachsprache, S. 229.
445 Ebenda, S, 6.
446 H. Meyer, Das Mühlhäuser Rechtsbuch und die deutsche Stadtrechtsgeschichte, S. 4.
447 Vgl. H. D. Schmid, *Verspelt aver ein man sin gut.*
448 T. Meyer, Gefahr vor Gericht.

herausgearbeitet. Das Mühlhäuser Recht ist da eigenständig und die Formensstrenge war nicht Thema des Rechtsbuches.

Insgesamt zeigt die Syntax aber auch hier den Einfluss langer lateinischer, schriftsprachlicher Rechtstradition. Auch hier begegnet ein Spannungsverhältnis zwischen Mündlichkeit und durch lateinische Tradition vermittelte Schriftlichkeit. In der sprachlichen, stark dialektgebundenen Form und in der Lexik mit ihren stabreimenden Paar- und mehrgliedrigen Formeln drückt sich mündliches Recht aus. Die sehr schriftorientierte Syntax bildet dazu den Gegenpol.

Im Rechtsbuch wird kein besonderer Legitimationszwang für die Aufzeichnung des Mühlhäuser Rechts in deutscher Sprache deutlich. Die beiden überlieferten Handschriften sind zeittypisch auf Pergament geschrieben, weisen aber im Unterschied zu vielen frühen Sachsenspiegelhandschriften keine besonders prächtige Ausstattung auf. Dieser Rechtslegitimationsgrund fällt bei beiden Handschriften aus. Der Textzusammenhang beginnt in der Mühlhäuser Handschrift mit einer blauen I-Initiale mit roten Zierlinien am linken Seitenrand und am oberen Rand. In der Nordhäuser Handschrift ist die I-Initiale rot und ca. fünf Zeilen lang.

Der Text beginnt sofort mit einer für den städtischen Frieden eminent wichtigen Regelung:

> *Is daz ein mesci diz andiri totit bin disimi wiepbildi hie zu Mulihusin wirt he bigriphin an dirvrischin tat mit deimi da hez mieti gitotit heit . unde wiert he vur girichti bracht mit giscreigi . he heit sienin hals virworcht .*

‚Ist es, daß ein Mensch den anderen tötet, innerhalb dieses Weichbildes (Geltungsbereich des Stadtrechts) hier zu Mühlhausen, wird er ergriffen bei der frischen Tat mit dem, womit er ihn getötet hat, und wird er vor Gericht gebracht mit Geschrei (Gerüft), so hat er seinen Hals verwirkt.‘[449]

Motivation für die Rechtsaufzeichnung ist ganz grundsätzlich die Friedenswahrung im Stadtgebiet Mühlhausen, keines der Legitimationsmuster, die den Sachsenspiegel auszeichnen, spielen hier eine Rolle: Weder gibt es eine Legitimation durch den Auftraggeber, noch durch einen Verfasser, noch durch den Hinweis auf bestimmte Traditionen und es fehlt auch die in den bisher vorgestellten Rechtsbücherhandschriften des 13. Jahrhunderts besonders wichtige mythische Legitimation.

In der zweiten Bestimmung des Rechtsbuches wird Gott erwähnt, aber in einem ganz anderen Kontext als er uns bisher bekannt geworden ist:

449 Das Mühlhäuser Rechtsbuch, S. 95f.

Is abir daz deimi meniscin dies got gihilphit, daz he abikumit in sein selbis hus edir in sienis naciburis wandi wie alli naciburi heizin, die hie in dirri stat sin zu Mulihusin . so insal in in deimi huis undi in deimi hoivi bin deimi tagi noch bin der nacht nieman biefezzi, wedir scultezi noch andiris niemin .

„Ist es aber, daß dem Menschen Gott dazu hilft, daß er fortkommt in das Haus von ihm selbst oder in das seines Nachbarn – denn wir alle heißen Nachbarn, die in dieser Stadt sind zu Mühlhausen –, so soll ihn in dem Haus und in dem Hof weder innerhalb des Tages noch innerhalb der Nacht niemand festnehmen, weder der Schultheiß noch sonst jemand.“[450]

In dieser Bestimmung tritt Gott erstaunlicherweise als Beistand des Verbrechers auf. Herbert Meyer führt dies in der Anmerkung 3[451] zum Rechtstext auf heidnischen Zauberglauben zurück, der durch die Gottesfrieden vermittelt worden sei. Der Hinweis auf die Gottesfriedensbewegung, die neben den Reichsfrieden eine wichtige Rolle spielte, ist aber weiterführend.

Wir begegnen hier nicht wirklich einem Legitimationszusammenhang, sondern vielmehr einem Motivationszusammenhang für die Rechtsaufzeichnung. Ein Motivationszusammenhang, der keiner weiteren Legitimation bedurfte und der aus dem alltäglichen Erleben entstanden ist und mit dem Wunsch verbunden war, das Leben im Stadtgebiet für die Bürger, die „Nachbarn“, sicher zu machen und dem Zusammenleben feste Regeln zu geben, die in schriftlicher Form unumstößlicher waren als in reiner mündlicher Überlieferung. Die Mündlichkeit mag für die Friedenssicherung nicht mehr ausgereicht haben. In den anderen Rechtsbüchern ist diese Motivation zwar ebenfalls vorhanden, denn die Rechtsaufzeichnung dient in jedem Falle der Friedenssicherung und der Rechtswahrung, die rein anwendungsbezogene Motivation scheint aber in den meisten Fällen nicht auszureichen, um die deutschsprachige Verschriftlichung zu legitimieren. Die notwendige Sicherung des z. B. in der Region Sachsen bekannten und gebräuchlichen Rechts konnte offenbar nicht ohne weitere Legitimation in deutscher Sprache festgehalten werden. Hier liegt der Unterschied zwischen dem sehr praxis- und bedürfnisorientierten Mühlhäuser Rechtsbuch und den zuvor besprochenen Rechtsbüchern. Eikes differenzierte Auseinandersetzung mit der Legitimation seiner Arbeit zeigt, dass er um die juristische Problematik der Vereinbarkeit der drei Rechte – Gewohnheitsrecht, römisches und kanonisches Recht – wusste und sie zu lösen suchte. In diesem Sinne geschah ja auch die weitere Rezeption des Sachsenspiegel Land- und Lehnrechts. Diese Problematik

450 Das Mühlhäuser Rechtsbuch, S. 96.
451 Das Mühlhäuser Rechtsbuch, S. 96.

war nicht das Thema des/der Verfasser(s) des Mühlhäuser Rechtsbuches. Es versucht die anfallenden Probleme, die sich für die Bewohner des Stadtgebietes ganz praktisch ergeben, zu erkennen und zu regeln. Sprache, Ausstattung und Motivation zielen nur auf Mühlhausen, das Rechtsbuch ist durch nicht mehr und nicht weniger als seine unmittelbare Praxisbezogenheit legitimiert und deshalb auch für eine weitere Verbreitung nicht geeignet gewesen. Die thüringische Nachbargemeinde, Nordhausen, übernahm das Rechtsbuch, weil die sprachlichen, sozialen und rechtlichen Voraussetzungen ähnlich gelagert waren.

Die Kombination mancher Sachsenspiegelhandschriften mit dem Mainzer Reichslandfrieden zeigt natürlich nicht nur die normative Legitimation, sondern auch das Interesse an allgemeiner Friedenssicherung. In die Zeit der volkssprachigen Rechtsaufzeichnungen fallen nicht von ungefähr die kirchlichen und staatlichen Friedensinitiativen. Neben den weltlichen gesetzgeberischen Akten zur Friedenssicherung kam der sogenannten Gottesfriedensbewegung ein großes Gewicht zu. Sie ist im 10. Jahrhundert in Frankreich (Auvergne) entstanden, weil die hohe Geistlichkeit sich vor Übergriffen vor allem des niederen Adels schützen musste. In Deutschland waren im 12. und 13. Jahrhundert die Gottesfrieden (Pax Dei) in Verbindung mit der Waffenruhe Gottes (Treuga Die) ein wichtiges Mittel, um einerseits die Privatkriege des Adels und dessen Übergriffe auf kirchliches Gut zu beschränken, aber auch andererseits die Ordnung ganz allgemein zu wahren. Der Gottesfrieden bestand aus Beschlüssen, die von den Bischöfen in Gemeinschaft mit weltlichen Herrschaftsträgern getroffen und durch Eid bekräftigt wurden. Er schützte wehrlose Personen (Geistliche, Bauern, Arme, Frauen, Kaufleute), bestimmte Orte (Kirchen, Friedhöfe, öffentliche Plätze und Straßen) und Vieh, Ernte, Brücken etc. vor Fehdehandlungen. Die später hinzugekommene *Treuga Dei* verbot die Kriegsführung an verschiedenen Wochentagen. Die Bestimmungen zur Friedenssicherung haben Eingang in die Rechtsbücher gefunden. „Der Einfluß der Gottesfriedensbewegung ist kaum zu überschätzen, und so kann es nicht überraschen, daß immer wieder auch Verbindungslinien zu anderen, gleichzeitigen oder späteren Phänomenen gezogen wurden, wie zu der überaus zukunftsträchtigen Ausbildung der Stadtgemeinden.“[452] Auf den Aspekt der Gottesfriedensbewegung im Zusammenhang mit der Stadt Mühlhausen kann in diesem Untersuchungszusammenhang nicht eingegangen werden.[453] Es

452 H.-W. Goetz, Gottesfriede und Gemeindebildung, S. 122.

453 Vgl. dazu die Edition von H. Meyer, Das Mühlhäuser Rechtsbuch, (z. B. S. 95) der in den Fußnoten z. B. den Kölner Gottesfrieden mit dem Rechtsbuchtext in Beziehung setzt.

ist jeoch festzuhalten, dass die vorrangige, legitimierende Rechtsmotivation des Mühlhäuser Rechtsbuches die Friedenssicherung in ihrem Stadtgebiet ist.

5.2. Spätere Stadtrechtsbücher

Das umfassendste Stadtrechtsbuch ist wohl das Goslarer Stadtrechtsbuch (um 1330 bis ca. 1350) mit 892 Artikeln. Zwölf Handschriften sind noch erhalten. Wie auch das Herforder Stadtrechtsbuch zeigt es eine deutlich klarere Systematik als der Sachsenspiegel in der ursprünglichen Fassung Eikes. „Rechtssystematisch reduziert sich diese komplexe Zählung wie in den späten, systematischen Handschriften des Sachsenspiegel-Landrechts auf eine einfache Dreigliederung, die offenbar in Norddeutschland seit dem 14. Jahrhundert unabhängig vom römischen Recht entwickelt wurde: 1. Buch Familien- und Vermögensrecht, 2. Buch Verbrechen, 3. und 4. Buch Gerichtliches Verfahren."[454] Das 5. Buch enthält sozusagen Verschiedenes. In der Berliner Handschrift des Stadtrechts von Goslar (SBB PK, Ms. germ.fol. 536, Oppitz Hs. 124) sind die Bücher durchgezählt, oben auf der Seite ist der Inhalt kurz erwähnt, vor jedem Buch bezeichnet eine rote Überschrift das Buch und seinen Inhalt, z. B. Bl. 89r: *Liber tertius . van richte . van claghe van wedde . van Bůte . van wergeld . van bedene* (Rubrum). Jedes Buch beginnt mit einer vierzeiligen, blauen, rot verzierten Initiale. Die Makrostrukturen sind denen der Sachsenspiegelhandschriften vergleichbar. Die einzelnen Artikel sind mit roten Zahlen in der Zeile durchnummeriert. Die meisten Stadtrechtsbücher sind vergleichbar gegliedert.

Das Goslarer Stadtrecht wie das Herforder Stadtrecht weisen, anders als das Mühlhäuser Rechtsbuch, neben komplexen Satzgefügen auch direkte und indirekte Rede als Reflex der formalisierten Mündlichkeit im Prozessrecht auf.

Makrostrukturell kommt bei den meisten Stadtrechtsbüchern – mit Ausnahme des frühen Mühlhäuser Rechtsbuchs – dem Prolog eine wichtige Rolle zu, er hat aber nicht so sehr die Funktion der mythischen Legitimation oder der Legitimation durch den Verfasser, vielmehr beschwört er häufig, wie beim Herforder Rechtsbuch, den Frieden und den Zusammenhalt unter den Bürgern. Eine Miniatur stellt einen Weisen mit einem Spruchband dar, der die Bürger – wie im Prolog erwähnt – zu Zusammenhalt und Frieden auffordert. Die Anfangsinitiale des Rechtstextes im Herforder Rechtsbuch zeigt das Stadtwappen. Hier ist die legitimierende Motivation der Friedenssicherung deutlich in Bild und Text dargestellt.

454 B. Michael, Deutsche Rechtshandschriften, S. 320.

Wie die Sachsenspiegelhandschriften zeigen die meisten Stadtrechtsbücher ein hohes Ausstattungsniveau, sie sind zwar Gebrauchshandschriften, aber auch hier spielt die „Würde des Rechts" eine große Rolle. Pergamenthandschriften sind noch zahlreich in der zweiten Hälfte des 14. Jahrhunderts überliefert.

Sachsenspiegelhandschriften waren in vielen Städten im Ratsbesitz. Obwohl der Sachsenspiegel vor allem landrechtliche Bestimmungen enthält und wenig städtisches Recht (außer z. B. einige wenige Bestimmungen zu Fragen der Einrichtung von Markt und Münze, Ldr. II 26§4; Bauvorschriften Ldr. II 49§§1,2) behandelt, hat er die Stadtrechtsaufzeichnungen und die städtische Rechtssprechung stark geprägt. „Doch hat der Gebrauchswert des Sachsenspiegels für die Stadt offenbar nicht hier gelegen; auch nicht bei den Ackerbürgern, die in der Regel in den Mauern der Städte lebten. Vielmehr in den Partien, die sich auf die Gerichtsordnung und das Gerichtsverfahren bezogen."[455] Dafür spricht auch die häufige Kombination des Sachsenspiegels mit dem Richtsteig Land- und Lehnrechts von Johann von Buch, das den Rechtsgang regeln und richtiges Verhalten vor Gericht vermitteln sollte; eine Textallianz, die vor allem im städtischen Zusammenhang auftritt. In diesem Zusammenhang sind auch die Cautela und Premis des Heinrich von Oesfeld zu erwähnen, die in Handschriften und Drucken mit dem Sachsenspiegel verbreitet werden. Wie wichtig die Gerichtsordnung für die Städte war, zeigt auch das Herforder Stadtrechtsbuch (zweite Hälfte des 14. Jahrhunderts), das dem Text zwei Miniaturen voranstellt, eine davon zeigt eine Gerichtsszene mit dem Gerichtspersonal, Richtschwert und Reliquie.[456] Im Rechtstext des gleichen Rechtsbuches nimmt das Gerichtsverfahren einen großen Raum ein. „Die Schilderung des Verfahrens ist als chronologischer, kohärenter Ablauf dargestellt. Wobei die Modalität der Beschreibung, (meist Konjunktiv (Jussiv) oder Modalverben) den Text … als Handlungsanweisung erscheinen lässt."[457]

Es waren besonders die Städte, die seit dem 14. Jahrhundert zur Verbreitung des Sachsenspiegels beigetragen haben. Eine führende Rolle spielte der Magdeburger Schöffenstuhl. Der Sachsenspiegel war einerseits Vorbild für die Verschriftlichung und Formung des Stadtrechts, andererseits profitierte er von der Weiterentwicklung der Rechtssystematik und der wissenschaftlichen Kommentierung innerhalb der Städte.

---

455 Vgl. R. Schmidt-Wiegand, Die Bedeutung und Wirkung des Sachsenspiegels, S. 33ff.

456 Vgl. N. Wallmeier, Sprachliche Muster, S. 159.

457 Ebenda, S. 165. Vgl. zur Syntax Kap. 3.3.3.2. Der Steinbeck-Codex, eine Sachsenspiegelhandschrift mit umfangreicher Begleitüberlieferung aus Schlesien aus dem Jahre 1386, weist ebenfalls eine Miniatur auf, die eine Gerichtsszene darstellt. Vgl. B. Michael, Deutsche Rechtshandschriften, S. 307–311.

6. Von der Textsorte Rechtsbücher und ihren Varianten zur Differenzierung in unterschiedliche Textsorten

Die Textsortenanalyse ging zunächst von einer vorwissenschaftlichen Textklasse ‚Rechtsbücher' aus und nahm damit eine Ordnungskategorie auf, die in der historischen und rechtshistorischen Forschung lange Zeit die historische und auch inhaltliche Klammer für eine Gruppe verwandter Textarten wie Land- und Lehnordnungen, überregionale „kaiserliche" Rechtsordnungen und Stadtordnungen gebildet hat. Sie zeigte in verschiedenen synchronen Untersuchungsschritten, die um 1300, 1400, 1500 und auch 1600 ansetzten, welche externen und internen Kriterien die Textsorte Rechtsbücher ausmachen und in welcher Weise diese „semi-offizielle(n) Rechtsaufzeichnungen"[458] sich über unterschiedliche Variantenbildungen schließlich zu verschiedenen Textsorten entwickelt haben.

Es stellten sich bei dieser Untersuchung die Fragen: Kann man überhaupt von einer Textsorte ‚Rechtsbuch' ausgehen? Wie kann man sie beschreiben, welche Kriterien sind signifikant? Im Folgenden fasse ich die relevanten Kriterien zusammen, indem ich die Textsorte Rechtsbücher beschreibe und ihre Varianten aufzeige (Kapitel 6.1). Es zeigte sich, dass die Varianten sich im Laufe der Zeit zu unterschiedlichen Textsorten entwickelt haben und dass eines der wesentlichen Kriterien für den Textsortenwandel die Legitimationsmuster (Kap. 6.2.) sind, die der Rechtsaufzeichnung zugrunde liegen. Sie manifestieren sich auf unterschiedlichen Textebenen. Zunächst beschreibe ich die Textsorte Rechtsbücher und ihre Varianten. Die Varianten kündigen um 1300 und um 1400 einen Textsortenwandel an, der sich erst um 1500 vollzieht. Zu Beginn der Analyse stellten sich verschiedene Fragen, die ich auf der Grundlage meiner Untersuchung nun beantworten möchte:

Setzen die volkssprachigen Rechtsbücher primär schriftliche, vor allem lateinische Traditionszusammenhänge voraus? Die Untersuchung hat ein deutliches – die Textsorte Rechtbücher bestimmendes – Spannungsverhältnis zwischen Mündlichkeit und Schriftlichkeit, Gewohnheitsrecht einerseits, römischem und kanonischem Recht andererseits – aufgezeigt. Lateinische Traditionszusammenhänge werden in ganz unterschiedlicher Weise sichtbar. Im Sachsenspiegel lieferte die Untersuchung der Lexik und der Syntax keine eindeutigen Belege für eine lateinische

458 C. Bertelsmeier-Kierst, Kommunikation und Herrschaft, S. 175.

Vorlage, dennoch sind viele syntaktische Konstruktionen auf lateinische Vorbilder zurückzuführen, nicht in der Weise, dass sie direkt übernommen worden wären, sondern als Reflexe einer langen lateinischen, schriftsprachlichen Tradition. Die in der Regel lateinkundigen Verfasser und Schreiber ließen dieses Wissen um die lateinische Rechtssprache mehr oder weniger unbewusst in die deutschen Texte einfließen. Rechtsbücher wie z. B. das Soester Stadtrecht, die auf der Grundlage einer lateinischen Vorlage in die Volkssprache übersetzt wurden, zeigen eine ausgeprägte Abhängigkeit von dem direkten lateinischen Text. Aber auch das sehr eigenständige und sehr eng regional ausgerichtete Mühlhäuser Rechtsbuch, das viele Elemente aus der mündlichen Rechtspraxis tradiert, zeigt eine deutlich an lateinischen Mustern angelehnte Syntax.

Warum wurde das bisher mündlich und gewohnheitsrechtlich existierende Recht aufgezeichnet und welche Motivation steht hinter den Rechtsaufzeichnungen? Im 13. Jahrhundert wurde das Recht deutlich komplexer. Verschiedene Rechtskreise – mündliches Gewohnheitsrecht, römisches und kanonisches Recht – konkurrierten miteinander. So divergierten z. B. die Auffassungen über die Sippenzählung im Gewohnheitsrecht und im kanonischen Recht. Das führte zu Rechtsunsicherheiten und zu dem Wunsch nach Einheitlichkeit. Der Sachsenspiegel wie auch besonders das Große Kaiserrecht zeigen das eindrucksvoll. Mit der Stadtentwicklung entstanden neue Rechtsräume, für die es bislang keine rechtliche Ordnung gab. Die Gewichtung Stadtrecht, Landrecht, Lehnrecht, Königsrecht war zunehmend unklar und drängte auf eine Neuordnung. Die feudale Ordnung nahm an Bedeutung ab, die städtische Selbstverwaltung dagegen zu. Gleichzeitig zeigen die Sachsenspiegelbearbeitungen, das Große und Kleine Kaiserrecht, dass der Wunsch nach gesetztem, kaiserlich autorisiertem Recht wuchs.

Die Motivation, die hinter den Rechtsaufzeichnungen steht, ist – das zeigen nicht nur das Mühlhäuser Rechtsbuch und die Textallianzen mit den Landfrieden – die Friedens- und Rechtssicherung und die Klarheit in Bezug auf das anzuwendende Recht. Die Schriftlichkeit wurde der zunehmenden Komplexität des Rechts gerechter als die Mündlichkeit. Gleichzeitig wurde in bestimmten Rechtskreisen auch das mündliche Recht formalisierter und es wurde notwendig, prozessentscheidende Sätze schriftlich zu fixieren. Das Prozessrecht nahm einen immer bedeutenderen Raum im Rechtsleben ein, noch im Mühlhäuser Rechtsbuch zeigen sich kaum Reflexe der formalisierten Mündlichkeit vor Gericht, in den späteren Stadtrechten dagegen nehmen sie an Wichtigkeit zu. Die Textallianzen mit Rechtsgangbüchern, den Cautelea des Heinrich von Oesfeld etc. zeigen neben der sich wandelnden Lexik und Syntax diesen Prozess deutlich. Die Motivation der Friedens- und Rechtssicherung reichte als

Verschriftlichungsgrund in kleinräumigen sozialen Verbänden wie Mühlhausen aus, um das Recht aufzuzeichnen. Je komplexer der Rechtsraum wurde, desto mehr verlangte die Rechtsaufzeichnung nach einer besonderen Begründung, einer Legitimation. Auf die Art und Weise der Rechtslegitimation in Rechtsbüchern und ihren Wandel gehe ich in Kapitel 6.2. ein. Im Folgenden beschreibe ich zunächst die Textsorte Rechtsbücher und ihre Varianten.

6.1. Beschreibung der Textsorte Rechtsbücher und ihrer Varianten

Es wurde im Verlauf der Untersuchung deutlich, dass die hier behandelten Textexemplare der Textklasse Rechtsbücher trotz ihrer auf den ersten Blick fast unüberschaubaren Heterogenität nicht nur entwicklungsgeschichtlich zusammengehören. Die Analyse eines ausgewählten Korpus von Textexemplaren aus dem Zeitraum vom Ende des 13. bis zum Beginn des 17. Jahrhunderts hat gezeigt, dass es gemeinsame Merkmale auf allen sprachlichen Ebenen gibt, die die Textsorte Rechtsbücher ausmachen. Die Textsorte Rechtsbücher kann man nicht als „semi-offiziell(e)“[459] bezeichnen.

Beschreibung der Textsorte Rechtsbücher

Die Textsorte Rechtsbücher lässt sich im 13. und zu Beginn des 14. Jahrhunderts als durch ‚Friedens- und Rechtssicherung motivierte und auf besondere Weise legitimierte, vorwiegend volkssprachige, schriftliche Rechtsordnungen‘ klassifizieren. Mit der zunehmenden Formenstrenge, die das Gerichtsverfahren ausmachte, dienten die Rechtsbücher – häufig in Kombination mit entsprechenden Textallianzen – als Verfahrenshilfen. Die Textsorte umfasst Textexemplare, die ‚offiziell‘ waren, sie wurden angewendet und entsprachen einem starken Bedürfnis nach schriftlicher Friedens- und Rechtssicherung, aber sie waren nicht gesetzgeberisch autorisiert. Die Textsorte gründet sich auf mündlich überliefertes Gewohnheitsrecht und auf durch lateinische Traditionen vermitteltes Recht. Ihr Kern ist, dass neben bzw. als wesentlicher Bestandteil der Friedens- und Rechtsicherung die Konkurrenz der drei Rechte – Gewohnheitsrecht, römisches und kanonisches Recht – in ihrem Spannungsverhältnis bekannt war und dass dies auch eine wichtige Motivation zur Rechtsverschriftlichung war. Wenn dieses Spannungsverhältnis so ausgewogen war, wie z. B. im Sachsenspiegel, dann trug dies zur großen Verbreitung der Textexemplare erheblich bei.

459 C. Bertelsmeier-Kierst, Kommunikation und Herrschaft, S. 175.

Lexikalisch stehen Formeln und Bezeichnungen der mündlichen Gerichtstradition (mehrgliedrige Formeln; Verwendung gereimter Rechtsregeln) neben solchen, die aus dem römischen Recht (mehrgliedrige Formeln aus der lateinischen Urkundensprache bzw. mit römisch-rechtlichem Hintergrund; rechtssprachliche Definitionen) tradiert sind. Ihr Ursprung lässt sich nicht immer einwandfrei klären. Seit Mitte/Ende des 14. Jahrhunderts überwiegt makrostrukturell die Einteilung in Bücher, Kapitel oder Artikel und Paragraphen.

In der Syntax wird die Dichotomie mündliches Recht – schriftliches/verschriftlichtes Recht ebenfalls sehr deutlich. Die direkte Rede stammt zumeist aus der zunehmend formalisierten mündlichen Gerichtssprache. Sie wird als Prozesshilfe – vor allem in Textexemplaren aus dem sächsisch-magdeburgischen Gerichtszusammenhang, der sich durch eine besondere Formenstrenge auszeichnete[460] – auch im verschriftlichten Recht beibehalten bzw. als Prozesshilfe schriftlich fixiert. Insgesamt begegnet sehr häufig auch die indirekte Rede. In den Textexemplaren der Textsorte Rechtsbücher wird in rechtlichen Bestimmungen vor allem der Konditionalsatz verwendet. Aber auch hier zeigt sich das Spannungsverhältnis Mündlichkeit und Schriftlichkeit. Der uneingeleitete Konditionalsatz kommt in älteren, (niederdeutschen und mitteldeutschen) gewohnheitsrechtlichen Rechtsordnungen häufiger vor als in jüngeren, stärker satzungsrechtlich beeinflussten Rechtsordnungen. Die mit *swe*, *swelch* etc. eingeleiteten Konditionalsätze lassen sich auf die lateinischen *si quis*-Formulierungen zurückführen, die schon seit dem frühen Mittelalter in lateinischen Rechtstexten anzutreffen sind. Eine regionale Variante des niederdeutschen/mitteldeutschen, uneingeleiteten Konditionalsatzes ist der mit *ist daz* eingeleitete Satz. Er tritt vor allem in den oberdeutschen Rechtsbüchern auf und ersetzt dort den uneingeleiteten Konditionalsatz. Durch die Verbreitung der oberdeutschen Textexemplare, vor allem des Großen Kaiserrechts, findet diese Variante später Eingang in die niederdeutschen und mitteldeutschen Rechtsbücher. Weiterhin lässt sich ein signifikanter Gebrauch von Modalverben feststellen, dies ist aber kein ausgesprochenes Textsortenmerkmal, sondern lässt sich in verschiedenen Rechtstexten ermitteln. Die Art und Weise der Modalverbverwendung hat sich zum Teil bis heute im (Verwaltungs-)Recht erhalten.

Beschreibung der Textsortenvarianten und der Entstehung neuer Textsorten
Aus dieser Textsorte entwickeln sich schon sehr bald unterschiedliche historisch eng verwandte Varianten. Vor dem Hintergrund der lateinischen Schriftlichkeit

---

460 Vgl. T. Meyer, Gefahr vor Gericht.

und zumeist der Kenntnis römischer und kanonischer Rechtsbestimmungen wird in den Textexemplaren der Textsorte Rechtsbücher das mündliche Recht einer bestimmten Region bzw. Rechtsgemeinschaft verschriftlicht. Dies geschieht vorrangig in der Volkssprache, Latein tritt im Zusammenhang mit der Verwissenschaftlichung der Rechtsordnungen ab Mitte des 14. Jahrhunderts wieder stärker in den Vordergrund. Im 16. Jahrhundert überwiegen in den Drucken z. B. die zweisprachigen Ausgaben. Hier lässt sich aufgrund der Sprachwahl und der Legitimationsmuster von einer Textsorte ‚kommentierte, gelehrte Rechtsordnungen' mit den Varianten Landrecht und Lehnrecht sprechen. Im Zentrum dieser neuen Textsorte steht nicht mehr die Friedens- und Rechtssicherung, sondern die Weiterentwicklung des Rechts. Die Motivation, die Legitimation der Rechtsordnung und die Sprachwahl sind differenzierende interne Textsortenkennzeichen.

Auch die externen sowie die internen Merkmale der Textsorte Rechtsbücher wandeln sich, sie zeigen ab der Mitte des 14. Jahrhunderts eine Abkehr von einer Verfasser- bzw. Auftraggeberlegitimation (z. B. Eike von Repgow, Hoyer von Falkenstein) und eine stärkere Hinwendung einerseits zur normativen Legitimation durch Rechtssetzung – ‚Kaiserrecht' oder ‚städtische Rechtsordnungen' – andererseits zur wissenschaftlichen Legitimierung durch Glossierung und Kommentierung: In den Handschriften nennen sich nun die Schreiber, sie sind zumeist juristisch ausgebildet. In den Drucken übernehmen Juraprofessoren die Verantwortung für die Überarbeitung. Dies sind weitere differenzierende Kennzeichen für eine eigenständige Textsorte ‚kommentierte gelehrte Rechtsordnungen'.

Die Textexemplare der Textsorte Rechtsbücher zeigen zwischen 1500 und 1600 vielgliedrige, komplexe Initiatorenbündel, aber auch mehrgliedrige Terminatorenbündel. Sprachlich überwiegen in den Handschriften die volkssprachigen Texte. Sie zeigen eine andere Entwicklung als die Drucke. In den Drucken zeigt sich dagegen eine deutliche Tendenz zur Zweisprachigkeit, zur Systematisierung und Kommentierung.

Es sind folgende Varianten der Textsorte Rechtsbücher erkennbar:

1. Die Kombination von regional (sächsisch) ausgerichteten Land- und Lehnrechtsordnungen: Ursprünglich sind die Rechtsbücher vor allem auf den ländlichen Bereich konzentriert. Sie spiegeln die sozialen Verhältnisse des 13. Jahrhunderts, dem Zeitraum ihrer Entstehung, durch die Zweigliedrigkeit Landrecht und Lehnrecht – Recht der bäuerlichen Gemeinschaft und des Adels. Zur Zeit Eikes von Repgow ist der bäuerliche Lebenszusammenhang noch eng mit dem adeligen Lebenszusammenhang verbunden und der städtische Raum war in seiner Bedeutung noch nicht so signifikant. Die Variante 1

tritt in dieser Funktion um 1500 in den Hintergrund, nur wenige Textexemplare aus dem ländlichen Zusammenhang kombinieren noch Land- und Lehnrechtsordnungen. Die Textsortenvariante wandelt sich aber inhaltlich und bekommt einen neuen Akzent: Dies bildet die Grundlage für die kaiserlichen Rechtsordnungen (siehe 2.).

2. Auf Überregionalität zielende kaiserliche Rechtsordnungen: Schon der Sachsenspiegel Eikes bezieht sich auf eine kaiserliche Legitimation. Die Kaiser Konstantin und Karl der Große werden als Gesetzgeber angesprochen. In der zweiten Hälfte des 13. Jahrhunderts entstehen auf der Grundlage des Sachsenspiegels oberdeutsche Rechtsbücher (Augsburger Sachsenspiegel, Deutschenspiegel, Großes und Kleines Kaiserrecht), die ihre Legitimation von Karl dem Großen herleiten und auf Überregionalität angelegt sind. Viele dieser oberdeutschen kaiserlichen Rechtsordnungen enthalten wie die Variante 1 Land- und Lehnrecht als Teiltexte mit potentieller Texthaftigkeit. Nur das Große Kaiserrecht ist in ca. 400 Handschriften überliefert, das Kleine Kaiserrecht in ca. 30 und der Deutschenspiegel nur in einer Handschrift. Im Großen Kaiserrecht zeigt sich eine ähnliche Tendenz wie bei der Überlieferung des sächsischen Land- und Lehnrechts: etwa ab der zweiten Hälfte des 14. Jahrhunderts werden Land- und Lehnrecht zunehmend getrennt überliefert.
3. Lehnrechtsordnungen: Diese Textsortenvariante aus dem Bereich des Adels ist ursprünglich eng mit dem Landrecht verbunden. In der Bilderhandschrift der Oldenburger Grafen (U.-D. Oppitz, Hs. 1184, Landes bib. Oldenburg CIM I 410, Anhang I, Tabelle 27), die das Lehnrecht makrostrukturell stärker hervorhebt als das Landrecht und in zwei Bücher aufteilt, zeigt sich bereits die interessenbedingte Variantenbildung. Seit dem 14. Jahrhundert in Handschriften und in Drucken des 15./16. Jahrhundert werden Land- und Lehnrecht zunehmend getrennt überliefert. Im 15. Jahrhundert nimmt das Lehnrecht in den Handschriften an Bedeutung und Verbreitung insgesamt ab. In den Drucken wird es zunehmend Gegenstand wissenschaftlicher, rechtshistorischer Bearbeitung. Es ist deshalb spätestens in der zweiten Hälfte des 15. Jahrhunderts der Textsorte ‚gelehrte, kommentierte Rechtsordnungen' als Variante zuzuordnen.
4. Landrechtsordnungen: Die Landrechtsordnungen sind sowohl für die bäuerliche als auch für die städtische Bevölkerung von großem Interesse. Die Gründe sind unterschiedlich, im ländlichen sächsischen Raum hat das Landrecht die Funktion des geltenden, anzuwendenden Rechts. Im städtischen Raum zählt vor allem die Vorbildfunktion der Rechtskodifikation. Das ländliche Recht wird städtischen Gegebenheiten angepasst, was sich in bestimmten, immer

wiederkehrenden Textallianzen zeigt (Schöffensprüche, Magdeburger Weichbildrecht, Stadtchronik). Schließlich bringt dies eine neue Textsortenvariante (siehe 5.) hervor. Die Landrechtsordnungen differenzieren sich einerseits zu einer Textsortenvariante der Textsorte ‚gelehrte, kommentierte Rechtsordnungen' und andererseits entwickeln sie sich hin zu einer neuen Textsorte ‚Städtische Rechtsordnungen'.

5. Städtische Rechtsordnungen: Ihr besonderes Kennzeichen ist, dass sie den ursprünglich mythischen und durch Herkommen/Gewohnheit begründeten Legitimationen zunehmend eine normative städtische Legitimation an die Seite stellen und auf eine bestimmte Stadt ausgerichtet sind. Aus dem Recht einer Stadt entwickeln sich Stadtrechtsgruppen (z. B. Lübisches Recht, Magdeburger Recht). Um 1500 gewinnt diese Textsortenvariante große Bedeutung. Ihr Kennzeichen ist eine starke Systematisierung, die sich in der Gliederung (Register) und dem inhaltlichen Aufbau zeigt. Die Stadtrechtsordnungen sind gegenüber dem Sachsenspiegel Eikes weniger assoziativ, sie zeigen von vornherein eine stärkere Rechtssystematik. Die starke Gewichtung auf Verfahrensfragen zeigt, dass es zunehmend notwendig wird, dem mündlichen Gerichtsverfahren schriftliche Verfahrenshilfen an die Seite zu stellen. Das wird auch auf der syntaktischen Ebene deutlich (Wechsel von indirekter und direkter Rede). Ursprünglich eine Textsortenvariante der Textsorte Rechtsbücher, werden die städtischen Rechtsordnungen um 1500 zu einer eigenen Textsorte mit zunehmend normativer Legitimation.
6. Wissenschaftlich bearbeitete Rechtsordnungen: Vor allem in den (Universitäts-)Städten entstehen kommentierte und stark systematisierte Bearbeitungen (handschriftlich und gedruckt). Neben den Registern und Textallianzen, die eine erklärende, systematisierende und anwendungsorientierte Funktion haben (z. B. Rechtsgangerläuterungen wie der Richtsteig des Johann von Buch) sind die glossierten Textexemplare signifikant für diese Variante. In der rechtshistorischen Literatur werden die Glossierungen in der Regel von den Rechtsbüchern getrennt behandelt und als eigene Textgattung verstanden, was sich in der Editionspraxis zeigt. Dabei gerät aber der enge Überlieferungsverbund von Rechtsbuch und Glosse aus dem Blick. Man kann hier aufgrund der makrostrukturellen Verknüpfung von Text und Glosse – entweder als Marginalglosse, Interlinearglosse, als auf den Text folgende oder ihn umrandende Glosse – nicht von Begleitüberlieferung sprechen. Die Kommentierung ist mit dem Text zu einem neuen Textexemplar verbunden. Diese Variante tritt seit der zweiten Hälfte des 15. Jahrhunderts häufig auf. Sie wandelt sich im

Laufe der Entwicklung ebenfalls zu einer Textsorte ,gelehrte, kommentierte Rechtsordnungen'

Zusammenfassend lassen sich vom 13. bis zur zweiten Hälfte des 14. Jahrhunderts also sechs Textsortenvarianten der Textsorte Rechtsbücher feststellen. Sie können sich partiell überschneiden. Das gilt vor allem im städtischen Bereich. Hier wird häufig die wissenschaftliche Bearbeitung mit dem regional anzuwendenden Stadtrecht verbunden. Typisch ist seit dem 14. Jahrhundert für alle Varianten der Textsorte Rechtsbücher ein besonderes Spannungsverhältnis von Bewahren und Verändern.

Dabei lassen sich im Wesentlichen zwei Aspekte unterscheiden:

a) Es besteht ein Spannungsverhältnis zwischen älteren Legitimationszusammenhängen und neuen Ausrichtungen: Die mythische Legitimation wird beispielsweise in Prologen und im Epilog weiterhin vermittelt, obschon die Rechtsordnungen vorrangig andere Legitimationszusammenhänge stärker betonen (z. B. die Legitimation durch Rechtssetzung oder durch wissenschaftliche Kommentierung, Erläuterung und Systematisierung und durch die Anwendbarkeit vor Gericht).
b) Das Spannungsverhältnis zwischen Mündlichkeit aus der Tradition des Gewohnheitsrechtes wie aus der Tradition des Gerichtsverfahrens einerseits und der Schriftlichkeit des Rechts, aus der Tradition älterer lateinischer Rechtsaufzeichnungen und des römischen und kanonischen Rechts andererseits: Die Verwendung von gereimten Rechtssätzen und mehrgliedrigen Formen geht eher auf die mündliche Tradition zurück. Die Rechtsdefinitionen sowie eine zunehmende Systematisierung, die Glossierung des Textes und die Verwendung von Registern, Rechts-Abecedarien sind typische Erscheinungsformen des schriftlichen Rechts. Im Großen Kaiserrecht wird das Spannungsverhältnis von mündlichem und schriftlichem Recht ausdrücklich thematisiert. Die Verschriftlichung des Rechts darf man nicht – wie es in der Forschung zuweilen geschieht und wie eingangs erwähnt wurde –einseitig verstehen, weder als „volkstümliche Aufzeichnung ritterlich-bäuerlichen Gewohnheitsrechts“ noch als Form, die „primär schriftliche Traditionszusammenhänge, vor allem aus der lateinischen Schriftkultur“[461] voraussetzt. Eine Auffassung, die primär das eine oder das andere annimmt, verkennt meiner Ansicht nach das Wesen der Textsorte Rechtsbücher: Sie ist gekennzeichnet durch das Spannungsverhältnis von traditioneller Mündlichkeit, die nicht unbeeinflusst von der

461 C. Bertelsmeier-Kierst, Kommunikation und Herrschaft, S. 175.

lateinischen Schriftlichkeit war, und traditioneller lateinischer Schriftlichkeit, die, wenn man z. B. an die Leges denkt, auch nicht vollkommen unbeeinflusst von unverschriftlichtem (Germanen-, bzw. später deutschem) Recht war. Zur Zeit der Rechtsverschriftlichung durch Eike von Repgow zeigt sich sowohl an Eikes Rechtsvorstellung wie auch in der Weiterentwicklung das Ringen zwischen verschiedenen Rechtsauffassungen, die dem Gewohnheitsrecht, dem römischen und dem kanonischen Recht verpflichtet sind. Die einzelnen Rechtsbücher zeigen dieses Ringen in unterschiedlicher Weise, auch das Mühlhäuser Rechtsbuch zeigt Reflexe lateinischer Schrifttradition, aber es zeigt viel deutlicher als der Sachsenspiegel und seine weitere Entwicklung bis hin zu den Kaiserrechten und den Stadtrechtsbüchern eine zweckgerichtete Schriftlichkeit.

Im 15. Jahrhundert unterscheiden sich die ursprünglich gewohnheitsrechtlich orientierten Rechtsordnungen immer weniger von gesetzten oder wissenschaftlich legitimierten Rechtsordnungen. Die hochwertige Ausstattung der Rechtsordnungen bleibt aber lange noch bestehen. Die pragmatische Ausrichtung des Mühlhäuser Rechtsbuches macht hier im 13. Jahrhundert bereits eine Ausnahme und zeigt, dass der Legitimationszusammenhang für das regional sehr begrenzte Rechtsbuch eindeutig durch die Motivation der Friedenssicherung bestimmt war. Dagegen tragen viele Drucke durch ihre oftmals zweifarbige Gestaltung, die reich verzierten Initialen und durch die aufwendige Herstellung der Initiatoren und Terminatorenbündel der würdevollen Rechtsverschriftlichung lange noch Rechnung. Mehrgliedrige Initiatoren- und Terminatorenbündel sind nicht nur typisch für Rechtsordnungen, sie lassen sich um 1500 auch bei anderen Textsorten (z. B. Chroniken) nachweisen, in den Rechtsordnungen sind sie aber häufig durch Miniaturen oder Wappen geschmückt. Eine Ausnahme machen hier wiederum die beiden sehr praxisorientierten Handschriften des Mühlhäuser Rechtsbuches, sie haben keine Bilder, kaum Verzierungen, kein Vorwort, keinen Epilog. Sie sind für den Rechtsgebrauch in Mühlhausen und Nordhausen bestimmt, sie dienen der Friedens- und Rechtssicherung in den beiden Stadtgemeinden.

6.2. Legitimationsmuster als Textsortenkriterium

Auf der inhaltlichen Ebene ist die Rechtslegitimation ein wichtiges Textsortenkriterium. Sie führt zunächst mit anderen Kriterien zusammen zur Differenzierung der Textsorte Rechtsbücher in verschiedene Varianten und schließlich auch zur weiteren Entwicklung unterschiedlicher Textsorten. Ursprünglich hängt dieses Textsortenkriterium eng mit der Tatsache zusammen, dass die Textexemplare der Textsorte Rechtsbücher verschriftlichtes Gewohnheitsrecht sind – wenn auch unter starker Einbeziehung und dem Einfluss schriftlicher lateinischer Rechtsordnungen.

Die Untersuchung hat gezeigt, dass bestimmte, sich im Laufe der Zeit wandelnde und ablösende Legitimationsmuster ein wichtiges Kennzeichen der Textsorte Rechtsbücher sind, das durch die Veränderung zu einem textsortendifferenzierenden Kriterium wird. Die Legitimationsmuster manifestieren sich sowohl in den externen (z. B. Pergament als Material, auf dem die Handschriften geschrieben wurden) als auch in den internen Merkmalen.

Die Textsorte Rechtsbücher lässt sich als Rechtsordnung beschreiben, deren Ursprung nicht das durch eine Autorität gesetzte Recht, sondern bis dato vorwiegend mündlich überliefertes und angewendetes Gewohnheitsrecht war. Dies und auch die Tatsache, dass das Recht erstmalig in deutscher Sprache aufgezeichnet wurde, machte eine besondere Legitimation notwendig. Schon bei der Aufzeichnung sah Eike sich deshalb gezwungen, sein Vorhaben besonders zu begründen. Anders als der Verfasser des Mühlhäuser Rechtsbuches, der nur für sein Stadtgebiet das Recht aufzeichnete und dessen Anspruch sehr praxisnah war, sah sich Eike, der über weitgehende juristische Kenntnisse verfügte, verpflichtet, sein Rechtsbuch in besonderer Weise zu legitimieren. Die bloße Motivation der Friedens- und Rechtssicherung reichte für das Recht Sachsens nicht aus. Zumal Eike auch um die konkurrierenden Rechtssysteme wusste. Im 14. und 15. Jahrhundert führte gerade die Konfrontation mit den großen Rechtskodifikationen des römischen Rechts und des Kirchenrechts zu einem besonderen Legitimationszwang. Im Laufe der Jahrhunderte wandelten sich die ursprünglichen acht bzw. sieben zentralen Legitimationsmuster des Sachsenspieglers, neue kamen hinzu, alte wurden modifiziert oder verdrängt. Bevor die alten Muster verdrängt wurden, kam es zu einer zeitweisen Koexistenz. Es lassen sich vor diesem Hintergrund schließlich zehn textsortenrelevante Legitimationsfunktionen unterscheiden. Die Reihenfolge entspricht auch in etwa der chronologischen Reihenfolge ihrer Manifestation in den Rechtsbüchern:

1. Mythische Legitimation durch Gott, der der Ursprung allen Rechts ist: Ursprünglich haben Vorreden in Rechtsbüchern die Funktion der Legitimation übernommen, indem sie, wie in den Reimvorreden Eikes von Repgow, die Legitimation des Rechts auf Gottes Gebot zurückführten. Recht, Sitte und Brauch oder das bisher nur mündlich überlieferte Gewohnheitsrecht wurden in ihrer volkssprachigen Schriftform vor allem durch Mythos, den Rückgriff auf Gott, legitimiert. Diese mythische Legitimation zeigt sich vom 13. bis

Mitte des 15. Jahrhunderts in der Ausstattung, der Verwendung von Pergament, Miniaturen, farbigen zum Teil mit Gold unterlegten Initialen. Das überdurchschnittliche Ausstattungsniveau von Rechtsbuchhandschriften unterstreicht die Würde des Rechts, verleiht ihm Autorität und eine gewisse Aura.[462]

2. Legitimation durch die Sprache: Eike von Repgow verweist in der Vorrede darauf, dass er das Rechtsbuch zuerst in lateinischer Sprache verfasst habe. Bis zum 13. Jahrhundert wurden Rechtstexte in lateinischer Sprache verfasst. Ob Eike von Repgow tatsächlich das Land- und das Lehnrecht zunächst in lateinischer Sprache verfasst hat (vgl. Kap. 3.3.3. Das Verhältnis Deutsch – Latein), konnte bisher nicht zweifelsfrei nachgewiesen werden. In jedem Fall brauchte es eine besondere Rechtfertigung im 13. Jahrhundert, eine Rechtssammlung in deutscher Sprache zu verfassen. Aber auch noch in der zweiten Hälfte des 15. Jahrhunderts, um 1600 bezieht sich die Berliner Handschrift Ms. germ. fol. 12 (U.-D. Oppitz, Hs. 112, Anhang I, Tabelle 47) sowohl auf Eike als Verfasser (zu 5.), Hoyer von Falkenstein als Auftraggeber (zu 6.) als auch auf die Autorität der lateinischen Sprache: *Da eyke von repgow dorch grauen hoygers willen von Valkensteyn disz buch der Sachsenspigel hatte gesaczt in latein…* In der Berliner Handschrift kommt noch eine weitere Legitimation, die normative Legitimation (zu 8.), hinzu.
3. Legitimation durch Tradition: Die Rechtfertigung für die Rechtsverschriftlichung wird durch den Rückgriff auf Geschichte und auf das alte Herkommen begründet. Dies kann im Text geschehen, wenn sich der Sachsenspiegler der Autorität des Origines vergewissert und die Weltalterlehre mit den Heerschilden verbindet. Es geschieht durch Textallianzen; vor allem die Städte bedienen sich dabei der Weichbildchronik Magdeburgs. Der Deutschenspiegel und das Große Kaiserrecht beginnen den Rechtstext dagegen häufig mit der Königschronik des alten und später auch des neuen Testaments (der Prosakaiserchronik). Reim und mehrgliedrige Formen entstammen der Mündlichkeit und könnten auf lexikalischer Ebene Zeugnisse für das traditionelle, mündliche Gewohnheitsrecht sein.
4. Legitimation durch den Rechtsraum, die Region, in der das Recht galt, z. B. Sachsen: Schon Eike von Repgow wies in seinen Prologen und im Rechtstext selbst auf den Geltungsbereich hin. Im Laufe der Zeit wurde der Sachsenspiegel auch in anderen Regionen rezipiert, was zu einer Erneuerung dieses

462 Vgl. dazu K. Seidel, Vorzeigen und Nachschlagen, S. 307–329., die autoritative und aurative Funktionen der Rechtsbücher feststellt.

Legitimationszusammenhanges in manchen Handschriften um 1500 geführt haben mag. Der Deutschenspiegel erweitert den Rechtsraum auf alle Deutschen.

5. Legitimation durch den Verfasser: Der Bezug auf den ursprünglichen Verfasser Eike von Repgow wird durch die Prologe weitergegeben. Im 15. Jahrhundert geht die Verwendung der Prologe im Sachsenspiegel aber deutlich zurück. Eine Wiederbelebung erfolgt in den gereimten Epilogen, die seit dem 14. Jahrhundert zum Teil in Verbindung mit den Prologen tradiert werden. Dieser Legitimationszusammenhang gerät immer mehr in den Hintergrund und spielt um 1500 sowie im 16. Jahrhundert kaum noch eine Rolle. Die Sachsenspiegeldrucke zeigen deutlich, wer sich im 16. Jahrhundert als Sachverständiger für das Land- und Lehnrecht versteht: z. B. der Leipziger Professor Christoph Zobel (Drucke: Landrecht 1535, Lehnrecht 1537, beide gedruckt durch Melchior Lotter; 1560, 1561 und 1569 durch Ernst Vögelin); Dr. jur. Benno von Heynitz, Domherr und Kustos zu Meißen (1539 gedruckt bei Wolrab), Dr. jur. Alexander von Zweym (1528 gedruckt durch Melchior Lotter). Im Deutschenspiegel und in den Kaiserrechten wird die Verfasserlegitimation wie auch die Auftraggeberlegitimation durch die Gesetzgeberlegitimation vollständig ersetzt.
6. Legitimation durch den Auftraggeber: Die Verfasserlegitimation steht gemäß der Topik und der sozialen Verhältnisse im 13. Jahrhundert in enger Beziehung zur Legitimation durch den Auftraggeber. Beide Legitimationszusammenhänge geraten im Laufe des 15. Jahrhunderts immer mehr zu einer historischen Reminiszenz. Schon die Oldenburger Bilderhandschrift stellt sehr selbstbewusst neben den ursprünglichen Auftraggeber die eigene Auftraggeberschaft und Intention zur Aufzeichnung des Rechts.
7. Die Legitimation, Recht zu sein für alle rechtsliebenden Menschen ohne Ansehen ihres sozialen Ranges: Diese Legitimation, die Eike in seinen Prologen betont, erfährt durch die soziale Entwicklung eine Veränderung. Die Rechtskreise Landrecht, Lehnrecht, Stadtrecht werden immer unvereinbarer miteinander, was sich auch daran zeigt, dass das Landrecht zunehmend ohne das Lehnrecht überliefert wird. Allenfalls trägt die Weiterentwicklung des Sachsenspiegels in Richtung auf ein Kaiserrecht dazu bei, gleichermaßen Recht für alle Untertanen zu sein. Im Codex Ebner des Großen Kaiserrechts, der für den Regensburger Stadtbürger Rüdiger de Capella geschrieben wurde, wendet sich der Epilog an die *wisen lævt* ‚die gelehrte, klugen Leute' und deutet damit auch auf die Weiterentwicklung des Rechts durch rechtskundige Leser und Bearbeiter (vgl. Punkt 9) hin, wie sie vor allem in den Städten stattfand.

Diese sieben Rechtslegitimationen konnte man schon aus den Vorreden des Sachsenspiegels, wie Eike von Repgow sie schrieb, herleiten (s.o.). Sie werden, wie man sehen konnte, mit der Zeit modifiziert. Weitere kommen im Laufe der Textüberlieferung hinzu. Sie tragen mit dazu bei, dass sich die Textsortenvarianten voneinander entfernen und zu eigenen unterschiedlichen Textsorten werden:

8. Normative Legitimation durch Setzung: Die Rechtsbücher erscheinen entweder in Textallianzen mit Gesetzestexten (Mainzer Reichslandfriede, gesetztes Stadtrecht, Schöffensprüche) oder sie berufen sich im Bildprogramm oder im Text auf Karl den Großen als Gesetzgeber und Stifter des Sachsenspiegels. Schon Eike würdigt Karl den Großen und Konstantin als Gesetzgeber. Diese Sichtweise wird durch den Glossator Johann von Buch aufgenommen und dann über viele Handschriften bis in die Drucke des 16. Jahrhunderts verbreitet.[463] Die Gesetzgeberlegitimation spiegelt sich auch in der Ausstattung, in den sehr hochwertigen Kaiser-Karl-Miniaturen der Sachsenspiegelhandschriften und verschiedener Stadtrechtshandschriften. Die Berliner Handschrift Ms. germ. fol. 12 aus der zweiten Hälfte des 15. Jahrhunderts (U.-D. Oppitz, Hs. 112, Anhang I, Tabelle 47) kombiniert in der Vorrede die Rechtslegitimationen Sprache, Verfasser, Auftraggeber mit der normativen Legitimation:

   Da eyke von repgowe dorch graue hoygers willen von Valkensteyn disz buch der Sachsenspigel hatte gesaczt in latin vz den priuilegien als dy vuristen und romischen Keysere hatten gegeben dem lande zcu sachsendar nach saczte her daszcu dute un aller masze als hyr nach gescrivet...

   Der Liegnitzer Stadtschreiber und Glossator des Sachsenspiegels Nikolaus Wurm (gest. 1401) urteilt im 14. Jahrhundert über den Sachsenspiegel und seinen Verfasser Eike von Repgow: *Herr ecke ist der blumen stam, die worzil aber sint leges, das ist kaisirrecht, und canones, das sint geistlich recht.*[464] In den Sachsenspiegelbearbeitungen aus dem süddeutschen Raum: dem Deutschenspiegel, dem Großen Kaiserrecht (Schwabenspiegel), dem Kleinen Kaiserrecht (Frankenspiegel) wird das ursprünglich Sächsische Landrecht vollends zum Kaiserrecht.

9. Wissenschaftliche Legitimation durch Erklärung/Kommentierung/Systematisierung: Ein weiteres Kriterium für den Wandel der Textsorte Rechtsbücher

463 Vgl. die Rezension von Rolf Lieberwirth, in: Zeitschrift der Savigny-Stiftung für Rechtsgeschichte. Germanistische Abteilung. Band 121, Heft 1, 2004, S. 640f.

464 C. Schott, Der Sachsenspiegel als mittelalterliches Rechtsbuch, S. 32.

bietet einmal die Begleitüberlieferung und die zunehmende Kommentierung und Systematisierung (Register, Rechts-Abecedarien) der Rechtssätze seit der zweiten Hälfte des 14. Jahrhunderts und stark zunehmend im 15. Jahrhundert. Rechtsbücher werden kommentiert, systematisiert oder mit sogenannten Rechtsgangbüchern[465] oder den kritischen Bemerkungen von Johannes Klenkok gemeinsam überliefert. Sie erwerben dadurch ganz offiziell die Komponente des gelehrten Rechts, sie sind nicht länger Gewohnheitsrecht, sondern zeigen Adaptionen aus dem kanonischen und dem römischen Recht. In diesen Zusammenhang gehören bereits die vier Bilderhandschriften aus dem frühen 14. Jahrhundert mit ihren kommentierenden Bildleisten. Die Tendenz setzt sich fort mit den juristisch ausgebildeten Stadtschreibern und findet einen Höhepunkt schließlich in den Drucken. So bearbeitete z. B. im 16. Jahrhundert der Leipziger Jura-Professor Zobel den Sachsenspiegel immer wieder neu, was sich in sechs Druckauflagen manifestiert.

10. Legitimation durch den sozialen Lebenszusammenhang der Stadt: Vor allem bei den Stadtrechtsbüchern kann man im 15. Jahrhundert eine Wandlung von der privaten Verschriftlichung gängigen Gewohnheitsrechts zum gesetzten Recht beobachten. In den Städten entwickelt sich, nicht zuletzt durch den Rechtsverbund verschiedener Städte (Magdeburger Rechtsgruppe, Lübische Rechtsgruppe etc.) ein eigenes städtisches Rechtsbewusstsein. Es drückt sich über die normative Legitimation hinaus in spezifischen Textallianzen aus. Das zunehmende städtische Selbstbewusstsein, der Rechtsverbund unter den Städten und nicht zuletzt die Rechtssetzung durch die Schöffenspruchpraxis haben hier sicher zu einer eigenen städtischen Legitimation geführt. In der Poeßnecker Schöffenspruchsammlung[466] aus dem Jahre 1475 wird die Aufzeichnung des Rechts – wie schon bei seinem Vorgänger 1451 – ganz

465 Vgl. U.-D. Oppitz, Deutsche Rechtsbücher des Mittelalters, Bd. I, S. 20: „Seit dem 14. Jahrhundert treten hinzu die das Prozeßrecht behandelnden Richtsteige und ihre Trabanten (Cautela und Premis ‚Blumen des Rechts, Informciones iuris), seit dem 15. Jahrhundert Femrechtsbücher."

466 Die Schöffenspruchsammlung ist eine Neubearbeitung, die Johann Jeche im Auftrag des Rates der Stadt Pößneck 1474 geschrieben hat. Sie enthält von Jeche für die Stadt Neustadt an der Orla zusammengestellte Schöffensprüche, bestehend aus Leipziger Schöffensprüchen für das Orla-Gebiet aus dem dritten Viertel des 15. Jahrhunderts und eine Naumburger Sammlung von Magdeburger Sprüchen für Halle und Naumburg aus der Zeit um 1400 und mit Pößnecker Originalsprüchen. Die Pößnecker Sammlung beginnt mit einer Reimvorrede. Die freien Seiten wurden im 16. Jahrhunderts von Nicklas Bötel und einer unbekannten Hand für Nachträge genutzt. Digitalisat: http://www.rzuser.uni-heidelberg.de/~cd2/hdhs/objekte/5182.htm

selbstverständlich als Grundlage für ein gerechtes Urteil angesehen. Die im Deutschen Rechtswörterbuch aufgenommenen Rechtsbuch-Belege deuten diesen Wandel ebenfalls an. In den externen Merkmalen wird eine zunehmende Schreibertätigkeit in den Städten deutlich, die Schreibernennung steigt besonders in der zweiten Hälfte des 15. Jahrhunderts an. Es sind nun nicht mehr private Rechtskundige, sondern Schreiber, zum Teil ausgebildete Juristen, die im Auftrag der Stadträte die rechtliche Ordnung der Stadt aufschreiben. Rechtsbücher enthalten seit dem 14. Jahrhundert auch gesetztes Recht. Sie sind insgesamt beeinflusst von der seit dem 12. Jahrhundert zu konstatierenden und seit Ende des 14. Jahrhunderts verstärkt auftretenden Rezeption des römischen Rechts und von dem Beispiel des Kirchenrechts. „Die ‚fremden' Rechte (römisches, kanonisches, langobardisches Recht) verdrängen dabei das heimische Recht nicht. Vielmehr gingen sie mit ihm eine Synthese ein, die im Süden des Reiches rascher und intensiver verlief als im Norden."[467] Das Stadtrecht ist eine Weiterentwicklung des Landrechts,[468] die rechtlichen und sozialen Unterschiede entwickeln sich im 14. Jahrhundert und verfestigen sich im 15./16. Jahrhundert. Für die Städte werden andere Legitimationszusammenhänge wichtig, die Legitimation durch den Verfasser wandelt sich, als Gewährsmann für Frieden und Eintracht in den Städten wird ein Weiser herangezogen, der die Bürger zu rechtem Verhalten ermahnt (Herforder Rechtsbuch).

Die unterschiedlichen Legitimationsmuster und ihre Manifestation auf den verschiedenen sprachlichen Ebenen führen im Zusammenhang mit anderen Merkmalen zunächst zu einer Differenzierung der Textsorte Rechtsbücher in verschiedene Textsortenvarianten. Im Laufe des 15. Jahrhunderts kristallisieren sich – nicht zuletzt aufgrund der Legitimationsmuster – drei Textsorten heraus: ‚überregionales Kaiserrecht', ‚regional gebundenes Stadtrecht' und ‚gelehrtes universitäres Recht' mit den Varianten Land- und Lehnrecht.

Wenn ich mich zu Beginn des Buches auf Claudieter Schott bezogen habe (S. 60, Anm.160) und den Sachsenspiegel als das Werk eines Praktikers, eines gerichtserfahrenen, sächsischen Ritters gekennzeichnet habe, so muss diese Aussage durch die Untersuchung erweitert werden. Das Land- wie das Lehnrecht des Sachsenspiegels war das Werk eines gerichtserfahrenen Praktikers, aber es war

467 H. Lück, Über den Sachsenspiegel, S. 14. Vgl. auch C. Schott, Der Sachsenspiegel als Rechtsbuch, S. 26f.; K. Kroeschell, Rechtsaufzeichnung und Rechtswirklichkeit, S. 349–380; P. G. Stein, Römisches Recht und Europa, S. 68f.

468 E. Isenmann, Die deutsche Stadt im Spätmittelalter, S. 78.

auch das Werk eines Theoretikers, eines Mannes, der sich mit Fragen des Rechts, seiner Herkunft, seiner Legitimation auseinandergesetzt hat. Es ging Eike von Repgow nicht nur um die Aufzeichnung des Gewohnheitsrechts, auch nicht um die Erweiterung des herrschenden Gewohnheitsrechts durch römisches und kanonisches Recht. Vor dem Hintergrund des sich zu seiner Zeit stark wandelnden Rechts – sowohl in seiner praktischen Anwendung, als auch in seinem theoretischen Verständnis: als von Gott gegebenes oder von einem weltlichen Herrscher gesetztes Recht – hat Eike ein Rechtsbuch geschaffen, dass anwendbar und Vorbild für viele andere Rechtsaufzeichnungen war, das aber gleichzeitig vor allem durch die theoretische Auseinandersetzung mit dem Rechtsgedanken ein Fundament für eine jahrhundertelange theoretische, wissenschaftliche Auseinandersetzung mit dem Rechtsbuch ‚Sachsenspiegel' geschaffen hat. Darin unterscheidet sich dieses Rechtsbuch schon zum Zeitpunkt seiner Entstehung z. B. von dem gleichzeitig entstandenen Mühlhäuser Rechtsbuch. Eike begegnet der Rechtsunsicherheit seiner Zeit nicht nur mit anwendbaren Vorschlägen, seine Motivation bleibt nicht vorrangig die Friedenssicherung und Rechtssicherung. Die achtfache Rechtslegitimation Eikes ging weit über die in seiner Zeit und in seinem sozialen Umfeld übliche Auseinandersetzung mit dem Recht hinaus – er war kein ausgebildeter Rechtsgelehrter. Diese Durchdringung schloss bereits die sofort beginnende Auseinandersetzung mit dem Sachsenspiegel ein, obschon Eike sie wohl nicht intendiert hatte. Die neunte Rechtslegitimation, die theoretische, wissenschaftliche Beschäftigung mit dem Text, setzt bereits kurz nach der Entstehung der Eikeschen Version ein und erreichte ihren Höhepunkt mit den gedruckten Textexemplaren. Die Untersuchung hat gezeigt, dass nicht zuletzt durch die Möglichkeiten, die die sorgfältige Rechtslegitimation Eikes bot, die vielfältige Textentwicklung, besser Textentfaltung der Textsorte Rechtsbuch vom 13. bis weit ins 16. Jahrhundert angestoßen und befördert wurde. Sie gab auch dem neu entstehenden Stadtrecht eine solide Grundlage zur eigenen Rechtsentwicklung und Rechtslegitimation (zehnte Rechtslegitimation). Die aktive praktische wie theoretische Auseinandersetzung mit dem Text endete nicht im 16. Jahrhundert, sie wirkte vielmehr bis in das 19. Jahrhundert und in der Rechtswissenschaft bis in die Gegenwart. Das deutschsprachige Rechtsbuch Eikes von Repgow war in seiner Zeit eine große Ausnahme unter den Textexemplaren der Textsorte Rechtsbücher, seine Entstehung, wie auch seine weitere Entwicklung hat aber die Textsorte Rechtsbücher vor allem geprägt.

Anhang 1: Interne Merkmale der untersuchten Sachsenspiegelhandschriften

– Interne Merkmale der Sachsenspiegelhandschriften um 1300

Tabelle 26: Sachsenspiegelhandschriften vor 1300 und zu Beginn des 14. Jh.

Handschriften	**Landrecht**	**Lehnrecht**	**Prologe**	**Epilog/Explicit/Kolophon**	**Register Ldr**	**Register Lnr**	**Glos-se**	**Ausstattung**	**Sonstige rechtl. TA**	**Sonstige TA**
Hs. 1036 Harffer Sachsenspiegel – Gräfl. Archiv	Ohne Bucheintei-lung	Ohne Buch-einteilung	Von der Herren Geburt/ Vorredein Strophen/ Prologus/ Textus Prologi	0	0	0	0	Pergament; 2 auf Goldgrund gemalte Miniaturen; Richter, Eike	Van des ve ledegunge Bl. 41v; Weichbildrecht, 19 Art., Anfang verloren	0
Hs. 875 Leiden UB BPL 180 B	Ohne Buchein-teilung; später zu-gefügt (Ende Art. III91)	0	Anfang verloren: Beginn im Prolog/ Textus prologi	*In dit boch sal en wis man denken…mit der ewe -ghen cronen. Amen. Pre reliquis gratum laudavit Symea natum semper scripturam sic eo laudo meam*	0	0	0	Pergament	0	0
Hs. 845 Krakau BJ cod. 169	Ohne Bucheintei-lung 88 Art.	Ohne Bucheintei-lung 156 Art.	Vorrede in Strophen/ RV/ Prologus/ Textus Prologi	Kolophon nach dem dt. Landrecht (Bl. 117r): *Mich hat geschriben eyn meystirs hant, Cunrad von Opulle he is genant…*	Zu Beginn des Codex Reg. zum lat. Ldr.	Reg. über den lat. Text des Lnr	0	Pergament, rote und blaue Zier-initialen	Sächs. Landrecht (lat.); Lübisches Recht (lat.); Sächs. Lehnrecht (lat.) Judeneid; ;Conrad v. Oppeln, Weichbildrecht	Weich-bild-chronik
Hs. 657 Quedl. Sachsenspiegel, – Halle ULB Quedl. 81	Ohne Bucheintei-lung	Ohne Bucheintei-lung	RV/Prologus / Textus prologi	0	Zu Beginn des Codex (287 Kap.)	0	0	Pergament, rote Rubrizierung, Fleuron-néeintialen	0	0
Hs. 697 Heidelberg UB Cod. Pal. Germ. 164	Ohne Bucheintei-lung	Ohne Bucheintei-lung	Beginn mit Lnr Von der Herren Geburt nach dem Ldr	0	0	0	0	Pergament, Bilderhs.	0	0

Tabelle 27: Sachsenspiegelhandschriften der ersten Hälfte des 14. Jahrhunderts

Handschriften	**Landrecht**	**Lehnrecht**	**Prologe**	**Epilog/ Explicit/ Kolophon**	**Register Ldr**	**Register Lnr**	**Glosse**	**Ausstattung**	**Sonstige rechtl. TA**	**Sonstige TA**
Hs. 1184 Landes bib. Oldenburg CIM I 410	3 Bücher	2 Bücher	Überschrift: *Dit is der sassen speyghel*/ Prologus/ Textus prologi	Kollophon fol. 133v	Aller drei Bücher	Kapitelanfänge bis At. 57	0	Pergament; Bilderhs.	0	0
Hs. 1358 Soest Stadtbibliothek Codex 25/3[469]	Ohne Bucheinteilung	0	Überschrift: *Hir beginnt dat reht des spiegels der sachsen*/Prologus /Textus prologi als Art. 1–4:	Explizit: *It ne wilkore dat lant*	0	0	0	Pergament, Wappen (Bl. 1r.); Zierintialen;	0	Notizen
Hs. 946 Linz OÖ LA Neuerwerbungen Nr. 106 (PA II/25)	Ohne Bucheinteilung	Ohne Bucheinteilung	RV/ Prologus/ Textus prologi	0	Ja	Ja	0	Pergament	Vorrede zum Weichbildrecht; Weichbildrecht; Handfeste der Städte Kulm und Thorn	Beichtformeln
Hs. 1189 Olmütz/ Olmouc SAO C. O. 270	3 Bücher 71, 72, 91 Art.	In einem Buch 81 Art.	RV/ Prologus/ Textus prologi	0	Ja	Ja	0	Pergament	Dienstrecht von Magdeburg; Eidformeln	0

469 B. Michael, Die mittelalterlichen Handschriften der Wissenschaftlichen Stadtbibliothek Soest: mit einem kurzen Verz. der mittelalterlichen Hs.-Fragm. von Tilo Brandis, Wiesbaden 1990, S. 164–166.

Tabelle 28: Sachsenspiegelhandschriften der ersten Hälfte des 14. Jahrhunderts

Handschriften	Landrecht	Lehnrecht	Prologe	Epilog/ Explicit/ Kolophon	Register Ldr	Register Lnr	Glosse	Ausstattung	Sonstige rechtl. TA	Sonstige TA
Hs. 844 Krakau BJ cod. 168	Ohne Bucheinteilung; schles. preuß. Version	0	?	0	0	0	0	Pergament; Zierinitialen	Urkunde Casimirus Magnus 1356; Reg. Weichbildrecht; Weichbildrecht, Extravagantes zum Ssp.; Conrad v. Oppeln, Weichbildecht; Gregor IX. Dekretalen (F); Weichbildrecht (F.); Codex Justiniani (F.);Schöffeneid pol. u. dt.	Versus de latitudine et longitudine mansi Franconici; Weichbild-chronik; Andreae Czarnischa, Nota de reliquiis in ecclesia Virginis Mariae habitis.
Hs. 354 Danzig / Gdansk BG PAN Ms. 1787	Ohne Bucheinteilung	0	?	0	0	0	0	Papier	Magdeburger Schöffenrecht 68 Art.; Elbinger Privileg 10. April 1246 dt., erneuerte Kulmer Handfeste dt. (Spatium beachten) Elbinger Privileg,lat10.4.1246	0
Hs. 450 Dresden SLUB M 32	3 Bücher 71, 73, 92 Art.	als 4. Buch in 86 Art.	Prologus/ Textus Prologi	0	Ja	Art. 64–86	0	Pergament; Bilderhandschrift	Reichslandfrieden Friedr. II. 1235	0

Tabelle 29: Sachsenspiegelhandschriften erste Hälfte des 14. Jahrhunderts

Handschriften	**Landrecht**	**Lehnrecht**	**Prologe**	**Epilog/ Explicit/ Kolophon**	**Register Ldr**	**Register Lnr**	**Glosse**	**Ausstattung**	**Sonstige rechtl. TA**	**Sonstige TA**
Hs. 405 Den Haag KB MS 133 H 5	Ohne Bucheinteilung	Lehnrecht bis Art. 39§3	Beginn mit Textus Prologi	Kolo-phon: *den hij beclait omb die gewalt bynnen synen iaritage*	Ja	0	0	Pergament, Zierinitialen, Wappen	Kleines Kaiserrecht in 4 Büchern zu 14, 117, 31, 16 Art.	0
Hs. 846 Krakau BJ cod. 170a	Ohne Bucheinteilung; preuß.-schles. Fassung 166 Art.	Ohne Bucheinteilung 82 Art.	Vorrede in Strophen /RV/ Prolog/ Textus prologi	0	0	0	0	Pergament; Imago crucifixi (fol. 79r) Zierinitialen	Register; Sächs. Lnr lat.; Weichbildrecht; Conrad v. Oppeln, Weichbildrecht	Weichbildchronik (Auszüge)
Hs. 572 Gnesen AABK Ms 70	Ohne Bucheinteilung 317 Art.	Ohne Bucheinteilung 113 Art.	Vorrede in Strophen/ RV/ ÜS: *Hie beginnet der spiegel* Prolog/ Textus prologi/ ÜS: *Hie beginnet lantrecht*	0	Ja	Ja 154 Art.	0	Pergament	Weichbildrecht;	Weichbildchronik

Handschriften	Landrecht	Lehnrecht	Prologe	Epilog/ Explicit/ Kolophon	Register Ldr	Register Lnr	Glosse	Ausstattung	Sonstige rechtl. TA	Sonstige TA
Hs. 248 Bremen SUB msa. 0030-02 (1342)	3 Bücher: 62; 82; 102 Artikel	In einem Buch	RV gekürzt/ Prologus/ Textus Prologi	nach Lnr: *Hir is ute der sassen speyghel*	Ja	Ja	0	Pergament, Fleuronné-Initiale zu Beginn der RV	0	Physiognom. Lehren; Konrad v. Würzburg, Goldene Schmiede
Hs. 266 Breslau/ Wroclaw BU II Q2	Ohne Bucheinteilung 141 Artikel	Fragmentarisch	?	0	0	0	0	Pergament, Initialen rot/blau wechselnd	Judeneid; Schöffenspruch Magdeburg an Neumarkt 1235	0
Hs. 267 Breslau/ Wroclaw BU II Q3	Ohne Bucheinteilung	0	?	0	Ja	0	0	Pergament, Zierinitialen	0	Weichbildchronik

Interne Merkmale der Handschriften um 1400

Tabelle 30: Sachsenspiegelhandschriften 2. Hälfte des 14. Jahrhunderts

Handschriften	Landrecht	Lehnrecht	Prologe	Epilog/ Explicit/ Kolophon	Register Ldr	Register Lnr	Glosse	Ausstattung	Sonstige rechtl. TA	Sonstige TA
Hs. 828 Kopenhagen, KB Gammle konigl. Sammling 1945 4°	3 Bücher	1 Buch	RV/ Prologus/ Textus prologi/ Von der Herren Geburt	0	Ja	Ja	0	Pergament; Zierinitialen; Wappen; Zeichnung (Jesus, Bl. 2)	Johnn v. Buch, Richtsteig Landrecht 47 Art.	0
Hs. 122 Berlin Staatsbibliothek Ms. germ. fol. 512	3 Bücher	0	Prologus/ Textus prologi	0	Register vor jedem Buch	0	Ja, um den Text herum	Pergament, Zierinitialen	0	0
Hs. 600 Göttingen SUB Ms. jurid. 392	3 Bücher 64, 70, 71 Art.	0	?	0	Zu Beginn; bis Buch III Art. 47	0	Ja, zu Beginn neben, später hinter dem Text	Papier	0	Hexameter
Hs. 1566 Wolfenbüttel HAB Cod. Guelf. 3.1Aug. 2°	3 Bücher	Als 4. Buch	Prologus/ Textus prologi/ Von der herren geburt	0	Vor der gesam ten →	Handschrift	0	Pergament; Bilderhandschrift	Mainzer Reichslandfrieden Friedrichs II. 1235	0
Hs. 1601 Wolfenbüttel HAB Cod. Guelf. A. d. Extravagantes	3 Bücher	0	RV ab Vers 97/ Prologus/ Textus prologi	0	Ja	0	Ja und Hinweise auf das Schwäbische Landrecht	Pergament; Buchschmuck, Zierinitialen; Karl der Große; Arbor Consanguitudines	Register und Sächs. Landrecht, fragmentarisch bis Kap. 74 Art. 67	Arbor Consanguinitatis

Tabelle 31: Sachsenspiegelhandschriften der zweiten Hälfte des 14. Jahrhunderts

Handschriften	Landrecht	Lehnrecht	Prologe	Epilog/Explicit/ Kolophon	Register Ldr	Register Lnr	Glosse	Text-Bild, Ausstattung	Sonstige rechtl. TA	Sonstige TA
Hs. 110 Berlin Staatsbibliothek Ms.germ. fol. 10	3 Bücher 71, 63, 91	1 Buch 80 Art.	Vorrede in Strophen/ RV/ Prologus/ Textus prologi/ Von der herren geburt	*In nere baptiste libellum hic explicit iste post xpi natus hoc nicolaus omen varium* (nach Richtsteig)	Ja	Ja	0	Pergament; Zierinitialen; Buchschmuck; reiche Verzierung	Dienstrecht v. Magdeburg; Judeneid; Weichbildrecht 118 Art.; Urkundenabschrift; J.v.Buch Richtsteig, Nota	0
Hs. 1025 Merseburg Domstiftsbibliothek Hs. 70	3 Bücher, 70, 27, 91 Art.	1 Buch, 80 Art., Remissionen am Rande	?	0	Ja, zu Beginn des Codex	Ja, zusammen mit Reg. Ldr	0	Pergament, Zierinitialen	J.v. Buch, Richtsteig Ldr in 49 Art.; Weichbildrecht 133 Art.; Judeneid	0
Hs. 338 Celle OLG C 2	Ohne Bucheinteilung, 119 Art.	5 Bücher, Buch I, 18 Art.; Buch II fehlt; Buch III fehlt; Buch IV, 16 Art.; Buch V, 21 Art.	RV/ Prologus/ Textus prologi	Kolophon nach Reg. Ldr: der arme scribere uon pruzen lant screif dit buch mit siner hant	Ja, hinter Ldr	Ja, vor Lnr, zu Beginn des Codex	0	Pergament, Zierinitiale S in Form einer Schlange mit dem Gesicht eines Klerikers.[470]	Später zwischen Bl. 18 und 19 eingebundene Pergamentstreifen mit Zitaten aus den Dekretalen Gregors IX.	0

470 Siehe auch C. Bertelsmeier-Kierst, Kommunikation und Herrschaft, S. 117. Der sassen speyghel, Bd. 1, S. 381–383, LB 7. Die Handschrift ist möglicherweise noch kurz vor 1350 entstanden.

Tabelle 32: Sachsenspiegelhandschriften der zweiten Hälfte bis Ende des 14. Jahrhunderts

Handschriften	**Landrecht**	**Lehnrecht**	**Prologe**	**Epilog/ Explicit/ Kolophon**	**Regis-ter Ldr**	**Register Lnr**	**Glosse**	**Text-Bild, Ausstattung**	**Sonstige rechtl. TA**	**Sonstige TA**
Hs. 1384 Straß-burg BNU Ms 2117	3 Bücher 150 Art.	0	Von der herren geburt (unvoll-ständig)/ RV ab V. 224	*Hi endt sich der spigil der sachsen Do musste vnsir ere an wachsen* Codex-terminator:*Finito libro sit laus et gloria xpo anno dni MCCC octua-gesimo secundus completus est liber iste in vigilia Iacobi*	Ja und ein Register zu einer anderen 3 Bücher-Fassung	0	0	Papier	Judeneid, Magdeburg -Görlitzer Recht mit Register	0
Hs. 1196 Oschatz Stadtarchiv o. Sign.	3 Bücher 70, 72, 91 Art.	1 Buch 73 Art.	Von der herren geburt/ RV/ Prologus/ Textus prologi	Kolophon: *Anno domini MCCCLXXXII completus lib iste in octava corpus Xpi*	Ja (zu Land-, Lehn und Weich-bildrecht)	Ja	0	Pergament; Buchschmuck, Zierinitialen	Dienstrecht v. Magdeburg; Hermann v. Oesfeld,Cautela; J. v. Buch, Richtsteig Ldr (ungezählt-50 Art.); Weichbildrecht 137 Art., Gera-de, Heergewäte	Weichbild-chronik

Tabelle 33: Sachsenspiegelhandschriften Ende des 14. Jahrhunderts

Handschriften	Landrecht	Lehnrecht	Prologe	Epilog/Explicit/ Kolophon	Register Ldr	Register Lnr	Glosse	Text-Bild, Ausstattung	Sonstige rechtl. TA	Sonstige TA
Hs. 861 Krakau BJ Przyb. 42/60	Ohne Bucheinteilung	0	RV/ Prologus/ Textus prologi	0	0	0	Ja, Nikolaus Wurm	Pergament, 27 Miniaturen, Zierinitialen	J.v. Buch, Richtsteig Ldr, 3 Abteilungen, Epilog; Weichbildrecht mit Glosse; Mainzer Reichslandfrieden Friedrich II. 1235, Albrecht zugesprochen mit Glosse	0
Hs. 989 Magdeburg Stadtbib. XII fol. 1 (seit 1945 verschollen)	3 Bücher	1 Buch 80 Art.	Von der herren geburt/ Prologus/ Textus prologi	Terminator des Codex: *Na godes bort M iaer CCC in deme negentigesten iare Des anderen dages na twolften. Vnde het der sassen recht. Biddet got uor mik armen scoler de dit heft ge maket johannes ist min name*	0	0	0	Pergament, Zierintialen	Remissorium Sächs. Ldr; J. v. Buch, Richtsteig Ldr; Dienstrecht v. Magdeburg 49 Art.	0

Tabelle 34: Sachsenspiegelhandschriften Ende des 14. Jahrhunderts

Handschriften	Landrecht	Lehnrecht	Prologe	Epilog/ Explicit/ Kolophon	Register Ldr	Register Lnr	Glosse	Text-Bild, Ausstattung	Sonstige rechtl. TA	Sonstige TA
Hs. 156 Berlin Staatsbibliothek Ms. germ. fol. 899	Ohne Bucheinteilung 332 Art.	189 Art.	0	*Explicit per manus et non per pedes. Dit buch wart geschriben n. ch. g. tusent dryhundert iar in deme nunczigsten iare an dem nesten mantage nach palmen*	Ja 331 Art.	Ja 167 Art.	0	Papier	0	0
Hs. 1503 Wien ÖNP CVP 2710	Ohne Bucheinteilung	0	?	0	Ja	0	0	Pergament, Zierinitialen	Kulmer Handfeste	Der seele und des leibes krieg; Lat. Zahlwörter (14. Jh.)
Hs. 133 Berlin Staatsbibliothek Ms. germ. fol. 631	3 Bücher 73, 73, 85 Art.	0	Anfang verloren	0	0	0	Ja; lat./ md.	Pergament; Miniaturen; Zierinitialen	Weichbildrecht m. Glosse; Mainzer Reichslandfrieden Friedrichs II unter dem Namen Albrechts	0

Tabelle 35: Sachsenspiegelhandschriften Ende des 14. Jahrhunderts

Handschriften	Landrecht	Lehnrecht	Prologe	Epilog/ Explicit/ Kolophon	Register Ldr	Register Lnr	Glosse	Text-Bild, Ausstattung	Sonstige rechtl. TA	Sonstige TA
Hs. 885 Leipzig KMUB 947	3 Bücher	80 Art.	RV/ Prologus/ Textus prologi	0	Ja	Ja	0	Pergament, Zierinitialen	Dienstrecht v. Magdeburg; J.v. Buch, Richtsteig Ldr 49 Art.; Weichbildrecht mit Chronik + Register 137 Art.; Rechts-parömien dt.	Calenda-rium perpetuum
Hs. 261 Breslau/ Wrocław BU II F8	Ohne Bucheinteilung, 124 Artikel	67 Art.	RV/ Prologus, Textus prologi/ Von der herren geburt als Art. 125 Ldr	0	0	0	0	Pergament/ Papier, Miniaturen, Zierinitialen	Ldr. lat.; Lübisches Recht lat.; Lnr lat.; Weichbildrecht; Magdeburg-Breslauer Recht erg. durch Schöffenrecht; Magdeburger Schöffenrecht	Weichbild-chronik als Art. 126–134 Ldr.
Hs. 347 Cologny Bibl. Bodm. 61	Ohne Bucheinteilung Art. 4–206	Art. 207–344 In einem Buch mit Ldr	RV/ Prologus/ Textus prologi Art. 1–3 Ldr	0	Ja	Ja	0	Pergament, Miniaturen, Zierleisten, Zierinitialen	0	0

Tabelle 36: Sachsenspiegelhandschriften erste Hälfte des 15. Jahrhunderts

Handschriften	Landrecht	Lehnrecht	Prologe	Epilog/Explicit/ Kolophon	Register Ldr	Register Lnr	Glosse	Text-Bild, Ausstat-tung	Sonstige rechtl. TA	Sonstige TA
Hs. 400 Den Haag KB MS 75 G 47	Ohne Bucheintei-lung In 344 -enden	Ohne Bucheinteilung fortlauf Art.	RV/ Prologus/ textus prologi	0	0	0	0	Pergament, Miniaturen; Zierinitialen	0	0
Hs. 403 Den Haag KB MS 133 H 3	Ohne Bucheintei-lung In 335 -enden	Ohne Bucheinteilung fortlauf Art.	RV/ Prologus/ textus prologi	0	0	0	0	Papier	0	0
Hs. 447 Dresden SLB M.28	Ohne Bucheintei-lung in 351 Art.	0	RV/ Prologus/ textus prologi	*Explicit speculum Saxonum per manu Segismundi de Ka-menycz finitum in crastino sente Katherine virginis et martiris anno domini millesimo quadrin-gentesimo.*	0	0	0	Papier	Meißner Rb in 6 Büchern+ Kolo-phon; Magde-burg-Breslauer Recht 189 Kap; Schöffensprü-che; Schöffensprüche Opol; Strafrechtl. Bestimmungen	10 Gebote in lat. Hexametern; Regimen a Magistro Nicolao physico oblatum contra morbum caducum et existens Canonicus pragensis
Hs. 666 Halle ULB Ye 63 fol.	Ohne Bucheintei-lung	80 Art.	RV/ Prologus/ textus prologi	0	Ja	Ja	0	Papier	Dienstrecht v. Magdeburg	0
Hs. 136 Berlin Staatsbibliothek Ms. germ. fol. 727	3 Bücher	1 Buch	RV/ Prologus/ textus prologi	*Completus est liber iste Sub Anno in-carnationis dominum M quadringentesimus sepetio In die sancti …. Per manus johanis de lorche …*	Ja, vor jedem Buch	Ja	0	Pergament; Buch-schmuck	Dienstrecht von Magdeburg, Schöffenspruch v. Magdeburg	0

Tabelle 37: Sachsenspiegelhandschriften erste Hälfte des 15. Jahrhunderts

Handschriften	**Landrecht**	**Lehnrecht**	**Prologe**	**Epilog/ Explicit/ Kolophon**	**Register Ldr**	**Register Lnr**	**Glosse**	**Text-Bild, Ausstattung**	**Sonstige rechtl. TA**	**Sonstige TA**
Hs. 149 Berlin Staatsbibliothek Ms. germ. fol. 820	Ohne Bucheinteilung	1 Buch	RV/ Prologus/ Textus prologi	0	Ja	Ja	0	Pergament; Miniaturen; Zierinitialen	0	0
Hs. 735 Jena Friedrich-Schiller UB Ms. El. 57	3 Bücher 71, 72, 91 Art.	80 Art.	Von der herren geburt/ RV/ Prologus/ Textus prologi	*Anno domini millesimo quadringentesimo decimo etc. Sexta feria proxima post Iacobi per manus Arnoldi…*	Ja	Ja	Ja	Pergament, Zierinitialen	Dienstrecht von Magdeburg; Richtsteig Lnr mit Epilog; Herman v. Oesfeld, Cautela u. Premis u. Reg.; Weichbildrecht; Sächs. Ldr versio vulgata lat.; J. v. Buch, Richtsteig Ldr 49 Art.; Glosse zum Sächs. Lehnrecht 80 Art.; Johann Klenkok, Deca-dicon contra X errores Speculi Saxonum lat.	Verse und Wendungen dt./lat.
Hs. 1339 Schweinfurt Stadtbibliothek H 238	3 Bücher	0	RV/Prologus/ Textus prologi / praefatio rhythmica	0	0	0	0	Pergament, Zierinitialen	0	0

Tabelle 38: Sachsenspiegelhandschriften der ersten Hälfte des 15. Jahrhunderts

Handschriften	Landrecht	Lehnrecht	Prologe	Epilog/Explicit/ Kolophon	Register Ldr	Register Lnr	Glosse	Text-Bild, Ausstattung	Sonstige rechtl. TA	Sonstige TA
Hs. 1059 München BSB Cgm 296	Ohne Bucheinteilung 123 Art.	208 Artikel	Prologus/ Textus prologi	*Anno domini MCCCCXXII* (von anderer Hand darüber: *Das ist gelogen XX) in vigilia Luce Wittoldum scriptor*	Ja	Ja	0	Papier	Urkunde Albert Achilles von Brandenburg	0
Hs. 1202 Oxford BL (West Mss.) Ms. Laud Misc 741	Ohne Bucheinteilung 353 Art.	155 Art.	RV/ Prologus/Textus prologi	0	Ja	Ja	0	Pergament, Zierinitialen	Weichbildrecht mit Chronik, Schöffenspruch aus Magdeburg, Kulmer Handfeste dt. und lat.	Vers
Hs. 536 Gießen UB Hs. 953	Ohne Bucheinteilung 107 Art.	133 Art.	RV/ Textus prologi	0	Ja	Ja	Ja	Papier	J. v. Buch, Richtsteig Ldr	0
Hs. 538 Gießen UB Hs. 955	3 Bücher	87 Artikel	Prologus/ Textus prologi/ Praefatio rhythmica	0	0	0	0	Papier	Richtsteig Ldr (J. v. Buch)	0
Hs. 963 Lübeck Stadtbibliothek Ms jur. 2° 71	3 Bücher	0	?[471]	0	0	0	Ja	Pergament; Buchschmuck, Zierinitialen	0	0

471 Ich setze immer dann ein Fragezeichen, wenn die Angaben bei Oppitz nicht klar waren und ich sie nicht anhand der Handschriften überprüfen konnte.

Tabelle 39: Sachsenspiegelhandschriften der ersten Hälfte des 15. Jahrhunderts

Handschriften	**Landrecht**	**Lehnrecht**	**Prologe**	**Epilog/ Explicit/ Kolophon**	**Register Ldr**	**Register Lnr**	**Glosse**	**Text-Bild, Ausstattung**	**Sonstige rechtl. TA**	**Sonstige TA**
Hs. 976 Lüneburg StadtA Dep. Ratsbib. Ms. Jurid. 2	3 Bücher, 70, 70, 72 Art.	87 Art.	Prologus/ Textus prologi	0	Ja	Ja	Ja, im Ldr Remissionen auf Lnr und Kaiserrecht	Pergament; Buchschmuck, Zierinitialen	J.v. Buch, Richtsteig Ldr 46 Art.	0
Hs. 139 Berlin Staatsbibliothek Ms. germ. fol. 730	3 Bücher 74, 67, 74 Art.	87 Art. (nicht rubriziert)	Von der herren geburt	Epilog; Nach Ldr *Gi sint des lant-rechtes to ende kommen. We rehte mynne de segge. Amen*	Ja	Ja	Ja	Pergament; Zierinitialen	J. v. Buch, Richtsteig Ldr, 50 Art.	0
Hs. 393 Darmstadt HLB 3761	3 Bücher	0	Vorrede in Strophen/ RV/Prologus/ Textus prologi	Epilog	0	0	0	Papier	0	0
Hs. 886 Leipzig KMUB Hs 948	Ohne Bucheintei-lung	80 Art.	Prolog zur Glosse lat./dt.; vor Ldr: Von der herren geburt; von den 5 pfalzen	*Hir nymmt diz buch ein ende*	0	Ja	Ja bis III87, 88–91 unglossiert	Papier und einzelne Blätter Pergament	Rechts-sammlung röm./ kanon.; Dienstrecht von Magde-burg	0
Hs. 1201 Osna-brück StA StA Quakenbrück Dep. 50 b I Nr- 620	3 Bücher 74, 71, 78	0	Prologus/ Textus Prologi/RV	Explicit: *Finito libro.* Kolophon: *Sit laus et gloria Christo. Anno domini MCCCXXII …*	Ja	0	Ja	Papier	0	0

Tabelle 40: Sachsenspiegelhandschriften erste Hälfte des 15. Jahrhunderts

Handschriften	**Landrecht**	**Lehnrecht**	**Prologe**	**Epilog/Explicit/ Kolophon**	**Register Ldr**	**Register Lnr**	**Glosse**	**Text-Bild, Ausstattung**	**Sonstige rechtl. TA**	**Sonstige TA**
Hs. 637 Grimma StadtA II. 4 Nr. 5	3 Bücher endet mit III91	80 Art.	Von der herren geburt vor Lnr	Epilog Richtsteig; Explicit: *Dies haben wir lieber Vater* Kolophon: *Completus est liber iste sub anno Domini millesimo quadringentesimo secundo per manus Bertoldi de Ysenach pauperis clericuli*	Ja	Ja	Ja	Papier	Dienstrecht v. Magdeburg; Schöffenspruch; Weichbildrecht u. – chronik;Judeneid; J.v.Buch, Richtsteig Ldr mit Epilog	(Weichbildchronik)
Hs. 448 Dresden SLB M. 29	3 Bücher 71, 72, 91 Art.	Ja	Blattverluste (Von der herren geburt/ RV, V.1–214): Beginn der RV mit V.215: he de lute gemeine…/ Prolog/Textus prologi	Explicit n. jedem Buch	0	0	0	Papier	Mainzer Reichslandfrieden Friedrichs II. (1235)	

Tabelle 41: Sachsenspiegelhandschriften ersten Hälfte des 15. Jahrhunderts

Handschriften	**Landrecht**	**Lehnrecht**	**Prologe**	**Epilog/ Explicit/ Kolophon**	**Register Ldr**	**Register Lnr**	**Glosse**	**Text-Bild, Ausstattung**	**Sonstige rechtl. TA**	**Sonstige TA**
Hs. 408 Dessau Stadtbib. Hs. Georg 266.4°	3 Bücher 71, 72,91 nichtrubrizierte Art.	80 Art.	Vorrede von der herren geburt/ Vorrede in Strophen/ RV/ Prologus/ Textus prologi	Explicit: *Nos heinricus dei gratia Mysnensis et orientalis marchio*	Ja	Ja	Ja	Pergament	Kurze Rechts-regeln; Dienstrecht von Magdeburg; J.v.Buch, Richt-steig Ldr 49 Art.; Weichbildrecht u. -chronik 146 Art.; Verzeichnis der Honiggelder (Kreis Luckau)	(Weich-bild-chronik)
Hs. 409 Dessau Stadtbib. Hs. Georg 267.8°	3 Bücher 71, 72,91 nicht-rubrizierte Art.	80 Art.	Vorrede in Strophen/ Prologus/ Textus prologi/ RV V. 261–280 *Nu danket al gemeine*	0	Ja	Ja	Ja	Pergament, Buchschmuck	Ergänzungen zum Sächs. Ldr u. Lnr	Verse
Hs. 1597 Wolfenbüttel Cod. Guelf 421 Helmstedt	3 Bücher 71, 72, 92 Art.	0	Von der herren geburt	0	Ja	0	Ja (Brand von Tzer-stede)	Papier	0	0
Hs. 975 Lüneburg StadtA Dep. Ratsbib. Ms.Jurid I	3 Bücher	0	?	0	0	0	Ja (Brand von Tzer-stede)	Pergament; Initialen; Bildseiten des Malers Hans Bornemann	0	0

Tabelle 42: Sachsenspiegelhandschriften erste Hälfte des 15. Jahrhunderts

Handschriften	Landrecht	Lehnrecht	Prologe	Epilog/ Explicit/ Kolophon	Register Ldr	Register Lnr	Glosse	Text-Bild, Ausstattung	Sonstige rechtl. TA	Sonstige TA
Hs. 1030 Mersebg. Stadtbib. Stadtb. Nr.5	0	81 Art.	Prolog zum Lehnrecht: *Der menschen gedancke gebrechlich ist…*	Expl. Richtsteig: *Hier hat der richtestig leenrechtis eyn ende. Got musse alle ding zcu dem besten wende* Terminator des Codex, Kolophon: *Finitum per manus Nicolai Neiliri de Frangkenhusen sub anno incarnacionis domini nostri Jehsu Christi MCCCCXLIII feria quinta post festum sancti Egidii abbatis.*	0	Ja	Ja Lehnrechtsglosse	Papier	Richtsteig Lnr	Nachrichten über die Vorgänge in Prag (1483) am Anfang und am Ende d. Codex
Hs. 740 Kalkar Stadtarchiv ohne Signatur	Ohne Bucheinteilung	0	Vorrede in Strophen	0	Ja	0	0	Papier	J.v. Buch, Richtsteig Ldr	0

Tabelle 43: Sachsenspiegelhandschriften der zweiten Hälfte des 15. Jahrhunderts

Handschriften	Landrecht	Lehnrecht	Prologe	Epilog/ Explicit/ Kolophon	Register Ldr	Register Lnr	Glosse	Text-Bild, Ausstattung	Sonstige rechtl. TA	Sonstige TA
Hs. 612 Göttweig Stiftsbibliothek Codex 364	3 Bücher (71, 72, 91 Artikel) lat./ dt.	0	Vorrede in Strophen / RV/Prolog/ Textus prologi/ *Von der herren geburt*	0	0	0	Ja	Papier	Remissorium zu „frommen und bequemikeit" Richtsteig Ldr (J. v. Buch) m. Reg./ Judeneid (3x)/ Weichbildrecht mit Register/ Dienstrecht v. Magdeburg/ röm. Recht (Bartolus de Saxoferrato)	0
Hs. 268 Breslau/ Wroclaw BU II Q4	3 Bücher lat. (Conrad von Sandomir) / dt. (71, 73, 93 Artikel)	in 155 Artikel – dt.	Von der herren geburt	0	0	0	0	Papier	Weichbildchronik/Weichbildrecht lat. und dt./ Meissner Rb (5 Bücher) / Richtsteig Ldr bis Art. 48 (J.v.Buch) /Auszüge Ssp Ldr/Anf. Ssp Lnr/ Gregor XI. Bulle salvator humani generis /Reg. der Distinktionen des Meissner Rb, alphabetisch/ Schöffensprüche	0
Hs. 446[472] Dresden SLB M 27	3 Bücher (70/69/ 83 Art.)	0	Textus prologi (Bl. 21ra)	0	0	0	Ja, Glosse folgt dem Text	Papier; Zierinitialen	Richtsteig Ldr als 4. Buch	0

472 http://digital.slub-dresden.de/ppn304783714

Tabelle 44: Sachsenspiegelhandschriften der zweiten Hälfte des 15. Jahrhunderts

Handschriften	**Landrecht**	**Lehnrecht**	**Prologe**	**Epilog/ Explicit/ Kolophon**	**Register Ldr**	**Register Lnr**	**Glosse**	**Text-Bild, Ausstattung**	**Sonstige rechtl. TA**	**Sonstige TA**
Hs. 445 Dresden SLB M. 26	Ohne Buchein-teilung teilzerstört	0	0?[473]	0	0	0	Ja	Papier	Richtsteig Lnr /H. v. Oesfeld, Cautela und Premis[474]/ Weichbildrecht 154 Art. o. Glosse/Judenordnung Hein-richs v. Meißen 1265/ Richtsteig Ldr (J.v.Buch)	0
Hs. 602 Göttingen SUB Ms. Jurid. 394	3 Bücher (64/70/70 Art.), Explicit	0	?	Explicit: *Hir achtene in deme dridden boke sind twelff articuli vnde ore glosen nicht, darvmme stan se ok hir in deme registro nicht.*	Ja mit Glosse	0	Ja	Papier	Notizen über Kaufvertrag Hans Adelssen	0
Hs. 951 Loccum Kloster Bib. Mscr. Nr. III	3 Bücher, am Anfang defekt/	0	0	Kolophon: *completum per manus Theodorici Ouenstedes Anno domini MCCCCLIIII Sabbato post festum evangeliste*	Ja	0	Ja	Buch-schmuck; Zierleisten u. karrikie-rende Profile	Gregor XI. Bulle, lat.: an die Bischöfe der Prager Diözese gerichtet	0

473 Ich setze immer dann ein Fragezeichen, wenn die Angaben bei Oppitz nicht klar waren und ich sie nicht anhand der Handschriften überprüfen konnte.

474 Zwei zwischen 1350 und 1359 entstandene Abhandlungen zum Prozeßrecht. Darstellung der Eigenschaften und des Einsatzes von Richter und Fürsprecher (Cautela) und der Prozeßeinrede (Premis). Edition: C. G. Homeyer, Der Richtsteig Landrechts, Berlin 1857, S. 392–398 S. 392–396, *Cautela*; S. 397–398, *Premis.*

Tabelle 45: Sachsenspiegelhandschriften der zweiten Hälfte des 15. Jahrhunderts bis 1460

Handschriften	Landrecht	Lehnrecht	Prologe Ldr	Epilog/ Explicit/ Kolophon	Register Ldr	Register Lnr	Glosse	Text-Bild, Ausstattung	Sonstige rechtl. TA	Sonstige TA
Hs. 187 Berlin Staatsbib. Ms. germ. fol.1254	3 Bücher, ab Art. II §12 (Anfang verloren)	27 Art.	Anf. verloren Glosse beg. mit Prolog	0	3 Bücher (63, 70, 72 Art.)	0	Bl. 20v–108v nach dem Reg.	Pergament, Zierinitialen	Statuten Brilon 1290/ Ratswillkür Brilon 1522, später am Anfang zugefügt	0
Hs. 655 Halle Marienbibliothek Ms 59	systemat. in 3 Hauptstücken	86 Art.	0	0	0	Ja	0	Pergament; Zierinitialen	0	0
Hs. 540 Gießen HS UB 957	3 Bücher (72, 72, 91 Artikel)	0	?	0	0	0	Ja	Papier	0	0
Hs. 1446 Waltershausen Heimatmuseum Schloss Tenneberg o. Sign.	3 Bücher (70, 72, 90 Artikel)	79 Art.	Vorrede in Strophen / Von der herren geburt	0	Ja	Ja	Ja	Papier, Initialen	Weichbildrecht 153 Art. und Register/Judeneid/ Richtsteig (Buch)	0
Hs. 664 Halle ULB Ye 61 fol.	3 Bücher (71, 72, 91 Art.) Kol. mit Datum	Ja,bricht in der Glosse zu Art. 87 ab	?	Kolophon: ffinitus iste liber Stendal anno domini MCCCL	Ja	Ja	Ja Am Rande Hinweise auf das Halberstädter Stadtrecht	Papier	Schöffensprüche aus Magdeburg für Helmstedt (zw. Buch 2 und 3)	0
Hs. 186 Berlin Staatsbibliothek Ms. germ. fol. 1253	Landrecht 3 Bücher, Explicit u. Kol. mit Datum (Buchterminator)	0	RV/ Prolog/textus prologi (Art. 1)	Epilog, Explicit, Kolophon	Buch-initiator	0	folgt dem Text (Glosa, primi etcetera Articuli, rot)	Pergament; Zierinitialen	0	0
Hs. 1300 Quedlinburg Städt. Museum	3 Bücher (71, 72, 91 Art.) Randnoten/Kolophon, Datum u. Schreiber	81 Art./ Randnoten Prolog/ Kolophon + Datum	Prolog zur Glosse des Lnr u. Vorrede zum Lnr	Kolophon am Ende des Codex	0	0	Ldr Glosse + Lnr Glosse	Papier	Weichbildrecht m. Glosse 135 Art. Kolophon + Datum	0

Tabelle 46: Sachsenspiegelhandschriften der zweiten Hälfte des 15. Jahrhunderts bis 1462

Handschriften	**Landrecht**	**Lehnrecht**	**Prologe Ldr**	**Epilog/ Explicit/ Kolophon**	**Register Ldr**	**Register Lnr**	**Glosse**	**Text-Bild, Ausstattung**	**Sonstige rechtl. TA**	**Sonstige TA**
Hs. 174 Berlin Staatsbibliothek Ms.germ. fol. 1094	3 Bücher	0	Vorrede von den 5 Pfalzen/ Vorrede in Strophen / Von der herren geburt	0	vor jedem Buch	0	folgt auf die Art./ am Rande die Bockdorfschen Additionen	Papier, Zierinitialen und am Schluss eine Miniatur (Verwandtschaftsbäume und ein kl. Mann 255 an der I-Initiale: *Ir sullet weißen das man hat* Sippzahlregeln	Verwandtschaftsbaum mit Sippenzahlregeln/ Erbrechtsregeln	Gedicht/ Vokabularien
Hs. 456 Dresden Schlossbibliothek Moritzburg Mscr. Fol. 14, verbrannt	3 Bücher/Kolophon: *Scripsit Röber de Pirin 1460 am Sonnabende nach Epiphanie*	0	Vorrede Von der herren geburt und von den 5 Pfalzen	0	0	0	Ja	Papier; Zierinitialen zu Beginn der Bücher/ 8 Blattgroße gemalte Wappen	0	Gedicht 42 Zeilen/ Explicit
Hs. 905 Leipzig UB Rep. II f. 15	3 Bücher mit Glosse und Additionen	0	Prologus/ Textus prologi	Kolophon: *ffinitum anno domini MCCCCLXI in die Margarete virginis hora qi prima*	Ja	0	Ja	Papier u. Pergament; Zierleisten Miniaturen: Bl. 2 Übergabe an den Kaiser; Bl. 4 Papst Kaiser; Bl. 160 Aufzug in eine Burg	Eid der Richter, Schöffen u. Schöffenschreiber (Initiator des Codex) / Wiedertaufordnungen Karls V. u. Georgs v. Sachsen / Judeneid/ Schöffensprüche, Magdeburg 1540	0

Tabelle 47: Sachsenspiegelhandschriften ab 1462

Handschriften	**Landrecht**	**Lehnrecht**	**Prologe**	**Epilog/ Explicit/ Kolophon**	**Register Ldr**	**Register Lnr**	**Glosse**	**Text-Bild, Ausstattung**	**Sonstige rechtl. TA**	**Sonstige TA**
Hs. 258 Breslau/ Wrocław BU II F 5	3 Bücher	0	0?	Kolophon am Ende: *Finitum et scriptum Anno Domini millesimo quadringentesimo secundo sexta feria post festum Natiuitatis gloriose virginis marie hora quasi prima*	Reg. vor jedem der 3 Bücher	0	Ja, nach jedem Art.	Papier, Initialen	0	0
Hs. 130 Berlin Staatsbibliothek Ms. germ fol. 616	3 Bücher m. Glosse (63,70,81)	0	Prologus/ Textus prologi	Explicit: *Et sic est finis deo laus et gloria....* Kolophon: mit Schreibernennung Johannes Hardenberg und Abfassungsjahr	Reg. vor jedem Buch	0	Ja, nach jedem Art.	Papier, Buchschmuck; Zierinitialen	0	0
Hs. 145 Berlin Staatsbibliothek Ms. germ. fol. 765	3 Bücher	0	RV/ Prolog/ Textus prologi	Epilog; Kolophon mit Datum u. Schreibernennung: Finitus per manus I. Hildesen a. d. 1468 in vigilia assumtionis	Reg. als Initiator, Anfang verloren (Reg. des 1. Buches fehlt)	0	Ja (nach jedem Artikel, durch vorangestelltes Glosa rot)	Papier; Buchschmuck Rote Zierinitialen	0	0

Tabelle 48: Sachsenspiegelhandschriften 1471–1477

Handschriften	Landrecht	Lehnrecht	Prologe	Epilog/ Explicit/ Kolophon	Register Ldr	Register Lnr	Glosse	Text-Bild, Ausstattung	Sonstige rechtl. TA	Sonstige TA
Hs. 537 Gießen UB Hs. 954	Ohne Bucheinteilung 107 Art. (ältere Rezensiondes spatium zwischen Rezension und des nl. SSp)	Ja (133 Artikel)	Prologus/ Textus prologi	am Ende des Lnr: *Explicit Speculum Saxonie* Kolophon: *Anno domini MillesimoIIIIL XXI in sabbato ante do. iniuriam Exurge quare.*	0	0	0	Papier, Zierinitialen	Kleines Kaiserrecht m. Register/ Richtsteig (J. v. Buch) m. Register	0
Hs. 1636 Zwickau Stadtarchiv III X I, Nr. 141	3 Bücher (71, 72, 92 Art.)	0	Vorrede zu den 5 Pfalzen (als Art. III 62)	Kolophon als Codexterminator	Register vor jedem Buch	0	Ja	Papier, Zierinitialen	0	0
Hs. 112 Berlin SBPK Ms. germ. fol. 12	3 Bücher (72, 72 87 Art.)	0	Vorrede in Strophen/ RV	Explicit nach Ldr: *Hir folget nach der richtsteig* Kolophon: *Scriptum anno domini MCCCCLXXIII in vigilia omnium sanctorum*	nach den Vorreden beginnt mit 2zg.: *Got ist eyn begyn aller dinge*, durchnummeriert	0	Ja, Text ist mit größerer Schrifttype geschrie-ben, Glosse kleiner. Vor der Glosse in rot am rechten Ende der Zeile: *Glosa*	Papier, Zierinitialen	Richtsteig (J.v.Buch)nach Sachsenspiegel Ldr, am Ende: Kolophon: *Scriptum anno domini MCCCCLXXII in vigilia putacionis gloriose virginis marie*	0
Hs. 1363 Sondershausen Stadtkirchenbib. Nr. 235IVc	3 Bücher (71, 72. 91 Art.)	0	Vorrede zu den 5 Pfalzen	Explicit: *Nota vocabula collecta ex latino speculi Saxonum* /Kolophon *Et sic est finis anno dni MCCCCLXXV quarta feria ante festum Calixti quasi hora quinta*	Vor jedem Buch; gefolgt von ausführlichen Summarien	0	Glosse nach jd. Artikel, Additionen am Rand u. in d. Glosse; am Ende der Glosse zu Art. III 82 Hinweis auf das Privileg Karls von 810	Papier; Zierinitialen	0	0

Tabelle 49: Sachsenspiegelhandschriften 1477 bis 1479

Handschriften	**Landrecht**	**Lehnrecht**	**Prologe**	**Epilog/ Explicit/ Kolophon**	**Register Ldr**	**Register Lnr**	**Glosse**	**Text-Bild, Ausstattung**	**Sonstige rechtl. TA**	**Sonstige TA**
Hs. 640 Groningen Bibliothèque Royale Hs. 230	3 Bücher (83,70,77 Art.)	0	Prolog/ Textus prologi	Explicit: *Et sic est finis* Kolophon: *Sub anno domini MCCCCLXXVII quinta feria ante Johannis festum Baptiste*	(zu Beginn des Ldr)	0	Ja	Papier; Initialen	Abschriften von Urkunden, Landrechten etc. für Overijsel	0
Hs. 601 Göttingen SUB Ms. jurid. 393 1477	3 Bücher (71,72,91 Art.)	mit Glosse in 81 Art.	0	Explicit: *Got gebe daz wyr dy kunst der gerechtigkeyt wol ansz wenden vnd wer da geret daz vngleychen der musz dem Teofel yn den arsz krychen* Kolophon: *Explicit a. 1477 feria quinta post Mauricii*	Ja	Ja	Landrechtsglosse mit Bocksdorfschen Additionen + Lnr-Glosse	Papier, Initialen	Richtsteig Ldr (Buch) fragment./ Schöffensprüche Leipzig/ Von Willkür und Gewohnheit/ Forma schulda (Schöffen v. Mittweida)/ verschied. Notae/Weichbildchronik/ Bemerk. über den SSp. Lat.	0
Hs. 662 Halle ULB Yd 18 fol. 1478	3 Bücher (71, 72, 91 Artikel)	Ja	?	Kolophon: *ffinit feliciter anno 1478 in die Michaelis in helmstede per me hinr. Balrestede vicar. altaris b. v. jn eccl. Stephani ibidem*	Ldr. Reg.	Lnr Reg.	Ldr-Glosse + Lnr-Glosse	Papier, Initialen	Schöffensprüche Magdeburg für Helmstedt (zw. Buch 2 und 3)	0
Hs. 642 Groningen BR Hs. PE 12 1479	3 Bücher (61, 68, 79 Artikel)/	0	Prolog/ Textus prologi	*Explicit liber Saxonis seu speculum eius. Finitum et completum per manus Th. de Doedenweerda m.a. p. sub anno incarnationis MCCCC LXXIX*	zu Beginn des Cod.	0	Ja	Papier, Initialen	Ernke Elema, Notizen über die Mühle zu Uithuisen 1536–1566/ Abschriften von Rechten des Groninger Umlandes, nd./nl./fries.	0

Tabelle 50: Sachsenspiegelhandschriften 1479 bis Ende des 15. Jahrhunderts

Handschriften	Landrecht	Lehnrecht	Prologe	Epilog/ Explicit/ Kolophon	Register Ldr	Register Lnr	Glosse	Text-Bild, Ausstattung	Sonstige rechtl. TA	Sonstige TA
Hs. 874 Leiden UB PPL 44	3 Bücher (84,71,86 Art.)	0	Vorrede in Strophen/ Prologus	Epilog; Explicit nach Ldr: *Et sic est finis. Nu synt des lantrechtes to eende gekomen. Wye recht meyne de sege Amen* Kolophon im Anschluss an Register (Terminator des Codex): *Deyt boeick hoeirt toen Derick uanden sand uent die brengheyt weydeir aen die reichten haent… aenae domine*	Ja	0	Ja	Papier, Initialen	0	0
Hs. 1489 Werne StadtA I A 19 1494	3 Bücher	80 Art.	RV (Vers 97–280)	Epilog; Explicit am Ende des Codex nach Richtsteig: *Finitus Schidekloet des Landrechtes up Sasscher art*	Register Ldr Gesamt-init./ Reg. un-glossierte Artikel	Ja	Ldr-Glosse	Papier, Initialen	Richtsteig Ldr. (Buch) + Register (am Ende des Codex)	0
Hs. 372 Danzig / Gdansk BG PAN Ms. 300 R/W 1 1578	Ohne Bucheinteilung 352 Artikel	0	0?	0	0	0	0	Papier	Erneuerte Kulmer Handfeste dt. und lat./ altes Weichbildrecht Magdeburgs(Gerichtsverfassung)/Magdeburger Schöffenrecht	Weichbild-chronik/

Abkürzungsverzeichnis (Tabellen)

Anf.	Anfang
bair.	bairisch
Bl.	Blatt
Bll.	Blätter
erschl.	erschlossen
expl.	explizit
Frag.	Fragment
frk.	fränkisch
hd.	hochdeutsch
Hs.	Handschrift
Hss.	Handschriften
KF	Kurzfassung
Lat.	lateinisch
LF	Langfassung
md.	mitteldeutsch
Mnd.	mittelniederdeutsch
mnl.	mittelniederländisch
mrhein.	mittelrheinisch
nd.	niederdeutsch
Nied. rh.	niederrheinisch
nl	niederländisch
Nordnd.	Nordniederländisch
nrh.	niederrheinisch
o. Sg.	ohne Signatur
Obdt.	oberdeutsch
obers.	obersächsisch
Omd.	ostmitteldeutsch
ostfäl.	ostfälisch
Perg.	Pergament
pol.	polnisch
Red.	Redaktion
rip.	ripuarisch
sp.	spaltig
Ssp.	Sachsenspiegel
TE	Textexemplar

Anhang 2: Literaturverzeichnis

Abkürzungsverzeichnis Literatur

Aufl.	Auflage
Bd.	Band
DBE	Deutsche Biographische Enzyklopädie
Diss.	Dissertation
Diss. masch.	Dissertation maschinenschriftlich
DRW	deutsches Rechtswörterbuch
HAB	Herzog August-Bibliothek
Hg.	Herausgeber (sing.)
Hgg.	Herausgeber (pl.)
HRG	Handwörterbuch zur deutschen Rechtsgeschichte, hg. v. Adalbert Erler und Ekkehard Kaufmann (ab Bd. 2) unter philologischer Mitarbeit v. Ruth Schmidt-Wiegand, mitbegründet v. Wolfgang Stammler, Redaktion Dieter Werkmüller Bd. 1 ff., Berlin 1978 ff., 1. A.; hg. v. Albrecht Cordes, Hans-Peter Haferkamp, Heiner Lück, Dieter Werkmüller und Ruth Schmidt-Wiegand, Christa Bertelsmeier-Kierst als philologischer Beraterin (ab 9. Lieferung), Bd. 1ff., Berlin 2004 ff., 2. A..
IRIS	Internationales Rechtsinformatik Symposion
LdR	Landrecht
Lex. MA	Lexikon des Mittelalters
LnR	Lehnrecht
MGH	Monumenta Germaniae Historica
N.F.	Neue Folge
ÖNB	Österreichische Nationalbibliothek
Sbb	Sitzungsberichte
StA	Staatsarchiv
UB	Universitätsbibliothek
ULB	Universitäts- und Landesbibliothek
VL	Verfasserlexikon
ZRG. GA	Zeitschrift der Savigny-Stiftung für Rechtsgeschichte (Germanistische Abteilung)
ZRG. KA	Zeitschrift der Savigny-Stiftung für Rechtsgeschichte (Kanonistische Abteilung)

Quellen

a) Handschriften (die in den Tabellen genannt werden)

Amsterdam Universitätsbibliothek I A 22
Hs. 15 (U.-D. Oppitz)

Berlin Staatsbibliothek zu Berlin Preußischer Kulturbesitz Fragment 13 Fragment
Hs. 73 (U.-D. Oppitz)

Berlin Staatsbibliothek zu Berlin Preußischer Kulturbesitz Fragment 17, 14.–15. Jh.
Hs. 76 (U.-D. Oppitz)

Berlin Staatsbibliothek zu Berlin Preußischer Kulturbesitz Fragment 22
Hs. 78 (U.-D. Oppitz)

Berlin Staatsbibliothek zu Berlin Preußischer Kulturbesitz Ms.germ. fol. 10
Hs. 110 (U.-D. Oppitz)

Berlin Staatsbibliothek zu Berlin Preußischer Kulturbesitz Ms. germ. Fol. 12
Hs. 112 (U.-D. Oppitz)

Berlin Staatsbibliothek zu Berlin Preußischer Kulturbesitz Ms.germ. fol. 390
Hs. 119 (U.-D. Oppitz)

Berlin Staatsbibliothek zu Berlin Preußischer Kulturbesitz Ms.germ. fol. 391
Hs. 120 (U.-D. Oppitz)

Berlin Staatsbibliothek zu Berlin Preußischer Kulturbesitz Ms. germ. fol. 512
Hs. 122 (U.-D. Oppitz)

Berlin Staatsbibliothek zu Berlin Preußischer Kulturbesitz Ms. germ fol. 616
Hs. 130 (U.-D. Oppitz)

Berlin Staatsbibliothek zu Berlin Preußischer Kulturbesitz Ms. germ. Fol. 631
Hs. 133 (U.-D. Oppitz)

Berlin Staatsbibliothek zu Berlin Preußischer Kulturbesitz Ms. germ. Fol. 727
Hs. 136 (U.-D. Oppitz)

Berlin Staatsbibliothek zu Berlin Preußischer Kulturbesitz Ms. germ. fol. 730
Hs. 139 (U.-D. Oppitz)

Berlin Staatsbibliothek zu Berlin Preußischer Kulturbesitz Ms. germ. fol. 750 Bl. 1 und 2
Hs. 142 (U.-D. Oppitz)

Berlin Staatsbibliothek zu Berlin Preußischer Kulturbesitz Ms.germ. fol. 750 Bl. 3–6 Fragment
Hs. 143 (U.-D. Oppitz)

Berlin Staatsbibliothek zu Berlin Preußischer Kulturbesitz Ms.germ. Fol. 765
Hs. 145 (U.-D. Oppitz)

Berlin Staatsbibliothek zu Berlin Preußischer Kulturbesitz Ms. germ. Fol. 820
Hs. 149 (U.-D. Oppitz)

Berlin Staatsbibliothek zu Berlin Preußischer Kulturbesitz Ms. germ. Fol. 899
Hs. 156 (U.-D. Oppitz)

Berlin Staatsbibliothek Ms.germ. Fol. 901
Hs. 158 (U.-D. Oppitz)

Berlin Staatsbibliothek zu Berlin Preußischer Kulturbesitz Ms.germ. fol. 958 Fragment
Hs. 163 (U.-D. Oppitz)

Berlin Staatsbibliothek zu Berlin Preußischer Kulturbesitz Ms.germ. fol. 1094
Hs. 174 (U.-D. Oppitz)

Berlin Staatsbibliothek zu Berlin Preußischer Kulturbesitz Ms.germ. fol. 1253
Hs. 186 (U.-D. Oppitz)

Berlin Staatsbibliothek zu Berlin Preußischer Kulturbesitz Ms.germ. fol. 1254
Hs. 187 (U.-D. Oppitz)

Berlin Staatsbibliothek zu Berlin Preußischer Kulturbesitz Ms.germ. qu. 644 Fragment
Hs. 204 (U.-D. Oppitz)

Berlin Staatsbibliothek zu Berlin Preußischer Kulturbesitz Ms.lat. fol.299
Hs. 212 (U.-D. Oppitz)

Braunschweig Stadtbibliothek Fragment 1
Hs. 237 (U.-D. Oppitz)

Braunschweig Stadtbibliothek Ms. 46
Hs. 245 (U.-D. Oppitz)

Bremen Universitätsbibliothek Ms. A. 30 a1.
Hs. 248 (U.-D. Oppitz)

Breslau/Wroclaw Biblioteka Uniwersytecka we Wroclawiu II F 5
Hs. 258 (U.-D. Oppitz)

Breslau/ Wroclav Biblioteka Uniwersytecka we Wroclawiu II F 6
Hs. 259 (U.-D. Oppitz)

Breslau/ Wrocław Biblioteka Uniwersytecka we Wroclawiu II F8
Hs. 261 (U.-D. Oppitz)

Breslau/ Wrocław Biblioteka Uniwersytecka we Wroclawiu II Q2
Hs. 266 (U.-D. Oppitz)

Breslau/ Wrocław Biblioteka Uniwersytecka we Wroclawiu II Q3
Hs. 267 (U.-D. Oppitz)

Breslau/ Wrocław Biblioteka Uniwersytecka we Wroclawiu II Q4
Hs. 268 (U.-D. Oppitz)

Breslau/ Wrocłav Ossol PAN 1643
Hs. 283 (U.-D. Oppitz)

Celle Oberlandesgericht C 2
Hs. 338 (U.-D. Oppitz)

Celle Oberlandesgericht C3
Hs. 339 (U.-D. Oppitz)

Cologny Bibliotheca Bodmeriana 61
Hs. 347 (U.-D. Oppitz)

Danzig / Gdansk Uniwersytet Gdański PAN Ms. 1787
Hs. 354 (U.-D. Oppitz)

Danzig / Gdansk Uniwersytet Gdański PAN Ms. 1803
Hs. 366 (U.-D. Oppitz)

Danzig / Gdansk Uniwersytet Gdański WAP 300 R/W, 1
Hs. 372 (U.-D. Oppitz)

Darmstadt Hessische Landesbibliothek 3761
Hs. 393 (U.-D. Oppitz)

Den Haag Koninklijke Bibliotheek MS 133 H 3
Hs. 403 (U.-D. Oppitz)

Den Haag Koninklijke Bibliotheek MS 133 H 5
Hs. 405 (U.-D. Oppitz)

Den Haag Koninklijke Bibliotheek MS 75 F 20
Hs. 399 (U.-D. Oppitz)

Den Haag Koninklijke Bibliotheek MS 75 G 47
Hs. 400 (U.-D. Oppitz)

Dessau Stadtbibliothek Hs. Georg 266.4°
Hs. 408 (U.-D. Oppitz)

Dessau Stadtbibliothek Hs. Georg 267.8°
Hs. 409 (U.-D. Oppitz)

Dresden Sächsische Landesbibliothek – Staats- und Universitätsbibliothek M. 3 b
Hs. 436 (U.-D. Oppitz)

Dresden Sächsische Landesbibliothek – Staats- und Universitätsbibliothek M. 26
Hs. 445 (U.-D. Oppitz)

Dresden Sächsische Landesbibliothek – Staats- und Universitätsbibliothek M 27
(Digitalisiert: http://digital.slub-dresden.de/ppn304783714)
Hs. 446 (U.-D. Oppitz)

Dresden Sächsische Landesbibliothek – Staats- und Universitätsbibliothek M.28
Hs. 447 (U.-D. Oppitz)

Dresden Sächsische Landesbibliothek – Staats- und Universitätsbibliothek M. 29
Hs. 448 (U.-D. Oppitz)

Dresden Sächsische Landesbibliothek – Staats- und Universitätsbibliothek M 32
Hs. 450 (U.-D. Oppitz)

Dresden Schlossbibliothek Moritzburg Mscr. fol. 14, verbrannt
Hs. 456 (U.-D. Oppitz)

Frankfurt Stadt- und Universitätsbibliothek Ms. germ. oct. 8 Fragment
Hs. 504 (U.-D. Oppitz)

Frankfurt Stadt- und Universitätsbibliothek Ms. germ. oct. 9
Hs. 505 (U.-D. Oppitz)

Frankfurt Stadt- und Universitätsbibliothek Ms. germ. oct. 9 Fragment
Hs. 505 (U.-D. Oppitz)

Gießen Universitätsbibliothek Hs. 953
Hs. 536 (U.-D. Oppitz)

Gießen Universitätsbibliothek Hs. 954
Hs. 537 (U.-D. Oppitz)

Gießen Universitätsbibliothek Hs. 955
Hs. 538 (U.-D. Oppitz)

Gießen Universitätsbibliothek HS. 957
Hs. 540 (U.-D. Oppitz)

Gnesen Archiwum Archidiecezjalne-Biblioteka Katedralna Ms 70
Hs. 572 (U.-D. Oppitz)

Gnesen Archiwum Archidiecezjalne-Biblioteka Katedralna Ms 104
Hs. 573 (U.-D. Oppitz)

Gotha Forschungsbibliothek Memb. I 87
Hs. 625 (U.-D. Oppitz)

Göttingen Staats- und Universitätsbibliothek Ms. jurid. 392
Hs. 600 (U.-D. Oppitz)

Göttingen Staats- und Universitätsbibliothek Ms. jurid. 393
Hs. 601 (U.-D. Oppitz)

Göttingen Staats- und Universitätsbibliothek Ms. Jurid. 394
Hs. 602 (U.-D. Oppitz)

Göttweig Stiftsbibliothek Codex 364
Hs. 612 (U.-D. Oppitz)

Grimma Stadtarchiv II. 4 Nr. 5
Hs. 637 (U.-D. Oppitz)

Groningen Bibliothèque Royale Hs. 230
Hs. 640 (U.-D. Oppitz)

Groningen Bibliothèque Royale Hs. PE 12
Hs. 642 (U.-D. Oppitz)

Halle Marienbibliothek Ms 59
Hs. 655 (U.-D. Oppitz)

Halle Universitäts- und Landesbibliothek Quedl. 81 (Quedlinburger Sachsenspiegel)
Hs. 657 (U.-D. Oppitz)

Halle Universitäts- und Landesbibliothek Yd 18 fol
Hs. 662 (U.-D. Oppitz)

Halle Universitäts- und Landesbibliothek Ye 61 fol.
Hs. 664 (U.-D. Oppitz)

Halle Universitäts- und Landesbibliothek Ye 63 fol.
Hs. 666 (U.-D. Oppitz)

Halle Universitäts- und Landesbibliothek Ye 76 fol
Hs. 668 (U.-D. Oppitz)

Hamburg Staats- und Universitätsbibliothek Cod. 89 in scrinio
Hs. 671 (U.-D. Oppitz)

Harffer Sachsenspiegel – im Privatbesitz der Grafen von Mirbach-Harff, Gräfl. Archiv
Hs. 1036 (U.-D. Oppitz)

Heidelberg Universitätsbibliothek Cod. Pal. Germ. 164
Hs. 697 (U.-D. Oppitz)

Hildesheim Stadtarchiv Best. 52 HM Nr. 367
Hs. 714 (U.-D. Oppitz)

Jena Friedrich-Schiller-Universitätsbibliothek Ms Bud. F. 376
Hs. 734 (U.-D. Oppitz)

Jena Friedrich-Schiller Universitätsbibliothek Ms. El. 57
Hs. 735 (U.-D. Oppitz)

Kalkar Stadtarchiv ohne Signatur
Hs. 740 (U.-D. Oppitz)

Kassel Universitätsbibliothek Kassel – Landesbibliothek und Murhardsche Bibliothek der Stadt Kassel GLM 2° Ms jurid. 100,21 Fragment
Hs. 754 (U.-D. Oppitz)

Koblenz Stadtarchiv -623-Nr, 3110
Hs. 773 (U.-D. Oppitz)

Kopenhagen Det Kongelige Bibliotek NkS 1479
Hs. 829 (U.-D. Oppitz)

Kopenhagen, Det Kongelige Bibliotek Gammle konigl. Sammling 1945 4°
Hs. 828 (U.-D. Oppitz)

Kórnik Biblioteka Kórnicka PAN Rkps 799
Hs. 835 (U.-D. Oppitz)

Kórnik Biblioteka Kórnicka PAN Rkps 800
Hs. 836 (U.-D. Oppitz)

Kórnik Biblioteka Kórnicka PAN Rkps 801
Hs. 837 (U.-D. Oppitz)

Krakau Bibliotheka Jagiellónska cod. 168
Hs. 844 (U.-D. Oppitz)

Krakau Bibliotheka Jagiellónska cod. 169
Hs. 845 (U.-D. Oppitz)

Krakau Bibliotheka Jagiellónska cod. 170a
Hs. 846 (U.-D. Oppitz)

Krakau Bibliotheka Jagiellónska cod. 399
Hs. 848 (U.-D. Oppitz)

Krakau Bibliotheka Jagiellónska Przyb. 42/60
Hs. 861 (U.-D. Oppitz)

Leiden Universitätsbibliothek PPL 44
Hs. 874 (U.-D. Oppitz)

LeidenUniversitätsbibliothek BPL 180 B
Hs. 875 (U.-D. Oppitz)

Leipzig Karl-Marx-Universitätsbibliothek 947
Hs. 885 (U.-D. Oppitz)

Leipzig Karl-Marx-Universitätsbibliothek Hs 948
Hs. 886 (U.-D. Oppitz)

Leipzig Karl-Marx-Universitätsbibliothek Hs. 950
Hs. 888 (U.-D. Oppitz)

Leipzig Karl-Marx-Universitätsbibliothek Hs. 951
Hs. 889 (U.-D. Oppitz)

Leipzig Karl-Marx-Universitätsbibliothek Hs. 951B
Hs. 890 (U.-D. Oppitz)

Leipzig Karl-Marx Universitätsbibliothek Rep. II f. 15
Hs. 905 (U.-D. Oppitz)

Liegnitz Kirchenbibliothek Peter und Paul Nr. I
Hs. 938 (U.-D. Oppitz)

Linz Landesarchiv Neuerwerbungen Nr. 106 (PA II/25)
Hs. 946 (U.-D. Oppitz)

Loccum Klosterbibliothek Mscr. Nr. III
Hs. 951 (U.-D. Oppitz)

Lübeck Stadtbibliothek Ms jur. 2° 71
Hs. 963 (U.-D. Oppitz)

Lüneburg Stadtarchiv Dep. Ratsbibliothek Ms.Jurid I
Hs. 975 (U.-D. Oppitz)

Lüneburg Stadtarchiv Dep. Ratsbibliothek Ms. Jurid. 2
Hs. 976 (U.-D. Oppitz)

Magdeburg Stadtbibliothek XII fol. 1 (seit 1945 verschollen)
Hs. 989 (U.-D. Oppitz)

Mainz ehemal. Dombibliothek Mogunt I, 1793 verbrannt
Hs. 990 (U.-D. Oppitz)

Mainz ehemal. Dombibliothek Mogunt. II, 1793 verbrannt
Hs. 991 (U.-D. Oppitz)

Mainz ehemalige Dombibliothek Mogunt. III, 1793 verbrannt
Hs. 992 (U.-D. Oppitz)

Meinigen Landesbibliothek Nr.89
Hs. 1014 (U.-D. Oppitz)

Meiningen Landesbibliothek Nr. 90
Hs. 1015 (U.-D. Oppitz)

Meiningen Landesbibliothek 91
Hs. 1016 (U.-D. Oppitz)

Meiningen Landesbibliothek 92
Hs. 1017 (U.-D. Oppitz)

Merseburg Domstiftsbibliothek Hs. 70
Hs. 1025 (U.-D. Oppitz)

Merseburg Stadtbibliothek Nr.5
Hs. 1030 (U.-D. Oppitz)

München Bayerische Staatsbibliothek Cgm 296
Hs. 1059 (U.-D. Oppitz)

München Bayerische Staatsbibliothek Cgm. 517
Hs. 1071 (U.-D. Oppitz)

Münster Universitätsbibliothek Ms. 41 verbrannt 25.3.1945
Hs. 1146 (U.-D. Oppitz)

Münster Universitätsbibliothek 232, verbrannt 1945
Hs. 1148 (U.-D. Oppitz)

Oldenburg Landesbibliothek CIM I 410
Hs. 1184 (U.-D. Oppitz)

Olmütz Vědecká knihovna v Olomouci c SAO C. O. 270
Hs. 1189 (U.-D. Oppitz)

Oschatz Stadtarchiv ohne Signatur
Hs. 1196 (U.-D. Oppitz)

Osnabrück Staatsarchiv Staatsarchiv, Quakenbrück Dep. 50 b I Nr- 620
Hs. 1201 (U.-D. Oppitz)

Oxford Bodleian Library (West Mss.) Ms. Laud Misc 741
Hs. 1202 (U.-D. Oppitz)

Przemysl Przemyska Biblioteka Publiczna WAP Akta miasta Przemysla staropolskie sign. 428
Hs. 1296 (U.-D. Oppitz)

Quedlinburg Städtisches Museum
Hs. 1300 (U.-D. Oppitz)

Quedlinburg Stadtbibliothek ohne Signatur(2)
Hs. 1298 (U.-D. Oppitz)

Rostock Universitätsbibliothek ohne Signatur 70
Hs. 1319 (U.-D. Oppitz)

Salzwedel Stadtarchiv Rep. II-Abt.1
Hs. 1327 (U.-D. Oppitz)

Schweinfurt Stadtbibliothek H 238
Hs. 1339 (U.-D. Oppitz)

Schwerin Staatsarchiv Sammlung Stadtarchiv Fragment
Hs. 1342 (U.-D. Oppitz)

Schwiebus/Swiebodczice Magtratsbibliothek Nr. 6
Hs. 1348 (U.-D. Oppitz)

Soest Stadtarchiv Codex 25/3
Hs. 1358 (U.-D. Oppitz)

Sondershausen Stadtkirchenbibliothek Nr. 235IVc
Hs. 1363 (U.-D. Oppitz)

St. Petersburg Rossijskaja Akademija nauk CCP Nr. 143 (XXG/V)
Hs. 931 (U.-D. Oppitz)

Straßburg Bibliothèque nationale et universitaire Ms 2117
Hs. 1384 (U.-D. Oppitz)

Waltershausen Heimatmuseum Schloss Tenneberg o. Sign.
Hs. 1446 (U.-D. Oppitz)

Warschau Biblioteka Narodowa III 3065
Hs. 1459 (U.-D. Oppitz)

Warschau Biblioteka Uniwersytecka Lat Q I 99 1944 verbr.
Hs. 1471 (U.-D. Oppitz)

Warschau Biblioteka Uniwersytecka Rkps 5
Hs. 1481 (U.-D. Oppitz)

Werne Stadtarchiv I A 19
Hs. 1489 (U.-D. Oppitz)

Wien Östereichische Nationalbibliothek CVP 2710
Hs. 1503 (U.-D. Oppitz)

Wien Österreichische Nationalbibliothek CVP 2043
Hs. 1519 (U.-D. Oppitz)

Wolfenbüttel Herzog August-Bibliothek Cod. Guelf. 3.1Aug. 2°
Hs. 1566 (U.-D. Oppitz)

Wolfenbüttel Herzog-August-Bibliothek Cod. Guelf. 30.1 Aug. fol.
Hs. 1576 (U.-D. Oppitz)

Wolfenbüttel Herzog-August-Bibliothek Cod. Guelf. 208 Helmstedt
Hs. 1590 (U.-D. Oppitz)

Wolfenbüttel Herzog August-Bibliothek Cod. Guelf. 421 Helmstedt
Hs. 1597 (U.-D. Oppitz)

Wolfenbüttel Herzog August-Bibliothek Cod. Guelf. A. d. Extravagantes
Hs. 1601 (U.-D. Oppitz)

Zeitz, Stiftsbibliothek Hs. 53
Hs. 1618 (U.-D. Oppitz)

Zwickau Stadtarchiv III X I, Nr. 141
Hs. 1636 (U.-D. Oppitz)

b) Drucke und Editionen

Åsdahl-Holmberg, Märta (Hg.), Der Harffer Sachsenspiegel vom Jahre 1295, Lund 1957.

Bellovacensis, Vincentius, Speculum quadruplex sive speculum maius, Bd. 1–4, Nachdruck der Ausgabe Duaci 1624, Graz 1964, Online-Ausgabe der Universitäts- und Landesbibliothek Düsseldorf 2010.

Bilderhandschrift Sachsenspiegel Heidelberg, vollständig digitalisiert, http://digi.ub.uni-heidelberg.de/cpg164.

Bilderhandschrift Sachsenspiegel Oldenburg, vollständig digitalisiert, www.lb-oldenburg.de/uberlbo/bestand/ssp.htm.

Bilderhandschrift Sachsenspiegel Dresden, vollständig digitalisiert, http://digital.slub-dresden.de/ppn272362328.

Bilderhandschrift Sachsenspiegel Wolfenbüttel, vollständig digitalisiert, http://www.sachsenspiegel-online.de.

Borchling, Conrad (Hg.), Das Landrecht des Sachsenspiegels nach der Bremer Handschrift von 1342, Dortmund 1925.

Brandis, Moritz (Drucker), Eike von Repgow, Landrecht u.a., Leipzig 1490 - diglib.hab.de/wdb.php?dir=inkunabeln/64-20-jur-2f.

Ebel, Friedrich (Hg.), Sachsenspiegel. Landrecht und Lehnrecht, Stuttgart 1993, ergänzte Neuauflage 1999.

Eckhardt, Karl August (Hg.), Sachsenspiegel Landrecht, (Monumenta Germaniae Historica, Fontes iuris Germanici antiqui, Nova Series, Tom. I, Pars I) 3., durchgesehene Auflage Göttingen/Frankfurt 1973.

Eckhardt, Karl August (HG.), Der Sachsenspiegel. Quedlinburger Handschrift, (M.G.H., Font. iur. Germ., 8) 1966.

Eckhardt, Karl August (Hg.),Sachsenspiegel. IV. Eike von Repchow und Hoyer von Valkenstein, (Germanenrechte, N.F.: Land- und Lehnrechtsbücher) Hannover 1966.

Eckhardt, Karl August und Alfred Hübner (Hgg.), Deutschenspiegel mit Augsburger Sachsenspiegel und ausgewählten Artikeln der oberdeutschen Sachsenspiegelübersetzung, hg. von, Hannover 1930.

Goeschen, Otto (Hg.), Das sächsische Landrecht, nach der Quedlinburger Pergamenthandschrift, Halle 1853.

Helmert-Corvey, Theodor, Rechtsbuch der Stadt Herford. Vollständige Faksimile-Ausgabe in Originalformat der illuminierten Handschrift aus dem 14. Jahrhundert, 2 Bde. 1989.

Hoene, Otto zu (Hg.), Codex Quakenbrugensis. Der Quakenbrücker Sachsenspiegel von 1422, San Francisco 1969.

Homeyer, Carl Gustav (Hg.), Des Sachsenspiegels Erster Teil…, nach der Berliner Handschrift vom Jahre 1369, Berlin 3. Aufl.1861.

Homeyer, Carl Gustav (Hg.), Des Sachsenspiegels Zweiter Teil nebst den verwandten Rechtsbüchern, Das Sächsische Lehnrecht und der Richtsteig Lehnrechts, Berlin 1842.

Kaufmann, Frank-Michael (Hg.), Glossen zum Sachsenspiegel-Landrecht. Buch'sche Glosse. (MGH Fontes iuris Germanici antiqui Nova Series, 7/3) Hannover 2002.

Kling, Melchior, Das sächsische Landrecht in eine richtige Ordnung gebracht, Frankfurt 1600.

Kocher, Gernot/ Munzel-Everling, Dietlinde (Hgg.), Der Heidelberger Sachsenspiegel. Vollständige Faksimile-Ausgabe im Originalformat des Heidelberger Sachsenspiegels Cod. Pal. Germ. 164 Universitätsbibliothek Heidelberg, Text- und Kommentarband. Mit einem Beitrag von Karin Zimmermann (Codices Selecti 115*), Graz 2010.

Koschorreck, Walter, Werner Wilfried (Hg.), Der Sachsenspiegel. Die Heidelberger Bilderhandschrift Cod. Pal. Germ. 164. Kommentar und Übersetzung von Walter Koschorreck (†). Neu eingeleitet von Wilfried Werner, Frankfurt am Main 1989. Unkommentiertes Digitalisat der Heidelberger Universitätsbibliothek: (http://digi.ub.uni-heidelberg.de/cpg164).

Łaski, Johann, Commune inclyti Polonia Regni privilegium constitutionum et indultum publicitus decretorum, Krakau 1506.

Luebben, August, Der Sachsenspiegel, Land- und Lehnrecht, nach dem Oldenburger Codex picturatus 1336, Oldenburg 1879.

Lück, Heiner, Dresdner Sachsenspiegel, Codd. phot., Graz 2002.

Meyer, Herbert (Hg.), Das Mühlhäuser Reichsrechtsbuch aus dem Anfang des 13. Jahrhunderts. Deutschlands ältestes Rechtsbuch nach den altmittelalterlichen Handschriften, 2., verbesserte Ausgabe, Weimar, Böhlau 1934; 3. Aufl. 1936. Nachdrucke: Leipzig 1969. Nachdruck Köln, Graz 1969.

Otmar, Sylvan (Drucker), Sassenspegel mit velen nyen Addicien san dem Leenrechte unde Richtstige, Augsburg 1516.

Piirainen, Ilpo Tapani,Ten Venne, Ingmar (Hgg.), Der Sachsenspiegel aus der Dombibliothek in Breslau/Wrocław, Wrocław 2003.

Richel, Bernhard (Drucker), Eike von Repgow, Lehnrecht u.a., Basel 1482 - digital.slub-dresden.de/werkansicht/dif/14380/15/0/.

Richel, Bernhard (Drucker), Eike von Repgow, Landrecht, Cautela, Premis, Richtsteig, Basel 1474 - http://www.e-rara.ch/bau_1/content/titleinfo/5317815.

Schmidt-Wiegand, Ruth (Hg.), Der Oldenburger Sachsenspiegel, 2 Bde., in Codd. phot. Graz, 101, Graz 1995–1996.

Schmidt-Wiegand, Ruth (Hg.), Die Wolfenbütteler Bilderhandschrift des Sachsenspiegels, 2 Bde., Berlin 1993.

Sorg, Anton (Drucker), Eike von Repgow, Lehnrecht u.a., Augsburg 1482 - daten.digitale-Sammlungen.de/~db/0003/bsb00035094/images/.

Sorg, Anton (Drucker), Eike von Repgow, Landrecht u.a., Augsburg 1481 - gdz.sub.uni-goettingen.de/dms/load/mod/?PIB=PPN627043488/LOG_0013&physid=PHYS_0476.

Steinmann, Hans (Drucker), Eike von Repgow Landrecht u.a., Leipzig 1582 - http://reader.digitale-sammlungen.de/resolve/display/bsb10144969.html.

Steinmann Hans (Drucker), Eike von Repgow, Landrecht u.a., Leipzig 1577 - http://reader.digitale-sammlungen.de/resolve/display/bsb10144839.html.

Unckel, Bartholomäus von, Eike von Repgow, Landrecht u.a., Köln 1480 - diglib.hab.de/inkunabeln/80-20-jur-2f/start.htm.

Wolrab, Nikolaus (Drucker), Sachsenspiegel Auffs newe vbersehen…, Leipzig 1551-:http://reader.digitale-sammlungen.de/de/fs1/object/display/bsb10144930_00009.html.

Wolrab, Nikolaus (Drucker), Sachsenspiegel Auffs new fleissig corrigiert…, Leipzig 1545 - http://digitale.bibliothek.uni-halle.de/vd16/content/titleinfo/998963.

c) Sekundärliteratur

Amira, Karl von, Die Genealogie der Bilderhandschriften des Sachsenspiegels, Bayerische Akademie der Wissenschaften München. Abhandlungen der Philosophisch(-philologischen)-historischen Klasse, 22/2, 1902, S. 325–385.

Amira, Karl von, Die Handgebärden in den Bilderhandschriften des Sachsenspiegels, Bayerische Akademie der Wissenschaften München. Abhandlungen der Philosophisch(-philologischen)-historischen Klasse, 23/2, 1905, S. 163–263.

Andermann, Ulrich, Das Recht im Bild. Vom Nutzen und Erkenntniswert einer historischen Quellengattung, in: Mundus in imagine. Bildersprache und Lebenswelten im Mittelalter. Festgabe für Klaus Schreiner, hg. v. A. Löther u.a., München 1996, S. 421–451.

Angermeier, Heinz, Königtum und Landfriede im deutschen Spätmittelalter. München 1966.

Arnold, Ernst, Wolrabs Dresdener Sachsenspiegelausgabe. Ein weiterer Beitrag zur Lebensgeschichte des Leipziger Buchdruckers Nicolaus Wolrab, in: Archiv für Buchgewerbe 41, 1904, S. 15–17.

Assmann, Jan, Das kulturelle Gedächtnis. Schrift, Erinnerung und politische Identität in frühen Hochkulturen, 6. Auflage München 2007.

Assmann, Aleida und Jan, Schrift, Tradition und Kultur, in: Wolfgang Raible (Hg.), Zwischen Festtag und Alltag. Zehn Beiträge zum Thema ‚Mündlichkeit und Schriftlichkeit' (ScriptOralia 6) Tübingen 1988, S. 25–49.

Assmann, Aleida und Jan, Hardmeier, Christoff (Hgg.), Schrift und Gedächtnis. Beiträge zu einer Archäologie der literarischen Kommunikation, München 1987.

Avenarius, M. Artikel ‚Glossatoren', in: HRG, 2. überarb. Auflage, 9. Lieferung 2012, Sp. 408–412.

Barkhausen, Walter, Die Gesetzgebung Wichmanns von Magdeburg, in: Deutsches Archiv für Erforschung des Mittelalters, 4, 1941, S. 495–503.

Bäumel, Franz H., Verschriftlichte Mündlichkeit und vermündlichte Schriftlichkeit. Begriffsprüfungen an den Fällen Heliand und Liber Evangeliorum, in: Ursula Schäfer(Hg.), Schriftlichkeit im frühen Mittelalter (ScriptOralia 53) Tübingen 1993, S. 254–266.

Bäuml, Franz H., Varieties and Consequences of Medieval Literacy, in: Speculum 55, 1980, S. 237–265.

Becker, Peter Jörg Ovwegaauw, Eef (Hgg.), Aderlaß und Seelentrost. Die Überlieferung deutscher Texte im Spiegel Berliner Handschriften und Inkunabeln, Mainz 2003.

Behagel, Otto, Deutsche Syntax. Eine geschichtliche Darstellung, Bd. III, Die Satzgebilde, Heidelberg 1928.

Beier, Käthe Ingeborg, Die Systematik des Sachsenspiegels, Kiel (Diss. masch.) 1961.

Benzing, Josef, Die Buchdrucker des 16. und 17. Jahrhunderts im deutschen Sprachgebiet, 2. verb. und erg. Aufl. (Beiträge zum Buch- und Bibliothekswesen 12), Wiesbaden 1982.

Bernstein, Thea, Die Geschichte der deutschen Judeneide im Mittelalter, phil. Diss. (masch.) Hamburg 1922.

Bertelsmeier-Kierst, Christa, Kommunikation und Herrschaft. Zum volkssprachlichen Verschriftlichungsprozeß des Rechts im 13. Jahrhundert, Stuttgart 2008.

Bertelsmeier-Kierst, Christa, Zur ältesten Überlieferung des Sachsenspiegels, in: Stefan Bucholz, Heiner Lück (Hgg.), Worte des Rechts – Wörter zur Rechtsgeschichte. Festschrift für Dieter Werkmüller zum 70. Geburtstag, Berlin 2007, S. 56–77.

Bertelsmeier-Kierst, Christa, Von der *vocalité* zur schriftgestützten Kommunikation. Zum volkssprachigen Literalisierungsprozeß (1200–1300), in: Die Präsenz des Mittelalters in seinen Handschriften, hg. von Jochen Schiewer und Karl Stackmann, Ergebnisse der Berliner Tagung vom 6.-8. April 2000, Berlin 2002, S. 49–64.

Bily, Inge, Ergebnisse der deutsch-polnischen (frühneuhochdeutsch altpolnischen) Wortanalyse, Materialauswertung, 1. Übersetzung, in: Sächsisch Magdeburgisches Recht in Polen. Untersuchungen zur Geschichte des Rechts und seiner Sprache, hg. von Inge Bily, Wieland Carls, Katalyn Gönczi, Berlin, Boston 2011, S. 276–286.

Bily, Inge, Wieland Carls, Katalyn Gönczi, Sächsisch Magdeburgisches Recht in Polen. Untersuchungen zur Geschichte des Rechts und seiner Sprache, Berlin, Boston 2011.

Bindewald, Helene, Studien zur Entstehung der Sachsenspiegelglosse. Die Reihe I (6) 7 bis 14 des Sachsenspiegel-Landrechts, Deutsches Archiv für Erforschung des Mittelalters, 15, 1959, S. 464–515.

Bischoff, Bernhard, Paläographie des römischen Altertums und des abendländischen Mittelalters (Grundlagen der Germanistik 21), Berlin 1979.

Bischoff, Karl, Die Sprache des Burger Landrechtes, in: Zeiten und Formen in Sprache und Dichtung. Festschrift für Fritz Tschirch zum 70. Geburtstag, hg. von Karl-Heinz Schirmer und Bernhard Sowinski, Köln 1972, S. 357–375.

Bischoff, Karl, Land und Leute, Haus und Hof im Sachsenspiegel, in: Jahrbuch des Vereins für Niederdeutsche Sprachforschung, 91, 1968, S. 43–68.

Bischoff, Karl, Zur Sprache des Sachsenspiegels von Eike von Repgow, in: Zeitschrift für Mundartforschung, 19, 1944, S. 1–80.

Blaese, Hermann, Die rechtliche Wirkungskraft des Sachsenspiegels im Bereich des heutigen Estlands und Lettlands, in: ZRG.GA, 62, 1942, S. 322–352.

Bucholz-Johanek, Ingeborg, Artikel ‚Johannes von Buch', in: Die deutsche Literatur des Mittelalters, Verfasser-Lexikon Bd. 4, Berlin-New York 1983, Sp. 551–559.

Bühner, Peter, Mühlhausen – die Burg, die Grafen von Gleichen und das Reichsrechtsbuch. Neue Überlegungen zur Verfassungsgeschichte Mühlhausens in der ersten Hälfte des 13. Jahrhunderts und zur Datierung des so genannten Mühlhäuser Reichsrechtsbuches, in: Zeitschrift des Vereins für Thüringische Geschichte und Alterthumskunde, 61, 2007, S. 59–98.

Burmeister, Heike Annette / Wolf, Jürgen, Marburger Fund- und Reiseberichte. Miszellen aus dem "Repertorium deutschsprachiger Handschriften des 13. Jahrhunderts", in: Zeitschrift deutsches Altertum, 127, 1998, S. 45–68 S. 52–54.

Campbell, Philipp, Die Kapitularien. Entstehung und Bedeutung, in: Funktion und Form. Quellen- und Methodenprobleme der mittelalterlichen Rechtsgeschichte, hg. von Karl Kroeschell und Albrecht Cordes (= Schriften zur Europäischen Rechts- und Verfassungsgeschichte 18) Berlin 1996, S. 23–38.

CERL Thesaurus. Das Tor zum gedruckten europäischen Kulturerbe, https://thesaurus.cerl.org/record/cnp01287985.

Classen, Peter (Hg.), Recht und Schrift im Mittelalter. (Vorträge und Forschungen XXIII), Sigmaringen 1977.

Damm, Helmut, Mundartliche Eigenarten im Sachsenspiegel, Heidelberg 1968.

Der sassen speyghel, Beiträge und Katalog zu den Ausstellungen: Bilderhandschriften des Sachsenspiegels – Niederdeutsche Sachsenspiegel und Nu vernehmet in Land und Stadt – Oldenburg. Sachsenspiegel. Stadtrecht, hg. v. Egbert Koolman, Ewald Gäßler, Friedrich Scheele. Bd. I, Oldenburg 1995.

Der sassen speyghel, Aus dem Leben gegriffen – Ein Rechtsbuch spiegelt seine Zeit, hg. v. Mamoun Fansa Bd. II, (Schriften der Landesbibliothek Oldenburg, 29), Oldenburg 1995.

Derschka, Harald, Artikel Schwabenspiegel, in: Historisches Lexikon Bayerns, http://www.historisches-lexikon-bayerns.de/artikel/artikel_45515.

Derschka, Harald, Der Schwabenspiegel. Übertragen in heutiges Deutsch, mit Illustrationen aus alten Handschriften. 2002.

Deutsches Rechtswörterbuch (DRWB), hg. von der Forschungsstelle der Heidelberger Akademie der Wissenschaften, Bd. I-XII und Bd. XIII, H. 1–3; online: http://www.rzuser.uni-heidelberg.de/~cd2/drw/.

Dilcher, Gerhard, Bürgerrecht und Stadtverfassung im europäischen Mittelalter, Köln 1996.

Dilcher, Gerhard, Mythischer Ursprung und historische Herkunft als Legitimation mittelalterlicher Rechtsaufzeichnungen zwischen Leges und Sachsenspiegel, in: Herkunft und Ursprung. Historische und mythische Formen der Legitimation. Akten des Gerda Henkel Kolloquiums 13. bis 15. Oktober1994, hg. von Peter Wunderli, Sigmaringen 1994, S. 141–155.

Dilcher, Gerhard, Mittelalterliche Rechtsgewohnheiten als methodisch-theoretisches Problem, in: G. Dilcher, H. Lück, R. Schulze, E. Wadle, J. Weitzel, U Wolter (Hgg.), Gewohnheitsrecht und Rechtsgewohnheiten im Mittelalter (Schriften zur Europäischen Rechts- und Verfassungsgeschichte 6) Berlin 1992, S. 21–65.

Dilcher, Gerhard, „Hell, verständig, für die Gegenwart sorgend und die Zukunft bedenkend." Zur Stellung und Rolle der mittelalterlichen Stadtrechte in einer europäischen Rechtsgeschichte, in: ZRG, GA 106, 1989, S. 12–45.

Dilcher, Gerhard, Art. ‚Langobardisches Recht', in: HRG Bd. II, 1. A., Berlin 1978, Sp. 1607–1618.

Dilcher, Gerhard, Art. ‚Stadtrecht', in: HRG, Bd. IV, 1. A. 1990, Sp.1872–1873, Zitat Sp. 1872.

Dilcher, Gerhard, Lück, Heiner, Schulze, Reiner, Wadle, Elmar, Weitzel, Jürgen, Wolter, Udo (Hgg.), Gewohnheitsrecht und Rechtsgewohnheiten im Mittelalter (Schriften zur Europäischen Rechts- und Verfassungsgeschichte 6) Berlin 1992.

Dittmer, Ernst, Untersuchungen zum Formelschatz der frühen deutschsprachigen Urkunden im Verhältnis zum Lateinischen: die Formel minne oder recht, in: Sprachwissenschaft 4, 1979, S. 24–52.

Dobozy, Maria, From Oral Custom to Written Law: The German Sachsenspiegel, in Oral History of the Middle Ages. The Spoken Word in Context, hg. v. G. Jaritz – M. Richter, in Medium Aevum Quotidianum, Sonderbd. 12, Krems – Budapest 2001, S. 154–163.

Dobozy, Maria, From Oral Custom to Written Law: The Sachsenspiegel, in: De consolatione philologiae: Studies in Honor of Evelyn S. Firchow, hg. v. A. Grotans u.a., Göppingen 2000, S. 31–40.

Drescher, Ulrich, Geistliche Denkformen in den Bilderhandschriften des Sachsenspiegels, in: Germanistische Arbeiten zur Sprache und Kulturgeschichte, 12, Frankfurt a. M. u.a. 1989.

Droege, Georg, Landrecht und Lehnrecht im hohen Mittelalter, Bonn 1969.

Ebel, Friedrich, Einleitung, in: Ders., Sachsenspiegel. Land- und Lehnrecht, Stuttgart 1999.

Ebel, Friedrich, Art. ‚Sachsenspiegel', in: HRG, Bd. IV,1. A., Berlin 1990, Sp. 1228–1237.

Ebel, Wilhelm, Die Alte und die Neue Soester Schrae, in: ZRG.GA, Bd. 70, H. 1, 1953, S. 105–124.

Eckhardt, Karl August, Der Deutschenspiegel, seine Entstehungsgeschichte und sein Verhältnis zum Schwabenspiegel, 1924.

Eckhardt, Karl August, Die Entstehungszeit des Mühlhäuser Reichsrechtsbuches, in: Deutsches Archiv für Erforschung des Mittelalters 15, 1959, S. 441–463.

Eckhardt, Karl-August, Rechtsbücherstudien. II. Die Entstehungszeit des Sachsenspiegels und der sächsischen Weltchronik, «Abh. Göttingen» N.F., 23/2, 1931.

Eichler, Ernst und Lück, Heiner, Rechts- und Sprachtransfer in Mittel- und Osteuropa. Sachsenspiegel und Magdeburger Recht, in: Ius Saxonico-Maideburgense in Oriente, 1, Berlin 2008.

Eichmann, Eduard, Kirchenbann und Königswahlrecht im Sachsenspiegel, Historisches Jahrbuch im Auftrag der Görres-Gesellschaft, 31, 1910, S. 323–333.

Engels, J. I., Zum historischen Wert von Bildern. Das Beispiel des Sachsenspiegels, in: Die Welfen und ihr Braunschweiger Hof im hohen Mittelalter: Vorträge gehalten anläßlich des 33. Wolfenbüttler Mittelalter-Symposiums vom 16 bis 19. Februar 1993, hg. v. B. Schneidmüller, (Wolfenbütteler Mittelalter-Studien, 7), Wiesbaden 1995, S. 153–184

Erdmann, Carl, Der Entschluß zur deutschen Abfassung des Sachsenspiegels, Deutsches Archiv für Erforschung des Mittelalters, 9, 1951/52, S. 189–192.

Erkens, Franz-Reiner, Kurfürsten und Königswahl. Zu neuen Theorien über den Königswahlparagraphen im Sachsenspiegel und die Entstehung des Kurfürstenkollegiums, (MGH Studien und Texte, 30), Hannover 2002.

Erler, Adalbert, Artikel ‚Johannes Klenkok', in: HRG, Bd. II, 1. A., Berlin 1978, Sp. 875f.

Ernst, Wilhelm, Über das Verhältnis des Vetus auctor de beneficiis zum lehnrechtlichen Theile des Sachsenspiegels, in: Neues Archiv der Gesellschaft für ältere deutsche Geschichtskunde, 26, 1901, S. 207–216.

Fehr, Hans, Fürst und Graf im Sachsenspiegel, Berichte über die Verhandlungen der (k.) Sächsischen Gesellschaft (Akademie) der Wissenschaften zu Leipzig. Philol.-hist. Klasse, 58/1, 1906.

Fentzke, B., Die Sachsenspiegel-Forschung, in: Funktion und Form. Quellen- und Methodenprobleme der mittelalterlichen Rechtsgeschichte, Karl Kroeschell, Albrecht Cordes (Hgg.), (Schriften zur europäischen Rechts- und Verfassungsgeschichte, 18, Berlin 1996), S. 117–133.

Feuring, Armin, Die Verfestung nach dem Sachsenspiegel und den Quellen des Magdeburger Rechtskreises, Bonn (Diss.) 1995.

Fischer, Hendrik, Die Bonner Handschrift des Sachsenspiegels. „Der Bladenhorster Kodex", in: Analecta Coloniensia, 4, 2004, S. 151–184.

Freise, Eckhard, Die Welfen und der Sachsenspiegel, in: Die Welfen und ihr Braunschweiger Hof im hohen Mittelalter: Vorträge gehalten anläßlich des 33. Wolfenbüttler Mittelalter-Symposiums vom 16 bis 19. Februar 1993, hg.

von Bernd Schneidmüller, (Wolfenbütteler Mittelalter-Studien, 7) Wiesbaden 1995, S. 439–482.

Frensdorff, Ferdinand, Die Rechtsbücher und die Königswahl, in: Nachrichten der Königlichen Gesellschaft der Wissenschaften zu Göttingen. Philol.-hist. Klasse, 1923, S. 65–92, 194–216.

Frensdorff, Ferdinand, Die Rechtsbücher und die Königswahl, in: Nachrichten der Königlichen Gesellschaft der Wissenschaften zu Göttingen. Philol.-hist. Klasse, 1924, S. 1–21.

Gagnér, Sten, Sachsenspiegel und Speculum ecclesiae, in: Niederdeutsche Mitteilungen. Lund, 3, 1947, S. 82–103.

Gesamtkatalog der Wiegendrucke, hg. von der Staatsbibliothek zu Berlin, Bd. VIII, Berlin 1978 - www.gesamtkatalogderwiegendrucke.de/.

Goerlitz, Theodor, Ein bisher unbekanntes Rechtsbuch als Beitrag zur Geschichte des Sachsenspiegels, in: Oberlausitzer Beiträge, Festschrift für R. Jecht, Görlitz 1938, S. 49–54.

Goetz, Hans-Werner, Gottesfriede und Gemeindebildung, in: ZRG:GA. Band 105, Heft 1, Seiten 122–144.

Gott ist selber Recht. Die vier Bilderhandschriften des Sachsenspiegels: Oldenburg, Heidelberg, Wolfenbüttel, Dresden, Hg. von der Herzog August Bibliothek in Verbindung mit Ruth Schmidt-Wiegand und Wolfgang Milde, (Ausstellungskataloge der Herzog August Bibliothek 67) Wolfenbüttel 1992, 2. verb. Aufl 1993.

Goydke, Jürgen, Spuren des Sachsenspiegels im geltenden Recht und in der Rechtsprechung des Reichsgerichts sowie des Bundesgerichtshofes, in: Der sassen speyghel: Sachsenspiegel – Recht – Alltag, Bd. 1: Ausstellung Bilderhandschriften des Sachsenspiegels – Niederdeutsche Sachsenspiegel, hg. von Egbert Koolmann, Ewald Gäßler, Friedrich Scheele, Oldenburg 1995, S. 123–139

Goydke, Jürgen, Die Oldenburger Bilderhandschrift des Sachsenspiegels aus dem Kloster Rastede, in: 175 Jahre Oberlandesgericht Oldenburg, Köln u.a. 1989, S. 597–640.

Graf, Eduard, Dietherr, Mathias (Hgg.), Deutsche Rechtssprichwörter, 2. A. 1869.

Grosse, Rudolf, Schwabenspiegelhandschriften im Sachsenspiegelland, in: Recht, Idee, Geschichte. Beiträge zur Rechts- und Ideengeschichte für Rolf Lieberwirth anläßlich seines 80. Geburtstages, Heiner Lück, Bernd Schildt (Hgg.), Köln u.a. 2000, S. 185–199.

Gutjahr, Emil A., Zur neuhochdeutschen Schriftsprache Eykes von Repgowe, Leipzig 1905.

Handschriftencensus Rheinland. Erfassung mittelalterlicher Handschriften im rheinischen Landesteil von Nordrhein-Westfalen mit einem Inventar, hg. von Günter Gattermann, bearbeitet von Heinz Finger, Marianne Riethmüller u.a., 3 Bde. (Schriften der Universitäts- und Landesbibliothek Düsseldorf 18), Bd. I, Wiesbaden 1993.

Hatfield, George B., The Bible in Mediaeval Civilization. The Saxon Code of Law in Illustration, in: Historica Judaica, 5, 1943, S. 63–72.

Hattenhauer, Hans, Europäische Rechtsgeschichte, Heidelberg 1992.

Häußermann, Sabine, Die Bamberger Pfisterdrucke. Frühe Inkunabelillustration und Medienwandel (Neue Forschungen zur deutschen Kunst 9), Berlin 2008.

Hayduk, Hanna Sofia, Rechtsidee und Bild. Zur Funktion und Ikonografie der Bilder in Rechtsbüchern vom 9. bis zum 16. Jh., Wiesbaden 2011.

Haye, Louis, Le texte n'existe pas, in: Edition et Manuscripts. Probleme der Prosaedition, hg. von Michael Werner, Winfried Woesler (Jb. Für Internationale Germanistik, Reihe A) Bern, Frankfurt a. M., New York, Paris 1987, S. 147–156.

Hennig, Beate, Zum Sachsenspiegel als Quelle im mittelhochdeutschen Wörterbuch, in: Varietäten der deutschen Sprache. Festschrift für Dieter Möhn, Frankfurt/Main u.a. 1996, S. 11–28.

Hertel, Volker, Orientierungshilfen im frühen deutschen Sachbuch – Sachsenspiegelausgaben des 15. und 16. Jahrhunderts, in: Textarten im Sprachwandel – nach der Erfindung des Buchdrucks, hg. v. R. Grosse, Heidelberg 1996, S. 171–204.

Hettlage, Karl, Die Stellung des Sachsenspiegels zum Schatzregal, zum Bergregal und zur Bergbaufreiheit, Tübingen (Diss.) 1906.

Hoek, J. B. M. van, Eike van Repgow's rechtsboek in beeld. Observaties omtrent de verluchting van de Saksenspiegel, Zutphen 1982.

Hoke, Rudolf, Artikel ‚Freher, Marquardt (1565–1614)', in: HRG, 2., völlig überarbeitete und erweiterte Auflage, Band 1, Berlin 2008, Sp. 1714–1715.

Holzhauer, Heinz, Der gerichtliche Zweikampf, in: Sprache und Recht. Beiträge zur Kulturgeschichte des Mittelalters. Festschrift für Ruth Schmidt-Wiegand, hg. v. Karl Hauck, Karl Kroeschel, Stefan Sonderegger. Dagmar Hüpper, Gabriele von Olberg, Bd. 1, Berlin 1986, S. 263–283.

Homeyer, Carl Gustav, Die deutschen Rechtsbücher des Mittelalters und ihre Handschriften. Neu bearbeitet von Conrad Borchling, Karl August Eckhardt und Julius von Gierke, Zweite Abteilung: Verzeichnis der Handschriften, bearbeitet von Conrad Borchling und Julius von Gierke, 2 Bde. Weimar 1931 und 1934.

Homeyer, Carl Gustav, Über die Formel "der Minne und des Rechts eines Andern mächtig sein", in: Abhandlungen der Königlichen Akademie der Wissenschaften zu Berlin. 1866, Berlin 1867, S. 29–56.

Homeyer, Carl Gustav, Die Genealogie der Handschriften des Sachsenspiegel (Abh. D. K. Akad. D. Wiss. Zu Berlin) Berlin 1859.

Homeyer, Carl Gustav (Hg.), Der Richtsteig Landrechts nebst Cautela und Premis, Berlin 1857.

Hugelmann, Karl Gottfried, In den ban mit rechte komen (Ssp. Landr. III 54 § 3), in: ZRG:KA 7, 1917, S. 33–97.

Hüpper, Dagmar, Funktionstypen der Bilder in den Codices picturati des Sachsenspiegels, in: Pragmatische Dimensionen mittelalterlicher Schriftkultur. Akten des Internationalen Kolloquiums 26.–29. Mai 1999, hg. von Christel Meier, Volker Honemann, Hagen Keller, Rudolf Suntrup, München 2002, S. 121–134 und Abb. 1–20, S. 231–249.

Hüpper, Dagmar, Illustrated Manuscripts of the Sachsenspiegel, Jahrbuch der Oswald von Wolkenstein-Gesellschaft, 11, 1999, S. 113–142.

Hüpper, Dagmar, Funktionstypen der Bilder in den Codices picturati des Sachsenspiegels, in: Pragmatische Schriftlichkeit im Mittelalter. Erscheinungsformen und Entwicklungsstufen, hg. v. H. Keller – K. Grubmüller – N. Staubach, in: Münstersche Mittelalter-Schriften, 65, München 1992, S. 231–250.

Hüpper, Dagmar, Auftraggeber, Schreiber und Besitzer von Sachsenspiegel-Handschriften, in: Der Sachsenspiegel als Buch, hg. von Dagmar Hüpper und Ruth Schmidt Wiegand (Germanistische Arbeiten zur Sprache und Kulturgeschichte, 1) Frankfurt/Main u.a. 1991, S. 57–104.

Hüpper-Dröge, Dagmar, Der gerichtliche Zweikampf im Spiegel der Bezeichnungen für ‚Kampf' und Kämpfer', ‚Waffen', in: Frühmittelalterliche Studien 18, 1984, S. 601–661.

Hüpper, Dagmar, Die Bildersprache. Zur Funktion der Illustration, in: Ruth Schmidt-Wiegand (Hg.), Die Wolfenbütteler Bilderhandschrift des Sachsenspiegels und ihr Verhältnis zum Text Eikes von Repgow, Wolfenbüttel 1983, S. 143–162.

Ignor, Alexander, Über das allgemeine Rechtsdenken Eikes von Repgow, in Rechts- und staatswissenschaftliche Veröffentlichungen der Görres-Gesellschaft, N.F., 42, Paderborn u.a. 1984.

Ignor, Alexander, Über das allgemeine Rechtsdenken Eikes von Repgow, Paderborn 1984.

Isenmann, Eberhard, Die deutsche Stadt im Spätmittelalter. 1250–1500. Stadtgestalt, Recht, Stadtregiment, Kirche, Gesellschaft, Wirtschaft, Stuttgart 1988.

Ishikawa, Takeshi, Auctor vetus de beneficiis und Sachsenspiegel. Zur Entstehung des Sachsenspiegels, Hoseishi Kenkyu – Legal History Review, 52, 2002, S. 1–46.

Ishikawa, Takeshi, Die innere Struktur des mittelalterlichen Rechts. Das Beispiel des Sachsenspiegels, in: Funktion und Form. Quellen- und Methodenprobleme der mittelalterlichen Rechtsgeschichte, Karl Kroeschell – Albrecht Cordes (Hgg.), (Schriften zur europäischen Rechts- und Verfassungsgeschichte, 18), Berlin 1996, S. 135–152.

Janicka, Danuta, Zur Topographie der Städte des Magdeburger Rechts in Polen, in: Heiner Lück, Matthias Puhle, Andreas Ranft (Hgg.), Grundlagen für ein neues Europa. Das Magdeburger und Lübecker Recht in Spätmittelalter und Früher Neuzeit (Quellen und Forschungen zur Geschichte Sachsen-Anhalts, Bd. 6), Köln, Weimar, Wien 2009, S. 67–82.

Janz, Brigitte, Artikel ‚Nikolaus Wurm', in: HRG Bd. V, 1. A. Berlin 1998, Sp. 1546–1548.

Janz, Brigitte, „Dan nach Sprichwörtern pflegen die Bauern gerne zu sprechen." Überlegungen zur Rolle von Rechtssprichwörtern im spätmittelalterlichen Gerichtsverfahren, in: Proverbium 9, 1992, S. 81–106.

Janz, Brigitte, Auf den Spuren Eikes von Repgow. Ein Beitrag zur Erforschung von Rechtswirklichkeit und Sachsenspiegel-Rezeption, Forschungen zur Rechtsarchäologie und Rechtlichen Volkskunde, 14, 1992, S. 25–56.

Janz, Brigitte, Auf den Spuren Eikes von Repgow. Ein Beitrag zur Erforschung von Rechtswirklichkeit und Sachsenspiegel-Rezeption, in: Louis Carlen, Forschungen zur Rechtsarchäologie und rechtlichen Volkskunde, Bd. 14, Zürich 1992, S. 25–56.

Janz, Brigitte, „Wir sezzen unde gebiten …". Der Mainzer Reichslandfrieden in den Bilderhandschriften des Sachsenspiegels, in: Beiträge zur Geschichte der deutschen Sprache und Literatur (Halle), 112, 1990, S. 242–266.

Janz, Brigitte, Rechtssprichwörter im Sachsenspiegel. Eine Untersuchung zur Text-Bild-Relation in den Codices picturati (GASK 13) Frankfurt a. M., Bern, New York, Paris 1989.

Johanek, Peter, Artikel ‚Rechtsbücher', in: Lexikon des Mittelalters, Bd. VII. München und Zürich 1995. S. 519–521

Johanek, Peter, Artikel ‚Schwabenspiegel', in: Die deutsche Literatur des Mittelalters. Verfasserlexikon, Bd. VIII, Berlin, New York 1992, S. 896–907.

Johanek, Peter, Artikel ‚Spiegel aller deutschen Leute', in: Die deutsche Literatur des Mittelalters. Verfasserlexikon, Bd. IX, Berlin, New York 1995, S. 94–100.

Johanek, Peter, Rechtsschrifttum, in: Geschichte der deutschen Literatur von den Anfängen bis zur Gegenwart, I. Glier (Hg.), München 1987, S. 396–431, 506–515.

Johanek, Peter, Eike von Repgow, Hoyer von Falkenstein und die Entstehung des Sachsenspiegels, in: Civitatum communitas. Studien zum europäischen Städtewesen. Festschrift Heinz Stoob zum 65. Geburtstag, H. Jäger u.a. (Hgg.), Köln – Wien 1984, S. 716–755; erneut in P. Johanek, Was weiter wirkt. Recht und Geschichte in Überlieferung und Schriftkultur des Mittelalters, A. Sander-Berke – B. Studt (Hgg.), Münster 1997, S. 103–142.

Juranek, Christian (Hg.), 775 Jahre Stadtrecht Werningerode (Harz Zeitschrift 56), Berlin 2004.

Kannowski, Bernd, Dusil, Stephan, Der Hallensische Schöffenbrief für Neumarkt von 1235 und der Sachsenspiegel, in: ZRG.GA, 120, 2003, S. 61–90.

Kannowski, Bernd, Kaufmann, Frank-Michael, De glosen les mit vlite. Über neu aufgefundene Rechtsbücherfragmente aus Kopenhagen, in: ZRG.GA, 124, 2007, S. 82–119.

Kannowski, Bernd, Der Sachsenspiegel und die Buch'sche Glosse – Begegnung deutschrechtlichen und romanistischen Denkens?, in: Leges – Gentes – Regna. Zur Rolle von germanischen Rechtsgewohnheiten und lateinischer Schrifttradition bei der Ausbildung der frühmittelalterlichen Rechtskultur, hg. v. G. Dilcher – E.-M. Distler, Berlin 2006, S. 503–521.

Kannowski, Bernd, Die Umgestaltung des Sachsenspiegelrechts durch die Buch'sche Glosse, MGH Schriften, 56, Hannover 2007.

Karpavičilené, Jolanta, Das Magdeburgische Recht in den Kleinstädten Litauens, in: Heiner Lück, Matthias Puhle, Andreas Ranft (Hgg.), Grundlagen für ein neues Europa. Das Magdeburger und Lübecker Recht in Spätmittelalter und Früher Neuzeit (Quellen und Forschungen zur Geschichte Sachsen-Anhalts, Bd. 6), Köln, Weimar, Wien 2009, S. 83–116.

Kaufmann, Frank-Michael, Die Glossen zum Sachsenspiegel-Lehnrecht – Handschriftliche Überlieferung, Textstufen, Verfasserfragen, in: ZRG.GA, 123, 2006, S. 284–290.

Kaufmann, Frank-Michael, Glossen zum Sachsenspiegel-Lehnrecht. Die kürzere Glosse, (MGH Font. iur. Germ. N.S.) 8, 2006.

Kaufmann, Frank-Michael, Glossen zum Sachsenspiegel-Landrecht. Buch'sche Glosse, (MGH Font. iur. Germ. N.S., 7/3, 2002), S. 1523–1551.

Kaufmann, Frank-Michael, Zu zwei neu gefundenen Handschriftenfragmenten der Sachsenspiegelglosse, in: Deutsches Archiv für Erforschung des Mittelalters, 55, 1999, S. 199–204.

Keller, Sigmund, Der Beweis der Notwehr. Eine rechtshistorische Studie aus dem Sachsenspiegel, Breslau 1904 (Neudruck Frankfurt/Main 1977).

Kiefner, Hans, Art. ‚Rezeption (privatrechtlich)', in: HRG, 1. A.,Bd. IV, Berlin 1990, Sp. 970–984.

Kiesel, Karl, Die Bedeutung der Gewere des Mannes am Frauengut für das Ehegüterrechtssystem des Sachsenspiegels, in: Untersuchungen zur deutschen Staats- und Rechts-Geschichte, 85, Breslau 1906.

Kisch, Guido, Biblische Einflüsse in der Reimvorrede des Sachsenspiegels, Publications of the Modern Language Association of America, 54, 1939, S. 20–36.

Kisch, Guido, Sachsenspiegel-Bibliographie, in: ZRG.GA, 90, 1973, S. 73–100 erneut in: Guido Kisch, Ausgewählte Schriften, III, Sigmaringen 1980, S. 82–109.

Kisch, Guido, Studien zur Geschichte des Judeneides im Mittelalter, in: Guido Kisch, Ausgewählte Schriften, I, Sigmaringen 1980, S. 137–184.

Klebel, Ernst, Studien zu den Fassungen und Handschriften des Schwabenspiegels, in: Mitteilungen des Instituts für Österreichische Geschichtsforschung 44, 1930, S. 129–264.

Koch, Wolfgang, Zum Stemma der Handschriften des Kleinen Kaiserrechts, (Rechtsbücherstudien, Bd. 2, hg. von Gunter Gudian) Aalen 1988.

Kocher, Gernot, Europäische Dimensionen des prozeßrechtsgeschichtlichen Bildes, in: Wirkungen europäischer Rechtskultur. Festschrift für Karl Kroeschell zum 70. Geburtstag, hg. v. G. Köbler – H. Nehlsen, München 1997, S. 533–544.

Kolmer, Lothar, Promissorische Eide im Mittelalter (Regensburger Historische Forschungen 12) Kallmünz 1989.

Könnecke, Gustav, Bilderatlas zur Geschichte der deutschen Nationalliteratur, Zweite verbesserte und vermehrte Auflage, Marburg 1895 [auch 1912], S. 82.

Koschorreck, Walter, Eine Bilderhandschrift des Sachsenspiegels. Über Cpg 164 der Heidelberger Universitätsbibliothek, in: Heidelberger Jahrbücher, 15, 1971, S. 57–72.

Kötzschke, Rudolf, Die Heimat der mitteldeutschen Bilderhandschriften des Sachsenspiegels, Berichte über die Verhandlungen der (k.) Sächsischen Gesellschaft (Akademie) der Wissenschaften zu Leipzig. Philol.-hist. Klasse, 95/2, 1943.

Krause, Hermann, Gerhard Köbler, Art. ‚Gewohnheitsrecht', in: HRG, 9. Lfg., 2. völlig neu bearbeitete Aufl., hg. von Albrecht Cordes, Heiner Lück, Dieter

Werkmüller und Christa Bertelsmeier-Kierst als philologischer Beraterin, Redaktion: Falk Hess und Andreas Karg, Berlin 2012, Sp. 364–375.

Kristeva, Julia, Le texte clos, in: dies., Sémiotiké – recherches pour une sémeanalyse, Paris 1969, S. 113–142; dt.: dies., Der geschlossene Text, in: Peter Zima (Hg.), Textsemiotik als Ideologiekritik, Frankfurt a. M. 1877, S. 194–228.

Kroeschell, Karl, Von der Gewohnheit zum Recht. Der Sachsenspiegel im späten Mittelalter, in: Recht und Verfassung im Übergang vom Mittelalter zur Neuzeit, I, H. Boockmann u.a. (Hgg.), Abh. Göttingen Ser. III, 228, 1998, S. 68–92.

Kroeschell, Karl, Studien zum frühen und mittelalterlichen deutschen Recht, (Freiburger Rechtsgeschichtliche Abhandlungen, N.F. 20), Berlin 1995.

Kroeschell, Karl, Artikel ‚Rechtsspiegel', in: Lexikon des Mittelalters, Bd. VII. München und Zürich 1995, Sp. 521.

Kroeschell, Karl, Stadtrecht und Landrecht im mittelalterlichen Sachsen, in: Der Sassen speyghel: Sachsenspiegel – Recht – Alltag, Bd. 1, Ausstellung Bilderhandschriften des Sachsenspiegels – Niederdeutsche Sachsenspiegel, Oldenburg 1995, S. 17–32.

Kroeschell, Karl, Deutsche Rechtsgeschichte I (bis 1250), 10. A. Opladen 1992.

Kroeschell, Karl, Der Sachsenspiegel in neuem Licht, in: H. Mohnhaupt (Hg.), Rechtsgeschichte in den beiden deutschen Staaten (1988–1990). Beispiele, Parallelen, Positionen, Frankfurt/Main 1991, S. 232–244; erneut in: K. Kroeschell, Studien zum frühen und mittelalterlichen deutschen Recht, Berlin 1995, S. 457–469.

Kroeschell, Karl, Rechtsaufzeichnung und Rechtswirklichkeit. Das Beispiel des Sachsenspiegels, in: Recht und Schrift im Mittelalter, Peter Classen (Hg.) (Vorträge und Forschungen XXII) Sigmaringen 1977, S. 349–380; erneut in: K. Kroeschell, Studien zum frühen und mittelalterlichen deutschen Recht, Berlin 1995, S. 419–456.

Kühnel, Jürgen, Der „offene" Text. Beitrag zur Überlieferungsgeschichte volkssprachiger Texte des Mittelalters, in: Leonard Forster, Hans- Gert Roloff (Hgg.), Akten des V. Internationalen Germanisten-Kongresses Cambridge 1975, Bern, Frankfurt 1976, H. 2, S. 311–321.

Kümper, Hiram, Miniaturen und Bilder in Sachsenspiegelhandschriften abseits der codices picturati, in: Concilium medii aevi 9, 2006, S. 103–140.

Kümper, Hiram, Sachsenspiegel. Eine Bibliographie – mit einer Einleitung zu Überlieferung, Wirkung und Forschung, Nordhausen 2004.

Künßberg, Eberhard Freiherr von (Hg.), Der Sachsenspiegel. Bilder aus der Heidelberger Handschrift, Leipzig 1934.

Lade-Messerschmidt, Ulrike, Die articuli reprobati des Sachsenspiegels. Zur Rezeption eines Rechtstextes, in: Der Sachsenspiegel als Buch, hg. von Ruth

Schmidt-Wiegand und Dagmar Hüpper (Germanistische Arbeiten zu Sprache und Kulturgeschichte 1) Frankfurt a. M., Bern, New York, Paris 1991, S. 169–217.

Landau, Peter, Eike von Repgow und die Königswahl im Sachsenspiegel, in: ZRG.GA, 125, 2008, S. 18–49.

Landau, Peter, Der Entstehungsort des Sachsenspiegels. Eike von Repgow, Altzelle und die anglo-normannische Kanonistik, Deutsches Archiv für Erforschung des Mittelalters, 61, 2005, S. 73–101.

Landau, Peter, Eike von Repgow, Altzelle und die anglo-normannische Kanonistik, in: Deutsches Archiv für die Erforschung des Mittelalters 61, 2005/2006, S. 73–101.

Landau, Peter, Wo entstand der Sachsenspiegel? Auf der Suche nach Eike von Repgow, in: Jahrbuch des Vereins für Niederdeutsche Sprachforschung, 128, 2005, S. 175–177.

Lange, Herrmann, Kriechbaum, Maximiliane, Römisches Recht im Mittelalter, Bd. II, München 2007.

Lange, Herrmann, Römisches Recht im Mittelalter, Bd. I, München 1997.

Laufs, Adolf, Rechtsentwicklungen in Deutschland, Berlin – New York 1973, S. 1–27; 6. Aufl. S. 1–33, 2006.

Leesment, Leo, Abweichungen des Livländischen Rechtsspiegels vom Sachsenspiegel, in: Commentationes Litterarum Societas Esthonica, 30/1, 1938, S. 348–358.

Lehmann, Paul, Mittelalterliche Büchertitel, in: Erforschung des Mittelalters. Ausgewählte Abhandlungen und Aufsätze 5, Stuttgart 1962, S. 1–93.

Leppin, Hartmut, Untersuchungen zum Leihezwang, ZRG.GA, 105, 1988, S. 239–252.

Letts, Malcom, The Sachsenspiegel and its Illustrators, Law Quarterly Review, 196, 1933, S. 555–574.

Lieberwirth, Rolf, Artikel 'Eike von Repgow (um 1180-nach1233)', in: HRG, I, 2. Aufl., Berlin 2008, Sp. 1288–1292.

Lieberwirth, Rolf, Die Monumenta Germaniae Historica und die Glossen zum Sachsenspiegel, in: ZRG.GA, 119, 2002, S. 316–325.

Lieberwirth, Rolf, Die Markgrafschaft Meißen und der Sachsenspiegel, in: Rechtsbücher und Rechtsordnungen in Mittelalter und früher Neuzeit, in: Sächsische Justizgeschichte. Schriftenreihe des Sächischen Staatsministeriums der Justiz, 9, Dresden 1999, S. 12–32.

Lieberwirth, Rolf, Die geplante Edition von Sachsenspiegel-Glossen, in: Festschrift für Wolfgang Zöllner zum 70. Geburtstag, hg. v. M. Lieb, Köln u.a. 1998, S. 105–124.

Lieberwirth, Rolf, Der Oschatzer Sachsenspiegel, in: Rolf Lieberwirth, Rechtshistorische Schriften, hg. v. H. Lück, Weimar – Köln – Wien 1997, S. 381–394.

Lieberwirth, Rolf, Die Wirkungsgeschichte des Sachsenspiegels, in: Die Wolfenbütteler Bilderhandschrift des Sachsenspiegels, hg. v. R. Schmidt-Wiegand, 2 voll., Berlin 1993 Kommentarband, S. 63–86, erneut in: R. Lieberwirth, Rechtshistorische Schriften, H. Lück (Hg.), Weimar – Köln – Wien 1997, S. 427–468.

Lieberwirth, Rolf, Das Stadtrecht von Kleve und der Sachsenspiegel, in: Der Oberhof Kleve und seine Schöffensprüche. Untersuchungen zum Klever Stadtrecht, B. Diestelkamp/ K. Flink (Hgg.), Kleve 1994, S. 73–86 erneut in: R. Lieberwirth, Rechtshistorische Schriften, H. Lück (Hg.), Weimar – Köln – Wien 1997, S. 477–490.

Lieberwirth, Rolf, Zu zwei Sonderformen des Sachsenspiegels, in: Vom mittelalterlichen Recht zur neuzeitlichen Rechtswissenschaft. Bedingungen, Wege und Probleme der europäischen Rechtsgeschichte, D. Willoweit u.a. (Hgg.), (Rechts- und Staatswissenschaftliche Veröffentlichungen der Görres-Gesellschaft, N.F. 72), Paderborn u.a. 1994, S. 129–134; erneuet in: R. Lieberwirth, Rechtshistorische Schriften, hg. v. H. Lück, Weimar – Köln – Wien 1997, S. 469–476.

Lieberwirth, Rolf, Entstehung des Sachsenspiegels und Landesgeschichte, in: Die Wolfenbütteler Bilderhandschrift des Sachsenspiegels, Aufsätze und Untersuchungen. Kommentarband zur Faksimile-Ausgabe, hg. von Ruth Schmidt-Wiegand, Berlin 1993, S. 43–61; Neudruck: Rolf Lieberwirth. Rechtshistorische Schriften, hg. von Heiner Lück, Köln, Weimar, Wien 1997, S. 395–425.

Lieberwirth, Rolf, Eike von Repchow und die Stadt Halle, in: Wege europäischer Rechtsgeschichte. Karl Kroeschell zum 60. Geburtstag, G. Köbler (Hg.), (Rechtshistorische Reihe, 60), Frankfurt a. M. u.a. 1987, S. 272–280 erneut in: R. Lieberwirth, Rechtshistorische Schriften, hg. v. H. Lück, Weimar – Köln – Wien 1997, S. 371–380.

Lieberwirth, Rolf, Artikel ‚Eike von Repgow', in: Lexikon des Mittelalters, Bd. 7, Stuttgart 1995, Sp. 1240–1242.

Lieberwirth, Rolf, Die Wirkungsgeschichte des Sachsenspiegels, in: Ruth Schmidt-Wiegand (Hg.), Die Wolfenbütteler Handschrift des Sachsenspiegels, Aufsätze und Untersuchungen, Berlin 1993, S. 63–68.

Lieberwirth, Rolf, Über die Glosse zum Sachsenspiegel, in: Sitzungsberichte Leipzig, 132/6, 1993, S. 1–16.

Lieberwirth, Rolf, Die Sachsenspiegelvorrede *von der herren geburt*, in: Ruth Schmidt-Wiegand, Dagmar Hüpper, Der Sachsenspiegel als Buch (Germanistische Arbeiten zu Sprache und Kulturgeschichte 1), Frankfurt am Main 1991, S. 1–18.

Lieberwirth, Rolf, Eike von Repgow und der Sachsenspiegel (Sbb. der Sächs. Akademie der Wiss. Zu Leipzig, Phil.-Hist. Kl., Bd. 12,4) Berlin 1982.

Lieberwirth, Rolf, Eike von Repchow und sein Sachsenspiegel. Entstehung, Inhalt, Bedeutung, Köthen 1980.

Lieberwirth, Rolf und Kaufmann, Frank-Michael, Einleitung in: Glossen zum Sachsenspiegel Landrecht. Buch'sche Glosse, T. 1, hg. von Frank-Michael Kaufmann (Monumenta Germaniae Historica. Fontes iuris Germanici antiqui. Nova Series. 7) Hannover 2002, S. XVII-LXXII.

Longchamps, Nigel de, Speculum stultorum, ed. by J. H. Mozley and R. R. Raymo, Berkley, Los Angeles 1960.

Ludovici, C. G., Großes Universallexikon aller Wissenschaften und Künste, Neudruck Graz 1961–1964, Sp. 475.

Lück, Heiner, Der Sachsenspiegel. Das berühmteste deutsche Rechtsbuch des Mittelalters, Darmstadt 2017.

Lück, Heiner, Artikel: Gerüfte, in: HRG, Bd. II, 2. Auflage, 2012, Sp.259–264.

Lück, Heiner, Kohärenzen, Parallelen, Divergenzen. Sachsenspiegel und Schwabenspiegel im Vergleich, in: Acta Universitatis Szegediensis. Acta iuridica et politica, 71/1–17, Szeged 2008, S. 579–596.

Lück, Heiner, Inszenierung unter dem Hakenkreuz: Die Eike-von-Repgow-Feier auf Burg Falkenstein am 29. Oktober 1933, in: Burg Falkenstein, hg. von Bohe E. Hans Schmuhl, in Verbindung mit Konrad Breitenborn (Schriftenreihe der Stiftung Dome und Schlösser in Sachsen-Anhalt 4), Dößel 2006, S. 201–224.

Lück, Heiner, Über den Sachsenspiegel. Entstehung, Inhalt und Wirkung des Rechtsbuches. Mit einem Beitrag zu den Grafen von Falkenstein im Mittelalter von Joachim Schymalla (Veröffentlichungen der Stiftung Dome und Schlösser in Sachsen-Anhalt, Heft 1), 2. Aufl., Halle an der Saale 2005.

Lück, Heiner, Eike von Repgow und Gott, in: Mitteilungen des Vereins für Anhaltische Landeskunde 12 (2003), S. 13–24.

Lück, Heiner, Über den Sachsenspiegel. Entstehung, Inhalt und Wirkung des Rechtsbuches. Mit einem Beitrag zu den Grafen von Falkenstein im Mittelalter von Joachim Schamalla, Halle 1999.

Lück, Heiner, Sachsenspiegel und Magdeburger Recht. Europäische Dimensionen zweier mitteldeutscher Rechtsquellen, Hamburg 1998.

Lück, Heiner, Der Rechtshistoriker Guido Kisch (1889–1985) und sein Beitrag zur Sachsenspiegelforschung, in: Hallesche Rechtsgelehrte jüdischer Herkunft, hg. v. W. Pauly, Köln u.a. 1996, S. 53–66, 93–116.

Mascheck, Walter, Zur Syntax der Bedingungssätze im Landrecht des Sachsenspiegels, Leipzig (Diss.) 1913.

Maurer, Hartmut, Allgemeines Verwaltungsrecht, 18. Überarb. Und ergänzte Auflage München 2011.

Mentz, Ferdinand, Zum Sachsenspiegel I, Art. 4, in: Zeitschrift für deutsche Philologie, 54, 1929, S. 272–277.

Mess, Friedrich, Wartburgkrieg und Sachsenspiegel, in: ZRG.GA, 74, 1957, S. 241–256.

Meyer, Herbert, Das Mühlhäuser Reichsrechtsbuch und die deutsche Stadtrechtsgeschichte, in: Hansische Geschichtsblätter, 59, 1934, S. 3–27.

Meyer, Tim, Gefahr vor Gericht. Die Formenstrenge im sächsisch-magdeburgischen Gericht, Köln, Weimar, Wien 2009.

Michael, Bernd, Deutsche Rechtshandschriften. Anmerkungen zur Verschriftlichung des Rechts, in: Peter Jörg Becker, Eef Overgaauw (Hgg.) Aderlass und Seelentrost. Die Überlieferung deutscher Texte im Spiegel Berliner Handschriften und Inkunabeln. 2003, S. 292–337

Mittler, Elmar und Wilfried Werner, Mit der Zeit. Die Kurfürsten von der Pfalz und die Heidelberger Handschriften der Bibliotheca Palatina, Wiesbaden 1986, S. 62f. (Nr. 4).

Moeller, Richard, Noch einmal der Vetus Auctor de beneficiis und der Sachsenspiegel, in: ZRG.GA, 38, 1917, S. 309–321.

Mohr, Georg, Zum Begriff der Rechtskultur, in: Werner Goldschmidt (Hg.), Kulturen des Rechts (Hamburg 1998, S. 9–29.

Molitor, Erich, Der Gedankengang des Sachsenspiegels. Beiträge zu seiner Entstehung, in: ZRG.GA, 65, 1947, S. 15–69.

Möllenberg, Walter, Eike von Repgow. Ein Versuch, in: Historische Zeitschrift, 117, 1917, S. 387–412.

Moraw, Peter, Gesammelte Beiträge zur deutschen und europäischen Universitätsgeschichte. Strukturen – Personen – Entwicklungen, Leiden 2008.

Müller, Klaus-Peter, Ältere Sachsenspiegel-Drucke in der Landesbibliothek Oldenburg – ein Bestand und seine Entstehung, in: Der Sassen speyghel: Sachsenspiegel – Recht – Alltag, Bd. 1, Ausstellung Bilderhandschriften des Sachsenspiegels – Niederdeutsche Sachsenspiegel, Oldenburg 1995, S. 47–62.

Munzel-Everling, Dietlinde, Rechtsvisualisierung in den Bilderhandschriften des Sachsenspiegels, 29.11.2016 http://www.munzel-everling.de/download/munzel_rechtsvisualisierung.pdf.

Munzel-Everling, Dietlinde, Die Besonderheiten der Heidelberger Bilderhandschrift des Sachsenspiegels, in: Signa iuris 11 (2013), S. 267–309 (mit zahlreichen Abb.).

Munzel-Everling, Dietlinde, Der Sachsenspiegel. Die Heidelberger Bilderhandschrift. Faksimile, Transkription, Übersetzung, Bildbeschreibung. Interaktive CD-ROM PC/MAC, Heidelberg 2009.

Munzel-Everding, Dietlinde, Das kleine Kaiserrecht. Eine Einführung, Wiesbaden 2008.

Munzel-Everding, Dietlinde, Rechtsvisualisierung in den Bilderhandschriften des Sachsenspiegels. Erweiterte Fassung des Vortrags beim Internationalen Rechts-Informatik Symposion (IRIS) 2006 in Wien, http://www.munzel-everling.de/download/munzel_rechtsvisualisierung.pdf.

Munzel-Everling, Dietlinde, Sachsenspiegel, Kaiserrecht, König Karls Recht? in: Alles was Recht war, Festschrift für Ruth Schmidt-Wiegand zum 70. Geburtstag, hrsg. von Hans Höfinghoff, Werner Peters, Wolfgang Schild und Timothy Sodmann, 1996, S. 97–111.

Munzel-Everling, Dietlinde, Artikel ‚Rechtsbücher', in: HRG, Bd. IV, Berlin 1990, Sp. 277–282.

Munzel-Everling, Dietlinde, Die Innsbrucker Handschrift des Kleinen Kaiserrechtes. Eine Untersuchung ihrer Verwandtschaft mit der Eschweger und der Kreuznacher Handschrift sowie der Auswertung der in ihr verzeichneten Notizen über Rechtsgewohnheiten zu Mainz, Frankfurt und Ingelheim, Aalen 1974 (Rechtsbücherstudien, Bd. 1, hg. von Gunter Gudian).

Naß, Klaus, Die Wappen in den Bilderhandschriften des Sachsenspiegels. Zu Herkunft und Alter der Codices picturati, in: Text-Bild-Interpretation. Untersuchungen zu den Bilderhandschriften des Sachsenspiegels, hg. von Ruth Schmidt-Wiegand (Münstersche Mittelalter Schriften 55/I+II), München 1986, I. Textbd. S. 229–270, II. Tafelbd. Abb. 1a-4, Tafel CLVI-CLVIII.

Nehlsen-von Stryk, Karin, Prozessuales und materielles Rechtsdenken im Sachsenspiegel, in: Festschrift für Sten Gagnér, hg. v. M. Kriechbaum, Ebelsbach 1996, S. 33–71 auch elektronisch http://www.freidok.uni-freiburg.de/volltexte/2298/.

Nowak, Elisabeth, Die Verbreitung und Anwendung des Sachsenspiegels, Hamburg (Diss.) 1965.

Olberg-Haverkate, Gabriele von, Artikel ‚Leges barbarorum', in: HRG, Lfg. 19, 2. A., Berlin 2012, Sp. 690–692.

Olberg-Haverkate, Gabriele von, Zeitbilder – Weltbilder. Volkssprachige Universalchronistik als Instrument kollektiver Memoria. Eine textlinguistische und kulturwissenschaftliche Untersuchung, Berlin 2008 (= Berliner Sprachwissenschaftliche Studien, hg. von Franz Simmler, Bd. 12).

Olberg-Haverkate, Gabriele von, Die Bezeichnungen für soziale Stände und Gruppen in den Leges barbarorum. Die volkssprachigen Wörter der Leges barbarorum, Teil 2 hg. v. Ruth Schmidt-Wiegand (= Arbeiten zur Frühmittelalterforschung, Bd. 11) Berlin, New York 1991.

Online-Katalog der Deutschen Nationalbibliothek, https://portal.dnb.de/opac.htm?method=simpleSearch&cqlMode=true&query=idn%3D1012026264.

Oppitz, Ulrich-Dieter, Ergänzungen zu „Deutsche Rechtsbücher des Mittelalters und ihre Handschriften", in: ZRG, GA 128 (2011), S. 440–454.

Oppitz, Ulrich-Dieter, Artikel ‚Auctor vetus de beneficiis', in: HRG, Bd. I, 2. A., Berlin 2008, Sp. 326–327.

Oppitz, Ulrich-Dieter, Ergänzungen zu „Deutsche Rechtsbücher des Mittelalters", in: ZRG. GA, 117 (2000), S. 649–651.

Oppitz, Ulrich-Dieter, Ergänzungen zu „Deutsche Rechtsbücher des Mittelalters", in: ZRG.GA 113 [126] (1996), S. 345–361.

Oppitz, Ulrich-Dieter, Deutsche Rechtsbücher des Mittelalters, Band I: Beschreibung der Rechtsbücher, Köln, Wien 1990.

Oppitz, Ulrich-Dieter, Deutsche Rechtsbücher des Mittelalters, Bd. II: Beschreibung der Handschriften, Köln/Wien 1990.

Oppitz, Ulrich-Dieter, Deutsche Rechtsbücher des Mittelalters, Bd. III/1 und 2: Abbildungen der Fragmente, Köln/Wien 1992.

Ott, Norbert H., Nonverbale Kommentare. Zur Kommentarfunktion von Illustrationen in mittelalterlichen Handschriften, in: Schrift – Text – Edition. Hans Walter Gabler zum 65. Geburtstag, hg. v. C. Henkes u.a., Tübingen 2003, S. 113–123.

Ott, Norbert H., Rechtsikonographie zwischen Mündlichkeit und Schriftlichkeit. Der ‚Sachsenspiegel' im Kontext deutschsprachiger illustrierter Handschriften, in: Ruth Schmidt-Wiegand (Hg.), Die Wolfenbütteler Bilderhandschrift des Sachsenspiegels,1993, S. 119–142.

Ott, Norbert H., Vorläufige Bemerkungen zur ‚Sachsenspiegel-Ikonographie', in: Ruth Schmidt-Wiegand (Hg.), Text-Bild-Interpretation. Untersuchungen zu den Bilderhandschriften des Sachsenspiegels. I. Textband, München 1986, S. 33–43.

Ott, Norbert H., Titelminiaturen als Besitzerhinweise. Zu zwei Lüneburger Rechtsspiegel-Handschriften des frühen 15. Jahrhunderts, in: Exlibriskunst und Graphik. Jahrbuch der Deutschen Exlibris-Gesellschaft 1980, S. 1–10.

Päsler, Ralf G., Die Oldenburger Bilderhandschrift des 'Sachsenspiegels' als Medienprojekt des Oldenburger Grafenhauses, in: Zeitschrift für deutsches Altertum, 138, 2009, S. 468–484.

Patze, Hans, Stadtgründung und Stadtrecht, in: P. Classen (Hg.), Recht und Schrift im Mittelalter, Sigmaringen 1977, S. 163–196.

Patze, Hans, Zum ältesten Rechtsbuch der Reichsstadt Mühlhausen/Th. aus dem Anfang des 13. Jahrhunderts, Jahrbuch für die Geschichte Mittel- und Ostdeutschlands, 9/10, 1961, S. 59–126.

Patze, Hans, Zum ältesten Rechtsbuch der Stadt Mühlhausen/Th. Aus dem Anfang des 13. Jahrhunderts, in: Jahrbuch für die Geschichte Mittel- und Ostdeutschlands 9/10 (1961), S. 59–126.

Patze, Hans, Recht und Verfassung thüringischer Städte, Weimar 1955.

Paul, Hermann, Thomas Klein, Hans Joachim Solms, Klaus Peter Wegera, Mittelhochdeutsche Grammatik, mit einer Syntax von Ingeborg Schröbler, neubearbeitet und erweitert von Heiz-Peter Prell, 25. A. Tübingen 2007.

Peters, Werner, Die Edition des „Kalkarer Sachsenspiegels" als Aufgabe niederdeutscher Rechtsgeschichte, in: Rolande, Kaiser und Recht. Zur Rechtsgeschichte des Harzraums und seiner Umgebung, Berlin 1999, S. 242–250.

Philippi, F., Ist der Sachsenspiegel ursprünglich in lateinischer Sprache verfasst?, Mitteilungen des Instituts für österreichische Geschichtsforschung, 30, 1909, S. 401–411.

Piirainen, Ilpo Tapani, Der Sachsenspiegel von Conrad von Oppeln und Rechtshandschriften in Breslau, in: Gerhart Kosellek (Hg.), Die Anfänge des Schrifttums in Oberschlesien bis zum Frühhumanismus, Frankfurt am Main 1997, S. 237–250.

Piirainen, Iilpo Tapani und Wasser, Winfried,(Hgg.), Der Sachsenspiegel aus Oppeln und Krakau, (Schriften der Stiftung Haus Oberschlesien, Landeskundliche Reihe, 10) Berlin 1996.

Pohl, Walter, Paul Herold (Hgg.), Vom Nutzen des Schreibens. Soziales Gedächtnis, Herrschaft und Besitz im Mittelalter, Wien 2002.

Pötschke, Dieter (Hg.), *vriheit do ik ju openbar…* Rolande und Stadtgeschichte (Harz-Forschungen 23) Berlin/Werningerode 2007.

Pötschke, Dieter, Neues zu einem alten Streit: Was ist älter – der Sachsenspiegel oder das Mühlhäuser Rechtsbuch nach des Reiches Recht? Überlegungen zur Nordhäuser Handschrift des Mühlhäuser Rechtsbuches, Beiträge zur Geschichte aus Stadt und Kreis Nordhausen, 27, 2002, S. 162–169.

Pötschke, Dieter (Hg.), Stadtrecht, Roland und Pranger. Beiträge zur Rechtsgeschichte von Halberstadt, Goslar, Bremen und Berlin (Harz-Forschungen 14), Berlin 2002.

Pötschke, Dieter, Die Abtei Ilsenburg/Harz – Produktionsort der Urschrift der Bilderhandschriften zum Sachsenspiegel, in: Rolande, Kaiser und Recht. Zur Rechtsgeschichte des Harzraums und seiner Umgebung, Berlin 1999, S. 211–241.

Pötschke, Dieter, Die Glosse zum Sachsenspiegel im Zisterzienserkloster Loccum und Probleme einer computergestützten kritischen Edition in: Spiritualität und Herrschaft. Konferenzband zu „Zisterzienser, Multimedia, Museen", hg. v. O. H. Schmidt u.a., in Studien zur Geschichte, Kunst und Kultur der Zisterzienser, 5, Berlin 1998, S. 253–287.

Pötschke, Dieter, Die Abtei Ilsenburg und die Grafen von Wernigerode – Gedanken zur Herkunft der Bilderhandschriften des Sachsenspiegels, Harz Zeitschrift, 48/49, 1996/97, S. 33–44.

Pötschke, Dieter, Die Glossen zum Sachsenspiegel, in: Alles was Recht war. Rechtsliteratur und literarisches Recht. Festschrift für Ruth Schmidt-Wiegand, Essen 1996, S. 161–178.

Pötschke, Dieter, Sachsenspiegel und Glosse als Quelle des brandenburg-berlinischen Stadt- und Schöffenrechts, Jahrbuch für brandenburgische Landesgeschichte, 41, 1990, S. 76–107.

Pötschke, Dieter, Gerhard Lingelbach, Bernd Feicke (Hgg.), Das Burger Landrecht und sein rechtshistorisches Umfeld. Zur Geschichte der Landrechte und ihrer Symbolik im Mittelalter von Rügen bis Niederösterreich (Harz-Forschungen 30), Berlin 2014.

Prinz, Franziska, Der Bildgebrauch in gedruckten Rechtsbüchern des 15. bis zum Ausgang des 18. Jhs., Münster (Gesellschaft und Recht, Bd. 5) 2006.

Riedl, Eckhard, Die Bilderhandschriften des Sachsenspiegels und das geltende deutsche Recht, Oldenburg 1995.

Riedl, Eckhard, Die Bilderhandschriften des Sachsenspiegels und das Bürgerliche Gesetzbuch, Oldenburg 1998.

Rogaschewski, Alexander, Die sächsisch-magdeburgischen Rechtsdenkmäler und verwandte Quellen in den St. Petersburger Handschriftensammlungen, in: Heiner Lück, Mathias Puhle, Andreas Ranft (Hg.), Grundlagen für ein neues Europa. Das Magdeburger und Lübecker Recht in Spätmittelalter und früher Neuzeit, Köln, Wien 2009, S. 239–282.

Rooth, Erik, Saxonica. Beiträge zur niedersächsischen Sprachgeschichte, in: Skrifter utgivna av kungl. humanistiska vetenskapssamfundet i Lund, 44, Lund 1949, S. 232–255.

Röll, Walter, Zu den Judeneiden an der Schwelle zur Neuzeit, in: Zur Geschichte der Juden im Deutschland des späten Mittelalters und der frühen Neuzeit, hg.

von Alfred Haverkamp (Monographien zur Geschichte des Mittelalters 24) Stuttgart 1981, S. 163–204.

Saurma-Jeltsch, Lieselotte E., Spätformen mittelalterlicher Buchherstellung. Bilderhandschriften aus der Werkstatt Diebold Laubers in Hagenau, Bd. 1, Wiesbaden 2001.

Schadt, Hermann, Zum Verwandtschaftsbild und der Weltalterlehre des Sachsenspiegels. Kunstgeschichte als Hilfswissenschaft der Rechtsgeschichte, in: Frühmittelalterliche Studien, 10, 1976, S. 406–436.

Scheele, Friedrich, M. J. Schubert, Das neu aufgefundene Fragment 80a und b des Sachsenspiegel-Landrechts mit Glosse der ULB Sachsen-Anhalt in Halle (Saale), in: ZRG.GA, 115, 1998, S. 514–528.

Scheele, Friedrich, Strafvollzug und Illustration. Das Beispiel der Strafe zu Haut und Haar in den illuminierten Rechtsbücherhandschriften des Sachsenspiegels, in: Hildesheimer Jahrbuch, 69, 1997, S. 89–115.

Scheele, Friedrich, *Di sal man alle radebrechen*. Todeswürdige Delikte und ihre Bestrafung in: Text und Bild der Codices picturati des Sachsenspiegels, Bd. 1: Textband; Bd. 2: Bildband, Oldenburg 1992.

Schilling, Karl, Das objektive Recht in der Sachsenspiegel-Glosse, Berlin 1931.

Schlosser, Hans, Artikel ‚Buch, Johann v.', in: HRG, Bd. I, Berlin 1971, S. 526–559.

Schlüter, Sabine, Textsorte vs. Gattung. Textsorten literarischer Kurzprosa in der Zeit der Romantik (1795–1835), (Berliner Sprachwissenschaftliche Studien, Bd. 1) Berlin 2001.

Schmid, Hans Ulrich, Historische deutsche Fachsprachen. Von den Anfängen bis zum Beginn der Neuzeit. Eine Einführung (Grundlagen der Germanistik 57) Berlin 2015.

Schmid, Hans Ulrich, Verspelt aber en man sin gut... Der Ausdruck der Bedingung in deutscher Rechtsprosa und Chronistik des 13. bis 15. Jahrhunderts, in: Franz Simmler (Hg.), Syntax, Althochdeutsch – Mittelhochdeutsch. Eine Gegenüberstellung von Metrik und Prosa, Internationaler Kongress an der Freien Universität Berlin 26.-29. Mai 2004, Berlin 2005 (Berliner Sprachwissenschaftliche Studien 7), S. 351–365.

Schmidt, Roderich, Das Verhältnis von Kaiser und Papst im Sachsenspiegel und seine bildliche Darstellung, in: Ruth Schmidt-Wiegand (Hg.), Text-Bild-Interpretation. Untersuchungen zu den Bilderhandschriften des Sachsenspiegels, Bd. 1: Textband, München 1986, S. 95–105.

Schmidt, Roderich, Studien über Eike von Repgow und den Sachsenspiegel, Greifswald (Diss. masch.) 1951.

Schmidt, Rolf, Judeneide in Augsburg und Regensburg, in: ZRG.GA 93, 1976, S. 322–339.

Schmidt-Wiegand, Ruth, Milde Wolfgang, Der Oldenburger Sachsenspiegel, in: Glanzlichter der Buchkunst, 15, Graz 2006.

Schmidt-Wiegand, Ruth, Einführung in die Ausgabe, in: Codex picturatus Oldenburgensis CIM 410 der Landesbibliothek Oldenburg. Kommentar von Ruth Schmidt-Wiegand und Wolfgang Milde, Graz 2006, S. 3–15.

Schmidt-Wiegand, Ruth, Milde, Wolfgang (Hgg.), Codex picturatus Oldenburgensis CIM 410 der Landesbibliothek Oldenburg, Kommentarband, Graz 2006.

Schmidt-Wiegand, Ruth, Qui prior est tempore potior est iure. Eine lateinische Rechtsregel und ihre Entsprechungen im „Sachsenspiegel" Eikes von Repgow, in: Nova de veteribus. Mittel- und neulateinische Studien für Paul Gerhard Schmidt, A. Bihrer – E. Stein (Hgg.), München – Leipzig 2004, S. 566–576.

Schmidt-Wiegand, Ruth, Mit liechtern den ban verschießen. Varianten in den Bilderhandschriften des „Sachsenspiegels", in: Magister et amicus. Festschrift für Kurt Gärtner zum 65. Geburtstag, hg.v. Bok – F. Shaw, Wien 2003, S. 825–838.

Schmidt-Wiegand, Ruth, Rechtsbücher als Ausdruck pragmatischer Schriftlichkeit, in: Frühmittelalterliches Jahrbuch Bd. 37, Berlin 2003, S. 435–475.

Schmidt-Wiegand, Ruth, Die Legitimation des Textes durch das Bild in illuminierten Handschriften mittelalterlicher Rechtsbücher, in: Pragmatische Dimensionen mittelalterlicher Schriftkultur. Akten des Internationalen Kolloquiums 26.–29. Mai 1999, hg. von Christel Meier, Volker Honemann, Hagen Keller, Rudolf Suntrup, München 2002, S. 121–134 und Abb. 1–20, S. 381–396.

Schmidt-Wiegand, Ruth (Hg.), Deutsche Rechtsregeln und Rechtssprichwörter. Ein Lexikon, München 2002.

Schmidt-Wiegand, Ruth, Rechtssprichwörter im Gericht. Zum Verhältnis von Mündlichkeit und Schriftlichkeit in mittelalterlichen Rechtsquellen, in: Heinrich Scholler, Rechtssprichwort im Erzählgut: Europäische und afrikanische Beispiele, Berlin 2002, S. 9–24.

Schmidt-Wiegand, Ruth, Eike von Repgow als Dichter, in: Rechtsgeschichte und Interdisziplinarität. Festschrift Clausdieter Schott zum 65. Geburtstag, hg. von M. Senn – C. Soliva, Bern u.a. 2001, S. 157–166.

Schmidt-Wiegand, Ruth, Sprache zwischen Recht und Gesetz – Mainzer Reichslandfriede und Sachsenspiegel-Prolog im Vergleich, in: Recht, Idee, Geschichte. Beiträge zur Rechts- und Ideengeschichte für Rolf Lieberwirth anläßlich seines 80. Geburtstages, Heiner Lück, Bernd Schildt (Hgg.), Köln u.a. 2000, S. 135–150.

Schmidt-Wiegand, Ruth, Autorenbild und Kaiserbild im Harffer Sachsenspiegel des Jahres 1295, in: Festschrift für Märta Åsdahl Holmberg zu ihrem 80.

Geburtstag, hg. von D. Krohn, (Germanistische Schlaglichter, 4) Göteborg 1999, S. 234–240.

Schmidt-Wiegand, Ruth, Autorenbild und Titelmetapher in niederdeutschen Handschriften des Sachsenspiegels, in: Niederdeutsche Wörter. Festgabe für Gunter Müller, hg. von R. Damme u.a., Münster 1999, S. 393–409.

Schmidt-Wiegand, Ruth, Die Bilderhandschriften des Sachsenspiegels und ihre praktische Bedeutung, in: Rolande, Kaiser und Recht. Zur Rechtsgeschichte des Harzraums und seiner Umgebung, Berlin 1999, S. 198–210.

Schmidt-Wiegand, Ruth, Der Rechtswortschatz im Sachsenspiegel, in: Fachsprachen – Languages for Special Purposes. Ein internationales Handbuch zur Fachsprachenforschung und Terminologiewissenschaft, hg. von L. Hoffmann-Hartwig u.a., Berlin – New York 1998, S. 2341–2348.

Schmidt-Wiegand, Ruth, Mit Finger und mit Zunge. Formen des Schwörens in Text und Bild des Sachsenspiegels, in: Lingua Germanica. Studien zur deutschen Philologie, Festschrift für Jochen Splett, hg. von Eva Schmittsdorf, Nina Harte, Barbara Meurer, Münster 1998, S. 255–262.

Schmidt-Wiegand, Ruth, Die Bilderhandschriften und ihre Bedeutung für die Wirkungsgeschichte des Sachsenspiegels, in: Recht und Rechtswissenschaft im mitteldeutschen Raum. Symposium für Rolf Lieberwirth anläßlich seines 75. Geburtstages, hg. von Heiner Lück, Köln u.a. 1998, S. 9–27.

Schmidt-Wiegand, Ruth, Reimvorreden deutscher Rechtsbücher, in: Jahrbuch der Oswald von Wolkenstein Gesellschaft 10, 1998, S. 311–326.

Schmidt-Wiegand, Ruth, Wahl und Weihe des deutschen Königs nach den Bilderhandschriften des Sachsenspiegels, in: Studien zur Geschichte des Mittelalters. Jürgen Petersohn zum 65. Geburtstag, hg. v. M. Thumser u.a., Stuttgart 2000, S. 222–238.

Schmidt-Wiegand, Ruth, Sprache zwischen Recht und Gesetz. Mainzer Reichslandfriede und Sachsenspiegel-Prolog im Vergleich, in: Heiner Lück, Bernd Schild, Recht, Idee, Geschichte. Beiträge zur Rechts- und Ideengeschichte für Rolf Lieberwirth anlässlich seines 80. Geburtstages, Wien, Köln, Weimar 2000, S. 135–150.

Schmidt-Wiegand, Ruth, Szenen vor Gericht. Karl von Amira und die Bilderhandschriften des Sachsenspiegels, in: Karl von Amira zum Gedächtnis, hg. v. P. Landau u.a., in: Rechtshistorische Reihe, 206, Frankfurt/M. u.a. 1999, S. 107–120.

Schmidt-Wiegand, Ruth, Autor und Illustrator in den Bilderhandschriften des Sachsenspiegels, in: Wirkungen europäischer Rechtskultur. Festschrift für Karl Kroeschell zum 70. Geburtstag, hg. von Gerhard Köbler – Hermann Nehlsen, München 1997, S. 1043–1064.

Schmidt-Wiegand, Ruth (Hg.), Der Oldenburger Sachsenspiegel. Vollständige Faksimile-Ausgabe, 3 Bde: Faksimile, Text, Kommentar, Graz 1995/96.

Schmidt-Wiegand, Ruth, Die Bedeutung und Wirkung des Sachsenspiegels Eikes von Repgow in Land und Stadt, in: Der Sassen speyghel: Sachsenspiegel – Recht – Alltag, Bd. 1, Ausstellung Bilderhandschriften des Sachsenspiegels – Niederdeutsche Sachsenspiegel, Oldenburg 1995, S. 33–46.

Schmidt-Wiegand, Ruth, Die Bilderhandschriften des Sachsenspiegels im Vergleich, in: Gott ist selber Recht. Die vier Bilderhandschriften des Sachsenspiegels: Oldenburg, Heidelberg, Wolfenbüttel, Dresden (= Ausstellungskatalog der Herzog August Bibliothek 67) Wolfenbüttel 1992, 2. Auflage 1993, S. 9–30.

Schmidt-Wiegand, Ruth, Rechtsaltertümer in Text und Bild der Oldenburger Bilderhandschrift des Sachsenspiegels, Jahrbuch der Brüder-Grimm-Gesellschaft, 3, 1993, S. 75–96.

Schmidt-Wiegand, Ruth, Die niederdeutsche Stammhandschrift der Bilderhandschriften des Sachsenspiegels, Jahrbuch des Vereins für Niederdeutsche Sprachforschung, 116, 1993, S. 7–27.

Schmidt-Wiegand, Ruth, Überlieferungs- und Editionsprobleme deutscher Rechtsbücher, in: Rolf Bergmann, Kurt Gärtner (Hgg.), Methoden und Probleme der Edition mittelalterlicher deutscher Texte, Bamberger Fachtagung 26.-29. Juni 1991, Tübingen 1993, S. 63–81.

Schmidt-Wiegand, Ruth (Hg.), Eike von Repgow. Sachsenspiegel. Die Wolfenbütteler Bilderhandschrift, 3 Bde: Faksimile, Text, Kommentar, Berlin 1993.

Schmidt-Wiegand, Ruth, Wissensvermittlung durch Rechtssprichwörter. Das Beispiel des Sachsenspiegels, in: Wissensliteratur im Mittelalter und in der frühen Neuzeit. Bedingungen, Typen, Publikum, Sprache, H. Brunner – R. Wolf (Hgg.), in: Wissensliteratur im Mittelalter, 13, Wiesbaden 1993, S. 258–272.

Schmidt-Wiegand, Ruth, Der Mainzer Reichslandfriede im Spannungsfeld zwischen Mündlichkeit und Schriftlichkeit, in: Harald Burger, Alois Maria Haas, Peter von Matt (Hgg.), Verborum amor. Studien zur Geschichte und Kunst der Sprache. Festschrift für Stefan Sonderegger zum 65. Geburtstag, New York 1992, S. 342–357.

Schmidt-Wiegand, Ruth, Von der autornahen zur überlieferungskritischen Ausgabe des „Sachsenspiegels“, in: G. Lingelbach, H. Lück (Hgg.), Deutsches Recht zwischen Sachsenspiegel und Aufklärung. Rolf Lieberwirth zum 70. Geburtstag, in: Rechtshistorische Reihe, 80, Frankfurt/Main u.a. 1991, S. 13–25.

Schmidt-Wiegand, Ruth, Die überlieferungskritische Ausgabe des Sachsenspiegels als Aufgabe der niederdeutschen Philologie, in: Franco-Saxonica. Münstersche Studien zur niederländischen und niederdeutschen Philologie, Jan Gossens zum 60. Geburtstag, Neumünster 1990, S. 1–13.

Schmidt-Wiegand, Ruth, Rechtssprichwörter und ihre Wiedergabe in den Bilderhandschriften des Sachsenspiegels, in: Text und Bild. Aspekte des Zusammenwirkens zweier Künste in Mittelalter und früher Neuzeit, hg. von C. Meier – U. Ruberg, Wiesbaden 1989, S. 593–629.

Schmidt-Wiegand, Ruth, Die Bilderhandschriften des Sachsenspiegels als Zeugen pragmatischer Schriftlichkeit, in: Frühmittelalterliche Studien 22, 1988, S. 357–387.

Schmidt-Wiegand, Ruth, Kleidung, Tracht und Ornat nach den Bilderhandschriften des „Sachsenspiegels", in: Terminologie und Typologie mittelalterlicher Sachgüter. Das Beispiel der Kleidung, Österreichische Akademie der Wissenschaften. Philosophisch-historische Klasse. Sitzungsberichte, 511, 1988, S. 143–175.

Schmidt-Wiegand, Ruth (Hg.), Text-Bild-Interpretation. Untersuchungen zu den Bilderhandschriften des Sachsenspiegels. Bd. I: Textband, Bd. II: Tafelband, München 1986.

Schmidt-Wiegand, Ruth, Text und Bild in den Codices picturati des ‚Sachsenspiegels' – Überlegungen zur Funktion der Illustration, in: Dies. (Hg.), Text – Bild – Interpretation. Untersuchungen zu den Bilderhandschriften des Sachsenspiegels, Bd. I: Textband, München 1986, S. 11–32.

Schmidt-Wiegand, Ruth, Sprache und Geschichte im Spiegel historischer Bezeichnungen, in: Frühmittelalterliche Studien 19, 1985, S. 31–47.

Schmidt-Wiegand, Ruth, Der „Sachsenspiegel" Eikes von Repgow als Beispiel mittelalterlicher Fachliteratur, Zeitschrift für Literaturwissenschaft und Linguistik, 51/52, 1983, S. 206–226.

Schmidt-Wiegand, Ruth, Die Wolfenbütteler Bilderhandschrift des Sachsenspiegels und ihr Verhältnis zum Text Eikes von Repgow, Wolfenbüttel 1983.

Schmidt-Wiegand, Ruth, Eid und Gelöbnis, Formel und Formular im mittelalterlichen Recht, in: Recht und Schrift im Mittelalter, hg. von Peter Classen (Vorträge und Forschungen 23) Sigmaringen 1977, S. 55–90.

Schmidt-Wiegand, Ruth/ Hüpper-Dröge, Dagmar (Hgg.), Der Sachsenspiegel als Buch, Frankfurt am Main, Bern, New York, Paris 1991 Buch (= Germanistische Arbeiten zu Sprache und Kulturgeschichte 1).

Schneider, Hans-Peter, Daz ein Recht mac vromen. Der Sachsenspiegel – Ein Rechtsbuch von europäischem Rang, Wolfenbüttel 1994.

Schott, Clausdieter (Hg.) Eike von Repgow. Der Sachsenspiegel, Zürich 1984.

Schott, Clausdieter, Der Sachsenspiegel als mittelalterliches Rechtsbuch, in: Clausdieter Schott, Heiner Lück, Thesaurus historiae iuris. Clausdieter Schott zum 75 Geburtstag, Halle 2011, S. 335–352.

Schott, Clausdieter, Nachwort, in: Ders. (Hg.) Eike von Repgow. Der Sachsenspiegel, Zürich 1984, S. 355–386.

Schottenloher, Karl, Silvan Otmar in Augsburg, der Drucker des Schwäbischen Bundes 1519–1535, in: Gutenberg Jahrbuch 15, 1940, S. 281–296.

Schroeder, Klaus-Peter, Eike von Repgow (etwa 1180–1235) – Schöpfer des Sachsenspiegels, in: K.-P. Schroeder, Vom Sachsenspiegel zum Grundgesetz. Eine deutsche Rechtsgeschichte in Lebensbildern, München 2001, S. 1–18.

Schulze, Reiner, „Gewohnheitsrecht" und „Rechtsgewohnheiten" im Mittelalter – Einführung, in: Gerhard Dilcher, Heiner Lück, Reiner Schulze u.a., Gewohnheitsrecht und Rechtsgewohnheiten im Mittelalter (Schriften zur Europäischen Rechts- und Verfassungsgeschichte 6) Berlin 1992, S. 9–20.

Schwarz, Alexander, Vorwort (zum Begriff der Textallianz), in: Alexander Schwarz, Laure Aplanalp, Gerhild Scholz Williams (Hgg.), Textallianzen am Schnittpunkt der germanistischen Disziplinen, (TAUSCH 14) Bern, Bruxelles, Frankfurt a. M., New York, Oxford, Wien 2001, S. 9–15.

Seidel, Kerstin, Vorzeigen und Nachschlagen. Zur Medialität und Materialität mittelalterlicher Rechtsbücher, in: Frühmittelalterliche Studien 42, 2008, S. 307–329.

Shinn, G. H., The eschatological function of the iconography in the Dresden manuscript of the Sachsenspiegel, in: Contemporary reflections on the medieval christian tradition. Essays in honor of Ray C. Petry, hg. v. G. H. Shriver, Durham 1974, S. 53–64.

Simmler, Franz, Theoretische Grundlagen zur Ermittlung von Textsorten und Textallianzen und zur Reichweite des Textbegriffs, in: Handbuch Teil 1: Literarische und Religiöse Textsorten und Textallianzen um 1500, hg. von Alexander Schwarz, Franz Simmler und Claudia Wich-Reif, Berlin 2009, S. 11–21 (= Berliner Sprachwissenschaftliche Studien, Bd. 20).

Simmler, Franz, Zur Rolle der textuellen Merkmale Initiator, Terminator und Makrostruktur, in: Akten des XI. Internationalen Germanistenkongresses in Paris 2005: „Germanistik im Konflikt der Kulturen". Hg. von Jean-Marie Valentin unter Mitarbeit von Hélène Vinckel, Bd. 4, Bern u.a. 2008, S. 149–154.

Simmler, Franz, Liturgische Textsorten und Textallianzen, in: Sandra Reimann, Katja Kessel (Hgg.), Wissenschaften in Kontakt. Kooperationsfelder der Deutschen Sprachwissenschaft, Tübingen 2007, S. 451–468.

Simmler, Franz, Teil und Ganzes in Texten. Zum Verhältnis von Textexemplar, Textteilen, Teiltexten, Textauszügen und Makrostrukturen, in: Daphnis 25, 1996, S. 597–625.

Simmler, Franz, Makrostrukturelle Veränderungen in der Tradition des frühneuhochdeutschen Prosaromans, in: Werner Besch, Deutsche Sprachgeschichte.

Grundlagen, Methoden, Perspektiven, Festschrift für Johannes Erben zum 65. Geburtstag, Frankfurt a. M., Bern, New York, Paris 1990, S. 187–200.

Simmler, Franz, Vom Prosaroman zur Erzählung. Sprachliche Veränderungen in der Stoffgeschichte und ihre Rückwirkungen auf Textsorten-Differenzierungen, in: Daphnis. Zeitschrift für Mittlere Deutsche Literatur, Bd. 20, H. 3–4, 1991, S. 458–486.

Simmler, Franz, Zur Fundierung des Text- und Textsorten-Begriffs, in: Hans-Werner Eroms, Bernhard Hajek, Herbert Kolb (Hgg.), Studia Linguistica et Philologica. Festschrift für Klaus Matzel zum 60. Geburtstag überreicht von Freunden und Kollegen, Heidelberg 1984, S. 27–50.

Simon, George, Zu Sachsenspiegel I, Art. 4, in: Zeitschrift für deutsche Philologie, 52, 1927, S. 112–118.

Sinauer, Erika, Studien zur Entstehung der Sachsenspiegelglosse, in: Neues Archiv der Gesellschaft für ältere deutsche Geschichtskunde, 50, 1935, S. 475–581.

Speculum ecclesiae. Eine frühmittelhochdeutsche Predigtsammlung, hg. von G. Mellbourn, (Lunder Germanistische Forschungen, 12), Lund 1944.

Spiewok, Wolfgang, Volksrecht im Sachsenspiegel des Eike von Repgow, in: Le droit et sa perception dans la littérature et les mentalités médiévales, D. Buschinger (Hg.), Göppingen 1993, S. 167–181.

Spiewok, Wolfgang, Die Sprache der Quedlinburger Handschrift des Sachsenspiegels aus dem 13. Jahrhundert, in: Wissenschaftliche Zeitschrift der Martin-Luther-Universität Halle-Wittenberg, Gesellschafts- und Sprachwissenschaftliche Reihe VIII, 4/5 (1959), S. 719–724.

Spiewok, Wolfgang, Zur Sprache der Quedlinburger Handschrift aus dem 13. Jahrhundert, Halle 1958.

Spiewok, Wolfgang, Die Sprache der Quedlinburger Handschrift des Sachsenspiegels aus dem 13. Jahrhundert, phil. Diss. Halle-Wittenberg, Halle 1957.

Steffenhagen, Emil Julius Hugo, Die Entwicklung der Landrechtsglosse des Sachsenspiegels, Sitzungsberichte der Akademie der Wissenschaften in Wien. Philosophisch-historische Klasse, 194, 1923.

Stein, Peter G., Römisches Recht und Europa. Die Geschichte einer Rechtskultur. Aus dem Englischen von Klaus Luig, Frankfurt a. Main 1996.

Stolleis, Michael, Artikel ‚Rezeption' (öffentlichrechtlich), in: HRG, 1. A., Bd. IV, 1990, S. 984–995.

Teuchert, Hermann, Niederländisches im Sachsenspiegel (hitzen, stavel, sparke), in: Beiträge zur Geschichte der deutschen Sprache. Tübingen, 71, 1949, S. 291–296.

Theuerkauf, Gerhard, Geschichte in Rechtsaufzeichnungen: Sachsenspiegel und Magdeburger Rechtskreis, in: Hochmittelalterliches Geschichtsbewußtsein im Spiegel nichthistoriographischer Quellen, H.-W. Goetz (Hg.), Berlin 1998, S. 201–216.

Theuerkauf, Gerhard, Lex, speculum, compendium iuris. Rechtsaufzeichnung und Rechtsbewußtsein in Norddeutschland vom 8. bis zum 16. Jahrhundert, in: Forschungen zur deutschen Rechtsgeschichte, 6, Köln - Graz 1968, S. 98–182.

Theuerkauf, Gerhard, Lex, Speculum, Compendium iuris. Rechtsaufzeichnung und Rechtsbewusstsein vom 8.-16. Jahrhundert, Köln, Graz 1968.

Trusen, Winfried, Die Rechtsspiegel und das Kaiserrecht, in: ZRG.GA, 102, 1985, S. 12–59.

Ulmschneider, Helgard, Artikel ‚Rechtsabecedarien', in: Die deutsche Literatur des Mittelalters, Verfasserlexikon, Bd. 7, Berlin, New York ^{2}1989, Sp. 1058–1061

Unger, Helga, Text und Bild im Mittelalter. Illuminierte Handschriften aus fünf Jahrhunderten in Faksimileausgaben. Ausstellung der Universitätsbibliothek Bamberg (Schriften der Universitätsbibliothek Bamberg 2), Graz 1986.

Verzeichnis der im deutschen Sprachbereich erschienenen Drucke des 16. Jahrhunderts. VD 16, hg. von der Bayerischen Staatsbibliothek in München in Verbindung mit der Herzog August Bibliothek in Wolfenbüttel, Abt. 1, Bd. 5, Stuttgart 1985.

Vierhaus, Rudolf (Hg.), Deutsche Biographische Enzyklopädie (DBE). 2. Auflage. Band 10 (Thies - Zymalkowski), München/Leipzig 2008.

Voltelini, Hans von, Forschungen zu den deutschen Rechtsbüchern. III. Der Sachsenspiegel und die Zeitgeschichte, Sitzungsberichte der Akademie der Wissenschaften in Wien. Philosophisch-historische Klasse, 201/4–5, 1924.

Wacke, Andreas, Die Einführung römischen Rechts in Europa. Ein einführender Überblick, in: Orbis Iuris Romani 1, 1995, S. 143–163.

Wallmeier, Nadine, Handlungsstrukturen in spätmittelalterlichen Stadtrechten, in: Anna Karin, Silvia Olivi, Claudia Wich-Reif (Hgg.), Regiolekt, Funktiolekt, Idiolekt. Die Stadt und ihre Sprachen, Bonn 2015, S. 155–172.

Wallmeier, Nadine, Sprachliche Muster in der mittelniederdeutschen Rechtssprache. Zum Sachsenspiegel und zu Stadtrechtsaufzeichnungen des 13.–16. Jahrhunderts, Köln, Weimar, Wien 2013.

Warncke, Ingo, Wege zur Kultursprache. Die Polyfunktionalisierung des Deutschen im juridischen Diskurs, Berlin, New York 1999.

Wegener, Hans, Beschreibendes Verzeichnis der deutschen Bilder-Handschriften des späten Mittelalters in der Heidelberger Universitäts-Bibliothek, Leipzig 1927.

Weinert, Jörn, Die Dresdener Bilderhandschrift des Sachsenspiegels. Studien zur Schreibsprache, Köln, Weimar, Wien 2007.

Weitzel, Jürgen, Die Formel consilio et iudicio im Licht des fränkisch-deutschen Urteilsverständnisses, in: Köbler, Gerhard (Hg.), Wege europäischer Rechtsgeschichte, Karl Kroeschell zum 60. Geburtstag dargelegt von Freunden, Schülern und Kollegen (Rechtshistorische Reihe – Band 60), Frankfurt a. M., Bern, New York, Paris 1988, S. 573–591.

Werner, Wilfried, Cimelia Heidelbergensia. 30 illuminierte Handschriften der Universitätsbibliothek Heidelberg, Wiesbaden 1975.

Werner, Wilfried, Die Heidelberger Bilderhandschrift des Sachsenspiegels – Anmerkungen zu ihrer Geschichte und zur Kodikologie, in: Text-Bild-Interpretation. Untersuchungen zu den Bilderhandschriften des Sachsenspiegels, Ruth Schmidt-Wiegand (Hg.) (Münstersche Mittelalter Schriften 55/I), München 1986, I. Textband, S. 213–218.

Werner, Wilfried, Die Heidelberger Bilderhandschrift, in: Gott ist selber Recht. Die vier Bilderhandschriften des Sachsenspiegels: Oldenburg, Heidelberg, Wolfenbüttel, Dresden (Ausstellungskatalog der Herzog August Bibliothek 67) Wolfenbüttel 1992, 2. Aufl. 1993, S. 46–47.

Wipper, Robert, Der Sachsenspiegel und das livländische Ritterrecht, in: Conventus primus historicorum Balticorum. Acta et relata, Riga 1938, S. 206–213.

Wolf, Armin, Die Entstehung des Kurfürstenkollegs. Zur 700-jährigen Wiederkehr der ersten Vereinigung der sieben Kurfürsten, in: Historisches Seminar, N.F. 11, Idstein 1998.

Wolf, Armin, Königswähler in den deutschen Rechtsbüchern. Mit einem Exkurs: kiesen und irwelen, kore und wale, in: ZRG.GA, 115, 1998, S. 150–197.

Zeumer, Karl, Der begrabene Schatz im Sachsenspiegel I, 35, in: Mitteilungen des Instituts für österreichische Geschichtsforschung, 22, 1901, S. 420–442.

Zeumer, Karl, Über den verlorenen lateinischen Urtext des Sachsenspiegels, in: Festschrift Otto Gierke zum siebzigsten Geburtstag, Weimar 1911, S. 455–474.

Zimmermann, Karin, unter Mitwirkung von Sonja Glauch, Matthias Miller und Armin Schlechter, Die Codices Palatini germanici in der Universitätsbibliothek Heidelberg (Cod. Pal. germ. 1–181) (Kataloge der Universitätsbibliothek Heidelberg VI), Wiesbaden 2003.

Zimmermann, Volker, Die Entwicklung des Judeneids. Untersuchungen und Texte zur rechtlichen und sozialen Stellung der Juden im Mittelalter (Europäische Hochschulschriften I 56) Frankfurt a. Main, Bern 1973.

Anhang 3: Sach- Namen- und Wortverzeichnis

GERMANISTISCHE ARBEITEN ZU SPRACHE UND KULTURGESCHICHTE

Herausgegeben von Apl. Prof. Dr. Albert Busch, PD Dr. Gabriele von Olberg-Haverkate, Prof. Dr. Dr. h.c. Ruth Schmidt-Wiegand und Prof. Dr. Sigurd Wichter

Band 1 Ruth Schmidt-Wiegand, Dagmar Hüpper (Hrsg.): Der Sachsenspiegel als Buch. Vorträge und Aufsätze. 1991.

Band 2 Gabriele von Olberg: Freie, Nachbarn und Gefolgsleute. Volkssprachige Bezeichnungen aus dem sozialen Bereich in den frühmittelalterlichen Leges. 1983.

Band 3 Dagmar Hüpper-Dröge: Schild und Speer. Waffen und ihre Bezeichnungen im frühen Mittelalter. 1983.

Band 4 Karin Obst: Der Wandel in den Bezeichnungen für gewerbliche Zusammenschlüsse des Mittelalters. Eine rechtssprachgeographische Analyse. 1983.

Band 5 Wolfgang Huber: Kulturpatriotismus und Sprachbewußtsein. Studien zur deutschen Philologie des 17. Jahrhunderts. 1984.

Band 6 Wilfried Schwanholz: Volksliedhafte Züge im Werk Oswalds von Wolkenstein. Die Trinklieder. 1985.

Band 7 Christine Boving: Deutsche Personennamen in Costa Rica. Eine namenkundliche Untersuchung als Dokument sprachlicher und sozio-kultureller Assimilation und Integration deutscher Einwanderer in Mittelamerika. 1986.

Band 8 Karen Günther: Wort- und Sachgeschichte der Schiffahrt in Mittel- und Nordeuropa von den Anfängen bis zum späten Mittelalter. Ein Beitrag zu 'Wörter und Sachen' anhand ausgewählter Beispiele. 1987.

Band 9 Oddny Gudrún Sverrisdóttir: Land in Sicht. Eine kontrastive Untersuchung deutscher und isländischer Redensarten aus der Seemannssprache. 1987.

Band 10 Mariella Rummel: Die rechtliche Stellung der Frau im Sachsenspiegel-Landrecht. 1987.

Band 11 Bettina Schmidt: 'Pflugwende' und Anwenderecht im Westfälischen. 1989.

Band 12 Ulrich Drescher: Geistliche Denkformen in den Bilderhandschriften des Sachsenspiegels. 1989.

Band 13 Brigitte Janz: Rechtssprichwörter im Sachsenspiegel. Eine Untersuchung zur Text - Bild-Relation in den Codices picturati. 1989.

Band 14 Ulrich Kriegesmann: Die Entstehung der neuhochdeutschen Schriftsprache im Widerstreit der Theorien. 1990.

Band 15 Sigrid Wachter: Fach- und laiensprachliche Semantik des substantivischen Wortschatzes im Bereich 'Buchhandel und Verlagswesen'. 1991.

Band 16 Sigrid Engeler: Altnordische Geldwörter. Eine philologische Untersuchung altnordischer Geld- und Münzbezeichnungen und deren Verwendung in der Dichtung. 1991.

Band 17 Sigurd Wichter: Zur Computerwortschatz-Ausbreitung in die Gemeinsprache. Elemente der vertikalen Sprachgeschichte einer Sache. 1991.

Band 18 Christiane Schreiber: "Was sind dies für Zeiten!". Heinrich von Kleist und die preußischen Reformen. 1991.

Band 19 Bärbel Müller: Die Berliner Sammelhandschrift Mgf 10 und ihre Bedeutung für die überlieferungskritische Ausgabe des Sachsenspiegels. 1991.

Band 20 Werner Peters: Bezeichnungen und Funktionen des Fronboten in den mittelniederdeutschen Rechtsquellen. 1991.

Band 21 Alfons Schräder: Fach- und Gemeinsprache in der Kraftfahrzeugtechnik. Studien zum Wortschatz. 1991.

Band 22 Petra Canisius-Loppnow: Recht und Religion im Rolandslied des Pfaffen Konrad. 1992.

Band 23 Iris Nölle-Hornkamp: Mittelalterliches Handwerk im Spiegel oberdeutscher Personennamen. Eine namenkundliche Untersuchung zu den Handwerkerbezeichnungen als Beinamen im Corpus der altdeutschen Originalurkunden. 1992.

Band 24 Petra Menke: Recht und Ordo-Gedanke im Helmbrecht. 1993.

Band 25 Annette Gerlach: Das Übersetzungswerk Dietrichs von Pleningen. Zur Rezeption der Antike im deutschen Humanismus. 1993.

Band 26 Albert Busch: Laienkommunikation. Vertikalitätsuntersuchungen zu medizinischen Experten – Laien – Kommunikationen. 1994.

Band 27 Ulrike Schowe: Mit Haut und Haar. Idiomatisierungsprozesse bei sprichwörtlichen Redensarten aus dem mittelalterlichen Strafrecht. 1994.

Band 28 Gerda Grober-Glück: Die Anrede des Bauern und seiner Frau durch das Gesinde in Deutschland um 1930 unter volkskundlichen und soziolinguistischen Aspekten nach Materialien des Atlas der deutschen Volkskunde. 1994.

Band 29 Petra Lehrnbecher: Engelwurz und Teufelsdreck. Zur Lexikographie der Heilpflanzen in Wörterbüchern des 16.-18. Jahrhunderts. 1995.

Band 30 Anne Terglane-Fuhrer: Die Sprache der Speisezubereitung. Empirische Untersuchungen zur vertikalen Variation. 1996.

Band 31 Daniela Schütte: Computerbildschirm und komp'juternyj displej. Der deutsche und russische Computerwortschatz unter besonderer Berücksichtigung der Entlehnung. 1997.

Band 32 Anne Kißenbeck: Fachsprache und Regionalisierung. Empirische Untersuchungen zum Wortschatz des Bergbaus. 1997.

Band 33 Silke Schimpf: Wissens- und Wortschatzvariationen im Bereich der Sexualität. Untersuchungen anhand ausgewählter Zeitschriftentexte. 1997.

Band 34 Birgit H. Beile: Gesangsbeschreibung in deutschen und englischen Musikkritiken. Fachsprachenlinguistische Untersuchungen zum Wortschatz. 1997.

Band 35 Ingrid Faber: *ausgleichen* oder *kerning*. Typografie im Desktop Publishing: Experten- und Laienwortschatz. 1998.

Band 36 Verena Goldt: Zentralbegriffe der Elektrizitätsforscher im 17. und 18. Jahrhundert. 1999.

Band 37 Birgit Kochskämper: 'Frau' und 'Mann' im Althochdeutschen. 1999.

Band 38 Jürg Niederhauser / Kirsten Adamzik (Hrsg.): Wissenschaftssprache und Umgangssprache im Kontakt. 1999.

Band 39 Beate Weifenbach: *Die Haimonskinder* in der Fassung der Aarauer Handschrift von 1531 und des Simmerner Drucks von 1535. Ein Beitrag zur Überlieferung französischer Erzählstoffe in der deutschen Literatur des Mittelalters und der frühen Neuzeit. 1999.

Band 40 Albert Busch / Sigurd Wichter (Hrsg.): Computerdiskurs und Wortschatz. Corpusanalysen und Auswahlbibliographie. 2000.

Band 41 Helmut Protze: Das älteste Stadtbuch der Königlich freien Bergstadt Göllnitz/Gelnica in der Unterzips und seine Sprache. 2002.

Band 42 Andrea Grote: Entlehnung - Übersetzung - Vernetzung. Entlehnung als übersetzungsbezogenes Phänomen am Beispiel der internetspezifischen Computerfachsprache. 2002.

Band 43 Gerda Grober-Glück: Beiträge zur sprachlichen Volkskultur. Nach Materialien des Atlas der deutschen Volkskunde. 2003.

Band 44 Daniela Schütte: Homepages im World Wide Web. Eine interlinguale Untersuchung zur Textualität in einem globalen Medium. 2004.

Band 45 Holger Deifuß: *Hystoria von dem wirdigen ritter sant Wilhelm.* Kritische Edition und Untersuchung einer frühneuhochdeutschen Prosaauflösung. 2005.

Band 46 Beate Leweling: Reichtum, Reinigkeit und Glanz – Sprachkritische Konzeptionen in der Sprachreflexion des 18. Jahrhunderts. Ein Beitrag zur Sprachbewusstseinsgeschichte. 2005.

Band 47 Judith Schönhoff: Von ‚werden degen' und ‚edelen vrouwen' zu ‚tugentlichen helden' und ‚eelichen hausfrawen'. Zum Wandel der Konzepte von Weiblichkeit und Männlichkeit in den Prosaauflösungen mittelhochdeutscher Epen. 2008.

Band 48 Das älteste Zwickauer Stadtbuch (1375–1481) und seine Sprache. Nach Vorarbeiten von Karl Steinmüller unter Berücksichtigung sachlicher, sprachgeschichtlicher, lautlicher, grammatischer und syntaktischer Gesichtspunkte sowie durch Einbeziehung aller Personennamen. Bearbeitet und herausgegeben von Helmut Protze. 2008.

Band 49 Manuela Schotte: Christen, Heiden und der Gral. Die Heidendarstellung als Instrument der Rezeptionslenkung in den mittelhochdeutschen Gralromanen des 13. Jahrhunderts. 2009.

Band 50 Franziska Große: Bild-Linguistik. Grundbegriffe und Methoden der linguistischen Bildanalyse in Text- und Diskursumgebungen. 2011.

Band 51 Melanie Meyer: Linguistische Analyse innerbetrieblicher Metakommunikation. Implementierung eines Managementsystems für Umwelt, Gesundheit und Sicherheit. 2012.

Band 52 Sabine Randhage: Werbung im Sozialismus. Eine vergleichende Analyse ostdeutscher Werbesprache. 2013.

Band 53 Dania Platz: Strategische Wahlkampfkommunikation. Wahlkampf-Intertextualität als strategische Komponente der Sprache im Wahlkampf. 2013.

Band 54 Nathalie Mederake: Wikipedia: Palimpseste der Gegenwart. Text- und Wissensverfahren im kollaborativen Hypertext. 2016.

Band 55 Gabriele von Olberg-Haverkate: Die Textsorte Rechtsbücher. Die Entwicklung der Handschriften und Drucke des Sachsenspiegels und weiterer ausgewählter Rechtsbücherhandschriften vom 13.-16. Jahrhundert. 2017.

Band 56 Britta Gries: Der Holocaust in deutschsprachigen publizistischen Diskursen. Eine sprachwissenschaftliche Analyse am Beispiel der Diskussion um den Roman «Die Wohlgesinnten» von Jonathan Littell. 2017.

www.peterlang.com

www.ingramcontent.com/pod-product-compliance
Ingram Content Group UK Ltd.
Pitfield, Milton Keynes, MK11 3LW, UK
UKHW041824031026
15587UKWH00002B/543

9 783631 659809